1953년 1월 31일 한국군 최초의 4성 장군으로 진급한 백선엽 장군.

① 1950년 6월 18일, 미 국무부 고문 덜레스가 38선 상황을
시찰하고 있다. 덜레스 좌측은 국군 7사단장 유재흥대령,
우측은 신성모 국방부장관

② 1950년 7월 7일, 워커 미 8군 사령관이 미 24사단 장 딘
소장과 이야기를 나누고 있다.

③ 1950년 7월 18일 한국에 도착한 미 제1기병 사단장 호바
트 게이 소장(우)과 포병 부대장 팔머준장

④ 1950년 8월 23일, 다부동 전투시 신성모 국방부장관을 안내
하는 백선엽 국군1사단장

⑤ 1950년 8월 16일 왜관 서북방의 공산군 집결지에 융단폭격
을 가하는 美B29폭격기편대

⑥ 왜관 철교와 303고지 (사진 우하단부의 낮은 고지). 이 고지에
서 美 1기병사단 예하 통신 1개소대 32명이 북한군에게 포로
로 잡혀 그 중 26명 전원이 사살되는 비극을 당했다.

① 1950년 8월초, 미 2사단이 부산에 상륙하였다.

② 미 지상군은 한국의 산악지형에 익숙지 못하여 어려움을 겪었
다. 그들은 교범에도 없는 많은 문제들과 매일 직면해야 했다.

③ 1950년 8월 중순, 미 25사단장 킨 소장이 워커 미
8군 사령관과 전황을 논의 하고 있다.

④ 1950년 8월 10일, 미공군은 초기 공습에서 폭파되지 않은 원
산 정유소 지역을 다시 폭격했다.

⑤ 1950년 8월 중순, 영국 처칠 수상의 아들인 랜돌프 처칠(우
측) 〈데일리 텔리그래프〉紙 기자가 미군 중위에게 전황을 듣
고 있다.

① 1950년 7월, 한국전쟁 종군 취재기자들(왼쪽부터 〈라이트〉紙 마이든, 시카고 〈데일리뉴스〉紙 비치, 뉴욕 〈헤를드 트리뷴〉紙 여기자 히긴스, 호주 연합신문 램버트, 〈타임〉紙 기브니 기자)

② 1950년 8월말, 피란민들이 남쪽으로 가기 위해 기차를 기다리고 있다.

③ 1950년 8월 20일, 미27연대장 마이켈리스 대령이 왜관 전투에서 노획한 T-34 탱크를 살펴보고 있다.

④ 1950년 8월 24일, 미 1기병사단의 반격을 위한 탱크 도하용 임시다리를 놓기 위해 수천명의 주민들이 자원하여 모래주머니를 쌓고 있다.

① 1950년 9월 15일, 인천상륙작전에 참가한 한국 해병대 1 연대. 국군17연대도 함께 상륙하였다.

② 1950년 9월 16일, 인천항에 양륙하고 있는 미 상륙 부대의 주요 장비 및 보급품.

③ UN군 사령관 맥아더 원수가 미 해병1사단장 스미스 소장과 함께 상륙 후 인천수복지역을 시찰하고 있다.

④ 인천에 상륙한 국군 17연대를 열렬히 환영하는 인천 시민들.

⑤ 1950년 9월 29일 서울 탈환 축하식에서 연설하고 있는 이승만 대통령.

① 1950년 10월초, 고랑포를 지나 북진하는 국군 1사단 장병들.
② 국군 1사단은 구화리부터는 차량으로 신속히 북진하였다.
③ 국군 1사단에 배속되어 함께 평양에 입성한 미6전차 대대 장병들. 그들은 1사단 소속임을 자랑스럽게 여겼다.

④ 1950년 10월 19일, 밀번 미1군단장과 평양점령 직후 대동교 근처에서 전황을 보고하는 백선엽 사단장
⑤ 1950년 10월 20일, 평양 주요 시가지의 모습. 멀리 보이는 큰 건물이 평양 화신백화점이다.
⑥ 1950년 11월 21일, 북한군이 설치한 청천강(신안주와 박천 사이) 나무다리를 건너는 제1사단. 나무다리는 북한군이 만들어 놓은 것이다.

① 1950년 10월 19일, 국군 제1사단을 지원하는 미 제 9
포병대대(155mm) 차량행군

② 1950년 10월, 평양 입성 직후 국군1사단을 격려 방문
한 정일권 육군참모총장

③ 평양 입성 직후 직접 동경에서 날아온 맥아더 원수가
워커 미8군사령관을 치하하고 있다.

④ 평양 입성 직후 당시 김일성 직무실을 점거하여 문서를
수집하는 "인디언 헤드 부대" 문서수집반.
⑤ 1950년 10월 19일, 평양에 가장 먼저 입성한 국군1사
단장 백선엽 장군이 미군들과 대화하고 있다.

① 1950년 9월, UN軍이 북진을 시작하자 중국전역에서는 '항미원조 보가위국' 운동이 거세게 일어났다.

② 1950년 10월, 압록강을 건너 북한으로 침공하는 중공군. 6,25전쟁 중 총 300만명의 중공군이 참전하였다.

③ 지원군과 함께 출정한 민간인 보급 수송대 우마차. 우마차에 의한 원거리 보급에는 한계가 있었다.

④ 1950년 10월 25일, 중공군이 국군1사단과 미1기병 사단이 진출한 운산을 향해 돌진하고 있다.

⑤ 운산전투에서 중공군에게 포로가 된 미1기병사단의 미군과 차량. 지프차 번호가 선명하다.

① 미 해병 1사단은 장진호 유담리부터 진흥리까지 56 km의
중공군 포위망을 놀라운 투혼으로 돌파하였다. 미 해병대원
들이 영하 40도의 혹한과 폭설로 행군에 지쳐 휴식을 취하
고 있다.

② 1950년 12월초, 미해병 1사단이 장진호에서 중공군의 포
위망을 뚫고 흥남으로 향하고 있다. 멀리 중공군 집결지에
美해병 코세이어 전투기 폭격으로 큰폭염이 보인다.

③ 미 해병 1사단에 같이 소속돼 있던 친형제가 장진호에서 무사
히 철수한 후 다시 만났다. 동생 조가 부상당한 형 토니의 손
을 잡고 있다.

④ 1950년 12월말, 중공군2차 공세에 밀려 국군 1사단이 평양
대동강을 건너 다시 남쪽으로 철수하고 있다.

⑤ 참담한 1.4후퇴. 많은 피난민이 한강을 건너려 하고 있다.
멀리 끊어진 한강 철교가 보인다.

① 1951년 1월 28일, 수원비행장에 도착한 맥아더 원수가 나
　온 백선엽 국군 1사단장과 반갑게 악수하고 있다.

② 1951년 2월, 리지웨이 장군에게 서울 재탈환 작전 계획을
　보고하고 있는 국군 1사단장 백선엽 장군

③ 1951년 2월 중순, 안성 입장초등학교에 설치한 국군 1사
　단 사령부에서 장병들이 야외훈련을 위해 집결해 있다. 국
　군 1사단은 여기에서 전열을 재정비하였다.

④ 1951년 3월 15일, 서울 재탈환을 위해 백선엽 장군 이
　마포나루에서 국군 1사단의 한강도하 작전을 지휘하고
　있다.

⑤ 서울을 재탈환한 국군 1사단이 미 전차와 함께 다시 북
　진하고 있다.

⑥ 1951년 3월 23일, 문산일대에서 미 187공정부대가 국
　군 1사단 12연대와 실시한 토마호크 작전.
　1사단은 숙천.순천공정작전 때도 훌륭하게 연결 작전
　을 수행했다.

① 1951년 4월초, UN군사령관직에서 해임되기 직전, 미 8군사령관 리지웨이 중장과 마지막으로 전선을 방문하는 맥아더 장군

② 1951년 7월 10일, 휴전회담 후 백선엽 소장으로 부터 도움을 받아 비행기에서 내리는 조이 제독

③ 1951년 7월 22일, 휴전회담 장소인 평화촌에서의 한국대표 백선엽 장군

④ 1951년 7월 16일, 평화촌 휴전회담 장소에 한국대표인 백선엽 장군을 방문한 이기붕 국방부장관(우로 부터 백선엽 장군, 이기붕 국방부장관, 김정렬 공군 참모총장, 이수영 대령, 김종면 정보국장)

⑤ 1951년 7월 22일, 언더우드 미 해군대위로 부터 휴전회담에 대한 보고를 받고 있는 한국대표 백선엽 장군. 언더우드 대위는 연희전문 설립자인 언더우드 선교사의 손자로 당시 회담 통역장교였다.

① 1952년 4월 25일, 제9군단사령부에 모인 극동군 참모들과 함께(좌로부터 앤슬리 소령, 스미스 소령, 백선엽 2군단장, 색슨 9구단 헌병대 사령관, 미 9군단 준장 드웨이, 존슨 대령, 캐드웰 헌병대장, 와이만 9군단장, 채플레인 대령)
② 1952년 6월, 제2군단장 시절 지휘관 야전천막 앞에 선 백선엽 중장
③ 1952년 6월 22일 미 육군참모총장 콜린스 대장이 한국군 제2군단을 방문했다.
④ 1951년 6월 22일 그리스 최고훈장 수상식(좌로부터 그리스 장교, 유재흥 참모차장, 라이언 준장, 백선엽 제2군단장, 밴 프리트 장군, 차카라토스 그리스 참모 총장, 이종찬 참모총장, 타소니 그리스 준장, 그리고 일행들)

① 1952년 9월 3일, 美 유학장교단 환송행사에 참석한 밴프
  리트 장군과 백선엽 참모총장, 라이언 군사고문 단장
② 서울 동숭동에 위치한 지상2층, 지하1층의 미8군 사 령부
  (현 한국예술위원회) 건물은 6.25전쟁 기간 중 한미 수뇌
  부가 자주 만났던 곳이다. 밴플리트 사령관과 주요지휘관
  이 회의를 마친 후 나오고 있다. 맨뒤에 내려오는 지휘관
  이 백선엽 육군참모총장.

③ 1952년 12월 4일, 한국을 방문한 아이젠하워 대통령 당선자
  와 이승만 대통령이 기갑부대 공격훈련을 참관하고 있다.
④ 1952년 12월 4일, 이승만 대통령이 아이젠하워 대통령 당선
  자에게 태극기를 증정하고 있다.
⑤ 1953년 1월 26일, 미8군사령관 밴프리트 장군과 담소를 나
  누는 백선엽 참모총장

① 1953년 4월 10일, 대구 육군본부(현 한국은행 자리) 참모총장 시절의 백선엽 대장

② 1953년 5월 7일, 동경에서 미 극동군사령관 클라크 장군을 방문한 백선엽 참모총장

③ 1953년 5월 23일, 미 보병학교에서 한국군 장교들과 담소를 나누고 있는 백선엽 참모총장

④ 1953년 5월말, 미국을 방문한 백선엽 육군참모총장 이 미 육군참모대학에서 참모분야별로 담당교관들에게 1대1 개인교육지도를 받고 있다.

⑤ 1953년 7월 18일, 한·미 각군 수뇌부 기념촬영(좌로부터 강영훈 소장, 석주암 소장, 백선엽 참모총장, 미 장성, 문중섭 소장, 안춘생 소장)

① 1954년 4월 15일, 인제 관대리에서 거행된 제 1
야전군 사령부 창설식

② 1958년, 미국 방문시 백선엽 육군참모총장이 지
평리 전투의 영웅이었던 프리먼 장군을 만나고
있다.

③ 1958년 5월, 백선엽 대장이 맥아더 원수가 만년
에 머물고 있던 뉴욕의 월도프 아스토리아 호텔
에서 다시 만났다. 그 때, 맥아더는 백선엽 대장
에게 자신의 친필 싸인이 담긴 회고록을 선물로
주었다.

④ 1958년 5월, 워싱턴 방문시 마중나온 미 육군참
모총장 램니처 대장

1950년 9월 16일, 대구 동촌에서 인천상륙작전 소식을 듣고 여유를 취한 제1사단 백선엽 장군

자유민주주의의 위대한 승리
백선엽 6·25 전쟁 회고록

자유민주주의의
위대한 승리

백선엽

6·25 전쟁
회 고 록

젊은이들의 올바른 역사인식을 위해

★ ★ ★ ★

백선엽 장군은 창군創軍 원로이자, 동족상잔의 비극인 6·25 남침전쟁시 대한민국이라는 신생국가가 존폐 위기에 처할 때 다부동전투 승리로 인천상륙작전과 반격의 발판을 만들고, 평양 선두 입성, 중공군의 공세 저지, 남부군 토벌 등의 뛰어난 전공을 세우셨습니다.

또한 전쟁 중에 국군 최초 4성 장군이 되어 두 번의 육군참모총장과 제10대 합참의장을 역임하셨으며, 한미상호방위조약 체결에 헌신적인 노력을 하여 한미동맹의 초석을 다진 구국 영웅입니다.

6·25 남침전쟁시에 유엔군 사령관이었던 마크 클라크 대장은 "한국군 발전의 모든 공로는 휴전회담 조인 당시에 16개 전투사단을 지휘한 백선엽 대장에게 있으며, 그는 정직함과 용기 그리고 훌륭한 직업적 능력을 지니고 동시에 항상 팀플레이를 하는 인물이다"라고 그의 회고록에서 극찬했습니다.

미군은 지금도 백선엽 장군을 6·25 남침전쟁시에 최고의 명장으로 평가하며 존경하고 있습니다.

한편 일부 단체에서 백 장군을 친일반민족 행위자라고 곡해했지만, 그것에 대해 김형석 독립기념관장이 "백 장군이 일제강점기에 태어나서 일본식 교육을 받고 가정 형편상 만주국군 장교로서 간도특설대에 복무한 경력은 있지만, 조선인 독립군을 토벌하거나 동족을 살해하지도 않았는데 근거도 없이 정황상 친일반민족 행위자로 매도하는 것은 잘못이다"라고 밝힌 것이 팩트입니다.

또한 김 관장은 "대한민국을 수호하기 위해 전쟁터에서 스스로 희생한 일본군·만주국군 출신 장교들을 모조리 친일파로 매도하는 것은 국군의 정통성을 부정하는 것으로서 올바른 역사인식이 아니다"라는 주장도 했습니다.

백선엽 장군은 군에서 전역 후 약 10년 동안 중화민국, 프랑스, 캐나다 대사를 역임하시며 북한의 외교 진출 공세를 철저히 막아냈고, 교통부장관 재임 시에는 서울 지하철 1호선 건설 실현과 대한민국 화학산업을 키워내신 탁월한 외교관이자 산업 근대화의 주역이기도 합니다.

따라서 백선엽 장군은 전쟁에 따른 백척간두 국가 위기 극복과 전후 복구 재건, 굳건한 한미동맹 구축을 위해 하느님이 대한민국에 적시적으로 보내어 큰 역할을 하게 만든 소중한 선물이자 우리가 본받아야 할 공인公人의 표본이며 우리 시대 '제복의 영웅'입니다.

백 장군의 말씀처럼 "지난날의 기적을 다시 일구어 내겠다는 창조적인 용기와 희망을 품고 각자 자신의 위치에서 열성적으로 살아간다면 우리 대한민국은 자유민주주의의 위대한 승리(A Great Victory for Liberal Democracy)로 다시 한번 더 세계를 놀라게 만들 것"이라 확신합니다.

원래 백선엽 장군의 최초 회고록은 6·25 전쟁 발발 40주년을 앞두고 단행본 『군과 나』로 출간했었습니다. 그런데 처음 책을 낸 출판사가 문을 닫게 됨에 따라 나중에는 그 책을 구하고 싶어도 구할 수 없는 처지가 되어 책을 찾는 독자들에게 미안한 마음을 품을 수밖에 없었고, 최근 어린 학생들이 6·25 전쟁에 대해 제대로 알지 못하는 현실이 매우 안타까워 어떻게든 학생들 손에 닿는 가까운 곳에 청소년을 비롯한 젊은 층들이 흥미 있게 읽을 수 있도록 현대적 감각을 더해 다시 재 출간하게 되었습니다.

　따라서 이 『6·25 전쟁 회고록』을 통해 장군의 숭고한 나라사랑과 공인 정신을 선양하고 계승함으로써 미래의 주역이 될 이 땅의 젊은 이들이 올바른 역사인식과 대한민국 국민으로서의 자긍심을 가질 수 있는 계기가 되길 바랍니다.

2025년 2월
백선엽장군기념재단 이사장(전 국방부장관) 김관진

차례

제1장 길고 긴 여름날, 50년 6월

제5장 다시 38선을 향해

제6장 무엇을 잃고 무엇을 얻을 것인가

제7장 참모총장과 4성장군의 길

제8장 마침내 전쟁은 끝나다

제9장 군과 나와 인생

이 땅에서 다시는
전쟁이 일어나지 않기를

★ ★ ★ ★

해마다 6월이 오면 우리는 6 · 25동란의 민족 비극을 떠올리게 된다.

역전의 용사들 중 살아남은 사람들은 그때의 피어린 전투를 회상할 것이고 목숨을 잃은 사람들 중 다행히 서울 동작동 양지 바른 묘지에 묻혀 있는 병사들은 나라의 앞날을 말없이 지켜볼 것이다. 굳이 전쟁터가 아니었다 하더라도 당시를 경험했던 국민들은 이 나라 어딘가에서 그 처참했던 나날들을 되돌아 볼 것이다.

나는 6 · 25부터 휴전이 될 때까지 꼬박 3년 1개월 2일 17시간이라는 긴 시간동안 최전선의 야전 지휘관으로 한국 전쟁을 체험한 그리 많지 않은 군인이다. 임진강에서 시작하여 한강, 낙동강, 대동강, 청천강, 압록강을 오르내리며 싸우고 또 싸웠다. 하루도 쉬는 날이 없었다.

많은 장병들, 용감한 전우들의 생사가 갈린 이 전쟁에서 나는 용케 살아 남았다. 아직도 나의 뇌리에는 생생한 전우들의 얼굴들이 떠 오른다.

이제 고희를 맞은 나는 군인으로서의 내 반생을 회고하여 후세에게 나와 국군과 어려웠던 시기의 발자취를 솔직히 전하여 스스로 역사의 심판대에 오르고자 한다.

1945년 26세 청년으로 평양에서 월남한 내가 연대장, 사단장, 군단장, 휴전회담 한국대표, 백야전 전투 사령관, 참모총장을 거쳐 국군 최초의 4성 장군에 오르게 된 것은 나 개인으로서는 무한한 영광이었으나 그에 못지않은 책임을 내 평생 국가와 민족 앞에 질 수밖에 없다는 것도 새삼 느끼게 해 주었다.

최근에 이르러 '통일문제' 와 '한·미 관계' 가 국가적인 중요 이슈로 등장하고 있음을 본다.

나는 이 문제의 이론적인 논의에 가담할 생각은 없다. 다만 이 두 가지 문제를 인식하는 데 있어서는 1950년 6월 25일을 전후한 상황에 뿌리를 두고 있다고 생각한다. 회고록을 쓰게 된 데는 그러한 이유가 많이 작용했다.

아직도 많은 국민들이 한국전쟁과 군을 잘 알지 못하고 있다. 애석한 일이다. 전쟁이 발발하고 끝날 때까지 비교적 6·25 전체를 조감할 수 있었던 나의 경험이 당시 국가의 인적, 물적 자원과 에너지를 총동원했던 한국전쟁을 좀 더 객관적으로 이해토록 하는데 도움이 되지 않을까 생각한다.

그동안 6·25에 대한 많은 증언들이 있었으며 국내외에서 많은 책과 자료가 발간되었고 당시 정부나 군 요직에 있었던 인사들의 증언도 많이 나왔지만 여전히 충분하지 않은 것이 사실이다. 나의 기록이 6·25전쟁사 및 한국군이 걸어온 역사의 내용을 다소라도 보완하여 충실히 하는데 보탬이 되었으면 한다.

나는 나라가 북한의 침공으로 부산 앞바다까지 밀려 떨어질 지도 모르는 존망의 위기와 압록강까지 국군이 진격하여 통일의 꿈이 눈앞에 어른거리는 순간까지 전투의 최전선을 온 몸으로 체험했다.

또한 한·미 군사 관계의 시발점이라 할 수 있는 한·미 연합작전을 실제 상황에서 수없이 수행했으며 휴전회담에서 국군을 대표하여 유엔군 측 대표단 일원으로 적군과 회담 테이블에 마주앉기도 했다. 그리고 전후 육군의 최고 책임자로서 미군 원조를 받아 국군을 재건하는데도 심혈을 기울였었다.

이런 과정에서 내가 직접 경험했던 일들을 기억이 허락하는 한 솔직하고 소상하게 기록하여 통일의 달성과 한·미 관계의 올바른 방향 설정을 위해 하나의 자료가 되기를 감히 기대해 본다.

특히 전쟁 중과 전쟁이 끝난 후 두 차례에 걸쳐 육군 참모총장을 역임했던 나는 국민과 군의 신뢰관계가 얼마나 중요한가를 누구 못지않게 절감했다.

나의 과거 경험을 국민들과 함께 나누는 것이 군을 좀더 소상히 이해하는데 도움을 주어 원만하고 건전한 민·군 관계 정립에 도움이 되었으면 간절히 바란다.

나의 회고는 승리의 기록이라기보다 전쟁의 기록이다. 한반도에서 또 다시 전쟁이 일어날 경우 승리하기 위한 교훈이 되기보다는 이 땅에서 더 이상의 전쟁을 방지하는데 기여하기를 바란다는 뜻이다.

이 책은 경향신문에 1년 동안 연재되었던 것을 수정·보완한 것이다. 기억의 착오로 혹 오류가 있었다면 지적·편달해 주시길 바라며 연재될 때까지 힘써 준 경향신문사 강한필 편집국장과 정치부 김종식 씨에게 감사드린다. 책으로 묶어 준 대륙연구소 장덕진 회장께도 심심한 감사를 드린다.

1989.6. 옛 전우를 회상하면서

전쟁에서의 리더쉽 이야기

★ ★ ★ ★

전투란 리더쉽을 검증하는 가장 가혹한 시험장이다.

우리가 백선엽을 처음 만난 것은 1951년 초였다. 그때 백선엽은 이미 검증받고 또 검증받고 또 다시 검증받아 이미 더 바라거나 나무랄 데가 없는 군인이었다.

우리의 지휘 하에 있을 동안에도 백선엽은 사단, 군단, 그리고 그보다 높은 지휘계통을 거치며 계속해서 뛰어난 능력을 보여주었다. 백선엽이 대한민국 육군에서 가장 뛰어난 작전 지휘관이라는 데에는 이견이 있을 수 없었다. 무엇보다도 백선엽은 직업군인으로서 가장 기본적이고 확고한 교의를 가지고 있었다. 국가에 대한 충성, 개인으로서의 명예, 도덕적 용기, 부하들에 대한 변치 않는 애정, 그리고 승리를 향한 의지가 그것이었다.

한국전에 대한 미국의 개입에 관한 기록은 많이 남아 있고 그 기록들은 여러 방면에서 분석되어 왔다. 그러나 가장 많은 인력을 투하하고 그에 따라 가장 큰 인명의 손실을 감수해야 했던 나라 대한민국의 입장에서 한권의 책으로 압축하여 쓴 기록은 없었다. 백선엽 장군의 책은 그 비어있는 부분을 채워준다. 그의 책은 3년에 걸친 동족상잔의 전쟁 속에서도 단 한순간도 쉬지 못했던 한 남자에 의해 쓰여 진 전투에서의 리더쉽에 관한 이야기이다. 그것만으로도 이 책은 군사 전문가들이 연구해볼만한 가치가 있다.

이 책은 또 다른 차원에서 보다 넓은 독자들이 읽을만한 가치가 있다. 전혀 준비되어 있지 않은 상태에서 전쟁에 휘말려 혹독한 시련을 겪으며 성장해야 했던 한 군대, 그리고 그 과정에서 무능하기 짝이 없는 군대라는 오명을 쓸 수 밖에 없었고 또한 그 오명을 오랫동안 벗어버릴 수 없었던 대한민국 육군의 진실과 백 장군의 통찰력, 그리고 그의 개인적인 체험이 씨실과 날실이 되어 잘 짜여져 있기 때문이다.

전쟁이 발발했던 당시 약관 스물아홉의 나이로 한국 육군 1사단장을 맡고 있었던 백선엽 대령은 서울 북쪽의 임시경계선에 주둔하며 북한의 주력군과 대치하고 있었다. 그러나 북한군의 맹렬한 기습으로 제대로 훈련도 되지 않은 데다가 장비마저 불량한 제1사단은 속절없이 궤멸되었다.

그러나 3일 만에 재빨리 대열을 수습해 적의 측면을 돌아 정연하게 후퇴하기 시작했다. 제1사단은 그 후로 내리 몇 주간을 유엔군 사령부가 조직되어 있는 낙동강을 향해 남하하며 지연전술을 폈다.

8월과 9월 두 달 간에 걸친 치열한 전투 속에서 한국군 제1사단은 미군과 남한군 사이의 중심적 역할을 하면서 대구를 함락시키기 위한 북한군의 수차례에 걸친 공격을 막아냈다. 제1사단은 인천상륙 작전에 뒤이은 포위 돌파 작전을 이끌었고 북진을 계속해 미군 제 1기갑사단과 거의 동시에 평양까지 진격했다. 모든 사람들이 놀랄만한 혁혁한 전과였다.

그 다음날부터 중공군의 개입이 시작되었지만 백 장군은 미군의 기준으로 보면 미숙한 지원군만으로도 한국군이 훌륭하게 싸워낼 수 있다는 것을 사실로 보여주었다.

소장으로 진급한 그는 한국 남서쪽 산악지대에서 집중적으로 활동하는 게릴라 부대를 섬멸하는 것을 주 임무로 하는 독립적인 군단을 지휘하게 되었다. 이 작전에서의 눈부신 전공으로 그는 육군 참모총장 자리에 올라 전시의 군비확장과 훈련, 그리고 작전의 전개 및 군배치를 책임지게 되었다. 그와 동시에 한국전의 정전협상에도 한국을 대표하게 되었다.

3년여의 전쟁동안 백장군은 리더로서의 용맹성을 가감 없이 보여줌으로써 네 번이나 진급했고 드디어 군의 최고 자리에 올랐다. 그러나 그는 한국 최초로 창설된 야전군의 지휘관이 되기 위해 정상의 자리에서 스스로 내려오기를 선택한 참 군인이었다.

이 책의 갈피갈피에서 우리는 미처 기반을 닦지도 못한 한 군대가 혹독한 전쟁의 시련을 겪으면서 단련되고 성장해가는 모습을 발견할 수 있다. 한국 육군은 제 본분을 다하지 못했으며 능력 부족의 심각한 상태였다는 잘못된 생각이 이 책이 나오기까지 그대로 존속되어 왔다. 그러나 이제 백장군의 책 덕분에 우리는 그러한 잔인하고 그릇된 판단을 바로 잡을 수 있는 증거들을 찾게 되었다.

겨우 섬멸을 면하고 국토의 대부분을 포기해야 했던 개전 초기의 한국군은 북한군의 적수가 되지 못했다. 그러나 한국군은 조직의 완전성을 갖추고 대열을 다시 정비해 가장 절실하다고 생각되는 곳에 가장 필요할 때에 가 있었다.

한국군은 중공군의 주요 공격목표였고 거기에는 논리적으로 그럴 만한 이유가 있었다. 중공군은 한국군의 포병대는 물론 기타 지원군들도 미군에 비하면 수 십 분의 일도 안 되는 수준이라는 것을 잘 알고 있었다. 또한 급조에 가까울 만치 단시간에 증강된 병력이니만큼 전방 주둔군 중에서 전투경험을 가진 인원은 매우 적었다. 이러한 상황에서도 많은 젊은 지휘관들이 나타나 군의 사기를 북돋우고 확고한 전투의지를 불살랐다.

전시에 한국군이 마주친 도전은 한 두 가지가 아니었다. 한편에서는 전투를 하면서 다른 한편에서 개전 당시의 세 배에 가깝도록 병력을 증강시키고 새로 입대한 신병들을 훈련시키는 와중에 병참의 기반 시설까지 닦아야 했다. 꾸준히 지휘 통제 능력을 연마하고 군인 정신을 고양했다. 한국군은 백마고지 전투에서 완전히 성숙된 모습을 보여 주었으며 월남전에서는 미군과 어깨를 겨루며 투철한 군인정신을 보여 주었다.

1950년부터 자유를 수호하기 위해 함께 싸우면서 다져진 한국과 미국의 동맹관계는 동북 아시아의 평화 유지에 있어서 중심적인 역할을 했다. 오늘날 그 관계는 공동의 국가적 이익에 뿌리를 두고 양국의 문화와 시각에 대한 상호 이해를 통해 더욱 성숙해진 동반자 관계로 발전되었다. 이러한 아름다운 결실을 맺기 위해 보여준 헌신에 대해 우리는 백선엽 장군에게 깊은 감사를 드린다.

매튜 B. 리지웨이
(Mattew B. Ridgway 1950~1951 미 8군 사령관, 1950~1952 유엔군 사령관)
제임스 A. 밴플리트
(James A. Van Fleet 1951~1953 미 8군 사령관)

▪ 이 글은 백선엽 장군이 펴 낸 영문 판 '부산에서 판문점까지' (1992) 서문으로 실렸던 글을 김은령 씨의 번역으로 재 수록한 것이다.

자신의 노력으로 쌓아올린 입지적 인물

★ ★ ★ ★

우리는 인류의 긴 역사 속에서 수많은 전쟁과 그 전쟁의 승자勝者 인 헤아릴 수 없을 만치 많은 전쟁 영웅들을 만나게 된다. 그들은 하나같이 전쟁의 천재로 미화되어 있고 시간이 흐를수록 더욱 분식粉飾되어 '사람' 은 사라지고 천재들의 기적과 위업만이 전설로 남아 있다.

그러나 백선엽 장군의 '자유민주주의의 위대한 승리'라는 이 책은 위대하게 과장된 전쟁과 그 주인공의 자랑이 아니라 평범한 한 인간이 군이라는 특수 집단에 몸을 담고 또한 40 년 전 온 겨레가 겪었던 전쟁이라는 비정상적 환경 속에서 자기의 모든 것을 다 바쳐 싸운 체험 그대로를 솔직하게 서술한 기록이다. 그러기에 자서전이나 회고록이라기에는 너무도 수사修辭와 기교가 생략되어 있어 마치 한 군인으로서의 고백서나 자술서 같은 느낌을 준다.

백장군은 청소년 시절을 빈곤과 고난 속에서 성장했다. 그 속에서 제2의 천성이 된 성실 소박 근면 검소한 인품과 생활태도는 평생 변화가 없다. 그는 항상 지나치리만치 자신에게 엄격하다. 그러나 친구와 부하에게는 군인답지 않으리만치 관대하다. 그러면서 그는 최선의 노력, 그 대가로서의 성과를 신봉하고 있다.

그의 성공에는 비결이 없다. 다만 천부의 총명과 예지를 감추고 겸양과 정직 성실로 일관한 결과라고 할까 바로 그가 전쟁에서 이룬 위업의 바탕이다.

한판 승부의 전투나 전쟁은 순간적인 일과성으로 후세에 이르러 이를 다시 재연할 수는 없다. 그러나 그 결과는 오랫동안 승자와 패자에게 또 그 관계에 영향을 미치게 되며 경우에 따라서는 역사의 흐름을 영원히 결정지을 수도 있다.

전쟁의 역사와 그 진실은 결코 날조와 왜곡을 허용치 않는다. 이 한 권의 책에 기록된 전쟁 기록은 백장군 개인의 참전기이며 또한 그의 시야에서 포착한 한국전쟁에 대한 수기이므로 전후 냉전사의 한 부분이며 동족상잔과 민족 수난의 한 단면을 대필한 역사의 증언이기도 하고 한국전쟁사의 중요한 한 부분이기도 하다.

전쟁이 승세勝勢로 치닫는 상황에서는 승자는 다 용자勇者요 명장이 된다. 그러나 패세敗勢에서 어떻게 피해를 최소화하면서 전력戰力을 온존하고 또한 적에게 부단한 타격을 가하여 시간을 벌면서 공세로의 전기를 만드느냐 하는 능력이 바로 군인의 진가를 말해준다.

백장군의 제1사단은 임진강 전선에서, 적의 수도 진입을 끝까지 저지하였고 서울이 함락된 후에는 거의 맨손으로 한강을 넘었다. 그 후 시흥에서 재편성해 소총만으로 무장한 사단은 수원 부근의 풍덕천 전투로부터 낙동강에 이르기까지 끈질긴 접전으로 적의 남하를 지연시키면서 최후 방어선인 다부동에 이른다.

30일이 넘는 이 공방의 혈전에서 제1사단은 3대1이 되지 않는 열세였다. 이른바 부산 교두보로 불리는 이 결전에서 끈질긴 그의 인내와 불굴의 투지는 끝내 적을 굴복시키고 전 전선의 반격과 인천상륙작전의 계기를 만들었다.

백 장군이 6 · 25 직전에 숙명의 제1사단장으로 임명된 데에는 그의 인품과 군인으로서 투혼의 일면을 잘 설명해 주는 숨은 이야기가 있다 .

1948년 말, 육군본부에서 여러 가지 의견 차이로 인해 성질이 급한 필자는 백 장군 곁을 떠나 자원하여 토벌작전 부대인 제5사단으로 전출하여 갔다.

그 후 1949년 봄, 그는 예고 없이 필자를 위로 방문하여 2, 3일을 같이 작전지역을 돌아보았다. 이때 필자는 이 지역의 게릴라 소탕의 중요성과 더불어 지혜와 창의력 그리고 성실성과 결단력만 있다면 사단은 능히 작전에 성공할 수 있다고 가볍게 의견을 말했을 뿐이었다.

그러나 백장군이 요직인 제1사단장 보임을 사양하고 토벌 지역의 제5사단장을 자청, 유배처럼 치부되고 있던 지위에 스스로 뛰어들어 주위를 놀라게 한 것은 얼마 후의 일이었다.

많은 전임자들이 작전 부진으로 대부분 좌천당한 자리였다. 그는 1949년 7월부터 6 · 25 전인 1950년 4월 임진강선에 배치된 제1사단장으로 다시 전보 될 때까지 호남지역의 토벌작전에서 완전히 성공했다. 그에게 이 뼈를 깎는 고난의 체험은 그 후 한국 전쟁에서의 성공기반이 되었다고 믿는다.

그는 작전에서 주민의 보호를 제1의 지침으로 했기에 민 관 경찰의 협력을 얻어 낼 수 있었다. 진두지휘한 사단장의 헌신적 노력으로 6 · 25 전에 이 지역의 평정을 끝낸다.

이 성공은 전쟁발발과 동시에 제5사단으로 하여금 전선으로의 동원을 가능케 한 요인이 되었고 그 후 큰 손실을 입은 5사단을 제1사단에 흡수하여 차질 없이 통합 지휘를 할 수 있게 한 행운의 인연이 되기도 하였다.

또한 이 체험은 1951년 말 부터 다음 초까지 약 100일간의 이른바 '인민공화국'을 이루고 있었던 지리산 지역에 대한 대토벌작전을 성공시킨 밑거름이 되었다고도 생각된다.

낙동강 전선 방어전에서 막대한 피해를 입은 제1사단이 공격전에 있어서도 미 제171 기갑사단을 물리치고 평양을 제일 먼저 점령하고 청천강을 넘어 박천 운산 태천 공격을 감행한 것은 기적에 가까운 쾌거였다.

방어에 강한 부대는 끈질기기는 하나 운동력과 기민성의 결여가 통념으로 되어 있다. 그러나 제1사단은 기동력도 화력도 없는 열악한 상황 속에서 사단장인 백 장군의 지모와 그에 대한 부하들의 신뢰 그리고 미군의 전차와 포병 지원을 받아 세계에서 가장 강력하고 우수한 기계화 부대인 미 제1기갑사단을 제치고 15분 먼저 평양의 목표를 선점하였다 .

제1사단이 이렇게 공수 양면에 강한 데는 평범한 진리가 숨어있었다. 백장군은 지휘 신조의 하나로 휘하부대는 물론 외국 지원부대도 완전히 장악하고 그들로 하여금 최대의 능률을 발휘하게끔 유인誘因과 더불어 재량권을 준다.

그렇게 함으로써 서로의 믿음을 바탕으로 사단장을 핵으로 한 구심점을 형성시켰다. 이로서 극한 상황에서도 전투 대열을 흐트리는 당시 유행어였던 '분산分散'이란 용어는 백장군 사단에는 없었다는 사실이다. 전쟁 특히 전장戰場에서는 인간의 본성을 으그러뜨리기 쉽다. 그러나 백장군은 비정상적인 전쟁터에서도 어제와 다름없이 정상적으로 평상심을 잃지 않았다. 그는 지휘관으로서 부하에게 진두 지휘와 충직과 노력을 수범하였고 애정과 성의로 대함으로써 그들로 부터 최대의 충성과 전과를 얻었다.

일견, 평범한 인물이 비범한 위업을 성취하여 나라를 지킨 것은 결코 요행이나 우연일 수는 없다.

1950년 6월 25일 북한의 기습남침을 당한 전선을 제1사단장으로 시작하여 군단장, 정전회담대표, '백白야전전투사령관' 다시 군단장을 거쳐 1953년 7월 27일 정전을 맞아 육군 참모총장으로서 한국전쟁을 종결시킬 때까지 그는 일관해서 싸웠다.

그는 전쟁터에서 인간으로 또한 군인으로서 성숙해졌고 발전해 갔으며 대령에서부터 대장까지 승진을 거듭했다. 그러나 그의 소박한 인간성과 생활태도는 지위 고하에 따라 상대에 따라 차등을 두는 일이 없었으며 그의 성실성과 노력은 시종 변화와 표리가 없었다.

정녕 백 장군은 선천적인 재능의 장군이라기보다는 꾸준히 자신의 노력으로 자신을 쌓아 올린 후천적인 입지적 장군일지도 모른다. 이 저서의 가치는 촌부村夫처럼 순박한 그가 자신이 싸운 체험을 허식없이 서술한 산 증언이라는데 있을 것 같다 .

김점곤(金點坤 · 경희대교수)

노병 백선엽白善燁 장군이
조국과 동포에게 보내는 역사적 문헌

★ ★ ★ ★

대한민국 국군 창설자의 한 분으로, 6·25전쟁 당시 전방 지휘를 직접 담당해 오신 백선엽 장군이 전쟁의 전모를 말하는 '자유민주주의의 위대한 승리'라는 귀중한 회고록을 내놓게 되었다.

6·25 당시 국군 제1사단장이었던 백장군은 적의 공격이 가장 격렬했던 서부전선 전투를 승리로 이끌어 적의 수도 평양을 제1착으로 점령했던 개선장군이요, 육군 참모총장, 야전군 사령관 등 일선 지휘관으로 일관해 온 역전 노장임은 누구나 다 알고 있는 일이다.

나는 이 회고록을 읽어봄으로써 몰랐던 사실들을 많이 알게 되었지만, 무엇보다도 보람스럽게 느낀 것은 백 장군 자신의 전쟁과 삶에 대한 초탈超脫한 인생철학을 알게 된 것이다.

회고록이란 이미 지나간 이야기들이기는 하지만 생사를 걸고 일선 군대를 직접 지휘해 온 사람의 생생한 전투 기록은, 독자들에게는 미래의 방향을 묵시적默示的으로 말해 주는 귀중한 문헌이라는 사실을 새롭게 깨달은 것이다.

전쟁 격동기에 생사의 화앙(禍殃)에 있었던 사람의 생생한 전투 기록은 그 사람의 전 인격의 도출임은 말할 것도 없지만 그것은 그 시대의 살아있는 역사이기도 하다.

나는 이 회고록에서 저자의 고매한 인격과 탁월한 군인정신을 도처에서 엿볼 수 있었다.

가령 여순반란사건으로 공비 소탕을 하고 있었을 때, 사병들이 어떤 부락을 통비부락(通匪部落 · 공비들과 내통한 부락)으로 오인(誤認)하고 몇몇 민가를 불에 태워 버린 일이 있었다. 지휘를 하고 있던 백장군은 그 사실을 추후에 알고 나자 사령부가 소유하고 있던 막대한 현금을 품에 지니고 도지사와 함께 현장으로 달려갔다. 그리고 "모든 잘못은 지휘관인 저에게 있었으니 여러분은 사형 죄를 범한 본인에게 직접 심판을 내려주십시오" 하고 솔직 대담하게 사죄했을 뿐만 아니라 소실(燒失)된 가옥들을 모두 새로 지어주었다.

이 얼마나 눈물겹도록 겸허한 자기반성인가.

그것이 좋은 계기가 되어 그때부터는 민간인에게 물 한 방울도 민폐(民弊)를 끼쳐서는 안 된다는 사실을 한 사람 한 사람 사병들에게 철저하게 주지시키는 것을 지휘 정신으로 삼았다고 하니, 실로 놀라운 일이 아닐 수 없다.

민주 군대의 올바른 지휘 정신이란 바로 이렇게 해야 하는 것이 아닐까 싶은 것이다.

건국(建國)초기에 있었던 동족상잔의 비극인 6 · 25전쟁은 대한민국 건국사의 중요한 일부분이다. 우리들은 그와 같은 수난을 극복해 오면서 오늘을 살아오고 있다.

따라서 내일을 올바르게 살아가기 위해서 우리 군대와 후방 국민들이 6·25전쟁을 어떻게 극복해 왔는가를 잘 알고 있어야 할 것은 말할 것도 없다. 과거를 모르는 사람에게는 건실한 미래가 있을 수 없기 때문이다.

그런데 지금 6·25의 진상을 제대로 알고 있는 국민이 과연 몇 사람이나 있을 것인가.

전쟁이 끝난 지도 어언 40년이다.

세대가 완전히 교체되어 공산 침략을 막아 내느라고 우리가 얼마나 많은 피를 흘렸는지 아는 사람은 이제 별로 없다.

6·25의 진상을 모르는 젊은 학생들은 순전히 관념적인 이데올로기 유희에 도취되어 동족상잔의 원흉인 김일성金日成을 민족 영웅으로 예찬할 뿐만 아니라 전 세계가 다 알고 있는 공산 남침을 북침이라고까지 떠들어대고 있다. 6·25의 진상을 너무도 모르고 있다는 증거가 아니고 무엇이겠는가.

그런 의미에서 '자유민주주의의 위대한 승리'라는 이 전쟁 회고록은 일생을 조국 수호에 헌신해 온 노병老兵백선엽 대장이 조국과 동포에게 보내는 역사적인 문헌이라고 아니 할 수 없다.

6·25전쟁의 전모인 이 회고록을 읽음으로써 모두가 조국에 대한 인식을 새롭게 해 주기를 바라는 마음 실로 간절할 것이다.

소설가 정비석

한국전쟁 당시

꽃다운 젊음을 바친

대한민국 국군 용사들과

이름 모를 땅에서 산화한

UN 참전국 장병들

그리고

6·25를 겪고 폐허에서

새 조국을 건설한

모든 국민들에게

삼가 이 책을 바칩니다.

■부대 단위

책에 언급된 부대규모와 지휘관은 시간 장소 상황에 따라 달라진다. 현대화된 미군의 편제를 기준으로 한 근사치는 아래와 같다.

· 군(Army) 병력 10만명, 2개 이상 군단으로 구성, 통상 대장급 지휘관(군사령관)
· 군단(Corps) 병력 3만명, 2개이상 사단으로 구성, 통상 중장급 지휘관 (군단장)
· 사단(Division) 최대 1만2000~1만5000명 수준. 3개연대로 소장급 지휘관 (사단장)
· 연대(Regiment) 최대 4500명(포병 기병 의무병 포함) 3개 대대로 대령급 지휘관 (연대장)
· 대대(Battalion) 700~850명, 4개 이상 중대로 구성, 중령급 지휘관 (연대장)
· 중대(Company) 175~240명. 4개 소대. 대위급 지휘관 (중대장)
· 소대(Platoon) 45명이상. 4개분대. 중위나 소위가 지휘 (소대장)
· 분대(Squad) 10명이상, 하사가 지휘 (분대장)

6·25 당시 국군의 사단, 연대 규모라는 것은 인원이나 차량·장비 면에서 매우 열악한 수준이었다. 같은 사단이라고 해서 미군의 사단과 국군의 사단은 전력 면에서 비교할 수 없는 상태였다. 일례로 백선엽 장군이 지휘하던 국군1사단 병력은 1만명이 채 되지 않았고 수송차량은 한 대도 없었다.

01
길고 긴 여름날,
50년 6월

★ ★ ★ ★

"사단장 각하, 전방에서 적이 전면적으로 침공해 왔습니다.
개성은 벌써 점령당하지 않았나 생각됩니다."
1950년 6월 25일 아침, 사단 작전참모의 숨가쁜 전화가
내가 받은 6·25전쟁의 제1보였다. 당시 나는 육군 대령으로 1사단장이었다.

| 7시에 날아온 '개성함락' 급보急報 |

"사단장 각하, 적이 전방에서 전면적으로 침공해 왔습니다. 개성開成이 대혼란에 빠져 있습니다. 벌써 점령당하지 않았나 생각됩니다."

1950년 6월 25일 아침 7시경, 사단 작전참모 김덕준金德俊 소령으로부터 숨이 넘어갈 듯한 전화가 걸려왔다. 내가 받은 6·25 전쟁 1보였다.

당시 나는 육군 대령으로 1사단을 맡고 있었다. 1사단은 38선에 배치된 4개 사단 중 좌익 사단(왼쪽을 맡은 부대)으로 황해도 청단青丹, 연안延安, 배천白川을 거쳐 경기도 개성開城, 장단長湍, 고랑포高浪浦, 적성積城까지 이르는 90km의 광범위한 정면을 수비하고 있었다.

미국 브래들리(당시 미 합참의장) 장군은 6.25를 '잘못된 곳에서 잘못된 시기에 잘못 일어난 전쟁'이라고 했지만 나에게도 참으로 잘못된 때에 일어난 전쟁이었다.

전쟁이 나기 불과 두 달 전인 4월 22일 광주光州 주둔 5사단장에서

1사단장으로 부임해 부대 사정을 자세히 파악하기 전이었고, 더구나 열흘 전부터는 3개월 예정으로 시흥始興 보병학교에서 '고급 간부 훈련' 교육을 받는 중이었다.

북한의 도발 가능성은 늘 있었다. 49년부터 크고 작은 도발이 38선 일대에서 계속되었다. 이듬해 6월 중순에는 육군본부 정보국장 장도영張都暎 대령이 주요지휘관 회합 때 "북의 움직임이 심상치 않다. 침공의 가능성이 있다"고 경고까지 했었다.

6·25 발발 당시 나는 신당동에서 처와 두 돌 지난 딸과 함께 살고 있었다.

김 소령 전화를 받고 길에 나선 나는 차가 흔치 않았던 때라 이리저리 서성거리다 마침 지나가는 군용 지프를 세워 타고 용산 삼각지에 있는 육군본부로 직행했다. 차창 밖으로 보이는 거리는 평소 일요일과 조금도 다름없이 조용하고 한가로웠다. 교회 종소리도 평화롭게 들려왔다.

용산 우체국 뒤편에 있던 육군본부에 도착해 곧바로 참모총장실로 들어갔다. 내가 육군본부로 먼저 간 것은 전황을 자세히 알아보기 위한 것이 1차 목적이었지만 당시 내 신분이 보병학교 파견 신분이라 즉시 1사단을 지휘해도 좋은 지 확인하기 위해서였다.

참모총장실에는 이미 7~8명의 장교들이 서서 심각한 표정으로 웅성거리고 있었다.

채병덕蔡秉德 참모총장에게 1사단으로 복귀, 지휘해도 좋은 지 묻자 거구의 그가 "무슨 그 따위 소리를 하는가. 빨리 사단으로 가라"고 소리쳤다.

차편을 얻을 겸 육군본부 근처 관사에 사는 1사단 미군 수석고문관 로크웰Lloyd Rockwell 중령 관사를 찾아갔다. 그는 아무 것도 모른 채

집에 있었고 다행히 지프도 있었다.

나는 급보를 전해주고 로크웰 중령이 운전하는 지프를 타고 최경록崔慶祿 대령 집이 있는 남대문 쪽으로 향했다.

11연대장 최 대령은 내가 교육을 받고 있는 동안 선임 연대장으로 1사단을 맡아 대리 근무 중이었다. 마침 최 대령도 전쟁발발 소식을 듣고 집을 나설 채비를 하고 있었다. 나와 로크웰 중령, 최 대령 세 사람은 경기도 수색水色에 있는 사단사령부로 직행했다.

이때까지도 거리는 보통 때와 다를 바 없어 보였다. 다만 바삐 오가는 군용차량이 자주 눈에 띄어 뭔가 심상치 않은 일이 벌어졌음을 알리고 있었다.

우리가 수색 사단사령부에 도착한 것은 오전 9시경이었다. 사령부 현관에 참모들이 대기하고 있었다. 포병대대장 노재현盧載鉉 소령, 작전참모 김덕준金德俊 소령, 통신 중대장 동홍욱董弘旭 대위 등이었다.

우리는 사령부 안으로 들어갈 틈도 없이 선 채로 부대 현황을 들었다. 개성은 벌써 함락되어 주둔하고 있던 12연대(연대장 전성호·全盛鎬 대령)와는 통신도 끊겨버린 절망적인 상황이었다. 문산汶山 방면 13연대(연대장 김익렬·金益烈 대령)는 현재 적과 교전 중이었고 수색의 11연대는 병력을 모아 전방 진지에 투입중이라는 것이었다.

전날이었던 24일이 토요일이었던 관계로 많은 장병이 외출·외박을 나가 부대 병력의 절반가량이 부재중이라는 보고였다. 6월 들어 계속된 비상으로 외출·외박을 금지해오다 마침 육군본부가 모처럼 병사들을 내보냈다는 설명이었다.

나는 열흘 이상 부대를 떠나 있었기 때문에 뭔가 감이 잘 잡히지 않았다. 답답한 가운데 그저 '큰일 났구나' 하는 생각 뿐이었다. 우리는 각자 지프 통신차, 스리쿼터에 나눠 타고 사단 전진 지휘소인 파주초등학교로 향했다.

파주초등학교 앞산에 올라보면 청명한 날 개성까지 훤히 보이기 때문에 이전부터 이곳을 유사시의 사단 전진 지휘소로 생각해 두었었다. 과연 산 정상에 오르니 전방 곳곳에서 포성이 울리고 포연이 피어오르고 있었다.

나의 관심사는 오로지 사단 좌익 개성을 중심으로 광범위한 정면을 담당한 12연대의 전력이 얼마나 남아 유일한 통로인 임진강 철교 쪽으로 언제 철수할 것인지, 또 사단 우익의 고랑포 남쪽 파평산坡平山 진지에 투입된 13연대가 얼마나 잘 버텨줄 것인지 그리고 예비 연대인 11연대가 외출 병들을 귀대시켜 얼마나 신속히 사단 정면 문산 쪽으로 진출할 수 있을지 하는 것이었다.

사단장 부임 직후 전선을 돌아보면서 방어계획을 점검할 때 38선을 따라 일렬로 늘어선 전선의 부대 배치에 불안을 품고 유사시 임진강을 따라 저지선을 구축하도록 작전을 변경해 두었었다.

이것은 중요 도시인 개성을 일단 포기하게 되는 것이라서 일부 반대도 있었다. 그러나 나는 이렇게 해야 90km나 되는 사단 정면을 30km정도로 줄여 1개 사단이 감당할 수 있다는 계산이었다. 인천에 주둔하던 예비 11연대를 옮겨 수색에 천막을 치고 주둔하게 했던 것이 다소 위안이 됐다.

각 연대들이 때를 놓쳐 임진강 방어진지를 점령하지 못하면 단숨에 서울까지 침공을 당하고 부대는 퇴로를 끊긴 채 고립될 수밖에 없었다. 때문에 전선의 상황이 궁금하기 짝이 없었다. 동쪽 인접 7사단(사단장 유재흥·劉載興 준장)의 전황도 궁금했다. 그러나 통신이 여의치 않아 알 길이 없는 것이 답답했다.

파주초등학교까지 동행했던 로크웰 중령이 한낮이 되자 "군사고문단KMAG에서 철수 명령이 내려 서울로 돌아간다"고 말하고 총총히 사라졌다.

'우리를 돕겠다고 해 놓고 상황이 불리해지니 철수해 버리는구나. 미군에 기대를 거는 것은 절망적인 것은 아닐까'

나는 크게 낙담한 표정을 숨기지 못하고 눈물까지 그렁그렁해진 얼굴로 악수를 나누며 그를 전송했다.

당시 국군은 군수 장비의 거의 대부분을 미 고문단에 의존하고 있었다. 고문단이 철수한다는 것은 곧 맨 손으로 적과 싸운다는 것과 다름없는 것이었다.

나는 전황을 눈으로 직접 확인하기 위해 우선 적 전차와 대부대의 임진강 도하가 가능한 고랑포 쪽으로 갔다.

13연대는 잘 싸우고 있었다. 최전방 대대는 적의 공격을 지연시키면서 후퇴 중이었고 임진강 남안에서는 때마침 대대훈련을 위해 야영 중이던 대대가 급보를 받자마자 파평산 진지로 투입되어 있었다.

외출 장병들도 숨 가쁘게 귀대하기 시작했다. 사단의 우익은 일단 걱정을 덜 수 있었다.

좌익에 진출한 11연대는 귀대 장병을 모아 임진강 철교를 중심으로 '문산 돌출부'의 진지를 강화하고 있었다. 이곳은 문산 읍을 중심으로 임진강이 반원형 꼴로 굽이쳐 개성을 향해 북서방향으로 돌출된 지형으로 개성에서 문산을 거쳐 서울로 향하는 국도와 철로가 통과하는 요충지이고 임진강 철교가 강을 가로지르는 곳이다.

임진강 남안의 진지를 점령하게 되자 임진강 철교를 언제 폭파해야 하는가 하는 문제에 부딪혔다. 정오가 좀 지나 공병대대장 장치은張治殷 소령이 "철교 폭파 준비가 다 됐다"며 "폭파시기를 지시해 달라"고 보고했다.

나는 "잠시 기다려라. 개성 12연대의 주력이 철수하면 폭파하라"고 했다.

오후 3시쯤 마침내 12연대장 전순대령이 30~40명 부하들과 스리쿼터를 타고 철교를 건너 왔다. 그는 얼굴에 심한 상처를 입어 많은 피를 흘리고 있었다. 나는 53세의 고령이었던 그를 즉시 후송했다(광복군 출신인 전 대령은 회복 후 영덕전투에서 유격부대를 지휘하던 중 그만 전사했다).

그리고 한 시간을 더 기다렸으나 철교를 건너는 병사가 그리 많지 않았다.

마침내 철교 북쪽 입구에서 철교를 경비하던 수용부대收容部隊가 "아군의 뒤에 적이 따라오고 있다"고 보고해 왔다.

나는 지체 없이 "철교를 폭파하라"고 명령했다.

그러나 굉음이 들리지 않았다. 철교가 폭파되지 않은 것이다.

"코드가 끊겼는지 실패했습니다."

공병대대장이 얼굴이 파랗게 질린 채 보고해왔다. 그 사이 적군들이 철교에 몰렸다. 순간 철교를 사이에 두고 맹렬한 총격전이 벌어졌다. 내 주변에도 총탄이 튀고 있었다.

전략상 요점인 철교를 적에게 거저 내준 꼴이 되고 말았다. 불행 중 다행인 것은 적 전차가 주요 공격 방향을 고랑포 방향으로 잡아 파평산~문산을 침공하여 이 철교를 이용하지 않았다는 점이다. 아마 임진강 철교는 의당 폭파되리라 생각했을 것이다.

오후 늦게 유해준兪海濬 대령과 김동빈金東斌 중령이 지휘하는 육군사관학교 교도대대敎導大隊와 보병학교 교도대대가 열차 편으로 사단의 증원부대로 도착했다.

1개 연대를 잃은 나에게는 이들이 큰 힘이 되어 주었다.

파평산 북쪽 전선을 방어하던 13연대는 고랑포의 임진강을 넘어

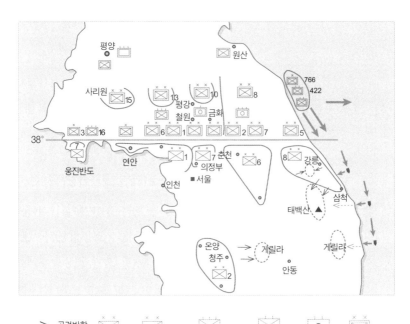

──▶ 공격방향						
┈┈▶ 후퇴방향						

한국제 1사단	미제 제1기병사단	제12연대 제2대대	제11보병연대	제6포병대대	공산군 제1사단

6 · 25직전 휴전선 부근의 피아彼我부대 배치

남하하는 적 전차에 고전하기 시작했다. 연대에 대전차 중대가 배차되어 있었으나 57mm 대전차포와 2.36인치 바주카포는 소련제 T34형 전차의 두꺼운 장갑을 뚫지 못했다. 특히 대전차 중대가 철판 관통력이 큰 철갑탄을 보유하지 못했던 것이 치명적이었다.

더구나 병사들은 전차를 본 적도 없거니와 대전차 훈련을 한번도 치러본 적이 없었다. 병사들은 첫날부터 소위 '전차 공포증'에 시달렸다. 전차라는 말만 들어도 겁에 질려 사기를 잃어버리는 것이었다.

그러나 13연대 병사들은 용감했다. 자발적으로 육탄 공격조를 짜서 폭약과 수류탄을 지니고 적 전차에 뛰어올라 자폭하는 눈물겨운 투혼을 보여줬다.

이들의 목숨을 건 희생으로 적 전차부대는 첫날 파평산을 통과할 수 없었고 문산의 우리 예비대는 시간을 벌 수 있었다.

날이 저물어 나는 파주 초등학교 지휘소로 돌아왔다. 전선부대가 다소 전열을 정비한 듯 전방 상황도 속속 들어오고 있었다.

통신장교가 한 통의 전문을 내게 전했다. 옹진반도에 육본 직할 연대로 배치된 17연대의 연대장인 동생 백인엽白仁燁 대령으로부터 온 것이었다. 전문에는 이렇게 쓰여 있었다.

'제1사단장께 전달하여 주시오. 장병 선전 건투하지만 상황은 불리함. 이것이 최후가 될 지 모름.'

순간 애틋한 감정이 솟았으나 사사로운 감상에 빠져 있을 수 없었다. 나이는 젊고 경험은 부족한 데 이 전쟁을 어떻게 끌고 나가야 할지 무거운 책임감이 마음을 짓눌렀다. 1만여 장병의 운명이 나에게 쥐어져 있었다.

겉으로는 티를 내지 못했지만 온종일 극도의 위기감 속에서 평정을 잃고 당황했던 것이 솔직한 고백이다. 타는 듯한 갈증을 느껴 틈틈이 냉수만 들이키며 하루를 보냈다.

포성이 밤중까지 계속되는 가운데 여름밤은 깊어갔고 나는 뜬눈으로 밤을 지새웠다. 3년 1개월 2일 17시간동안 나와 전우들 그리고 대한민국의 운명을 건 전쟁의 첫날은 이렇게 저물었고 짧은 여름밤이 끝나고 곧 새벽이 밝았다.

| 문산 방어선이 무너지다 |

적군의 기습 공격에 허를 찔렸던 나의 1사단은 적의 우세한 병력과

화력 그리고 전차부대의 충격에도 불구하고 26일 아침부터는 잘 싸우기 시작했다.

우리는 이곳 지형에 익숙했고, 주요 거점에 진지를 파두었기 때문에 강력하게 저항할 수 있었다. '또 기습당했다' 는 쇼크에서 벗어나고 보니 적군도 첫날 생각했던 것보다 전투에 썩 능숙한 것 같지는 않았다.

아침부터 접전이 벌어져 파평산은 포연에 뒤덮혔다. 이곳의 13연대(연대장 김익렬·金益烈 대령)는 예상 밖으로 선전하고 있었다.

한편, 전날 밤 임진강 철교 주위에 포진한 적군은 밤새 주변 고지를 점령, 문산을 위협하고 있었다. 문산을 빼앗기면 측방13연대의 퇴로를 차단당할 우려가 있어 나는 11연대에 문산 돌출부를 탈환하라고 명령했다. 수비만 하다보면 끝없이 밀릴 것 같은 불안함이 엄습했다.

부관 김판규金判圭 대위와 운전병만을 데리고 전선의 각 부대를 점검하는 동안 적 포탄이 지프의 앞뒤에 떨어지기도 했다. 그럴 때마다 공포심을 느끼지 않았다면 거짓말일 것이다. 경험이 미숙한 1만여 장병을 지휘해야 한다는 책임감이 짓누르는 중압감 때문에 비록 다리를 부들부들 떨기도 했으나 죽는다거나 다칠 것이라는 잡다한 생각을 한 기억은 별로 없다. 마음 속에서 솟아나오는 공포심을 사단장이라는 책임감으로 억누르고 두려움이 없는 체 행동했다고 하는 것이 정확한 표현일 것이다.

도로에는 전선으로 투입되는 장병들과 피난민들이 교차하고 있었다. 싸울 수 있는 가용 병력은 최후의 일인까지 전선에 투입됐다.

11연대가 문산 방면으로 투입되고 교도대대를 여기에 배속配屬시키다보니 사단 예비 병력은 바닥나 있었다.

나는 틈틈이 육군 본부에 연락해 증원 부대를 더 보내줄 것과 후송된 12연대장의 후임도 속히 보내달라고 요청했다. 과거 정보국장 시절(48년)과 5사단장 때 함께 근무했던 육본 정보국차장 김점곤金點坤 중령을 보내 주었으면 하는 의견을 전하기도 했다.

정오경, 11연대는 교도대대와 함께 사단 유일의 제6포병대대의 화력을 지원받아 역습에 돌입했다. 교도대대는 평소 장교나 사관생도 앞에서 전술 시범을 보이는 부대이기 때문에 잘 훈련되어 있었다.

그러나 고지를 선점한 적의 저항은 완강했다. 적의 포격은 아군을 능가했다. 사정거리는 8km 밖에 안 되는 아군의 구형 105mm 곡사포로는 대구경의 적 포병을 제압할 순 없었다.

일부 대대는 총탄이 비 오듯 하는 가운데에도 진격을 감행해 적군을 임진강변 가까이까지 몰아내기도 했지만 역습은 결국 저지되고 말았다. 역습의 시기를 놓친 것이 안타까웠다. 좀더 일찍 밀어붙였으면 탈환이 가능했겠지만 이미 적군이 전지를 강화한 후였다.

저녁 무렵, 적 전차부대가 마침내 파평산의 13연대 정면을 가로질러 임진강 남안의 도로를 따라 돌진, 문산에 진입했다. 13연대는 전차를 저지하기 위해 대전차포의 화력을 집중했으나 큰 위력을 발휘하지는 못했다. 대전차 포탄은 계속 명중했으나 전차는 잠시 주춤거릴 뿐 파괴되지는 않았다.

포병대대는 이러한 위기 상황에서 선전 분투했다. 불과 15문의 야포로 최후의 순간까지 버티며 적의 주력 부대에 포격을 가했고 특히 대전차포와 육탄공격에도 아랑곳없이 진격해 들어오는 적 전차부대에 정확한 탄막彈幕사격을 퍼부어 적군의 신속한 진격을 저지했다.

적 전차가 문산까지 침입하는데 이틀이나 걸린 것은 13연대의 대전차포와 육탄 공격, 그리고 포병의 정확한 사격과 선전건투에서 비롯한 것이었다. 그러나 결국 10여대의 전차가 진입함으로써 문산은 적의 수중으로 들어가고 말았다.

사단 좌익의 11연대 일부는 퇴로가 차단됐고 13연대도 전차부대의 돌파로 기세가 오른 적군에 밀리기 시작했다. 파평산~문산에 이르는 방어선이 무너지기 시작한 것이다.

저녁 무렵, 비가 부슬부슬 내리는 가운데 나는 마침내 현 방어선을 포기하고 모든 부대에게 후방 진지로 철수하도록 후퇴 명령을 내렸다. 무엇보다 우측 동두천 방면에 있던 제7사단이 예상 밖으로 의정부 쪽으로 일찍 후퇴한 것이 결정적이었다.

사단이 재집결할 후방 진지는 위전리 봉일천에서 금촌金村에 이르는 방어선으로 이곳은 38선과 서울의 딱 중간 지점인 곳이다. 사단장 부임 직후 나는 이곳 일대를 유사시 서울 방어의 최후 방어선으로 선정하고 진지공사를 해 두었었다.

경의선 철도를 서울~개성 국도(통일로)가 S자로 교차하는 이곳은 좌우로 낮은 산들이 이어져 첫눈에 최적의 방어선으로 들어왔다. 진지 공사에는 부대 병력만으로는 손이 모자라 곤란했는데 인근 중학교 학생들이 삽과 곡괭이를 들고 나와 도와주었다. 어린 학생들에 대한 고마운 마음에 가슴이 저려왔다.

사단지휘소에는 어느 새 12연대 미 고문관 도노반 소령이 들어와 있었다. 그는 "미 군사고문단이 철수 방침을 취소하는 바람에 다시 오게 됐다"면서 "육군 본부에서 곧 의정부 방면에 6개 연대를 증원, 투입해 반격할 계획이며 1사단의 선전에 큰 희망을 걸고 있다"고 전했다. 봉일천은 사수해야 한다.

철수 명령을 내리고 나자 불안감은 더욱 가중돼 초조한 기색을 감추기 어려웠다.

혼란에 빠진 전선의 각 부대에 철수 명령이 제대로 전달될 수 있을 것인지, 11연대가 적군을 우회하여 무사히 빠져나올 수 있을 것인지,

방어선이 허물어진 13연대가 파평산 후면까지 침투한 적군에 포위되지 않고 후퇴할 수 있을 것인지, 야간 철수 중 중화기와 중장비는 잃지 않고 나올 수 있을 것인지, 사단 동쪽의 의정부 전선은 지탱되고 있는 것인지 걱정이 한 두 가지가 아니었다.

작전 참모를 위시한 사령부 요원들은 연대 작전 참모를 불러서 더러는 전화로 더러는 직접 부대를 찾아가서 내 명령을 전하느라 부산했다.

이 때의 비장한 심경은 무어라 표현할 수가 없다. 어느 틈인지 오른쪽 구두 뒤축이 떨어져 나가면서 빠져 나온 못이 발뒤꿈치를 후비고 있었다. 장화 속이 피로 엉켜 있었으나 돌볼 틈이 없었다.

나는 야밤에 사단사령부를 파주에서 봉일천 초등학교로 옮기도록 하고 각 부대의 철수 상황을 초조하게 점검했다.

26일 밤부터 적군이 야간 공격을 감행했으나 전방의 각 부대는 비교적 큰 혼란 없이 후퇴하여 27일 새벽까지 봉일천 방어선의 진지에 투입됐다. 염려했던 대로 일부에는 명령이 전달되지 않아 혼란이 있었다. 그러나 결정적으로 파탄 난 부대는 없어 마음이 다소 안정됐다.

밤중에 2개 대대의 증원 부대가 방어선에 투입됐다. 전남에 주둔해 있던 5사단 예하 15연대 1개 대대와 20연대 1개 대대는 열차 편으로 용산을 거쳐 올라왔고 5사단 주력 부대가 의정부 방면으로 투입됐다는 것이었다.

보병학교에서 교육 중이던 15연대장 최영희崔榮喜 대령이 용산에서 합류하여 이들과 함께 도착했다. 또 어느 새 12연대장으로 김점곤 중령이 도착해 개성방면에서 철수한 소수의 병력이나마 수습하여 재편을 서두르고 있었다.

고통과 초조한 마음으로 밤을 새우고 나자 이때부터 적의 상황도

대체로 파악되기 시작했다. 사단 전면의 적은 전차로 증강된 2개 사단 이상이었다.

이날 밤 사단 공병대대 부대대장 김영석金永錫 소령은 21명의 지원자를 받아 대전차 특공대를 조직하여 적의 야간 기습에 대비했다. 이들은 전원 유서를 쓰고 문산 남쪽 도로변에 호를 파고 들어가 전차를 기다렸다. 그들의 무기는 TNT 폭탄 묶음 속에 수류탄을 넣은 것으로 여차하면 안전핀을 뽑아 전차에 뛰어들자는 것이었다.

그러나 적 전차는 야간에 움직이지 않았다. 이들은 전차를 폭파하는 대신 남하하는 적의 전초병들을 기습 섬멸해 소화기 10여점을 노획한 후 날이 새자 무사 귀환했다.

임진강 철교 폭파에 실패한 공병대대가 이를 만회하기 위해 결사의 투혼을 발휘한 것이었다.

적군은 날이 밝자 마자 숨 돌릴 틈도 없이 위전리 북방의 녹음 짙은 수풀 속에 나타났고 이어 25대 가량의 전차가 국도를 따라 내려갔다. 이때는 우리 사단의 각 부대도 점차 침착을 되찾고 정돈되어 있었으며 다소 자신감을 회복하고 있었다.

아군은 적 전차에 대전차포의 화력을 집중하고 또다시 포병대대가 적 전차의 진로에 정확한 탄막 포격을 퍼붓는 방식으로 효과적으로 적을 저지했다.

이날은 증원 온 15연대의 병사까지 육탄 공격반에 가담해 포격을 뚫고 침공하는 적 전차에 뛰어들어 장렬한 구국 투혼을 발휘하며 산화했다.

치열한 접전이 종일 계속됐으나 방어선은 흔들리지 않았다.

오후 봉일천 초등학교에 마련된 사단사령부에 육군본부 전략지도반장 이름으로 김홍일金弘壹 소장이 민기식閔機植 대령과 함께 방문했다. 당시 52세였던 김 장군은 나의 전황 보고를 듣고 "1사단의 건투에 놀랐다"고 칭찬을 하면서도 "의정부 쪽은 끝장이 나 희망이 없다"는 말을 전했다.

김 장군은 "여기서 일단 저항을 그치고 한강 남쪽으로 후퇴하는 게 어떻겠느냐"고 의견을 물었다.

"저도 그렇게 생각합니다. 그러나 제 맘대로 후퇴할 수는 없습니다."

나는 김 장군에게 육본으로 속히 돌아가서 채병덕 참모총장에게 후퇴 허가를 받아 달라고 부탁했다. 김 장군도 "그렇게 하겠다"는 약속을 남기고 급히 되돌아갔다.

저녁 늦게 육본에서 지프를 타고 한 장교가 참모총장 명령서를 갖고 왔다. 명령서에는 예상했던 것과 달리 '현 진지를 사수하라'고 적혀 있었다.

이 명령으로 1사단은 한강 이남으로 철수할 가능성이 사라졌다. 최후까지 항전하며 전세가 역전되는 기적을 기대하는 수밖에 없었다.

후일 듣자하니 김 장군이 채 총장에게 1사단 철수를 강력히 건의했으나 채 총장이 결단을 내리지 못했다고 한다. 김 장군은 아예 전화기를 들어 채 총장에게 쥐어 주며 후퇴를 명령해 달라고 간청했으나 총장이 거절했다는 것이다. 이유가 있었다. 당시 채 총장은 미군이 곧 개입하리라는 정보를 얻고 적군을 한강 이북에서 저지하겠다는 일말의 의지를 갖고 있었다.

전쟁이 끝나고 난 뒤 내가 김 장군의 후퇴 건의를 받아들이지 않고 봉일천 전선을 사수하려 했다는 소문이 났다. 사단장이 단독으로 결심해서 한강 이남으로 후퇴를 감행했어야 했다는 비판이 깔려 있었다.

그러나 이것은 전쟁터에서 수없이 제기되는 수많은 '만약if'의 하나이다.

지휘 계통이 아닌 참모 건의를 따르다 낭패를 한 경우는 헤아릴 수 없을 만큼 많다. 명령을 어기고 전선을 이탈하는 것을 극형으로 다스리는 것은 모든 국가의 군대에 공통사항이다.

나로서도 '만약' 그때 후퇴명령이 내려져 사단 규모 전력을 비교적 갖춘 1사단을 한강 남안 방어에 투입했더라면 국군이 낙동강까지 한순간에 밀리는 사태를 막아 수훈을 세울 수도 있었으리라는 아쉬움을 갖고 있다. 그러나 명령에 복종하는 것은 군인의 본분이다.

나는 이날 처음으로 포로들을 신문했다.

북한군 포로는 20세 전후로 나이가 어렸다. 잡힌 것은 아랑곳하지 않고 연신 "지금쯤 서울을 점령했을 텐데"라는 말만 중얼거렸다. 체격도 빈약해 보여 '이런 놈들에게 당하다니' 하는 분노가 치밀었다.

나는 이후에도 자주 적군 포로를 직접 신문했다. 정보 획득은 물론 그들의 정신상태를 파악하는 데 요긴했기 때문이다.

사흘 동안 밤낮으로 계속된 격투에 지친 아군은 28일 낮까지 봉일천 방어선을 지탱하고 있었다. 그래도 일단 전선 사수 명령을 받은 이상, 방어만으로는 수비가 될 수 없으므로 또 반격을 구상했다.

28일 새벽, 작전 참모에게 문산 탈환을 목표로 하는 반격 계획을 세우도록 명령하고 각 부대에 이를 하달하도록 했다.

같은 날 새벽 3시, 한강 인도교가 폭파되고 육군본부가 수원으로 이동했으며 적군은 미아리를 넘어 서울을 점령했다. 나는 이런 사실을 알 턱이 없이 최후의 결전을 준비하고 있었다. 그러나 상황은 심상치 않게 돌아갔다.

그런데 정오쯤에 부상자를 후송하러 서울로 떠난 앰블런스가 그냥 되돌아왔다. 분위기가 이상했다. 결국 탄약 보급을 받으러 부평 쪽으로 떠났던 사단 군수 참모 박경원朴璟遠 중령이 빈 트럭으로 돌아와 암담한 소식을 전했다.

녹번리까지 가보니 적이 벌써 서울에 진입해 있었고, 한강 인도교가 폭파됐으며 서대문 형무소 죄수가 풀려나고 거리에는 적기가 휘날리고 있다는 것이었다. 박 중령도 이 소식을 듣고 되돌아오는 길이었다.

설상가상으로 노재현盧載鉉 소령은 더 이상 쓸 포탄이 남아있지 않다고 보고했다. 온 몸에서 힘이 빠져 나가는 듯한 순간이었다. 나는 노 소령을 부둥켜안고 비통의 눈물을 흘렸다.

조금 지나자 이번에는 봉일천 초등학교에서 멀지 않은 동쪽 야산 지대에 50여 마리 몽고말을 이끈 적 기마대가 출현한 것이 목격됐다.

말 위에 더러는 적군이 타기도 했고 더러는 기관총이나 박격포를 싣기도 했다. 얼마 안 있어 박격포탄과 기관총탄이 학교 부근에 떨어지기 시작했다.

사단의 동쪽 측면이 적에게 노출된 것이다.

반격을 개시하기도 전에 반격 계획이 수포로 돌아갔다. 나는 반격을 중지하도록 명령하고 황급히 수백미터를 후퇴해서 곡릉천 다리 옆 제방으로 사령부 요원들과 함께 이동했다. 때마침 서쪽 하늘에 미 공군 폭격기가 날아와 사단 좌익부대에 폭격을 하고 있었다. 분명 오폭이었다.

내 힘으로는 어찌할 수 없는 최후의 순간이 다가오고 있음을 직감할 수 있었다.

적의 기마대 공격을 측면에서 받는 위기 상황아래서 나는 연대장과 참모를 소집, 한강 이북 전선에서의 마지막 회의를 가졌다. 최경록, 최영희, 김점곤 연대장, 참모장 석주암石主岩 대령 등 참모진 및 직할 부대장들이 한 자리에 모였다. 나는 이렇게 말했다.

"나흘 동안 잘 싸워주었다. 그러나 다들 들었듯이 오늘 아침 서울이 함락됐다. 한강다리도 폭파됐다. 미군 폭격기를 보니 미군이 참전한 모양이다. 하지만 저 오폭을 보면 알 수 있듯이 우리나라는 우리가 지켜내야 한다. 사단은 전력을 최대한 지켜서 한강 남쪽으로 철수하

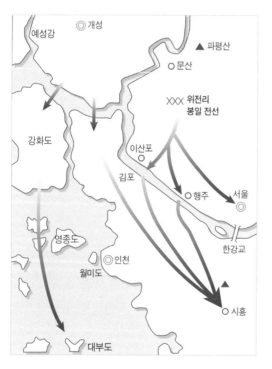

1사단 철수로

48

자. 목표는 우선 시흥 보병학교다. 거기서 재집결하자. 만약 여의치 않으면 지리산으로 가자. 지리산에서 농성하며 게릴라가 되어 철저히 항전하자. 2~3년을 버티면서 유리한 정세를 기다리자."

적군의 사격은 가까운 개천 둑까지 퍼붓고 있었다.

우리는 한강을 건널 지점을 어디로 확보할 것인지를 논의했다. 대낮에 후퇴한다는 것은 많은 어려움이 뒤따를 것이다. 적의 추격을 받으며 1만 병력이 한강을 건너야 하는 것이다. 나는 한강 쪽 지리에 어두워 연대장들에게 의견을 물었다.

11연대장 최경록崔慶祿 대령은 김포 하류 이산포二山浦가 좋겠다고 했고, 15연대장 최영희 대령은 행주나루터를 건의했다. 두 연대장은 각각 자기가 건의한 곳의 지형을 잘 알고 있었다.

나는 일단 선발대로 최경록 대령을 이산포로, 최영희 대령을 행주나루터로 출발시켰다. 그리고 몇몇 사령부 요원들과 함께 이산포로 가 보았다. 왠일인지 최경록 대령이 이끄는 선발대가 아직 도착해 있지 않았다. 강폭은 매우 넓고 나룻배가 한 척도 보이지 않아 건너기가 쉽지 않아 보였다.

한강 상류로 차를 돌려 행주나루터로 가니 최영희 대령이 준비를 하고 있었다. 나룻배도 10여 척 있었고 뱃사공도 있었다. 강 건너 김포 공항 쪽에서는 벌써 검은 연기가 솟고 있었다.

공병 경험이 있었던 최대령은 능숙한 솜씨로 도하작전을 지휘했다. 주변에 경계병을 배치하고 나룻배 두 척을 엮어 그 위에 널빤지를 얹어 뗏목 비슷한 것을 만들었다. 철수 병력을 모두 건너가게 하기에는 턱없는 장비였으나 이나마라도 확보한 게 다행이었다. 최대령은 어느 틈에 저녁식사까지 마련해 두었다. 나흘을 굶고 지내 시장기가 났지만 부하들이 이 지경이 된 마당에 차마 먹을 수 없어 나는 사양하고 말았다.

일행은 최 대령 덕분에 지프 2대까지 싣고 무사히 한강을 건널 수 있었다. 최 대령에게는 지금까지도 고마움을 느끼고 있다.

그러나 1만 장병이 뿔뿔이 흩어져 퇴각해야 하고 차량 150여대와 야포, 그 밖의 중장비들을 건질 방도가 없게 된 것이 무척 안타까웠다. 피눈물이 나는 비통한 심정이었다.

후퇴 도중 간간이 마주친 민간인들과 뱃사공들의 눈길은 퇴각하는 군인의 비애를 느끼게 했다. 그들은 무표정했다. 하지만 나는 그 무표정 속에 왜 이 나라를 지켜주지 못하고 도망가느냐는 원망과 배신감이 숨어 있음을 읽을 수 있었다.

강을 건너자 곧 어두워지기 시작했다. 강둑을 따라 동쪽 영등포 방향으로 가면서 보니 김포공항 쪽에서는 계속 기관총 소리가 나고 있었다. 서울과 영등포 쪽에서는 초저녁 밤하늘에 검붉은 연기가 치솟고 있었다.

저 연기 속에 많은 시민과 그리고 내 처자가 있으리라.

날은 어둡고 앞길은 막힌 듯 해 애써 가져 온 지프를 강가에 버리고 논두렁을 따라 시흥 쪽을 향해 걷기 시작했다. 일행은 석주암 대령, 김익렬 대령, 최영희 대령, 헌병대장 이규광李圭光 소령 등 40~50명의 장병들이었다.

나흘 동안 물만 마시고 지낸 탓인지 기력이 쇠진해 30분 이상을 계속 걷기가 힘들었다. 논두렁에 앉아 쉬곤 하며 밤새워 걸었다.

부관 김판규 대위는 어둠 속에서도 용케 마실 물을 구해 지친 나의 목을 축여 주었고 이규광 소령은 기민하게 움직이며 경비를 소홀히 하지 않았다.

목표로 잡았던 시흥에 도착한 것은 6월 29일 동틀 무렵이었다. 시홍 역에 도착해 보니 안면이 있던 미 고문단장 부관 메이 중위가 플랫폼에 서 있었다.

부끄러움을 무릅쓰고 그에게 '설탕이 있느냐' 고 물었다. 그는 어디선가 설탕을 구해 와 건네주었다. 탈진한 나는 일행과 함께 설탕을 물에 타 마셨다. 기력이 살아나고 정신이 들기 시작했다. 설탕이 이렇게 신통한 영약인 것을 난생 처음 깨달았다.

메이 중위는 현재 상황이 매우 불리하지만 미군이 머지않아 참전한다면서 그때까지 어떤 수단을 써서라도 한강 선에서 적을 저지해야 할 것이라고 나를 위로하며 격려해주었다.

보병 학교를 찾아가니 '시흥지구 전투사령부' 가 설치돼 있었다. 이틀 전 봉일천 초등학교 지휘소에서 만났던 김홍일 소장이 사령관을 맡고 있었다.

김 장군은 나를 보자 '잘 왔다' 고 얼싸안고 반가워하며 "1사단은 어떻게 됐느냐" 고 물었다. 나는 그간의 상황을 설명하고 "1진은 이제 겨우 도착했으나 어느 정도 병력을 모아 부대를 재편성하려면 시간이 걸릴 것" 이라고 보고했다.

김 장군은 내게 김포지구가 급한데 그리로 나갈 수 있겠느냐고 물었다. 마음이야 굴뚝같았지만 지휘할 병력도 없는 마당에 할 수 없는 일을 하겠다고 나설 수는 없었다.

사단 재편에 백방의 수단을 다 하겠으니 그 임무는 다른 사람과 교대해 달라고 했다. 김 장군은 다행히 양해를 해 주었다.

'시흥지구 전투사령부' 는 지휘체계가 무너진 서울 근처 병력을 총지휘하며 한강 이남으로 철수하는 각 부대 장병들을 거두어 중·대대 단위로 재편성해 이들을 한강 방어선에 투입하여 적군의 남하를 지연시키는 작전을 수행하고 있었다.

김 장군의 배려로 나는 지칠 대로 지친 심신을 회복하고 흩어진 사단을 재건할 시간을 얻게 됐다. 이곳에서 처음 복장을 전투복으로 갈아입었다. 6월 25일 아침 집을 나선 이후 계속 입고 있던 땀에 젖은 카키복과 장교 정모를 벗고 국방색 전투복으로 갈아입은 것이다.

임진강의 서전은 이로써 끝났다. 1사단과 증원부대는 혼연일체가 되어 잘 싸웠다. 장병들은 애국심과 책임감으로 무장하여 목숨을 아끼지 않았다. 또 나를 신뢰하여 지휘에 잘 따라 주었다. 나도 최선을 다해 용기 있게 싸우고 또 인내했다. 나이도 젊고 경험도 미흡했으나 온갖 지혜를 짜서 지휘했다.

하지만 원인과 과정이 어떻든 결과는 나의 패배로 끝났다. 이유는 여러 가지였다. 전체적 전황에 용의주도하게 주의를 기울이지 못했고 적절한 때 후퇴하지 못했다. 전·후방 통합지휘도 못했다.

적군의 남침 초기 공격을 회고하건데 이들이 가장 중요하게 생각한 지점은 의정부 방면 7사단 정면과 문산 방면의 나의 1사단 정면이었다. 이 두 곳이 수도 서울을 노리는 주요 공격 지역이다 보니 적은 전차 사단의 탱크를 집중한 것이다.

당시 국군의 대전차포가 전차에 대해 전혀 무력한 것은 아니었다. 상대를 파괴하지는 못했지만 잘 활용하면 진격을 저지할 수는 있었다.

포병을 활용해 전차를 파괴할 수도 있었다. 1사단은 도합 11대의 적 전차를 파괴했다. 그러나 불행히도 상당수 지휘관과 병사들이 이점을 터득하지 못하고 있었다.

뿐만 아니라 전차를 본 적도 없었다. 전차가 무서운 것이 아니라 전차가 무엇인지 모른다는 것이 무서운 것이었다. 이 교훈은 오늘날까지도 유효하다. 나날이 신무기가 개발되지만 그 신무기가 어떤 것인지 내용을 알게 되면 거기에 대항할 수단을 강구할 수 있다.

너무 초기에 무력하게 당하다보니 당시 유사시를 대비한 국군의 작전계획이 있었느냐는 논의가 나왔다. 이에 대해 나는 "분명히 있었다"고 말할 수 있다.

5사단장 시절인 50년 3월 어느 날 참모장 석주암 대령이 육군본부에 소집돼 방어 작전 계획을 받아 왔었다. 그것은 적이 의정부 방면을 주요 공격지점으로 침공해 올 것을 전제하여 대비책을 수립한 것이었다. 그러나 내용이 빈약했다. 38선상에서 적을 저지하라는 것이었을 뿐 한강 이남에서 계획은 없었다.

나는 1사단장 부임 후 새로이 임진강 하천 방어계획을 수립하고 임진강과 봉일천 선을 주 저항선으로 하는 진지작업을 시행해 전투에 결정적인 도움을 받았었다. 당시 작전 참모 김덕준金德俊 소령에게 "왜 하천방어가 유리할 텐데 계획을 수립하지 않았느냐"고 묻자 그는 "혼자 힘으로는 안 되고 상부 지시도 없어서 그냥 있었다"고 보고했다.

시흥에 몰려든 각 부대 장병들 사기는 땅에 떨어질 대로 떨어져 있었다. 전세는 비관적이다 못해 절망적이었다. 이때 분위기를 일신하는 소문이 퍼졌다. 다름 아닌 6월 29일 맥아더 원수가 전선을 시찰한다는 것이었다.

맥아더 원수는 당시 군인들 사이에서 뿐 아니라 일반 국민들에게도 거의 신神적인 존재로 각인되어 있었다. 2차대전의 영웅이고 일본 천황의 항복을 받아낸 그의 존재감이 어떠했느냐는 것은 요즘으로서는 상상 할 수 없을 정도다.

맥아더가 영등포 한강방어선을 시찰했다는 소문이 입에서 입으로 번지자 군인들 사기도 점점 살아났다. 곳곳에서 맥아더를 찬탄하는 소리로 귀가 따가울 정도였다.

김홍일 장군의 시흥지구 전투사령부는 전열을 갖추고 한강방어선을 고수했다.

결과부터 말하자면 김 장군은 한강방어선을 6일간 지켜냈다. 당시 미군측은 일본 주둔 미군을 한국 전선에 투입하기 위해 이 전선을 최소한 사흘간만 지탱해 주었으면 하는 희망을 나타냈었다고 한다.

전쟁 중 우리나라가 패망의 위기에 처한 때도 있었지만 이를 이겨낼 수 있었던 이유 중 하나는 바로 이때 한강전선이었다. 한강 방어선이 조기에 무너졌다면 미군은 지상군과 전투 장비를 투입할 시기를 놓쳐 전세를 만회하기 어려웠을 것이다.

한강방어선을 지탱함으로써 김 장군은 국군과 미군이 전열을 가다듬을 시간을 벌어준 것이다. 그는 곧 시흥지구 전투사령부를 모체로 창설된 1군단 사령관으로 낙동강까지의 지연전을 지휘하게 된다.

해방 전 중국군 고급지휘관으로 대부대 실전 경험이 누구보다 많았고 건군 후 참모학교 교장을 역임한 그는 지연전의 의미를 잘 파악하고 있었던 것 같다. 고등 군사 전술을 터득한 김 장군이 한강방어선과 지연전을 지휘하게 된 것은 퍽 다행한 일이었다.

6월 30일부터 나는 부대 재건 작업에 착수했다. 20리 길을 걸어 한강 둑에 나가보니 치열한 포격전이 벌어지고 있었다. 노량진 일대는 적 포격에 곳곳이 파괴되어 있었다.

그곳 영등포 제방에서 전투를 지휘하고 있던 기갑연대장 유흥수劉興守 대령을 만났다. 기갑연대는 장갑차에 장착된 37mm 포로 한강 북쪽을 포격 중이었다. 기갑연대는 50여대 장갑차와 말 200필로 편성된 당시로서는 핵심적인 기동부대였다. 유대령도 맥아더 방문과 미군 참전 소식에 크게 고무돼 있었다.

나는 그에게 "지프 한 대를 줄 수 있겠느냐?"고 부탁했다. 그는 가져가라고 한 대를 선뜻 내주었다. 위급한 전시에 이런 호의는 참으로

1950년 6월 29일, 맥아더 원수가 일본 동경의 美 극동군사령부로부터 수원비행장에 도착했다.

어려운 것이다.

차를 얻게 되자 나는 시흥과 육본이 옮겨간 수원 일대를 오가며 몇 안 되는 장교들을 지휘하여 흩어진 병력을 모았다. 헌병은 낙오자 수용선을 설정하여 우리 사단 병력은 물론 전투 가능한 병사들을 집결시켰다.

그 어려운 후퇴 길에서도 무거운 박격포를 어깨에 끝까지 메고 용케 귀환한 부하를 볼 때면 눈시울이 뜨거워졌다.

수원의 한 초등학교로 이동한 육군본부에 들렀을 때 마침 작전참모부장 김백일(金白一 · 51년 전사) 대령이 칠판 위에 '국군재편성 계획'을 작성하고 있었다. 한강 이북에서 결딴 난 부대들을 합병 통합한다는 내용이었다.

나는 그에게 "기왕이면 1사단과 5사단을 합쳐 달라"고 부탁했다. 5사단은 49년 7월부터 1사단장으로 부임하기까지 내가 사단장을 맡았기 때문에 애착이 있었다. 그는 내 뜻을 선선히 받아 주었다.

함경북도 출신의 김 대령은 45년 나와 함께 평양에서 월남했던 선배로 전쟁 발발 시 미국 체재 중이던 정일권丁一權 중장 대리로 육본

작전참모부장 임무를 수행했으며 후일 1군단장으로 동부전선에서 고
향인 함경도까지 진출하여 혁혁한 전공을 세웠으나 51년 3월 비행기
추락으로 전사했다.

6 · 25발발 당시 남북한 군사력 비교

구분	한국군(명)	북한군(명)	비율
지상군	8개사단 67,416	10사단 120,880	1:2
기타지원부대	27,558	61,800	
해군	7,715	4,700	1.7:1
공군	1,897	2,000	1:1.1
해병대	1,166	9,000(육전대)	1:7.8
총계	105,752	198,380	1:2
박격포(문)	60,81mm 960	61,82,120mm 1,727	1:1.8
곡사포(문)	105mm 91	76~122mm 552	1:6
대전차포(문)	57mm 140	45mm 550	1:3.9
장갑차(대)	27	54	1:2
자주포(문)	—	176	한국군 전무
전차(대)	—	242	한국군 전무
항공기(대)	연습기:24	전투기:211	1:9.6
함정(척)	28	30	1:1.1

02

낙동강까지
3백 km의 후퇴길

★ ★ ★ ★

한강 이남으로 철수하여 낙동강변의 상주에 이르기까지
나는 장장 3백km의 장정끝에 낙동강변에 서게 되었다.
더 물러설 땅은 거의 없어 보였다.
…내일의 행선지가 어디일지도 모르는 상황에서 지친 장병들을
이끌고 끝없이 행군했다. 험난한 도보 행군의 연속이었다.
적은 항상 어딘가 멀지 않은 곳에 있어 긴장을 풀 수도 없었다.

| 적 지연작전 한달 |

7월로 접어들자마자 한강방어선에 대한 적의 압력은 더해가고 주력 병력과 장비를 잃은 국군의 저항은 한계에 달했다. 서울을 점령한 적은 한강 철교를 중심으로 맹공을 퍼부었다. 춘천 방면에서 국군6사단(사단장 김종오·金鍾五 대령)에 의해 차단됐던 적군은 결국 전선을 뚫어 수원을 포위 공격하기 위해 서남쪽으로 진격했다. 다시 급박해진 전황에 따라 1사단은 한강 이남 철수 후 첫 전투 명령을 받았다. 수원 동북쪽으로 진출하여 풍덕천에서 적을 막으라는 임무였다.

사단이라 하지만 실제로는 1개 연대에도 못 미치는 병력이었다. 우리는 지금의 수원컨트리클럽 근처인 풍덕천 골짜기에 포진했다. 여기서 사관생도 10기생 약 100여명을 배속받았다. 이들은 광릉 근처에서 항전하다 광나루를 넘어 후퇴했다는 것이었다. 생도들은 나를 만나자 서울을 잃은 심리적 충격과 패배에 대한 울분을 삭이지 못하고

"이곳을 죽을 장소로 삼겠다"는 결의를 보였다.

나는 이들을 방어선에 투입시켰다. 그러나 곧 육본에서 '한 사람의 장교가 요긴한 이때 이들을 임관시켜 전선에 투입할 계획이니 대전으로 철수시키라'는 연락이 왔다. 돌격을 자청하는 이들을 설득하여 간신히 되돌려 보내야 했다.

나는 부대를 골짜기를 따라 V자형으로 포진해 매복하게 했다. 과거 지리산 공비 토벌 작전에서 힌트를 얻은 전술이었다.

마침내 적군이 V자 안에 완전히 들어오자 일제히 공격을 시작했다. 적군은 제대로 총 한번 쏘지 못하고 궤멸됐다. 작은 승리였지만 임진강의 패배를 설욕하는 복수전으로 삼기에 충분했다. 아직까지 국군의 주력은 수원 이북에 있었기 때문에 이때의 방어전 성공은 나중에 국군의 순조로운 철수에 기여했을 것이라고 본다.

그러나 이 작전에서 또 미 공군기의 오폭을 받아 김익렬 연대장이 부상, 후송되고 수 명의 장병도 잃었다.

우리는 국군이 수원을 포기하고 육군본부가 대전으로 옮겨짐에 따라 평택을 거쳐 이날 조치원 쪽으로 내려가게 됐다. 내려가면서 오후 늦게 오산 근처 도로상에서 포진지를 구축하고 있던 일단의 미군과 마주쳤다. 바로 미 24사단 선발대 스미스 부대였다. 신형인 M2형 105mm포를 트럭으로 끌고 오는 것을 보니 믿음직스럽기도 하고 한편으론 부럽기도 했다. 미 육군이 온 것을 내 눈으로 확인한 순간이었다.

옹진에서 후퇴한 17연대(연대장 백인엽·白仁燁 대령)는 이 스미스 대대와 함께 오산으로 왔다고 한다.

우리 사단은 평택에서 기차 편으로 조치원까지 무사히 갈 수 있었다. 지프로 내려가던 나는 전의全義 근처에서 김백일 대령을 다시 만나 작전을 논의했다. 중간에 적군 전투기의 기총소사를 받고 간신히 나무 밑동으로 피신해 목숨을 구하기도 했다.

조치원부터 1사단은 신설 1군단 예하인 김홍일金弘壹 군단장 지휘 하에 들어갔다. 육군본부가 전쟁 초기 경험에서 중간 사령부의 필요 성을 느껴 수도 1·2사단으로 1군단을 신설하여 지휘 단위를 축소한 것이다.

김 장군은 내게 "일본에서 급파된 미 24사단 딘William Dean 소장이 평택과 안성에 미군 1개 대대 씩을 배치했으나 상황을 걱정하고 있더라"고 전해주며 동북방 음성陰城쪽으로 진출해 적을 저지하라고 명령했다.

이때부터 경부선 국도 쪽은 미군(24사단)이, 중부 및 동부 전선은 국 군이 나누어 맡는 형식으로 지연전을 펴기 시작했다. 당장은 전세를 역전시킬 전력이 없기 때문에 곳곳에서 타격을 하며 최대한 시간을 끌어 적의 전력을 약화시켜 피로하게 한다는 전략이었다. 그 사이 우리는 미군과 연합군의 증파를 기다리기로 했다.

1사단의 기나긴 장정이 시작되었다.

2000여 명 가량의 도보 부대를 이끌고 청주淸州를 지나니 수도사단이 있는 북쪽 방향인 진천鎭川에서 적과 아군이 나누는 포성이 희미하게나마 들렸다. '우리 국군도 차차 진용을 회복하고 있구나' 하는 든든한 생각이 들었다. 한편으로 군복도 제대로 입지 못한 우리 사단 처지를 생각하니 암담할 뿐이었다.

증평曾坪에 도착하니 6사단 사령부가 자리 잡고 있었다. 사단장 김 종오金鍾五 대령과 정보참모 유양수柳陽洙 소령은 패기만만한 모습이었다.

정보국장 시절 함께 근무했던 유소령은 "춘천과 음성에서 적에게 큰 타격을 주어 장병들이 사기 충천해 있다"는 반가운 소식을 전했다. 과연 6사단은 군 트럭은 물론 광산에서 징발한 일제 트럭으로 부대의 기동력을 보강했고 포병대대도 갖춰 탄탄한 전력을 보유하고 있었다.

증평에서 부대를 점검하니 우리 병력도 5000명 선으로 늘었다. 고생 끝에 한강을 넘은 병사들이 용케 계속 본대를 찾아와 가세한 덕분이었다.

1사단은 6월 8일 백마령을 넘어 음성에서 6사단 7연대(연대장 임부택 · 林富澤중령)와 방어 임무를 교대하도록 돼 있었다. 음성에서 만난 임 중령은 동락리同樂里 전투에서 대승을 거둔 직후라 자신감에 차 있었다. 나는 임 중령에게 내 처지를 털어 놓았다.

"보다시피 우리 병력은 피로에 지쳐있다. 포도 없고 중화기도 없다. 이대로 임무를 교대하면 위태로울 것 같다. 준비가 될 때까지 나를 좀 도와 달라."

임 중령은 흔쾌히 내 뜻을 받아주었다.

7연대는 1사단과 함께 어깨를 나란히 하고 방어전에 임했고 포병이 사단정면을 엄호해 주어 적군의 완강한 공격을 저지할 수 있었다.

곧 후퇴 명령에 따라 음성을 철수한 1사단은 괴산~미원을 거쳐 속리산 동남쪽 기슭인 화령장(化寧場 · 경북 상주군 화서면 소재)에 도착했다. 폭우 속에 험산준령을 넘어 이곳에 이르니 전쟁 초기 옹진 반도를 수비했던 육군본부 직할 17연대가 미리 도착해 있었다. 연대장 백인엽 대령은 수원 근처에서 부상당하여 후송 중이었고 부연대장 김희준金熙濬 중령이 지휘하고 있었다.

17연대는 앞서 화령장 북쪽에서 국군을 추월해 내려오던 적 15사단을 매복 공격하여 크게 성과를 내 3000여 연대 장병 전원이 1계급 특진해 있었다. 군복과 장비도 모두 새 것으로 지급받아 미군 부대에 버금가는 당당한 모습이었다. 이들은 "나라가 망하면 게릴라라도 되어 끝까지 항전하겠다"는 서약을 하고 전원 삭발까지 하고 있었다.

화령장에는 미 25사단 24연대가 곧 합류했다. 나는 미 지상군과 생애 처음 연합작전을 경험하게 된 것이다. 미 24연대장 화이트Horton White대령은 전에 본 적이 있어서 반갑게 인사를 나눴다. 그는 해방 후 점령군으로 한국에 주둔했던 미 24군단 정보차장이었기 때문에 당시 정보 국장이었던 나와 업무상 자주 만났었다. 우리는 그때 각자 이름에 들어 있는 'WHITE'와 '白'이 '하얗다'는 것으로 뜻이 같다며 농담을 할 정도로 친했다.

본대보다 먼저 도착한 화이트 대령은 부하들이 명령을 잘 따르지 않아 애를 먹는 듯했다. 50세로 고령이던 그는 "한국은 산악이 많아 나이 많은 나에게는 퍽 힘들다"면서 "전쟁은 젊은이들의 게임"이라고 말하기도 했다.

미 24연대는 연대장과 몇 명을 제외하고는 모두 흑인인 '검은 군대' 전통을 갖고 있었다. 이들이 끌고 온 155mm포를 본 최영희崔榮喜 대령은 나에게 뛰어와 "저쪽에 굉장히 큰 대포가 있다. 처음 본다"며 함께 구경을 가기도 했다.

나는 화이트 대령에게서 5만분의 1지도와 투명지, 그리스펜(grease pen·유성색 연필)을 잔뜩 얻어 왔다. 초등학교 벽에 걸린 '대한민국 전도'를 보고 작전을 구상해야 했던 참모진들이 무척 기뻐했다.

1사단은 7월 23일부터 17연대 및 미 24연대와 연합하여 갈령葛嶺을 넘어 내려오는 적군 15사단 주력을 공격, 상당한 성과를 냈다. 이어 김홍일 군단장으로부터 방어 지역을 7월 25일부로 미 24연대에게 넘겨주고 상주尙州로 모여 조직을 재편한 후 함창咸昌으로 진출하라는 명령을 받았다.

7월 25일 아침 미 24연대를 기다렸으나 그들은 오지 않았다. 이곳까지 올라오는 데 시간이 걸리는 것 같았다. 예정보다 하루 이상 출발이 늦어진 나는 김 군단장으로부터 "왜 인수인계가 늦느냐"는 재촉을 받으며 행군을 독촉해야 했다.

26일 낮 상주에 도착하자 20연대(연대장 박기병·朴基丙대령·소장 예편)와 청년방위대가 기다리고 있었다. 이들을 사단에 흡수하니 병력은 단숨에 7000명 이상으로 늘었다.

또 포병 17대대(대대장 박영식·朴永湜소령)가 배속되면서 총이 없는 병사들에게 모두 M1소총과 카빈이 지급됐다. 1사단은 부족하나마 보병사단의 모양을 되찾게 된 것이다.

사단은 부대를 재편한 즉시 쉬지 않고 함창의 낙동강 지류인 영강穎江을 따라 투입돼 문경聞慶을 거쳐 내려오는 적군을 맞아 방어전에 임했다. 이 전투부터 미 공군의 항공지원이 본격화되고 신형(M2)105mm 곡사포가 직접 지원하게 돼 나날이 위축돼가던 장병들 사기가 상승세를 타게 됐다.

함창에서 격전을 치르면서 대대장 2명을 잃기도 했지만 국군이 낙동강 방어선에 포진을 위해 철수할 때까지 전선을 지키는 데 성공했다.

7월 27일 상주우체국에 마련된 사단지휘소에 예고도 없이 신성모申性模 국방장관과 정일권丁一權 참모총장이 방문했다.

나는 "사단이 증원 재편되어 이제부터 전투를 할 수 있습니다"라고 모처럼 자신 있게 보고했다. 그런데 이들은 뜻밖에 "장군 승진을 축하 한다"며 악수를 청하더니 별 하나의 준장 계급장을 전투복 옷깃에 달아 주었다. 그리고 1사단이 신설된 2군단(사령관 류재흥 준장)에 편입되었음을 알려주었다.

군인으로서 장군이 된 것은 기쁜 일임에 틀림없었으나 전쟁의 앞 날을 한 치 앞도 내다 볼 수 없는 때여서 오히려 무거운 짐을 진 듯한 중압감이 마음을 짓눌렀다.

| 더 이상 물러설 곳이 없다 |

한강 이남으로 철수하여 낙동강 변 상주에 이르기까지 나는 장장 300km 장정 끝에 낙동강 변에 서게 되었다. 더 물러설 땅은 거의 없어 보였다. 이때 전선은 진주~김천~함창~안동~영덕이었고 함창을 축으로 북쪽을 향한 90km는 국군이, 서쪽을 향한 120km는 미군이 담당하게 됐다. 또 7월 8일 부임한 미 8군사령관 월튼 H. 워커 중장이 작전 지휘권을 행사하여 전선을 지휘하고 있었다.

나는 이 한 달에 걸친 후퇴 기간을 전쟁 중 가장 고통스러운 때로 기억하고 있다. 역설적으로 가장 의미심장한 경험이기도 했다. 내일의 행선지가 어디가 될 지 모르기 일쑤인 상황에서 지친 장병들을 이끌고 끝없이 행군했다. 풍덕천, 음성, 화령장, 함창 등지 전투를 제외하고는 험난한 도보 행군의 연속이었다. 적은 항상 어딘가 멀지 않은 곳에 있어 긴장을 풀 수도 없었다.

사단은 항상 움직이면서 작전해야 했고 흩어졌던 병사들을 한 명 한 명 맞아 들여 움직이면서 재편해야 했다. 한강에서 흩어진 병사들이 낙동강까지 오는 도중 거의 4000~5000명으로 불어난 것은 기적에 가까운 일이었다. 어떻게 알고 찾아오는 지 한 때 낙오했던 병사들이 속속 원대를 찾아 복귀했다.

나는 전쟁에서 우리가 반격에 성공하게 된 것은 바로 이런 병사들 때문이었다고 믿는다. 짧으나마 실전 경험을 가졌던 병사들, 또

300km에 달하는 도보 행군을 이겨낸 이들이 아니었다면 과연 우리가 전세를 역전시킬 수 있었을까.

이 한 달에 걸친 지연전을 통해 병사들은 전쟁이 무엇인지를 배웠다. 또 나라를 지키겠다는 투지와 인내력을 길렀다. 기나긴 행군 도중 병사들은 한여름 극성스런 모기에 뜯기며 아무 곳에서나 잤다. 길가에서 뜯은 풋고추와 푸성귀를 반찬삼아 아무 것이나 먹었다. 군복은 헤지고 발은 부르텄다. 그러나 아무도 불평하지 않았고 쓰러지지 않았다. 사태가 워낙 급할 때는 병이 나도 약방을 찾지 않아도 된다는 사실을 나는 이때 알게 됐다.

나로서도 '유랑'하는 사단을 지휘하는 일은 벅찬 것이었다. 그러나 내 부하는 내가 챙겨야 했다. 물론 엄연한 명령계통이 있었으나 흘러 다니는 장병들을 명령만으로 장악할 수는 없는 노릇이었다. 장병이 곁을 떠나면 지휘관도 막을 도리가 없다.

이런 상황에서는 육본이 예하 지휘관의 인사명령을 내린다기보다는 실재하는 지휘관을 추인하는 경우가 허다했음을 부인 할 수 없다. 사단장은 중국 전국시대 장수들과 비슷한 입장이었다 할 수 있겠다.

전쟁 전 예편됐던 김석원金錫源 준장이 7월초 수도사단장에 복귀하자 많은 장교들이 김 장군 아래로 몰려갔다. 당시 그의 명성은 높았다. 나의 부하이던 11연대장 최경록 대령과 작전참모 김덕준 소령도 수도사단으로 떠났다.

어려운 전시에 자기가 믿는 상관 곁에서 싸우겠다는 것을 말릴 수는 없었다.

한편 5사단 작전참모였던 문형태文亨泰 중령은 김 장군과 친분이 두터웠으나 내 곁에 남아주었다. 내가 그에게 "나와 함께 싸우는 게 어떤가" 하고 의중을 묻자 "사단장님이 괜찮으시다면 함께 싸우겠습니다. 미군이 참전하게 된 이상 미군과 연합작전을 수행할 수 있는 분 밑에서 싸우겠습니다"라고 했다. 그는 앞으로의 전쟁 양상을 예견하는 듯했다.

상주에서의 재편성에서 최경록 대령 후임으로 11연대장에 김동빈金東斌중령, 부상으로 후송된 김익렬 대령 후임으로 13연대장(후에 15연대로 개칭)에 최영희 대령이 임명됐다. 12연대장에는 김점곤 중령과 함께 20연대장이던 박기병 대령을 임명했다. 1개 연대에 2명의 연대장은 전시에나 있을 수 있는 일이다.

통신 또한 여의치 않아 이동 중 시외 전화선이 살아 있는 우체국을 사단지휘소로 자주 이용했다.

5사단을 합병하는 과정에서 장병들이 전 소속부대별로 물과 기름처럼 쉽사리 융화되지 않는 것이 안타까웠다. 내일을 기약할 수 없는 전쟁 중에는 개인이나 집단이 이기주의자가 되기 쉬운 법이다.

함창에서 방어하던 1사단은 8월 1일 낙동강을 경계로 북으로는 낙정리洛井里, 남으로는 왜관倭館에 이르는 하천방어선에 투입하라는 명령을 받고 낙동강을 넘게 됐다. 계속 밀리는 전세를 낙동강 선에서 버텨 공세로 바꾸려는 8군사령관 워커 중장의 구상에 따른 것이었다.

왜관 이남 마산까지는 미군 24 · 25 · 제1기병사단 등 8군에 예하 3개 사단이 담당하고, 1사단 지역의 낙정리를 축으로 동부 산악지역은 국군 6 · 8 · 수도 · 3사단이 담당하게 된 것이다.

1사단 정면은 하천 방어의 이점이 있는 반면 41km에 달하는 넓은 지역이라서 처음부터 불리한 입장이었다. 호남지방으로 우회한 적군이 진주를 함락시킨 뒤 부산의 현관격인 마산을 공격하게 되자 상주에 포진해있던 미 25사단이 급거 마산 전선으로 이동해 내가 부득이

넓은 지역을 담당하게 된 것이다.

우리는 피난민과 뒤섞여 낙정리에서 강을 건넜다. 뱃사공들과 주민들이 도와주었다.

1사단의 좌익은 7월 중순 포항에 상륙한 미 제1기병사단(사단장 Hobart Gay소장), 우익은 국군6사단(사단장 김종오 대령)이 맡았다.

우리가 낙동강 전선에 투입되자마자 바짝 뒤따라온 적군도 여기저기에서 도하를 준비했다. 7000여 명의 병력으로 종이 장처럼 얇은 방어선을 편 1사단은 우리보다 3배 많은 병력과 10배나 강한 화력으로 공격해오는 적을 맞아 사투를 벌여야 했다.

낮에는 그나마 미군 공중지원으로 버틸만 했으나 밤에는 대책이 없었다.

8·15 광복절까지 소위 '해방전쟁'을 끝낸다는 목표를 세웠던 적군은 필사적으로 공세에 나섰다.

우리는 인해전술을 펴며 얕은 곳을 골라 떼 지어 몰려오는 적들을 집중 사격으로 막았고 백사장에 시체가 쌓이고 강물이 붉게 물들어도 독전대(督戰隊, 전투 중 자기편의 전투병을 감독, 전장을 이탈하지 못하게 하는 부대)가 계속 병사들의 등 뒤를 위협하며 강을 건너 돌격하도록 했다.

적군 돌격대는 서울지역에서 강제 모집한 소위 '의용군'이 주축을 이뤘으니 참으로 안타까운 일이었다.

8월 4일부터 적군 일부가 도하에 성공해 낙동강 방어선도 뚫리기 시작했다.

그들은 공습이 없는 야간에 가마니와 드럼통으로 물속에 임시 교량을 만들어 8일부터는 전차까지 강을 건너 침공해 들어왔다.

우리의 방어 전투는 낙동강을 건너는 수많은 피난민 행렬로 어려움이 가중됐다. 낮에는 피난민들을 보호해야했고 밤에는 기습하는 적군과 싸워야 했다.

전선은 다시 급박해졌다.

8월 초순 처음 신형 대전차무기인 3.5인치 로킷 포와 57mm 무반동 총(발사대 반동을 없게 한 총)을 지급받았다. 미군은 3.5인치 로킷 포를 주면서 "이 무기는 적에게 빼앗기면 절대 안 되므로 사단장이 직접 관리해 달라"는 주문을 달았다. 2~3정씩의 3.5인치 로킷 포를 수령한 각 연대는 짧은 훈련을 거쳐 곧바로 실전에 임했다. 각 연대는 특공대를 조직해 강 건너 직전까지 침투하여 전차 사냥에 나섰다.

과연 로킷 포탄은 전차의 철갑을 관통했다. 12연대가 맨 먼저 적 전차 4대를 파괴하고 그중 1대를 빼앗았다(이 전차는 후일 대구에 전시되었다가 현재는 육군사관학교에 전시돼 있다).

우리는 이 전선에서 10대 가량의 전차를 파괴하는 전과를 올렸다. 병사들이 자신감에 넘치고 사기가 치솟으니 서로 특공대에 나서겠다

T-34 적 탱크를 격파한 1사단 장병이 낙동강 전선에서 처음 보급된 3.5인치 로켓포탄을 안고 기뻐하고 있다.

고 다툴 정도였다.

장병들은 여기서 보병 없는 전차는 무력하다는 것을 알게 됐고 전차의 굉음만 들려도 달아나던 '전차 공포증'도 극복하게 됐다.

국군이 적 전차를 4대나 파괴했다는 소식이 전해지자 유엔 한국위원단 인도대표 나얄 대령과 아이언 모리슨(런던타임즈), 크리스토퍼 버클리(데일리텔레그라프)등 2명의 영국기자가 스리쿼터를 타고 취재차 현장에 접근하다 대전차 지뢰가 터지는 바람에 모두 사망하는 불상사를 빚기도 했다.

8월 들어서는 이처럼 종군 기자들의 취재도 활발해졌다. 2차대전때 유럽 주둔 미 공군대장이었다가 퇴역한 스파츠가 뉴스위크 특파원으로 사단사령부를 방문한 것도 이때다.

신병 보충과 각종 장비 및 물자의 보급도 한결 원활해졌다. 신병은 훈련기간이 너무 짧아 소총 10여발 사격 훈련을 받은 게 훈련의 전부였다. 이들을 데리고 싸워야 하는 일선 지휘관들의 고충은 이만저만이 아니었다.

열심히 싸웠지만 역부족이었다. 전세는 하루하루 죄어오고 있었다. 나는 특히 미군과의 접촉점인 왜관 철교 부근 작오산(鵲烏山 · 303고지)에 신경이 쓰였다. 이곳에 나가서 기병사단의 로저스 대령과 대대장 존슨 중령을 만나 협조 사항을 논의했다(존슨중령은 청천강 북진 때 미1군단 작전참모였고 월남전 당시 미 육군 참모총장을 지내기도 했다).

우리는 접촉부의 취약점을 보완하기 위해 미군 1개 소대와 13연대의 1개 소대를 교차 배치하고 통신선과 화망火網을 엇갈려 구성했다. 예상대로 병사들끼리 언어가 통하지 않아 난감해 하고 있었으나 수시간이 지나자 손짓 발짓으로 일처리를 무난히 하는 것을 보고 안심할 수 있었다.

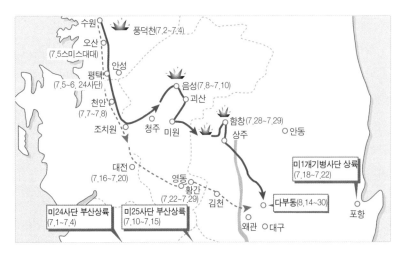

1사단의 지연전

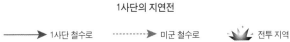

선산군 장천면의 선산~대구 국도변에 있는 오상 중학교에 사령부를 설치한 나는 거기서 '최후 저지선'의 위치를 선정해 두어야 했다.

미 8군사령관 워커 중장은 최초 낙동강 방어선을 X선, 최후 저지선을 Y선으로 설정하고 있었다. Y선은 왜관을 축으로 남으로는 낙동강, 동으로는 포항에 이르는 선으로 대구와 부산을 포함하여 더 이상 물러설 수 없는 마지막 배수진을 구획하는 선이었다.

│ 낙동강 피의 공방, 최후의 1인까지 │

나는 Y선 방어개념에 합당한 유리한 지형을 찾아 나섰다. 5만분의 1이하 축적의 세밀한 지도가 없어 괘도용 '대한민국 전도'에 의존하고 있던 형편으로는 산과 골짜기를 분명하게 구별 할 수 없었다. 지형

을 정찰한 결과 가산산성架山山城과 다부동多富洞이 눈길을 끌었다

가산은 팔공산의 서쪽 자락으로 임진·정유 국난 때 왜군을 방어하던 천연의 요새였던 성터가 있는 곳이니 더 설명할 필요가 없는 곳이었다.

다부동 북쪽도 유학산~수암산의 긴 능선이 동서로 뻗어 있어 방어전에 유리한 지형이었다. 여기서 대구까지 25km. 대구를 부채꼴로 감싸는 이 산맥이 마지막 승부처가 될 것이다.

정찰을 마친 나는 석주암 참모장과 문형태 작전참모를 불러 이렇게 지시했다.

"여태까지 전투 지형은 참모인 당신들이 건의하여 잘 선정해 주었다. 그러나 이번만은 내가 직접 정하고 싶다. 이번의 방어선이 최후의 전투가 될 지 모르겠다. 가산과 다부동 일대를 정찰하고 방어 계획을 세우도록 하라."

그들은 다소 뜻밖의 표정을 지으며 현지를 확인해 보겠다고 했다. 그리고 서너 시간 후 돌아오더니 "역시 그곳이 가장 좋은 방어선"이라는 결론을 내렸다.

나는 지휘관들에게 최후 저지선을 설명하고 다음과 같이 훈시했다.

"이 선이 사단의 최후 저지선이다. 우리가 이 선을 지키지 못하면 대구가 무너지고 그렇게 되면 낙동강 미군 방어선도 붕괴된다. 조국의 운명도 이 선에 걸려 있다. 이 선은 내가 정했다. 성패의 모든 책임은 내가 진다. 부디 성공하여 명예와 기쁨을 함께 나눌 수 있기를 바란다."

나는 이때 말라리아에 걸려 고통을 받고 있었다. 하루 걸러 고열과 오한이 나는 고통으로 심신을 가누기 힘들었다. 오상 중학교 설립자인 김동석金東碩 교장과 가족이 사령부 일을 거들었고 김 교장의 아들

인 고교생 김윤환*(金潤煥·책을 쓸 당시 민정당 원내총무)이 사택 응접실로 나를 옮겨 미음을 갖다 주며 정성껏 간호해 주었다.

나는 전쟁 중 이때와 평양 진격(50년 10월), 동해안 전투(51년 5월)때 세 차례 말라리아 발작에 시달렸었다. 지금도 키니네 주사 부작용으로 생긴 멍울이 밤톨만큼 남아 있다.

8월 12일부터 1사단은 Y선의 최후 저지선에 투입됐다. 1사단이 소수의 병력으로 광범위한 낙동강 방어선을 열흘 이상 지탱할 수 있었던 것은 두 가지 요인 때문이었다고 생각한다.

하나는 각 연대가 예비대를 잘 활용하여 야간에 뚫린 곳을 주간에 역습해 주요 거점을 지켜 낸 것이다.

또 하나는 미 공군의 공중 지원이었다. 미 공군은 우리가 지원 요청을 하면 일본 후쿠오카 근처의 이타즈케 공군기지에서 전폭기가 30분 이내에 아군 상공으로 날아와 두 어 시간 씩 폭격과 지상 지원 작전을 수행하고 돌아갔다.

적군은 전차와 야포 및 주력부대를 사과밭 속에 숨겨 두었다가 날이 어두워지면 공격해 왔다. 미군 공지(空地, 하늘과 육지) 연락 장교와의 통역을 담당하던 남성인南星寅 중위는 최전방 관측병들로부터 적정敵情을 수집해 이를 영어로 번역 미 공군 장교에게 전달하느라 밤낮없이 일해야 했다.

---

* 언론인이자 정치가로 호는 허주(虛舟). 1979년 제 10대 국회에서 유정회 의원으로 정계에 입문했다. 민주정의당 창당에 참여하여 권력 핵심부에 진입하여 1985년 문화공보부 차관에 임명된 이후 11, 13, 14대 국회의원을 지냈다. 전두환 정권 때 문화공보부 차관, 대통령 정무비서관, 대통령 비서실장, 노태우 정권 때 민주정의당 원내총무, 정무장관 1990년 민주자유당 원내총무를 지냈으며 김영삼 정부 출범 후 민주자유당 사무총장과 정무장관직을 맡았다. 이후 이회창이 대통령 후보 경선에 뛰어들자 적극 지원해 후보 확정에 큰 역할을 해 '킹 메이커'로 불렸다. 2003년 말 신장 암으로 사망.

사단사령부를 다부동과 대구 사이 동명초등학교로 옮기기 위해 오상중학교에서 철수 할 때였다. 남 중위가 보이지 않았다. 아무도 본 사람이 없다는 것이었다. 숙소에 들어가 보니 아직 자고 있었다. 사흘 철야 끝에 곯아 떨어진 것이었다.

나는 그를 흔들어 깨워 무사히 함께 떠날 수 있었다.

1사단이 철수하여 점령할 최후 저지선은 여전히 20km에 달하는 넓은 정면이었다.

경부선을 따라 오산, 평택, 천안, 대전, 황간 등지에서 미군 스미스 대대를 비롯한 미 24사단의 방어를 뚫고 파죽지세로 남하한 적 주공 3사단(사단장 이영호李英鎬)이 우리의 정면을 송곳으로 찌르듯 엄습해 왔고 이화령과 조령을 넘어온 적 15사단(사단장 박성철朴成哲)과 13사단(사단장 최용진崔庸縉)이 여기에 가세, 당장 대구를 삼킬 듯한 기세였다.

왜관~다부동 최후 저지선에서 우리 1사단과 미 제1병사단이 왜관읍을 중심으로 한 좌우에 배수의 진을 쳤다. 물론 나는 당시 사단 정면에 3개 사단 이상 적군이 몰려들었다는 사실을 알지 못했다.

차라리 다행이었다. 몰랐기 때문에 쓸데없는 겁을 집어먹을 겨를도 없었던 것이다.

미 제1기병사단과 접하는 1사단 좌익 13연대는 낙동강이 내다보이는 328고지에, 11연대는 가산을 포함하여 전차 접근로인 천평동 좌우 계곡에 12연대는 유학산(839m)과 수암산(519m)일대에 횡으로 나란히 포진할 계획이었다. 그러나 작전은 처음부터 차질을 빚었다

12연대가 채 방어진지에 투입되기도 전에 적군이 먼저 유학산과 수암산 산정을 점령해 버린 것이다.

인동(仁同·인동 장張씨 본산)에서 철수한 12연대가 구미~다부동 도로를 돌아 산정고지를 점령하려 했을 때는 이미 적군이 가파른 지름길

신성모 국방부장관에게 다부동 전황을 보고하는 국군 1사단장 백선엽 장군

을 따라 밤새 최후 저지선의 가운데 부분을 선점한 뒤였다.

야간 전투와 산악전에 능했던 적군은 설마 설마 하던 우리의 허점을 여지없이 파고든 것이었다. 우리는 '방어전'으로 최후 저지선을 지키는 것이 아니라 '반격전'으로 전선을 사수해야 하는 난처한 입장이 되었다.

적은 쉴 틈 없이 대공세로 나섰다. 김일성은 낙동강에서의 지연으로 '8·15 광복절에 부산 점령'이라는 목표가 불가능해지자 목표를 수정하여 '대구 점령의 날'로 삼자고 병사들을 독려하고 있다는 것이 포로 심문에서 드러났다

유학산을 점령한 적은 주력 공격 목표를 13연대 정면으로 향하고 총공세를 폈다. 화력이 자기들보다 우세한 미군 방어 지역은 피하고

화력이 열세인 우리를 집요하게 파고들었다.

마침내 낙동강변 328고지를 빼앗겼다는 급보를 듣고 현장으로 급행했다. 13연대 병사들은 동남쪽 소학산 쪽으로 밀리고 있었다. '큰일났다' 하는 순간 아군의 퇴로 정면으로 포탄이 터졌다. 다름 아닌 최영희 연대장이 57mm 대전차포로 후퇴 부대 앞을 사격한 것이었다.

부대는 멈춰 설 수밖에 없었다. 최 대령은 이 순간을 놓치지 않고 반격을 명령했다. 장병들은 발길을 되돌려 반격할 수 밖에 없게 됐다.

그러자 어디서 나타났는지 대대규모의 병력이 가세하여 공격에 가담하는 것이 아닌가. 예비 병력이 없던 터라 나는 "저 부대가 어느 대대냐?"고 최 대령에게 물었다

그는 멋쩍은 표정으로 "사실은 상부에 보고 없이 인사계를 대구에 파견하여 독자적으로 뽑았다"고 했다. 그는 "예하 3대대를 11연대 지역에 파견하게 되는 바람에 병력이 부족해지자 비상수단을 강구할 수밖에 없었다" 면서 "대단히 미안하게 됐습니다"라고 답했다.

나는 그를 나무랄 수도, 칭찬할 수도 없었다. 13연대는 이틀간에 걸친 반격으로 328고지를 간신이라도 탈환했으니 말이다.

우익 11연대 정면도 위기에 봉착했다. 적은 상주~다부동 도로에 전차와 중포를 집결시켜 정면 돌파를 시도했다.

3.5인치 로킷 포로 대항하며 온갖 수단을 다해 맞섰으나 11연대는 천평동 삼거리에서 진목동眞木洞까지 약 3km를 밀려났다.

이 때문에 도로 양쪽 산마루는 적과 아군이 뒤섞여 적군이 남쪽고지를 점령하고 아군은 북쪽진지에서 고립돼 공수 방향이 뒤바뀐 채 혼선을 거듭하게 됐다.

처음부터 가파른 산을 올라가며 역습을 해야 했던 12연대는 처절한 사투를 벌이고 있었다.

8월 15일은 그야말로 '위기의 절정' 이었다. 사단의 모든 정면은 서로 몸으로 뒤엉키는 백병전(육박전)양상이 됐다. 적과 너무 가까이 대치해 소총 사격보다 수류탄을 주고받는 혈투가 20km 전 전선에서 밤낮으로 계속됐다. 고지 곳곳마다 시체가 쌓이고 시체를 방패삼아 싸우는 지옥도가 전개된 것이다.

고통 속에서 전황을 지켜보던 나는 증원부대를 요청해야 한다고 판단했다. 8월 15일 낮, 대구 미 8군사령부 고문관 메이 대위와 하양 河陽의 2군단사령부(군단장 유재흥 준장) 석 참모장에게 급히 증원 부대를 보내달라고 요청했다. 회신은 곧 날아 들었다.

미 25사단 27연대와 국군 8사단 10연대가 투입될 테니 그때까지 사력을 다해 전선을 지켜달라는 것이었다. 한 숨 돌리는 순간이었다. 좋은 소식은 또 있었다. 8월 16일 정오를 기해 사단 측면의 낙동강 대안, 즉 왜관 서부에 융단 폭격을 실시할 테니 전방 부대는 호를 깊이 파고 머리를 땅 위로 들지 말라는 통보였다. 전황은 위급했으나 희망의 서광이 보인 것이다.

16일 새벽까지 최후 저지선(Y선)중 우리 손에 남은 것은 수암산 일부와 다부동 정도였고 나머지 전선은 붕괴 직전 상황에서 혼전을 거듭하고 있었다.

'증원부대'와 '융단폭격' 소식은 장병들 사기를 치솟게 했다.

나는 8월 16일 아침 각 연대에 역습을 명령했다.

"우리가 고통스러우면 적군은 그 이상으로 고통스러울 것이다. 우리는 그래도 인원과 탄약의 보급이 계속되고 있고 공중지원도 받고 있다. 모두 돌격에 나서자."

이 반격으로 우리는 위기에서 벗어날 수 있었다. 오전 중 13연대는 328고지를 탈환했고 12연대는 다부동 서쪽 유학산 8부 능선까지 빼앗고 산 정상을 향해 들어갔다. 또 11연대는 가산능선에 침투한 적을 물리치고 천평동 도로 정면에서도 물러서지 않고 버텼다.

16일 낮 11시 58분 드디어 B-29 중폭격기 편대가 왜관 상공을 통과하며 육중한 폭탄을 떨구었다. 지축을 흔드는 폭음이 울리기 시작했다.

적 선봉을 꺾은 다부동 전투

폭격은 정확히 26분간 계속됐다. 오키나와 가데나 공군기지에서 날아온 B-29 5개 편대 98대가 모두 3234개, 총 중량 900t의 폭탄을 퍼부었다. 이 폭격으로 낙동강 서쪽 약목若木과 구미龜尾 사이 가로 5.6km, 세로 12km의 직사각형 구역이 쑥대밭이 됐다.

이 작전은 2차대전 때 노르망디 상륙작전에서 연합군이 프랑스 생로(Saint Lo)지역에 퍼부은 융단 폭격과 같은 것이었다.

이때 적의 주력부대는 이미 낙동강을 넘어 우리와 근접 대치 중인 상황이었기 때문에 치명적 타격은 피한 것으로 판명됐으나 후일 포로 심문 결과 적군의 사기는 이 폭격을 계기로 결정적으로 꺾였다는 것을 알 수 있었다.

이튿날인 8월 17일 저녁 무렵 눈빛이 예리하고 미남형인 미군 대령이 나를 찾아왔다. 미 27연대 존 마이켈리스John Micheles 대령이었다 (후일 대장으로 승진, 주한 미 8군사령관을 역임).

그는 증원군의 1진으로 사단 지휘소에 도착한 것이다. 미 27연대는 낙동강 변 영산靈山에서 전투를 치르고 쉬지도 못하고 대구를 사수하라는 명령을 받아 1사단에 증원되어 온 것이었다.

나는 "27연대 전력이 어느 정도냐?"고 물었다. 마이켈리스 대령은

왼쪽에 있는 이가 국군 1사단에 배속되어 함께 싸운 美 27연대장 마이켈리스 대령이다. 그는 후에 대장까지 승진하여 1970년대 초에 주한 美8군 사령관을 역임했다. 오른쪽은 美25사단 포병사령관 바스 준장이다.

"완전 편성된 보병 3개 대대와 105mm 포병대대(18문), 전차 1개 중대, 155mm 1개 중대(6문)를 이끌고 있고 탄약은 무제한으로 쓸 수 있다" 고 말했다. 27연대에 이어 미 23연대도 곧 도착해 이 지역을 두 겹으로 에워 쌀 것이라고 알려 주기도 했다.

105mm 1개 대대로 그것도 포문 별로 포탄을 할당받아 싸워야 했던 나로서는 놀라지 않을 수 없는 대단한 전력이었다. 그들은 공지空地 연락 통제반까지 두고 있어 공중 지원도 걱정이 없었다.

나는 미군을 증원받아 싸우는 국군의 첫 사단장이 됐고 비록 미군과의 협동 작전이지만 사단 담당 정면에서 한 맺힌 전차까지 구사하게 된 것이다. 나는 흥분을 감추지 못하고 "내일 아침 바로 반격에 나서자"고 즉석에서 제안했다. 그러나 그는 "상부로부터 공격 명령을 받지 않았다. 다부동 동북쪽 간선도로를 중심으로 좌우 500야드 씩 1000야드를 방어하도록 명령받았을 뿐"이라고 말했다.

어떻든 미 27연대는 18일 아침까지 다부동에 진출해 11연대 방어선 중간지점의 도로와 개활지(앞이 막힌 탁 트인 벌판)에 투입됐다. 이제 1사단은 산 위에서 적 보병과 싸우고 미 27연대는 도로 위에서 전차 대 전차로 싸우는 적과 대등한 전투 양상으로 바뀌게 된 것이다.

융단폭격 이후 하루 동안 잠잠하던 적은 18일부터 단말마적인 공세로 나왔다. 동원 가능한 모든 병력과 화력을 집중하여 미친 듯 덤벼들었다. 전선은 다시 육박전으로 전개돼 수류탄과 총검이 난무하며 일진일퇴를 거듭했다.

수류탄을 너무 던져 어깨가 퉁퉁 부은 병사들도 많았다. 전사한 전우들의 시신도 치울 틈이 없었다.

적군의 만행도 새삼 드러났다. 적군 포로와 부상병들 입에서 술 냄새가 났다. 나이 어린 '의용병'들에게 술을 먹여 돌격시킨 것이다.

적은 특공대를 후방에 침투시켜 기습과 교란을 시도하는 비겁한 작전을 병행했다. 8월 18일 아침 가산의 산록을 따라 침투한 적이 대구 외곽에서 박격포를 쏘아 대구역 등 시내 중심지에서 7발 포탄이 터졌다. 대구 시민들은 적군이 시내까지 들어온 줄 알고 서둘러 피난길에 나서는 등 공황 상태에 빠지기도 했다.

이튿날인 19일 밤에는 중대 규모가 동명초등학교 사단사령부를 기습했다. 위험한 순간이었다. 이때 나는 깜박 잠이 들어 있었다. 부관 김판규 대위가 서둘러 깨워 일어나보니 가까이에서 계속 다발총과 기관총 소리 수류탄 폭음이 들렸다. 벌써 미군 통신병 등 병사 몇이 전사해 사령부는 혼란에 빠져 있었다. 참모들과 미군 고문단은 복도를 기어 피신하고 있었다.

때마침 운동장에는 오후에 도착한 증원부대 8사단 10연대의 1개 대대가 숙영(행군 중에 숙박하는 것) 중이었다.

나는 대대장을 찾아 "빨리 부대를 돌격시켜라"고 소리쳤다. 10연대는 재빨리 부대를 돌격시켜 적군을 격퇴했다. 나중에 들으니 적들은 사단장인 나를 생포하러 기습했다는 것이었다.

평소 사단사령부에는 경비 병력이 거의 없었으나 때마침 증원부대가 도착해 있어 위기에서 구원해 준 것이다.

증원부대를 애타게 기다리고 있던 작전참모 문형태 소령은 이들이 도착하자 "부대를 즉시 전방에 투입할까요? 아니면 내일 아침에 할까요"라고 물었었다.

나는 무더위 속에서 영천에서부터 이곳까지 행군해 온 부대를 차마 바로 투입할 수가 없어 "일단 잘 먹여 재운 뒤 새벽에 출발시켜라"고 지시했던 터였다. 이들을 바로 출발시켰더라면 사령부는 쑥대밭이 되었을 것이다. 이것도 하나의 전쟁의 운이라 할 수 있겠다.

한편 같은 날 미 23연대도 증파됐다. 연대장 폴 프리먼Paul Freeman 대령은 차분하고 투지가 있어 보이는 군이었다. 그는 나를 만나자마자 중국말로 "중국어를 할 수 있느냐"고 물었다. 아마 영어를 못한다고 생각해 한국말을 못하는 자신과 대화할 일이 걱정된 것이었으리라. 나는 즉석에서 중국말로 "할 줄 안다"고 답했다.

그러자 그는 유창한 중국어로 "중국말로 얘기하자"고 했다. 나는 미국인과 한국인이 중국말로 얘기하는 게 우습다는 생각이 들어 "그냥, 영어로 하는 것이 좋겠다"고 했다. 전투 못지않게 의사소통이 중요하던 당시 일화이다.

프리먼 대령은 31년부터 4년간 북경에 유학해 중국어에 능통했다. 그는 한국 전쟁 중 그 유명한 '지평리 전투'에서 공을 세웠고 후일 대장으로 승진, 유럽 주둔 미군총사령관을 역임하기도 했다.

미 23연대는 도착 즉시 다시 다부동 남쪽 학명동鶴鳴洞 주변에 사단 예비연대로 투입됐다. 전쟁 중 국군사단에 미군이 두 겹으로 중첩 투입된 것은 다부동 전투가 유일한 경우였다. 그만큼 대구의 관문 다부동은 중요했다.

국군 증원부대인 10연대(연대장 고근홍·高根弘 중령)는 사단 우익 가산산성에 투입되어 인접 6사단과의 접촉부를 담당했다.

마이켈리스 대령이 이끄는 미 27연대는 매일 밤 전차를 앞세우고 야간 기습하는 적군을 막아 주었다. 적 전차에게 도로를 뚫릴 위험을 덜게 됐다.

미군은 천평동~진목동 간 약 4km의 직선 도로를 '볼링앨리Bowling Alley' 라고 불렀다. '볼링장' 처럼 적군이 전차와 대포로 밀어 붙이면 아군 배후 산등성이에 볼링 핀이 쓰러질 때처럼 '따다닥' 소리가 나며 포탄들이 작렬한 것을 두고 빗댄 것이다. 처참한 전투장에다 한가로운 명칭이나 붙여대는 미군들의 여유와 해학을 당시로서는 이해하기 어려웠다.

8월 20일 좌익 13연대는 328고지를 간신히 유지하고 있었고 중앙의 12연대는 유학산 정상을 공격했으나 빼앗지 못하고 있었으며, 우익 11연대는 증원군에 힘입어 인접 6사단과 연결을 유지하고 있었다.

그런데 이날 적들이 갑자기 소극적으로 변했다.

후일 듣기로는 적의 정예 15사단이 다부동에서의 우리 군 저항이 워낙 강해 영천 방면으로 공세를 전환하기 위해 그곳으로 이동하면서 전선 재배치를 했다는 것이었다.

나는 적의 공격력이 약해진 것으로 보고 마이켈리스 대령과 협의하여 Y선의 완전한 탈환을 위한 공격을 결의했다.

그러나 다음날 아침 우리가 반격을 개시할 즈음 적이 선공에 나서 기선을 제압해 버렸다. 전쟁 중 공교로운 것은 우리가 필사적으로 나서면 적도 필사적으로 맞서 번번이 대접전을 벌이게 된 것이었다. 적은 박격포와 수류탄으로 탄막을 씌워 아군 역습을 저지하고 인해전술로 공격해 들어왔다.

미 27연대도 출격하지 못하고 방어에만 전념하게 됐다.

이때 미 27연대의 좌측 능선을 엄호하던 11연대 1대대(대대장 김재명·金在命 소령)가 기선을 제압당해 고지를 빼앗기고 다부동 쪽으로 후퇴하고 있다는 급한 보고가 들어왔다.

그리고는 곧 8군사령부로부터 전화가 걸려왔다. "한국군은 도대체 어떻게 되는거냐. 싸울 의지가 있느냐"는 노한 음성의 힐책이었다.

연대의 옆이 뚫리자 마이켈리스 대령이 즉각 미 8군에 "한국군이 후퇴했다. 퇴로가 차단되기 전에 철수 해야겠다"고 보고한 것이었다. 그는 내게도 전화를 해 "후퇴하겠다"고 통고했다.

나는 "잠깐 기다려 달라. 현장에 나가 직접 확인 하겠다"며 다부동으로 급히 지프를 몰았다. 과연 진목동 도로 서쪽 11연대 병사들은 피로에 지친 모습으로 후퇴하며 산을 내려오고 있었고 고지를 점령한 적은 산발적으로 미군의 포병 진지를 향해 사격을 가하고 있었다.

김재명 대대장을 불러 "어떻게 된 거냐?"고 물으니 "장병들이 계속된 격전에 지친데다 고립된 고지에 식량까지 끊겨 이틀째 물 한 모금 먹지 못했다"는 하소연이 돌아왔다.

나는 후퇴하는 병사들 앞으로 달려 나갔다. 그리고 이렇게 소리를 질렀다.

"모두 앉아 내 말을 들어라. 그동안 잘 싸워주어 고맙다. 그러나 우리는 여기서 더 후퇴할 장소가 없다. 더 밀리면 곧 망국이다. 우리가

1950년 8월 21일 다부통 전투에서 한미연합군은 13대의 북한군 전차를 격파했다.

더 갈 곳은 바다밖에 없다. 저 미군을 보라. 미군은 우리를 믿고 싸우고 있는데 우리가 후퇴하다니 무슨 꼴이냐. 대한 남아로서 다시 싸우자. 내가 선두에 서서 돌격하겠다. 내가 후퇴하면 너희들이 나를 쏴라."

나는 부대에 돌격 명령을 내리고 선두에 서서 앞으로 나아갔다. 곧 병사들의 함성이 골짜기를 진동했다. 김 소령도 용감하게 앞장 서 부대를 지휘했다. 대대는 삽시간에 고지를 재탈환했다. 적은 아마 증원부대가 공격하는 줄 알았을 것이다.

마이켈리스 대령이 내게 와 "미안하다"고 말하고 "사단장이 직접 돌격에 나서는 것을 보니 한국군은 신병神兵"이라고 추켜세웠다.

이날 처음 겪은 한·미 연합 작전에서 나는 연합작전의 성패는 상호 신뢰에 있다는 것을 깨달았다. 우리가 산 위에서 격퇴되면 미군은 골짜기에서 고립된다. 미군이 무너지면 우리는 산 중에 고립된다.

따라서 상대에 대한 신뢰가 없으면 불안 때문에 싸울 수가 없다. 일상 생활에서도 서로 믿기 쉽지 않은 데 생사를 건 전쟁터에서 서로 믿는다는 것은 말처럼 쉽지 않다. 미군도 상황이 좋을 때는 '오케이 오케이' 하지만 불리할 때는 냉혹하게 변한다. 국군이 자기 책임을 완수하여 신뢰를 얻고 그들로부터 '도와 줄 가치가 있는 전우'라는 신임을 얻지 목하면 연합작전은 성공하기 어렵다.

8월 21일은 다부동 전투의 절정이었다. '이에는 이, 눈에는 눈'이라 하듯 기습에는 기습으로, 돌격에는 돌격으로 맞서 고지와 능선마다 시체가 쌓여갔다. 다부동 전투 초기에 싸우던 병사들이 그간 모두 죽거나 다쳐 전원이 신병으로 교체된 분대 소대가 적지 않았다. 적군은 이날 밤 미 27연대에 총공세를 폈으나 미군은 모든 화포를 동원해 5시간 싸운 끝에 적을 격퇴했다.

이튿날인 22일 마침내 전세는 우리 쪽으로 기울었다. 팽팽하던 접전의 균형이 고비를 넘긴 것을 느낄 수 있었다.

처음부터 불리한 입장에서 산정을 올려다보고 싸워야 했던 12연대가 적군이 장기長技로 삼던 야간 기습을 먼저 감행해 유학산 정상에 있던 적군을 섬멸했다. 무려 8차례의 역습 끝에 아군 수중에 넣은 것이다.

학명동 포병진지를 기습하려고 가산능선을 따라 침투한 적은 미 23연대가 격전 끝에 격퇴했다.

23일 도착한 증원 10연대의 주력은 가산능선을 공격해 다음날까지 가산산성을 완전 소탕했다(10연대장 고근홍 중령은 육사 1기생으로 용감하고 솔선수범하는 지휘관이었다. 11연대와 협조하여 가산전투에서 용맹을 날렸으나 50

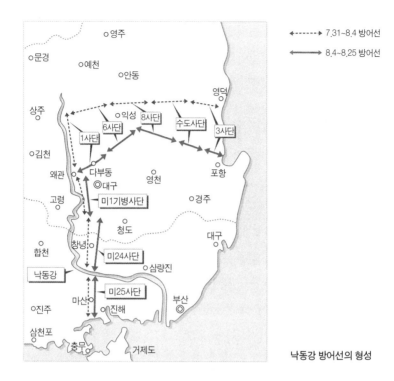

낙동강 방어선의 형성

년대 말 북진 때 청천강 북쪽에서 행방불명, 전사한 것으로 추정된다).

24일에야 우리는 당초 최후 저지선으로 잡았던 Y선을 완전히 회복할 수 있었다. 고지와 주능선을 확보하고 이제는 북쪽 경사를 내려다보며 적을 소탕할 수 있게 된 것이다.

마이켈리스 대령은 다음날 8일간의 격전을 마치고 연대를 이끌고 마산으로 이동했다. 이것이 소위 워커 사령관의 '소방 전법'이다.

위급한 전선마다 마이켈리스 연대를 기동타격대Regimental Combat Team로 삼아 다급한 불을 꺼 전선을 유지시키며 공격 시기를 노리는 것이었다.

우리는 8월 말 이 일대 전역을 미 1기병사단에 인계하고 근처로 이동할 때까지 다부동 방어 임무를 무사히 마치게 됐다.

'다부동 전투'라 명명되며 낙동강 전선 최대 격전이라 알려진 이 전투는 우리 1사단 뿐 아니라 국군 1개 연대 등 총 3개 연대가 증원부대로 가담했다. 또 미 공군의 성공적인 항공 지원이 있었고, 주변의 민간인들까지 도왔다. 인근의 주민들은 지게를 메고 나와 전방고지의 포화를 무릅쓰고 탄약, 식량, 물과 보급품을 져 날랐다.

매일 주저앉아 울고 싶을 정도의 인원 손실을 입었으나 후방의 청년 학생들이 전선을 자원하여 틈을 메워 주었다. 이들은 소총 사격과 수류탄 투척을 제대로 배울 틈도 없이 곧바로 전선에 투입되었다. 실전을 통해 전투를 배워야 하는 상황이었다.

이처럼 다부동 전투의 승리는 국군, 미군, 국민이 함께 이룬 승리였던 것이다.

나는 이 전투가 그렇게 중요한 지 당시에는 잘 알지 못했었다. 무아지경에서 하루하루 최선을 다해 지휘했을 뿐이었다. 그러다 적군이 끝없이 밀려오고 또 미군이 계속 증원되는 것을 보고, 정일권 육군참모총장과 워커 8군사령관, 미 육군 참모총장 콜린즈Lawton J.Collins 대장까지 사단을 방문하여 전황을 점검하고 격려해 주는 것을 보고 이 전선이 막중하다는 것을 차차 깨달아갔다.

전투에서는 승리했지만 피해도 컸다. 살아남은 자의 훈장은 전사자들의 희생 앞에서는 빛이 바래기 마련이다. 1사단은 장교 56명을 포함해 2300명의 전사자를 냈다. 적군은 이보다 2배 이상인 5690명이 전사한 것으로 집계됐다. 어떻든 우리 인명 피해가 너무 많다보니 육군본부에서 실태조사를 나올 지경이었다. 고지를 미군에게 넘겨줄 때는 미군들이 "시체를 치워주지 않으면 인수받지 않겠다"고 버틸 정도였다.

그러나 다부동 전투는 끝난 것이 아니었다. 제 2막의 결전이 우리를 기다리고 있었다.

적 3개 사단 섬멸, 전세는 역전

8월 하순 미 2사단이 미국 본토에서, 영국 27여단이 홍콩에서 부산에 도착했다.

증원 미군 보병사단이 도착하기 전에 부산이 함락될 것인가 하는 '시간 싸움'에서 일단 유엔군이 승리하게 된 것이다.

그 무렵 북한군은 미군의 우세한 화력으로 낙동강 공격이 막히자 주력공격방향을 국군이 담당하는 동쪽으로 돌려 공세를 강화하고 있었다. 이에 따라 경주의 국군 1군단(군단장 김백일·金白一 준장)과 하양의 2군단(군단장 유재홍 준장) 등 국군 2개 군단의 담당 정면을 좁히고 대신 미군 담당 정면을 넓게 됐다. 여기에는 인천상륙을 기점으로 한 공세이전攻勢移轉의 복안도 숨겨져 있었다.

우리 1사단은 다부동을 미 1기병사단에게 넘기고 동쪽에 인접한 팔공산 북쪽으로 이동했다. 새 방어지역은 6사단이 맡던 곳으로 가산에서 신령~의성간 도로까지 팔공산 기슭 산악지역 약 12km구간이었다.

나는 동명초등학교를 떠나 하양~신령 도로 중간지점인 하천가 촌락에 사령부를 설치했다. 이곳의 어르신들은 나에게 "팔공산이 성산聖山"이라는 것을 강조하면서 "이 산을 지켜야 나라가 편안하다. 뺏기면 나라가 망한다"고 말해주며 "다부동을 끝까지 지킨 부대가 왔으니 이제 안심이 된다"고 격려해 주기도 했다.

나는 팔공산 전면 우익에 12연대, 좌익에 15연대를 배치하고 11연대를 예비로 두었다.

최영희 대령은 8월 하순 다부동 전선이 소강상태에 이르자 2군단 작전명령에 따라 동쪽 6사단과 8사단 사이로 침투한 적군을 격퇴하기 위해 15연대를 이끌고 신덕동 쪽에 파견되었다가 임무를 마치고 사단에 복귀했다. 최대령은 과거 5사단 시절 자신이 지휘했던 15연대 이름에 애착을 가져 13연대를 15연대로 개칭하겠다고 했다. 나는 그의 요청을 받아들여 육본에 상신, 허락을 얻어냈다.

적군의 새로운 공세는 9월 2일부터 시작됐다. 우리는 '다부동 대첩'에서 승리한 뒤끝이라 자신감을 회복하고 있었으나 인접 부대 상황은 오히려 반대였다. 적의 9월 대공세에 곳곳의 방어선이 무너져 위기는 한껏 고조되고 있었다.

미 1기병사단도 적 공세 하루 만에 우리가 넘겨준 고지를 모조리 잃고 약 10km를 후퇴했다. 가산, 유학산, 수암산 328고지가 모두 적의 수중에 들어가고 1사단이 한번도 빼앗기지 않았던 다부동 마을까지 잃게 되었다. 이제 적의 포위망이 대구 동북쪽으로 10여km까지 압축됐다. 또 1군단 좌익 8사단 정면도 적 15사단에게 뚫려 6일 새벽 영천이 적의 손에 들어갔다.

전황이 이처럼 안 좋아지자 대구에 있던 국방부와 육군본부의 후방제대가 6일 부산으로 이동했다. 미 8군 후방제대도 같은 날 부산으로 옮겨가고 현 전선과 대구를 일단 포기하고 '데이비드슨 선線'까지 철수하는 것을 심각하게 고려했다 한다. '데이비드슨 선'이란 마산~밀양~울산을 포함하는 방어선으로 미8군 공병참모 데이비드슨 Garrison Davidson 준장 이름을 따 붙인 것이다.

나도 다부동 전투 때부터 사단사령부 미군들에게서 이 방어선에 대해 듣고 있었다. 나는 이 선이 반격을 위한 방어선이라기보다 미군 및 유엔군이 안전하게 한반도에서 일본으로 철수하는 데 필요한 선으로 판단하고 있었다. 이 선은 너무 좁았고 그 안의 국토는 병력과 물자를 조달하기 위한 최소한의 기지로서도 미흡했다. 현 전선도 전 국토의 8%를 간신히 포함하고 있는 마당에 후퇴는 곧 파탄인 것이다.

육군본부와 미 8군도 대구에 전방지휘소를 두고 워커 사령관도 대구에 남아 전선을 계속 지휘했다. 부산에는 위기의식이 한층 고조돼 일부 인사들이 해상 탈출을 준비하기도 했다. 전시에는 군인이건 국민이건 극히 민감해 통솔, 통제하기가 어렵다.

대구는 30만 명 인구가 사는 도시였으나 피난민이 몰려들어 삽시간에 70만 명을 넘었다. 도저히 포기할 수 없는 도시였다.

우리 1사단은 가산 남쪽 도덕산道德山 방어를 강화하고 팔공산 전면에서 적의 공격을 저지하는 한편 예비 11연대를 영천 탈환 전투에 투입했다. 8사단은 영천 북쪽 25km지점인 보현산~현암리 선을 지키다 다부동에서 이쪽으로 이동한 적 15사단의 전차를 앞세운 공격과 야간 기습에 정면이 뚫리는 비운을 맞았다.

유재흥 군단장은 나와 6사단장 김종오 준장에게 각자 1개 연대씩을 빼 영천을 탈환하고 전선을 회복하라고 했다. 나와 김 준장은 각자의 사단도 위태로운 터라 난색을 표했지만 결국 1개 연대씩을 출동시키게 됐다.

11연대(연대장 김동빈 대령)는 6일 낮부터 영천에 투입되자마자 혼전에 휩쓸려 연일 악전고투를 거듭했다. 류 군단장이 사태를 수습하기 위해 미 8군을 통해 기병사단 전차지원을 급히 요청했으나 즉각적으로 이뤄지지는 못했다고 한다. 자기 병력 인원 손실까지 무릅쓰고 지원하는 것을 달가워 하는 지휘관들은 국군이나 미군이나 없을 것이니 이해할 만도 했다.

영천을 두 차례나 뺏고 빼앗기는 격전 끝에 전선은 차차 수습되어 갔다. 미군 전차 1개 소대도 결국 가세했다.

나는 팔공산과 영천의 전황을 살펴보면서 9월 초순을 넘길 무렵부터 적의 공세가 한계에 이르렀음을 느꼈다. 비록 당장은 적들의 압박이 거세다 하더라도 늦여름 더위처럼 뒷심이 빠진 공격임을 지휘 경험을 통해 감지할 수 있었다. 팔공산에 대한 적의 공격은 현저히 약해졌고 영천에 나가보니 적 전차는 가솔린이 떨어져 움직이지 못할 지경이었다. 적은 돌파에 성공하고서도 증원부대와 보급이 없어 오히려 국군에게 포위당해 각개격파 되어 궤멸되고 있었다.

반격 작전을 마친 11연대도 초반 고전으로 상당한 피해를 입고 사

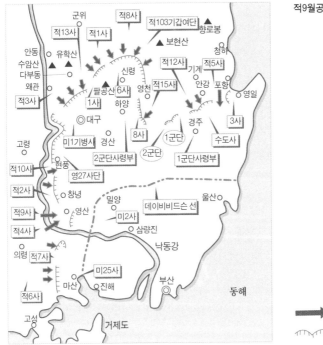

적9월공세 남침한계선

90

단으로 복귀했다. 9월 위기는 결국 이렇게 넘기게 된 것이다.

이 무렵 '미군이 인천에 상륙할 것 같다'는 소문이 사령부 주변에 나돌기 시작했다. 매일같이 반격과 역습의 날만 고대하던 터였기에 나는 제발 이 소문이 현실이 되기를 바랐다.

어느 날 나는 미 8군사령부로부터 극비 연락을 받았다. '즉시 밀양으로 가서 미군 장성을 만나보라'는 것이었다. 나는 약속장소인 밀양 초등학교로 가서 그 '익명의 장성'을 찾았으나 벌써 대구로 떠났다는 게 아닌가.

이튿날 다시 연락을 받고 대구 교외 사과밭 한 천막으로 안내됐다. 애완용 독일산 개 한 마리를 데리고 있는 미군 장성이 기다리고 있었다. 키가 작고 온화해 보이는 인상의 그는 "귀관이 백 장군인가"라고 물은 뒤 자신을 프랭크 밀번Frank Milburn소장이라고 소개했다.

밀번 소장은 "1사단이 잘 싸우고 있다는 말을 들었다"면서 이제 곧 방어에서 공격으로 전환할 것이라는 것과 1사단은 미 1기병사단, 미 24사단과 함께 자신이 곧 맡게 될 미 1군단 지휘 하에 들게 됐다고 알려주었다.

또 현재 1사단 화력이 절대 부족하므로 군단 포병을 배속시켜 가능한 한 최대 지원을 하겠다고 약속했다. 한국전쟁 참전 전에는 서독 주둔 미 1사단장이었던 밀번 소장은 당초 미 9군단장으로 내정되었다가 인천 상륙작전을 계기로 전쟁 양상이 공격전으로 바뀌면서 공격 선봉에 나설 미 1군단장에 선임된 것이다. 콜터John Coulter소장이 대신 9군단장으로 부임했다.

밀번 소장은 적극적이고 과감한 성격의 소유자로 2차대전 중 미 7군 휘하 미 21군단장으로 프랑스 마르세유에 상륙, 드골이 이끄는 프랑스군과 함께 독일과 프랑스 국경 지대인 알사스 로렌지방 공격전을 지휘했었다.

나는 밀번 소장으로부터 지프 한 차 분량의 작전지도를 얻었다. 전쟁 중 처음 보는 삼색도 작전지도였다. 지명이 영어와 한문으로 기입돼 있고 군사좌표도 그어져 있어 포병의 화력지원과 공군의 대지對地 지원에 용이한 것으로 이후 작전에서 큰 도움을 받았다.

전쟁 초기 나는 미군을 만날 때마다 이처럼 '지도구걸'을 했다. 변변한 지도 한 장 없이 현대전을 치러야 했던 우리 국군의 형편은 눈물겨운 것이었다.

'공세로의 역전'과 '사단의 미군 배속' 소식과 함께 지도까지 한 아름 얻게 된 사령부는 분위기가 일신됐다. 오랜 격전 속에 쌓였던 불안과 불만이 씻은 듯 사라지고 희망에 벅차 모두가 구름 위를 걷는 듯했다.

밀번 군단장은 약속대로 부산 방어를 하고 있던 미 10고사포 군단群團을 지원해 주었다. 이 포병부대는 제78고사포 대대(90mm포 18문), 제9야포대대(155mm포 18문), 제2중박격포 대대(4.2인치 박격포 18문)를 거느리고 있어 사단의 화력은 일시에 미군 사단 수준으로 이르게 됐다.

포 사령관 헤닉William Hennig대령은 '보병이 모든 계획을 세우고 포병 및 기타 병과는 보병을 철저히 지원해야 한다'는 것을 원칙으로 삼는 겸손하고 노련한 장교였다.

그는 내게 "포탄 운반 차량도 70~80대 가량 충분히 가져왔다"면서 "서슴치 말고 화력 지원을 요청해 달라"고 했다. 실제로 1사단이 위기에 처할 때마다 잘 협력해 주었다.

나도 이들의 호위에 최우선의 신경을 써 우리는 전쟁 중 좋은 관계를 유지할 수 있었다. 지원부대를 잘 돌보는 것이야말로 연합작전의 요체이다. 아군 부대 간 불필요한 마찰이 작전을 그르치는 경우가 적지 않기 때문이다. 헤닉 대령도 후일 '한국군 1사단과 함께 작전할 때 가장 잘 싸울 수 있었다'고 술회한 적이 있다.

드디어 9월 15일 인천 상륙 작전 성공 소식이 전선에 전해졌다.

"이제 우리가 공격할 차례다."

장병들의 사기는 충천했다.

곧 밀번 군단장으로부터 작전 명령이 하달됐다.

"사단은 팔공산에서 가산을 공격, 적1사단을 격파하라. 그리고 미 1기병사단과 호응하여 낙동강을 넘은 다음 상주를 향해 공격을 준비하라."

작전 개시 시간은 9월 16일 오전 9시였다. 다부동 전투 제2막은 이렇게 시작됐다.

이때까지 가산일대에서는 연일 전투가 계속되고 있었다.

아침부터 짙은 안개 속에 폭우가 쏟아졌다. 지척을 분간하기 어려워 포병은 물론 공중지원조차 받을 수 없는 상황이었다. 우리가 공격을 개시하자 적군도 악천후를 틈타 역공세를 취했다. 누가 공격을 하고 누가 방어를 하는 지 분간하기 어려운 혼전에 빠져들게 됐다.

이 와중에 가산방면의 좌익 15연대와는 통신까지 끊겨 이틀 이상 전황조차 파악할 수 없어 크게 걱정된 데다 상부로부터의 추궁도 심해 안절부절이었다.

사단의 주력부대인 12연대도 돌파구를 뚫지 못하고 있었고 중앙의 11연대도 가산측면에서 교착됐다. 좌우 인접사단들 사정도 마찬가지였다.

적군을 신속히 뚫지 못하면 그만큼 인천 상륙 부대와 연결이 늦어지기 때문에 워커 사령관은 고심하게 됐다. 그는 9월 17일 아침 동촌東村 비행장 근처 양조장터로 옮겨진 사단 사령부로 나를 찾아왔다.

각 사단을 돌며 전투독려를 하던 길이었다.

워커 중장은 나의 전황 설명을 듣고 나더니 갑자기 "포트 레븐위스 Fort leavenworth(미국 참모대학)에 유학한 적이 있는가"고 물었다.

물론 나는 군사유학을 가본 적이 없어 "없다"고 답했다.

그는 "참모대학의 교과서에 따르면 이런 상황에서는 바이패스(by pass · 통과) 전술이 좋다. 공격 중 적의 강한 저항에 부딪치면 좌우로 돌아가야 한다. 어떻게 돌아가는가 하는 것은 귀관과 예하부대가 판단할 일이다"라고 말했다.

12연대장은 김점곤金點坤 중령이 우회 돌파할 지점을 찾아 나섰다. 15연대는 연대지휘소까지 안개 속에서 백병전에 휘말려 연락이 끊겼으나 무사하다는 것이 확인됐다.

가산은 여전히 혼전이었다.

18일 오후가 되자 12연대장 김 중령으로부터 거매동巨梅洞의 요충지에 진출했다는 보고가 들어왔다. 효령면 거매동은 다부동 북쪽 12km 지점이었기 때문에 그처럼 깊숙한 적진 돌파를 했다니 쉽사리 믿을 수 없었다. 그러나 사실이었다.

김 중령은 적 1사단이 주력부대를 가산 전투에 투입하여 인접 적 8사단과의 사이가 허술함을 간파하고 이 틈을 집중 공격으로 돌파하여 적 후방의 보급선을 차단하는 데 성공했다.

이 전황이 8군에 보고 되었는 지 워커 사령관과 참모들이 나에게 두세 차례 연거푸 전화를 걸어 "그것이 사실이냐. 어떻게 돌파했느냐"면서 대단하다고 평가하면서도 쉽사리 믿으려 하지 않았다.

나는 즉시 가산전투를 지탱할 병력을 제외한 11 · 15연대 가용병력을 측방으로 우회 돌진하도록 명령했다. 퇴로가 차단되고 측면이 뚫리게 된 적은 우리의 포위 공격에 허물어지기 시작했다.

제 10고사포 군단은 우리와 긴밀하게 협동해 근접 포격으로 사단을 지원했다. 다부동을 빼앗기고 왜관과 학명동에서 적의 완강한 저항에 부딪혔던 미 1기병사단은 이 틈을 타 우리와 호응하여 좌측에서 포위 망을 좁혔다. 이렇게 되니 가산에서 왜관 사이에 포진한 적 1사단, 3사단, 13사단 등 3개 사단이 4면에서 공격을 받게 됐다. 그렇게 맹위를 떨치던 적이 믿을 수 없으리만큼 안개가 걷힌 듯 무너진 것이다.

포로 심문 결과 적군은 한결같이 인천상륙 사실을 모르고 있었다. 적의 수뇌들이 이를 숨긴 채 공격을 계속하도록 내몰았기 때문이었다. 주요 거점의 호에는 기관총 사수들이 발목을 쇠사슬에 묶인 채 죽을 때까지 사격을 했다. 우리 장병들은 이런 잔인함에 치를 떨었다.

공격 개시 4일째이던 9월 19일 나는 다부동 북쪽 군위軍威로 향하는 길에 나섰다. 거기에는 더 놀라운 광경이 펼쳐져 있었다. 산 기슭마다 헤아릴 수 없는 적군의 시체가 흩어져 있었고 소와 말 뼈까지 곳곳에 쌓여 사람과 짐승의 썩은 냄새가 진동하고 있었다. 전차와 야포, 수많은 무기와 탄약들까지 그대로 버려져 있었다. 지옥의 모습이 어떠한지 모르나 이보다 더할 수는 없으리라 생각했다.

고랑포에서 우리 1사단을 패배시켰던 적군 1사단은 여기서 '패배' 차원이 아니라 완전히 '와해' 되어 형체를 잃게 됐다. 적 13사단은 다부동 전투에서 유난히 많은 귀순 투항자를 내고 괴멸됐다. 8월 29일 13사단 포병연대장 정봉욱 중좌가 1사단에 투항한 데 이어 9월 21일 참모장 이학구 총좌가 미 1기병사단에 투항했고 기타 하급 장교와 병사들이 줄지어 투항했다.

정봉욱은 귀순 후 국군에 편입돼 제 2훈련소 소장까지 역임하고 소장으로 예편됐으나 귀순자 중 최고급 장교였던 이학구는 후일 귀순자로 취급되지 않고 거제수용소에 포로로 수용되는 바람에 폭동을 주도

하여 적군에 가담하는 것보다 더 큰 피해를 유엔군에 끼쳤다.

서울에 제일 먼저 입성해 김일성으로부터 '서울 3사단' 이라는 칭호를 얻었던 적 3사단은 그나마 왜관에서 일찍 후퇴하는 바람에 1000여 명이 살 수 있었다.

다부동의 승리는 북진의 기폭제가 됐고 아울러 전세 역전의 분수령이 되었다. 북한군은 주력부대 3개 사단이 파탄되는 바람에 휴전때까지 사실상 재기 불능의 치명적 타격을 입었다. 1사단 최대 전투는 다부동에서 시작되어 다부동에서 끝을 맺게 된 것이라고 할 수 있다.

'다부동 전투' 를 회고할 때 나는 군인으로서 두 가지 점을 자랑스럽게 생각한다.

첫째는 1사단 예하 지휘관들이 진심에서 우러나오는 신뢰와 협조를 해 준 것이다. 이들이 애국심과 투지 용기 창의력을 십분 발휘해 주었기 때문에 승리할 수 있었다.

최영희崔榮喜, 박기병朴基丙, 김점곤金點坤, 김동빈金東斌 연대장을 비롯해 11연대 김재명金在命, 이두황李斗璜, 차갑준車甲俊, 정영홍鄭永洪, 김소金沼, 12연대 한순화韓順華, 조성래趙成來, 박병수朴炳洙, 15연대 김진위金振暐, 유재성劉載成, 안광영安光榮, 최병순崔炳淳, 포병대대 박영식朴永湜, 공병대대 김영석金永錫 등 대대장들은 숨 돌릴 틈조차 없던 상황 속에서 나와 그들의 부하들을 믿고 용감히 싸웠다.

화력 장비 인원 등 모든 면에서 우리보다 우세한 적군을 저지 섬멸할 수 있었던 것은 사단 전체가 상호 신뢰를 바탕으로 해 결사의 팀웍 정신으로 뭉쳤기 때문이다.

둘째로는 미군이 우리를 신뢰하는 계기를 만든 것이다.

이 전투에서 나는 미군부대를 증원받았고, 또 미군 군단에 배속되어 차후 북진의 주력부대로 가담하게 됐다

사단이 지원 요청 한다고 미군부대가 무조건 그냥 와주는 것은 아니다. 신뢰할 수 없는 부대에는 오지 않는다. 지원부대도 그들의 안전을 우선적으로 고려하기 때문에 믿을 수 없는 부대의 틈에 끼여 싸우기를 꺼리는 것은 당연하기 때문이다.

71년 초 주한 미군사령관으로 부임, 재회하게 된 마이켈리스 대장은 다부동 전투를 회상하며 "당시 미군 지휘관들은 한국군 부대의 전투 능력과 지휘관의 능력을 예민하게 관찰하고 있었다. 왜냐하면 언제 한국군 부대와 연합해 싸우게 될지 몰랐기 때문이다. 이런 관찰 끝에 우리는 1사단과 백 장군의 전술 능력과 전투 정신을 믿은 것이었다. 백 장군을 믿지 못했다면 어떻게 내가 다부동 골짜기에 들어갈 수 있었겠는가"라고 했다.

또 국군사단으로서는 최초로 미군 사단과 동등한 화력으로 밀번 미 1군단장 지휘 하에서 작전하게 된 것도 국군의 전투 능력에 회의적인 시각을 갖고 있었던 당시 미군 분위기에 비추어 볼 때 획기적인 일이었다고 자부한다.

1사단에 대한 평판은 국군 내부에서도 알려져 유능한 장교들이 내 곁으로 모여 들었다.

전투가 한창이던 어느 날 동명초등학교로 한 장교가 찾아와 만나자고 했다. 그는 자신을 육사 3기생 박진석朴珍錫 소령(준장 예편)이라고 소개하며 "1사단에서 싸우게 해 달라"고 간청했다. 이유를 묻자 "원래 호남지구로 후퇴하는 부대에 소속돼 있었으나 너무 부대가 약해 실망했다"는 것이었다.

그는 대구 육군본부에 들러 잘 싸우는 부대를 수소문한 끝에 나를 찾아오게 된 것이라고 했다. 나는 박 소령을 문형태 작전참모 보좌관으로 기용했다. 박 소령은 영어가 능통해 북진 때 미군 연합작전에서 큰 몫을 했고 많은 전공을 세웠다.

  한강을 건넌 후 합류한 이철희李哲熙 중령은 군수참모로 다부동 공방전에서 대단히 성실하게 어려운 임무를 수행했고 김안일金安一 중령도 정보참모로써 활약이 컸다.

03

선봉에서 서서 북진, 북진

★ ★ ★ ★

일개 월남 청년이 장군이 되어 1만 5천여 한 · 미장병을
지휘하며 고향을 탈환하러 진군하는 감회를 어찌 필설로 표현할 수 있겠는가.
내 생애 최고의 날이 바로 이 순간이었다.
지나치는 부락에는 벌써 주민들이 내건 태극기가 펄럭이고 있었다.
…때마침 일요일인 10월 20일 아침 평양시가
어딘가에서 교회의 종소리가 힘차게 울려 퍼졌다.

후퇴 코스 거슬러 진격

경부고속도로 왜관 낙동강 다리에서 동쪽을 바라보면 멀리 좌우로 산들이 병풍처럼 펼쳐진다. 이 산들이 당시 국운을 건 격전의 현장이다. 약 두 달간 작렬하는 포화 속에 풀포기까지 사라졌던 산록에 지금은 수풀이 우거져 과거의 처참했던 흔적은 찾아보기 어렵다.

다부동에서 적군을 섬멸한 우리 1사단은 상림동上林洞과 상장동上場洞에 진출해 남은 적들을 소탕하며 추격 명령을 기다리고 있었다.

이곳으로 온 지 사흘만인 9월 22일 나는 신주막新酒幕 삼거리에서 상주쪽으로 향하는 미군부대를 만나게 됐다. 미 제7기병연대, 제7전차대대, 제7포병대대로 편성된 777지대(支隊·본대에서 갈라져 독립적인 행동을 하는 부대·Task Force 777)로 미 1기병사단장 게이 소장이 직접 지휘하고 있었다.

게이 소장은 나에게 "인천에 상륙한 미 10군단과 접촉하기 위해 오산방면으로 북진한다"면서 "씨유 인 서울See you in Seoul(서울에서 보자)"이란 말을 남기고 맹렬한 속도로 낙동리 방면으로 향했다.

게이 소장은 2차 대전 중 미 3군 사령관이었던 패튼 장군의 참모장이었고 전후 패튼 장군이 차량 사고로 사망할 당시 승용차에 함께 탔으나 살아난 사람이다.

나는 게이 소장이 이끄는 미군 전차와 차량 행렬이 일으킨 먼지가 구름처럼 피어오르는 북행도로를 그냥 바라볼수 밖에 없었다. 물론 전차와 도하 장비를 갖춘 미군이 추격전의 선두에 서는 것은 어쩔 수 없는 일이다. 그러나 우리가 공격의 돌파구를 열어놓은 곳에 승리를 향해 진군하는 미군을 바라보는 것은 부러운 일이었다. 우리는 언제 서울로 갈 것인가.

국군 1사단의 낙동강 반격작전을 위해 설치된 부교(浮橋 · 배와 뗏목을 잇대어 매고 그 위에 널빤지를 깔아 만든 다리)

미 1기병사단이 앞질러 진군하자 나는 미 1군단에 1사단도 서울 방면으로 진군했으면 좋겠다는 뜻을 강력히 전했다. 그러나 군단의 명령은 '남은 적을 소탕하며 군위軍威를 거쳐 청주淸州로 진출하라' 는 것이었다.

12연대에 군위지역의 작전소탕 명령을 내리자 이들은 기대에 어긋난다는 반응이었다. 군위에는 적군도 없을 텐데 왜 서울 쪽으로 가지 않고 옆길로 가느냐는 것이었다. 공격 선봉에 나서지 못하고 뒤처지게 되자 평소 나를 잘 따라주던 예하 부대들이 실망의 기색을 감추지 못했다.

이즈음 나는 사단의 미군 수석고문관 로크웰Rockwell 중령을 교체해줄 것을 정일권 참모총장을 통해 미 군사고문단에 요청해 놓았었다.

로크웰 중령은 6·25 발발 전부터 1사단에서 근무하며 생사고락을 같이 한 동지나 마찬가지였다. 그러나 술을 너무 좋아했고 주벽까지 있어 나는 차후의 중요한 작전에 대비하기 위해 결단을 내리지 않을 수 없었다.

전쟁 발발 초기에는 10명 이내이던 사단의 미 고문단은 다부동 전투 기간 중 약 20명 선으로 늘어났다. 구성원은 수석 고문관을 비롯해 미 군사고문단 및 군단 파견 통신반, 작전, 정보, 군수, 통신고문, 군단 연락장교, 공지空地 연락장교, 연대 고문 및 본부요원 등이었다. 특히 보급, 통신, 항공지원 등의 분야가 나에게 큰 도움을 주었다.

국군이 미군에 크게 의존하고 있던 때여서 나의 교체 요청은 군사고문단장 퍼렐Francis Farrell 준장을 크게 당황하게 만들었다. 그러나 그는 내 설명을 듣더니 요청이 정당하다며 이틀 만에 로크웰 중령을 전보시키고 후임으로 헤이즈레트Heyslet 중령을 보내주었다. 헤이즈레트 중령은 육군소장을 부친으로 둔 군인 가문 출신으로 1·4 후퇴

때까지 1사단에서 나를 도와 주었다.

군위에 와보니 마을은 온통 폐허가 되었고 적군은 벌써 달아난 후였다. 우리는 선산善山에서 낙동강을 건너 석 달 전 후퇴했던 코스를 거슬러 상주~보은~미원을 거치며 약 1주일 동안 주로 속리산 일대에 숨어 있는 적을 소탕했다.

속리산에는 호남 및 충청 지방에서 패퇴한 적군까지 몰려들어 소백산맥의 산악루트를 따라 북으로 탈출하고자 상당수의 패잔병이 도처에 산재해 있었다.

나는 이에 앞서 공병대 병력으로 특공대를 편성토록 하고 특공대장 안종훈安宗勳중위(중장 예편)에게 청주로 신속히 진출토록 했다.

나도 부대를 앞질러 청주로 향했다. 도로 연변에는 귀향하는 피난민들이 줄을 잇고 있었다.

피난민들 틈에는 어느새 민간인 복장으로 갈아입고 피난민처럼 위장한 '인민군' 패잔병들도 많이 섞여 있었다. 한 눈에 이들을 식별할 수 있었으나 그런 일에 시간을 빼앗기고 싶지 않아 그냥 지나쳐 북상했다.

들판에는 오곡이 무르익고 있었다. 시골 마을은 외관상 별 피해가 없었던지 전쟁의 흔적은 별로 눈에 띄지 않았다. 황금물결이 출렁이는 들판을 바라보니 우리가 반격을 조금만 늦게 했더라면 이 식량이 적의 수중에 들어가게 됐을 것이라 생각되어 안도의 한숨이 절로 나왔다.

농민들은 적이 점령하는 기간동안 쌀과 잡곡 심지어 깨까지도 공출량을 할당받아 빼앗겼고, 전쟁 물자 운반 등 노역도 심하게 당해 하루하루 악몽 같은 나날을 보냈다고 토로했다.

마을마다 주민들은 국군과 유엔군을 따뜻하게 환영해 주었다. 보은을 지나 청주로 향하던 밤길에서는 매복한 적 패잔병들로부터 기습 사격을 받기도 했으나 별다른 피해는 입지 않았다.

나는 청주에서 북괴군 전선사령관 김책金策 일당이 조치원 쪽으로 달아났다는 주민 제보를 듣고 특공대 안 중위에게 추격하도록 하고 미리 도착해 있던 한미 1기병사단 5연대장 크롬베즈Marcel Crombez대령에게 포병지원을 요청해 소탕전을 벌였다. 그러나 김책 일행을 따라잡지는 못했다. 나는 되돌아가 본대와 합류한 후 10월 2일 청주에 재 진입했다. 각 연대는 청주 근교에 집결했고 나는 충북도청에 사단 사령부를 설치하고 이후 명령을 기다렸다.

10월 1일을 기해 동해안의 국군 1군단이 38선을 돌파해 북진했다. 이런 마당에 청주에 머무르고 있자니 초조한 마음이 생겼다. 청주에서 나는 마이켈리스 대령과 재회했다. 그는 호남 지방을 돌아 막 도착한 길이었다.

우리는 승리를 자축하는 회식을 가졌다. 국군이 막걸리와 시원치 않은 안주를 구해오고 미군이 양주와 레이션 깡통을 가져와 양 부대 지휘관과 참모들이 합석하여 모처럼 흥거운 자리를 가졌다. 나로서는 전쟁발발 후 갖는 첫 술자리였다.

다소 숨을 돌리게 되자 서울에 두고 온 처자가 몹시 그리웠다. 이런 심정은 나나 병사들이나 마찬가지였을 것이다.

10월 5일 대전의 미 1군단 사령부로부터 사단장 회의소집 연락을 받고 미군 포병부대가 내준 연락기 편으로 대전으로 날아갔다. 충남도청에 자리 잡고 있던 군단 사령부에서 밴브런트Rinaldo Van Brunt참모장, 지터Geeter 작전참모, 톰슨(Thomson · 아이젠하워 장군 아들의 장인) 정보참모를 만나 평양 공격 작전명령이 담긴 두툼한 봉투를 전해 받았다.

　군단 예하 미 1기병사단장 게이 소장과 미 24사단장 존 처치John Church소장, 영국 27여단장 바실 코드Basil Coad 준장은 벌써 다녀간 후였다.

　"아, 우리가 드디어 평양으로 진격하게 됐구나"

　나는 기쁜 마음으로 작전 명령서를 읽었다. 그러나 내용은 실망스러운 것이었다.

　미 1기병사단이 주력부대를 맡아 돌진하고 미 24사단이 우익 부대로 구화리九化里~시변리市邊里~신계新溪~수안遂安을 거쳐 평양을 공격하게 돼 있었다. 여기에 영국 27여단이 예비군단으로 기병사단을 따르고 우리 1사단은 개성, 연안延安, 해주海州를 거쳐 안악安岳 방면으로 공격하여 후방을 소탕하는 것이었다.

결론적으로 평양 공격 작전에 국군은 참여하지 못하게 된 것이다. 나는 납득할 수 없었다.

아무리 미군이 작전명령권을 행사하고 내가 미 군단 산하에 있다고는 하지만 적의 수도를 공격하는 데 국군이 참여하지 못한다는 것은 '무의미한 작전'이라는 생각이었다.

나는 밴브런트 참모장을 통해 군단장 면담을 요청했다. 그는 "지금 군단장이 심한 감기로 누워 있다"면서 거절했다. 내가 "아니, 사단장이 군단장도 만나지 못한다는 말이냐"라고 언성을 높이자 그제서야 전화를 했다.

밀번 군단장은 주거 시설을 갖춘 특수 차량 내 침대에 누워 있었다. 내가 들어서자 위스키를 권하며 전선 돌파를 축하해 주었다. 나는 그에게 노획한 소련제 권총을 선물로 주었다.

그리고는 본론을 꺼냈다.

나는 "평양 공격에 국군이 직접 참여하지 못하게 된 것은 납득할 수 없다"고 재고를 요청했다.

그는 잠시 내 말을 듣더니 "1사단이 차량을 얼마나 갖고 있느냐"고 물었다. 60~70대가 있다고 하자 그는 이렇게 말했다.

"미군 사단은 수백 대의 차량을 보유하고 있다. 1사단의 기동력으로 공격의 선두에 설 수 있겠는가. 맥아더 사령관은 신속한 평양 공격을 희망하고 있다. 따라서 기동력과 화력이 우세한 미군을 앞세워 신속히 진군하여 평양을 점령하고자 한다. 장군 심정은 이해하나 양해해 달라."

그러나 나는 임진강 전투 이래 쓰라린 후퇴를 겪은 전우들과 나라를 지키다 전사한 전우들의 명예를 되찾아 주기 위해서라도 국군이 참여해야 한다고 말했다. 또 월남민으로 내려와 국군의 장성까지 된

나야말로 고향을 수복하는 데 앞장서야 할 사람이라고 말하며 물러서지 않았다.

"우리는 차량은 많지 않으나 밤낮으로 행군할 투지가 있다. 우리에게도 기회를 달라. 한국은 산이 험하고 도로가 나빠 불철주야로 행군하면 오히려 국군이 걸어서 평양에 먼저 입성할 수도 있다. 게다가 평양은 바로 내 고향이다. 그 고장 지리를 나만큼 아는 사람도 없다."

감정이 격해져서인 지 어느 틈에 눈물이 뺨을 타고 흘러 내리고 있었다.

나는 "이번의 평양 공격 작전 계획이 1894년 청·일 전쟁 때 일본군이 짠 평양 공격과 공교롭게도 거의 같은 구상"이라고 말하면서 "나는 당시 전사戰史를 잘 알고 있다"고도 말했다. 청·일 전쟁 때 일본군도 5사단, 삭령지대朔寧支隊, 원산지대元山支隊 등 3개부대가 3면에서 평양을 포위 공격했던 전례를 설명하면서 나는 1사단이 삭령과 신계를 거쳐 올라간 삭령 지대를 맡고자 한다는 뜻까지 아울러 밝혔다.

밀번 군단장은 지도를 펼쳐 놓더니 내 설명을 귀담아 들었다.

잠시 침묵이 지난 후 그가 입을 열었다.

"좋다. 장군에게 기회를 주겠다. 미 24사단과 한국군 1사단의 전투 구역을 바꾼다."

그는 즉시 전화기를 들어 참모장에게 "처치 장군과 백장군의 작전 구역을 변경하라"고 지시했다. 군단장 한마디로 대부대의 작전명령이 바뀌다니 놀라운 일이었다. 회의나 설명도 필요 없었다.

밴브런트 참모장은 나에게 작전 명령서를 곧 수정해 보내주겠으니 그만 가도 좋다고 했다. 그러나 나는 그 사이 혹시 이들의 마음이 변하거나 다른 사정이 생겨 명령이 번복될지 모른다는 걱정 때문에 기어이 두세 시간을 기다려 새로 작성된 작전 명령서를 손에 쥐고 사단

사령부로 돌아갔다. 그리고 부하들에게 소식을 전했다.

"자, 우리가 선봉으로 평양에 진격한다."

내 말이 떨어지자마자 사령부는 함성으로 뒤덮였다.

1사단은 고랑포를 38선 돌파 공격을 위한 집결지로 정하고 10월 6일 청주를 떠났다.

| '패튼전법' 으로 평양을 향해 진격 |

우리는 이틀 만에 마포나루 건너편 여의도 도하지점渡河地點에 이르렀다.

서울이 가까워지자 오가는 군용트럭들로 도로마다 큰 혼잡을 이루고 있었다. 미 7사단은 인천 상륙작전을 마치고 부산으로, 미 1해병사단은 서울 탈환 작전을 마치고 다시 인천으로 각각 이동하면서 한강에서 마주치게 된 것이다.

한강다리는 모두 파괴되어 여의도에서 마포까지 고무보트로 연결시킨 두 줄기의 부교浮橋가 유일한 통로였다. 그러나 각 부대는 도로우선권road priority에 따라 질서 있게 강을 건넜다.

미군 사단은 중화기와 중장비가 많아 1개 사단이 강을 넘는 데 상당 시간이 걸렸기 때문에 우리는 차례를 기다리느라 다소 지체하게 됐다.

기동작전에서 도로우선권은 아주 중요하다. 전체적인 부대배치와 관련이 있기 때문이다.

미 7사단과 미 1해병사단은 인천 상륙과 서울 탈환 작전을 성공리에 수행하고 이번에는 맥아더 유엔군사령관의 구상에 따라 원산 상륙작전을 수행하기 위해 각각 부산과 인천항으로 향하고 있었다.

그런데 미군 2주력 2개 사단이 인천항과 부산항에서 또 하나의 상

륙작전 준비를 위해 항구를 독점하는 바람에 북진 부대를 위한 보급
에 심대한 차질이 빚어졌고 원산은 국군 1군단이 훨씬 앞질러 점령하
는 바람에 쓸모없는 작전으로 빛을 잃고 말았다.

　만약 이들 사단이 지상 작전으로 북진에 가담했다면 차후 전쟁 양
상은 엄청나게 달라졌을 것이다. 워커 8군 사령관이 당시 이들이 가
세한 지상 공격전을 구상하기도 했으나 인천 상륙에 성공하여 더욱
신격화된 맥아더 원수에게 감히 이를 건의하지 못했다고 하니 안타까
운 일이 아닐 수 없었다.

　나는 여의도를 통과 할 때 여의도 비행장에 들른 김정렬金貞烈 공군
참모총장을 만나 전황 소식을 나누고 "평양으로 진군한다"고 자랑스
럽게 말했다.

UN군 함포사격으로 포염에 휩싸인 서울 시내 모습. 오른쪽으로 부서진 한강철교(점선표시)가 보인다.

녹번리 면사무소에 임시 지휘소를 차리고 강 건너기를 기다리던 중 동생 인엽이 서울에 주둔 중이라는 소식을 듣고 짬을 내어 시내로 나갔다. 서울은 상당히 파괴되어 있었고 행인들도 뜸했으나 마포 쪽만은 미군 차량들로 북적거리고 있었다.

오랜만에 동생을 보니 반가웠다. 인엽은 그간 김석원金錫源 장군 후임으로 수도사단장으로 임명되어 안강安康, 기계杞溪전투를 지휘하다 부상당해 잠시 후송됐다가 인천 상륙부대로 선발된 17연대 연대장으로 복귀했다. 미군과 당당히 어깨를 나란히 하고 상륙하여 서울 수복 작전을 마친 직후였다.

17연대는 7월 하순 합천, 거창에서 적진에 고립된 미 24사단 구출 작전에 투입되어 국군으로서는 처음 미 8군 의뢰로 미군을 지원한 정예부대로 사단에 버금가는 전력을 보유하고 있었다.

나는 두 차례나 부상을 당하고서도 혁혁한 공을 세운 동생의 무용담에 가슴 뭉클해졌다. 인엽은 내 처자가 무사하다는 기쁜 소식도 함께 전해 주었다.

우리가 고랑포 남쪽 집결지에 도착한 것은 10월 10일이었다. 앞서 간 미 1기병사단보다 이틀이 뒤졌다. 동부전선 국군 1군단(군단장 김백일 준장)이 원산에, 중부전선 국군2군단(군단장 유재흥 소장)이 철원鐵原과 금화金化에 진입할 즈음이었다.

개성 북쪽에서는 벌써 선공에 나선 미군의 포성이 은은히 들려오고 있었다.

고랑포에서 나는 뜻밖의 사건을 만났다. 그것은 임진강 전투에서 남하하지 못해 서울에 잔류했던 장병 100여명이 부대를 찾아 '지각 합류' 한 것이다. 일면 반갑기도 하고 일면 유감스러운 심정이 있었음도 숨길 수 없는 사실이다. 한강을 건너 탈출하지 못한 각자의 어려운 사정이 있었을 것이나 특히 장교들은 죽음을 무릅쓰고라도 본대에 합류했어야 했다.

일부 참모들 중에는 이들이 탈출하지 못한 경위를 조사해야하지 않겠느냐는 의견을 내기도 했다. 나는 참모회의를 소집해 내 생각을 밝혔다.

"우리가 엄청난 국난을 당해 이 같은 일이 빚어진 것이다. 이 마당에 누가 누구를 탓하겠는가. 모두 과거를 임진강 물에 씻어버리고 재단결하여 다시 나라에 충성하도록 하자. 적의 수도를 탈환하는데 힘을 모으자. 지난 일은 불문에 부치겠다."

나는 인사참모에게 이들을 모두 기용하여 적재적소에 재배치하도록 지시했다. 이들 중 대부분은 배전의 노력으로 충실하게 근무했고, 후에 각계 요직에 발탁된 사람도 있다. 나는 지금도 이때의 내 판단이 옳았다고 믿고 있다.

10월 11일 아침 우리는 심기일전하여 고랑포로부터 38선을 돌파, 공격을 개시했다. 11연대(연대장 김동빈 대령)는 좌익을 담당하여 북우北隅와 고미성古美城으로, 15연대(연대장 조재미·趙在美 중령)는 우익으로 삭령朔寧에, 12연대(연대장 김점곤 대령)는 국도를 따라 구화리九化里 쪽을 각각 공격했다.

첫날 공격은 지극히 실망스러웠다. 적의 저항도 제법 완강했으나 주력부대가 궤멸된 신편新編 부대라 대수로운 것은 아니었다. 문제는 우리의 기동력이었다.

각 연대가 5km 내외 진격에 그친 것을 확인한 후 나는 고랑포 면사무소에 설치된 지휘소로 돌아와 낙담하고 있었다. 하루에 5km를 진격해서야 170km 북쪽에 있는 평양에 언제 입성할 것인가.

포병사령관 헤닉 대령이 들어와 때마침 내 얼굴을 보고 "안색이 좋지 않은데 어떻게 된거냐?"고 말을 걸었다.

나는 "공격속도가 생각보다 좋지 않다. 이래서야 밀번 군단장과 약속한 평양 선착을 기대할 수 없는 것 아닌가?"라고 하소연했다.

그러자 헤닉 대령은 내게 "조지 패튼 장군을 아느냐?"고 물었다. 내가 "얘기는 들어 알고 있다"고 하자 그는 "패튼 장군은 보·전·포步·戰·砲와 공병, 항공을 일체로 해서 중앙을 돌파하는 작전으로 용맹을 날렸다"며 '패튼전법'을 구사해보자고 했다. 그러나 패튼 전법의 핵심인 전차가 우리에게는 없었다.

헤닉 대령은 내게 전차 지원을 군단장에게 요청해 보라고 권했다. 밀번 군단장이 나를 신임하고 있으므로 거절하지 않을 것이라는 귀띔이었다. 그는 전차만 지원받으면 자신이 보유한 탄약운반차로 보병

다부동 전투 성공후 참모장 석주암 대령(가운데), 미 10고사포군단 부대장 헤닉 대령(맨 끝)과 함께

과 포병을 교차 수송하는 소위 '서틀shuttle전진'으로 패튼전법 구사가 가능하다고 했다.

당시 미군은 한국군 부대에 전차 지원을 극도로 꺼려 미군 보병 없이 전차만 국군에 내준 적은 없었다. 한국군은 보·전步·戰협동 훈련 경험이 전혀 없기 때문에 전차의 안전을 기대할 수 없다는 것이 이유였다.

나는 밀번 군단장에게 전화를 걸어 "전차를 지원해 달라"고 요청했다.

그는 내 설명을 듣더니 "잠시 후에 회신하겠다"면서 전화를 끊었다. 30분쯤 지난 후 "전차 1개 중대를 보내주겠다"는 답이 돌아왔다.

이튿날 아침 20여대의 M-26형 전차(일명 패튼 전차)가 장병들 환호 속에 굉음을 울리며 사단에 도착했다. 제 6전차대대 C중대였다. 나도 내 지휘아래 전차를 두기가 처음이라 흥분을 감추기 어려웠다.

헤닉 대령은 "패튼전법에는 하나의 조건이 있다. 그것은 사단장이 선두 전차에 탑승하여 진두 지휘하는 것"이라고 말했다. 국군과 미군의 제 병과兵科가 협조하는 데 언어의 장벽, 훈련도의 격차, 사고방식 차이 등으로 지휘 통솔이 어렵기 때문에 사단장이 선두에서 여러 문제를 해결해 나가야 했기 때문이다.

우리는 기초부터 배우지 않으면 안 되었다. 12연대의 1개 대대를 차출해 고랑포 부근에서 적전敵前훈련을 해야 했다. 전차 굉음 속에서 내가 통역을 해가며 두어 시간 훈련을 시키다보니 곧 목이 쉬었다.

평양 광성光成 중학교 교장 자제로 영어에 능통한 작전처 보좌관 박진석朴珍錫 소령이 뒤이어 훈련을 반복하자 오후부터는 우리 장병들이 기민하게 움직이기 시작했다.

미군 전차중대장(대위)은 이튿날 나에게 "첫 훈련으로 이만하면 훌

38선을 돌파하여 북진, 50년 10월 12일 임진강을 건너는 국군 1사단

륭하다" 면서 "공격을 해도 좋겠다" 고 했다. 내가 1번 전차에 탑승하여 진군하려는 순간, 수석고문관 헤이즈레트 중령이 반대하고 나섰다.

사단장이 선두에 서면 적의 표적이 되고 만약 저격되면 누가 부대를 지휘하느냐는 것이었다. 그러나 꿈에도 그리던 평양 공격을 앞두고 내 몸을 사릴 수는 없었다. 나는 선두에 서겠다고 했다.

군단의 공병에서 불도저를 장착한 공병 1개 중대도 배속해 주었고 전진 항공 통제반과 각 병과가 공격준비 완료를 보고해 왔다.

마침내 10월 12일 아침, 1사단은 패튼군단도 부럽지 않을 당당한 위용으로 쾌속 진군을 감행하게 됐다. 우리는 구화리를 빼앗고 시변리로 향했다.

이 때 전투는 당시로서는 최첨단 작전이었다. 진군하다가 적이 나타나면 공군의 폭격을 요청하고 포병이 가세하여 포탄을 퍼 붓고 보병이 돌진하여 신속히 적군을 제압하는 식이었다. 사단의 구호는 "우리는 전진한다"가 됐고 미군들도 "We go(우리도 간다)"라고 호응했다.

주 도로를 전차로 정면 돌파할 수 있게 되자 나는 15연대에게 삭령을 지나 시변리에 합류하도록 했다. 선線으로 돌파하고 면面을 섬멸하기 위해 진격 도중 소규모 포위 공격을 반복하는 '분진협격分進狹擊'을 병행하는 것이다.

최영희 연대장이 준장으로 승진하여 부사단장이 되자 후임으로 15연대장을 맡게 된 조재미 중령(준장 예편, 4 · 19 당시 15사단장으로 서울에 진주했음)과 연대 작전주임 최대명崔大明 소령(소장예편, 주월사 부사령관역임)이 작전을 잘 수행해 주었다.

장단군長湍郡 고미성과 북우 사이 사미천沙美川을 따라 진군할 때였다. 앞에 엄청난 먼지를 일으키며 통과하는 미군부대를 보게 됐다. 미 1기병사단의 우익 5기병연대가 우리 전투구역을 침범하여 진군하는 것이었다.

전투 구역 침범은 흔히 오인사격으로 아군끼리 교전할 가능성이 있기 때문에 작전 중 금기일 뿐 아니라 이때는 특히 평양 입성을 경쟁하던 중이라 신경이 곤두섰다.

나는 마침 전황 시찰차 와 있던 미 1군단 작전참모 보좌관에게 5기병 연대를 되돌려 보내도록 이야기했다. 그러나 그는 "장군님, 나는 중령에 불과합니다. 상대는 연대장인 대령입니다. 장군님께서 직접 조치해 주시는 것이 좋겠습니다"라고 하는 것이 아닌가.

직책에 우선하여 계급의 권위를 중시하는 미군 규율을 새삼 재확인하는 순간이었다.

결국 내가 나서 연대장 크롬베즈 대령에게 항의하자 그는 금천金川에 적군부대가 집결하여 저항이 완강하므로 측면으로 우회공격하기 위해 게이 사단장 명령에 따라 이곳을 통과하고 있다고 해명했다.

5기병연대는 행군이 약 1시간 반이나 되는 엄청난 종대縱隊를 이루고 있었다. 나는 크롬베즈 대령의 설명을 듣고 이들을 먼저 통과시켰으나 오히려 우리를 지원하던 미군들이 5연대를 향해 "전쟁질서를 어긴다"며 분개했다. 어느덧 고사포군단과 전차중대는 '미군의 일원'이라기보다 '국군 1사단의 일원'이 되어 있었던 것이다.

여하튼 5기병연대는 이곳으로의 우회공격으로 금천에 집결한 적 19, 27사단을 격멸하여 적의 조직적 저항을 사전에 분쇄하는 공을 세웠다.

황해도에 진입하려 할 즈음 날이 저물었다. 하루 동안 무려 30km 이상을 진격한 전차중대는 공격을 멈추고 야영준비에 들어가려고 했다. 그러나 나는 미군 전차중대장에게 "빨리 가자. 지금 쉴 때가 아니다"고 재촉했다.

그러자 그가 "밤에는 좀 쉬게 해 주십시오. 더운 식사도 하고 면도도 해야겠습니다"면서 "전차는 낮에는 호랑이지만 밤에는 고양이"라고 통사정을 해왔다.

나는 낯선 땅에 건너와 싸우는 이들의 처지를 감안하여 숙영하도록 하고 경계병을 배치해 주었다. 하지만 나와 국군 장병들은 쉴 수가 없었다. 전차부대에게는 "내일 아침 우리를 따라 잡으라"는 말을 남기고 야간 행군을 계속했다.

| 평양 입성, 생애 최고의 날 |

황해도 내륙 교통의 요지이자 남침 때 적의 후방 보급기지였던 시변리를 탈환한 것은 10월 13일 낮이었다. 전차를 앞세운 12연대와 삭령으로 우회한 15연대가 양면에서 협공하여 적의 완강한 저항을 제압하고 시변리를 함락시켰다. 이 작전이 성공하자 우리는 보전步戰 협동 공격에 자신감을 갖게 됐다.

곧 미군들 사이에 1사단이 자기들 못지않게 보전 협동을 잘한다는 평판이 났다. 그러자 나의 요청이 없었는데도 제6전차대대 D중대가 지원하겠다고 합류했고 대대장 그로든John Growden 중령도 대대지휘

1950년 10월 14일, 황해도 신계를 점령한 후 주민들을 안심시키기 위해 국군과 UN군의 활동을 설명하는 1사단 정훈요원

본부를 이끌고 합세했다. 도합 50여대의 전차를 확보하게 된 것이다.

1사단은 파죽지세로 신계新溪~수안遂安~율리栗里를 연파하고 평안남도에 진입하여 10월 17일 평양외곽 30km지점인 중화中和군 상원祥原을 탈환했다.

평양에 가까이 갈수록 적의 저항도 완강했다. 상원에 진입하기 직전에는 5대의 적 전차가 도로를 따라 남하하여 반격을 시도했다. 마침 그곳은 도로가 휘어 시야가 가려져 어느 날 적과 우리의 선두 전차가 충돌 직전까지 가서야 급정거하게 됐다. 너무 갑작스러운 일이어서 어떻게 손을 써야 할 지 모를 긴박한 순간이었다.

이때 내가 탔던 선두 전차에 탑승한 미 전차 소대장은 즉각 후속 전차와 무선으로 교신하여 5대의 소대 소속 전차들을 맹속으로 후진하게 하여 도로 변 하천에 병렬시키더니 소대장의 사격지휘로 일제히 직격탄을 발사했다. 뜻밖의 사태에 당황한 적 전차는 삽시간에 격파되었고 겁에 질린 적 전차병들은 모두 손을 들고 나와 투항했다.

미군과 적군 사이에 전차전 수행 능력에 엄청난 차이가 있음을 보여 준 사건이었다.

진격 도중에 보니 민가에는 아녀자와 노인들이 상당수 남아 있었고, 태극기를 흔들며 우리를 환영하는 모습도 자주 볼 수 있었다.

적군은 곳곳에서 줄이어 투항했으나 우리는 일일이 이들을 거둘 틈이 없었다. '후속부대가 조치하겠지' 하며 오직 진격에만 몰두 했다.

상원 근처에는 미 공군 네이팜탄 공습에 몰사한 적군들 시체가 산중 가득히 그대로 방치된 처참한 광경도 펼쳐져 있었다.

평양이 가까워지자 나는 율리에서 15연대를 분진分進시켜 서북쪽으로 돌아 대동강 상류 강동江東 서쪽에서 강을 넘어 평양을 함께 공격하도록 했다. 1개 사단이 한쪽 방향에서 공격하는 것, 즉 일익포위

1950년 10월 19일 국군 1사단의 평양입성을 환영하는 시민들

一翼包圍는 현명치 못할 뿐 아니라 후세 전술가들의 조롱거리가 될지 모른다는 생각도 스쳐갔다.

나는 10월 18일 해질 무렵, 평양외곽 15km지점인 지동리智洞里 가까이까지 진출했다. 지동리는 좌우로 낮은 고지들이 이어져 방어하기에 좋은 지점이고, 이곳만 돌파하면 평양까지는 벌판이었다.

적진을 정찰한 결과 그곳에 강력한 방어진지를 구축하고 있었다. 적군은 소련군 식의 견고한 토치카(콘크리트로 만든 방어진지)를 넓고 깊게 만들어 놓았고 지뢰 지대까지 설치해 결전에 대비하고 있었다. 우리 포격에도 별도 동요하는 기색을 보이지 않았다.

나는 적 진지를 돌파하고 평양에 1착으로 입성하기 위해 길가 민가에 사단과 지원부대의 지휘관과 참모들, 미 고문관들을 불러 모아 놓고 평양공격을 위한 최종 작전회의를 가졌다.

위험을 무릅쓰고 즉시 야간공격을 개시할 것인가, 아니면 다음날 아침으로 미룰 것인가, 각 부대의 공격방향을 어떻게 정하고 누가 주력 공격을 맡을 것인가 하는 것들이었다.

김동빈 11연대장, 김점곤 12연대장, 그로든 제6전차대대장은 속전속결을 주장했다. 특히 적극적 성격인 그로든 전차대대장은 전차기동계획을 설명하면서 "보병은 전차를 따르라"고 말했다. 그러나 이 말이 끝나기가 무섭게 고사포 사령관 헤닉 대령이 "Shut up(닥치라)!"이라고 소리쳤다. 모든 전투계획은 보병이 먼저 결정하고 다른 병과는 여기에 협력해야 한다는 원칙론을 내세우면서 그로든 대대장을 나무라는 것이었다.

헤닉대령이 과거 웨스트포인트의 교관으로 재임할 때 생도로서 교육을 받았던 관계라서 그랬는지 그로든 대대장은 더 이상 말을 꺼내지 못했다.

문제는 한국군 두 김金 연대장이 즉각 공격을 주장한다는 점이었다. 여기에는 육사1기 동기생 간에 경쟁심리까지 은연 중 작용했다. 서로 주력공격을 양보하지 않겠다는 기색이었다. 특히 그간 전차와 작전할 기회를 갖지 못했던 김동빈 연대장은 이번만은 전차부대와 함께 선두에 서야 한다는 이유 있는 주장을 굽히지 않아 나로서는 결심을 내리기 어려웠다.

어떻든, 나는 이들의 의견을 종합하여 즉각 야간 공격을 개시하고 적 방어선 돌파 후 12연대는 전차와 협동하여 대동교大同橋로 향하고 11연대는 미림비행장과 평양비행장을 거쳐 능라도 상류 주암산注岩山 쪽으로 대동강을 넘도록 결정했다.

아울러 평양의 문화재에는 포격하지 말도록 단단히 일러두었다.

눈을 감아도 선하게 떠오르는 유서 깊은 대동문大同門, 연광정練光亭, 을밀대乙密臺 그리고 외조부 방홍주方興周 참령參領의 이름이 음각된 청류벽淸流壁 등등 고향 문화재를 훼손한다면 후세에 두고두고 오명을 남길 것이 아닌가.

마침 2차대전 중 로마를 오픈시티Open City로 선포하고 일본 교토京都를 폭격에서 제외하여 고도古都를 보호했던 사례를 아는 헤닉 대령이 우리 지휘관들보다 더 진지하게 내 뜻을 받아 주었다.

12연대를 앞세워 적진을 향한 야간공습이 감행됐다. 적진에 대한 포격에 이어 연대는 능선 하단부에 붙어 밤 새워 공격했다. 이곳을 돌파하지 못하면 평양 선착은 한낱 꿈에 그치리라는 것이 분명했다.

1950년 10월 20일 평양 공격때 대동강 근교 선교리에서 미 공군연락장교와 미 제1기병사단 위치를 파악하는 백선엽 장군

적은 새벽이 가까워오자 진지를 포기하고 달아났다.

10월 19일 새벽 지동리를 돌파하니 눈앞에 평양까지 툭 터진 대평원이 새벽안개 속에 펼쳐졌다. 군데군데 낮은 구릉이 흩어져 있고 밭이 대부분인 평원은 전차작전에는 더없이 좋은 지형이었다. 산간 험로를 헤쳐 온 전차병들은 "이것이 진짜 탱크 컨트리(Tank Country · 탱크에 유리한 지형)다"면서 전의를 가다듬었다.

미 1기병사단이 어디까지 진출했을까 궁금했다.

날이 밝자 곧 모스키토Mosquito라 불리는 정찰기가 1사단과 미 1기병사단의 상공을 오가며 쌍방의 위치를 수시로 알려 주었다. 마치 운동경기의 심판을 맡은 것처럼 말이다.

미 1기병사단도 이때 중화中和를 통과하고 있었다. 미 공군의 공중공격을 받고 있는 평양에서는 벌써 검은 연기가 솟아오르고 있었다.

4개 포병대대 100여문의 포와 박격포 60여대의 전차 지원 아래 2개 보병연대가 횡대로 전개하여 진격하는 이 순간을 나는 평생 잊을 수가 없다. 사단장인 나에게는 최상의 무대였고, 그 위용은 어떠한 전쟁영화도 흉내 낼 수 없는 일대 장관이었다.

일개 월남 청년이 장군이 되어 1만 5000여 한 · 미 장병을 지휘하여 고향을 탈환하러 진군하는 감회를 어찌 필설로 표현할 수 있겠는가. 내 생애 최고 순간이었다. 지나치는 부락에는 벌써 주민들이 내건 태극기가 펄럭이고 있었다.

진격 도중 통신참모가 적의 전화선을 발견하고 도청을 하다 적군과 통화가 되자 황급히 나를 찾았다. "각하, 제가 이북 사투리를 못해 곤란하니 직접 통화해 주십시오"라는 것이었다.

내가 평양 사투리로 적에게 "동무, 지금 상황이 어떤가"라고 했더니 상대는 "지금 미 제국주의자의 탱크가 수백 대 몰려오고 있다"고 답했다.

"동무, 최후까지 저항해야 되지 않겠느냐"고 하자 "무슨 소리냐, 빨리 후퇴해서 살겠다"고 말하는 것이 아닌가. 적은 혼란 상태에 빠져있었다.

추을秋乙 근처를 통과할 무렵 갑자기 적의 기관총과 박격포의 기습 사격을 받아 선두에 있던 나는 위기일발 순간을 맞았다. 급히 전차에서 뛰어 내려 길가 도랑에 엎드렸고, 우리쪽 전차들은 모두 전차 지붕을 닫고 응사하여 이들을 제압했다.

이후 공격은 순조로웠으나 무수히 매설된 지뢰가 문제였다. 적 지뢰는 목재로 된 박스형이라 지뢰탐지기는 무용지물이었다. 공병만으로는 처치가 어려워 보병까지 대검으로 땅바닥을 쑤셔 가며 지뢰를 없애야 했다.

지뢰 제거에는 투항 포로들의 덕을 톡톡히 보았다. 이들은 지뢰를 매설한 지점을 잘 알고 있었고 제거도 능숙했다. 포로들이 우리 공병을 지휘(?)하는 기묘한 적전을 편 것이다.

대동교로 통하는 동東평양에 진입할 무렵 나를 뒤따르던 석주암 참모장의 지프가 지뢰에 걸려 뒤집히는 사고가 났다. 석대령은 다리를 크게 다쳐 평양 입성을 눈앞에 두고 후송되는 불운을 당하게 됐다. 지프 뒷 자석에 탔던 문형태 작전참모는 다행히 무사했다.

우리가 미 1기병사단과의 합류지점인 대동교 입구 선교리 로터리에 진출한 것은 오전 11시경이었다. 미군보다 먼저 도착한 것이다. 그런데 선교리 로터리에 도착하자마자 대동교에서 "꽝"하는 고막을 찢는 듯한 폭음과 함께 쇠 파편들이 흩날리는 것이 보였다. 적은 우리 입성과 때맞춰 대동교를 폭파한 것이다. 교량의 중간부분이 완전히 내려앉았다.

이런 상황에서도 6전차대대 미군들은 어느 틈에 'WELCOME 1ST CAV DIVISION-FROM 1ST ROK DIVISION PAIK(환영 제1기병사단 한국군 1사단 백)'이라는 피켓을 만들어 내걸려고 했다.

내가 너무 지나치다 싶어 반대하자 한 미군 장교가 얼굴을 붉혀가며 "나는 한국군 1사단 일원이고 이것을 자랑스럽게 여긴다. 우리 팀이 이긴 것이다"라고 하는 바람에 더 이상 말릴 수가 없었다.

40분쯤 지나자 미 1기병사단 선두와 함께 밀번 군단장, 게이 사단장 그리고 트루먼 대통령 특사 로Low소장이 함께 도착했다.

외신 종군기자들이 어느 틈에 뒤쫓아와 연방 카메라 셔터를 눌렀다. 만감이 교차하는 가운데 우리는 평양 입성을 축하했다. 두 사단의 한·미 장병들은 서로 얼싸안고 눈물을 흘렸다.

우리 1사단은 쉴 새 없이 평양시가 소탕전을 벌였다. 12연대는 동평양(대동강 동쪽구역)을 담당하고 11연대는 주암산 아래 도섭장渡涉場

전차에 탑승하여 진격하는 국군1사단

에서 대동강을 건너 서西평양으로 들어갔다. 대동강 다리 세 개는 모두 폭파됐으나 나는 주암산 아래가 유독 수심이 낮아 그냥 건널 수 있다는 것을 소년 시절부터 알고 있어 강을 건널 수 있었다.

율리에서 분진했던 15연대는 내가 선교리에 도착한 것과 거의 같은 시간에 모란봉과 김일성대학에 진출했고 이어 평양 중심구역에 먼저 도착하는 영예를 차지했다.

15연대의 우회공격이 예상보다 빨리 성공하는 바람에 대동강 둑에서 동쪽을 향해 방어전을 준비하던 적군은 등 뒤를 공격당하게 되자 모두 총을 버리고 투항했다.

1사단이 도하장비 없이 강폭이 400m이상이고 수심이 깊은 대동강을 건너가자 미군들은 신기하게 생각했다. 그들은 공병부대가 대동교 아래 부교를 설치한 다음에야 평양 중심에 진입할 수 있었다.

나는 대동강 둑에서 "어떻게 평양을 이렇게 속속들이 아느냐"는 기병연대장 크롬베즈 대령의 호기심 어린 질문에 "대동강에서 나는 수영을 배웠다. 땅 위 뿐 아니라 강물 속까지 알고 있다"고 답해 주었다.

| 평양 수복을 알리는 힘찬 종소리 |

적은 평양 시가지 곳곳에 흙 가마니로 바리케이드를 쌓고 사격하며 저항했다. 또 건물 속에 숨어 창문을 통해 기습사격을 하기도 하며 도처에서 시가전으로 맞섰다. 하지만 주력부대가 이미 도주한 뒤라 조직적인 전투는 펴지 못한 채 각개 격파됐다.

마침내 10월 19일 밤 평양소탕전은 일단락됐다.

그런데 사단 우익 2군단 예하 7사단 8연대(연대장 김용주 · 金龍周대령 · 준장 예편)도 1연대와 비슷한 방향에서 공격하여 서 평양에 진입해 들어왔다. 나는 김 중령으로부터 전화 연락을 받고 깜짝 놀라 "어떻게 남의 전투구역에 무단 진입했느냐"고 호통을 쳤다.

그는 군단장(유재흥 소장)과 사단장(신상철·申尙澈 준장)의 명령을 받아 진로를 바꿔 평양을 공격하게 됐다고 해명했다. 나중에 알고 보니 당시 정일권 참모총장이 어떻게 해서라도 국군을 평양에 먼저 도착시키기 위해 고심 끝에 명령했다는 사실을 알게 됐다. 여하간 우군끼리 충돌하는 사고가 나지 않은 것은 천만 다행이었다.

고랑포에서 평양까지의 공격은 하루 평균 25km를 진격한 것이었다. 이 속도는 쾌속 진격으로 유명했던 2차대전 때 대 소련전對蘇戰에서 독일군 기갑부대가 한 스탈린그라드 침공 때 보다 더 빠른 것이었다.

1사단 장병들은 걷고 타기를 번갈아 해가며 불철주야 진군하여, 태평양전쟁에서 마닐라와 동경에 1착으로 진주한 전통에 빛나는 미 1기병사단과의 경쟁에서 승리한 것이다. 무거운 배낭에 기관총과 박격포를 어깨에 메고 발이 부르트고 피가 맺혀도 통일의 일념으로 고난을 이겨낸 장병들에게 평생 고마움을 지니고 있다.

평양 소탕전에서 나는 아찔한 체험을 하게 됐다. 동 평양에서 상황을 점검하기 위해 거리에 나섰을 때였다. 눈 앞에서 적과 싸우던 한 소대장이 건물 2층에서 날아온 적탄에 맞아 그대로 쓰러진 것이다.

소대원들은 즉각 건물을 향해 응사하며 돌진했다. 기세에 눌린 적들은 투항하겠다는 뜻으로 손을 들고 건물 입구 쪽에서 머뭇거렸다. 그러나 소대장을 잃은 병사들은 사격을 멈추지 않았다.

이 광경을 지켜보고 있던 헤닉 대령이 격렬한 어조로 항의했다.

"투항하는 적에게 사격하는 법이 어디 있는가. 만약 이런 식으로 싸운다면 나는 한국군에 협조하지 않겠다."

헤닉 대령 말이 아니더라도 '항자불살降者不殺(항복하는 자는 죽이지 않는다)' 은 당연한 것이었다.

나는 급히 병사들에게 사격중지를 명했다. 병사들은 그제서야 멈추었지만 나를 향해 "각하, 저 놈들이 우리 소대장님을 쏘았습니다"라면서 억울하다는 표정을 지었다.

간신히 목숨을 건진 적군 병사들은 하얗게 겁에 질려 있었다.

적을 무찌르는 것은 전공戰功으로 칭송되나 잘못 판단하면 만행蠻行으로 전락할 수도 있다. 전시에는 각종 위장으로 피아를 구별하기 어려운 경우도 많아 아군끼리의 오인 사격과 오폭도 적지 않다.

전쟁터에는 심판이 없다. 그러나 불필요한 살상 행위는 결코 은폐되지 않는다. 나는 이번 일을 계기로 장병들이 순간적으로나마 이성을 잃을 가능성이 있으리라 생각하여 "무기를 버리고 투항하는 적에게는 절대 사격을 하지 말라"는 훈령을 내렸다.

소탕작전이 일단락되자 나를 가장 먼저 찾아온 것은 '인디언 헤드' 마크를 단 미 2사단 소속 일단의 장교들이었다. 선임자인 포스터Foster 중령은 증명서를 내보였다. 그들은 맥아더사령부에서 '문서 수집반'으로 차출된 요원으로서 평양 시내 진입을 허가해 달라고 요청했다. 나의 허락을 얻은 이들 일행 70명은 곧 평양 소재 공공건물을 샅샅이 뒤져 각종 문서를 동경 극동사령부로 후송했다.

문서 중에는 귀중한 자료가 의외로 많아 적군이 황급히 도망쳤다는 것을 반증했다.

문서수집반의 활동과 함께 인상 깊었던 것은 미군은 연대 단위까지 전사戰史기록 장교가 배치돼 격전 중에도 중요 사실을 매일 기록한다는 것이었다. 군단에는 아예 인쇄시설을 야전에까지 갖추고 다니며 수시로 문서를 인쇄 배포했다.

우리가 6·25 전쟁의 많은 부분을 당사자의 기억에만 의존하고 있다는 것을 생각해보면 큰 대조를 이룬다 하겠다. 기억에 의존하다보면 승리는 과장되고 패배는 은폐됐다는 비판을 받아도 어찌할 수 없는 것이다.

일요일인 10월20일 아침, 어딘가에서 교회의 종소리가 힘차게 울려 퍼졌다. 그동안 침묵할 수밖에 없었던 종을 누군가가 마음껏 울려 평양이 수복되었음을 모두에게 알려주는 듯했다.

나는 이 종소리의 비밀을 후일 알게 됐다. 전날(19일) 저녁 동 평양에 있던 나는 평양 중심부 상황을 점검하고 납북 인사와 국군 및 미군 포로의 행방을 탐지할 목적으로 사단 작전처 전구백全九百 대위(준장 예편·작고), 남성인南星寅 중위를 나룻배로 침투시켰었다. 밤새워 중심가 주요 건물을 정찰한 이들이 날이 밝자 한 교회당을 찾아 종을 울린 것이다.

종소리가 울려 퍼지자 뜻밖에도 수많은 신도들이 모여 자연스럽게 예배를 갖게 됐다고 한다. 나이든 신도들 중에는 양복 차림도 많았고 한복차림의 부인들도 많았다고 한다.

뜻밖의 감동적인 모습을 목격하게 된 이들 두 장교는 지금까지도 평양에 '종교해방'을 가져다주었다고 자랑삼고 있다.

나는 소탕작전이 끝나자 서둘러 신리新里를 찾아갔다. 내가 월남하기 전까지 살던 곳이고, 출가한 누님이 가족 중 유일하게 평양에 남아 있었기 때문에 안부가 무척 궁금했다.

마을에서 몇몇 낯익은 사람들을 만날 수 있었다. 그들은 누님이 교외로 소개疏開(공습피해를 줄이기 위해 분산 시키는 것)됐으며 무사하다는 소식을 전해 주었다. 그간 고생한 일들도 내게 들려주었다.

평양 형무소를 들렀을 때다. 끔찍한 광경을 목격했다. 우물마다 시체가 가득하고 맨땅 곳곳에도 생매장한 시체가 헤아릴 수 없었다. 적들은 납북인사와 소위 그들이 말하는 '반동분자'를 모조리 학살하고 달아난 것이었다. 일대는 악취가 가득하여 숨쉬기조차 힘들었다.

적막하고 음산한 형무소를 시신들의 원귀가 지키고 있는 듯했다. 장병들은 몸서리를 쳤다.

나는 모교인 약송若松보통학교와 평양사범학교도 둘러보았다.

평양시가는 5년 전 내가 떠나올 당시와 거의 변화가 없었다. 파괴된 곳은 생각보다 많지 않았고 문화재들도 모두 그대로였다(그러나 평양은 중공군 개입 후 유엔군의 폭격으로 대부분 파괴되고 말았다).

건물도 새로 들어선 것이 별로 없었다. 김일성은 그간 전쟁 준비에 혈안이 되어 그밖의 일에는 전혀 손을 대지 못하고 있었던 듯했다.

평양 주민들은 상당수가 '유엔의 소리'나 남한의 방송을 듣고 있었고 전황도 비교적 정확하게 파악하고 있었다. 이때까지만 해도 공산 사회로서 통제가 아직 완전히 굳어진 상태는 아닌 듯 했다.

주민들은 평양에 함경도 출신들이 대거 몰려와 실권을 휘두르는 데 대해 큰 불만을 갖고 있었다. 괴뢰정권과 군부에 소련에서 온 자들이 득세를 하고 소련과 가까운 함경도 사람 중에 소련을 거쳐 온 사람이 많다보니 평양 토박이들이 주인 행세를 하기 어려웠던 모양이었다.

당시 평양을 비롯한 북한 수복 지역에서는 대한민국 지폐가 상당히 인기가 있었다. 주민들이 북한 돈 '붉은 지폐'가 곧 쓸모없어질 것으로 생각해 남·북한 돈을 1대1로 바꿔준 것이다. 덕분에 우리는 물품을 싸게 살 수 있었다. 농가에서 소 한 마리를 100원에 사서 부식을 조달했던 일도 있다. 전쟁 중이 아니면 있을 수 없는 일이었다.

적의 도시를 완전히 탈환하자 압록강, 두만강이 남았다고는 하나 전쟁에 완전히 승리한 것처럼 생각되었다. 남북통일도 달성된 것이나 다름없는 것 아닌가 하는 기분이 들었다. 나는 실로 오랜만에 고향에 금의환향한 감회에 젖어들었다.

　나는 1920년 11월 23일(음력 10월 11일) 평양에서 진남포鎭南浦쪽으로
2km 떨어진 평남 강서군 강서면 덕흥리에서 태어났다. 강서군청이
있어 강서읍이라 불리기도 하는 곳이다.
　강서지방에는 일찍이 서양 문물과 기독교가 전파됐고 교육열도 대
단해 도산 안창호島山 安昌浩, 고당 조만식古堂 曺晩植 선생과 같은 인재
가 나온 곳이다.
　아버지를 일찍 여읜 우리 형제는 어머니를 따라 내가 7살 때 평양
으로 이사했다. 그러나 가세가 몹시 기울어 단칸방에서 끼니를 잇기
도 어려운 형편이었다. 이사온 지 1년쯤 될 무렵 생활고가 극심해지
자 어머니는 우리 삼 남매를 데리고 대동교 강물에 동반 투신하려 했
던 적이 있었다.
　이때 5살 손위 누님 복엽福嬅이 "나무도 뿌리를 내리려면 3년이 걸
리는 데 우리는 평양에 온 지 1년 밖에 되지 않았다. 3년을 버텨보다
안 되면 그때 결심해도 되지 않겠느냐"고 해 모두 통곡을 하며 되돌
아왔던 슬픈 기억을 갖고 있다.
　그 후 어머니와 누님이 고무공장 여공으로 채용되어 형편이 다소
펴게 되자 나는 남들보다 1년 늦게 보통학교에 입학하게 됐다.
　만수萬壽보통학교를 4학년까지 다닌 후 약송若松보통학교로 전학하
여 졸업하고 평양사범平壤師範에 진학했다.
　보통학교의 담임이던 김갑린金甲麟 선생이 학비가 적게 드는 사범
학교로 진학해 어머니 고생을 덜어 드리라는 말을 해 주었기 때문이
다. 당시에 평양사범 은사로는 이숭녕(李崇寧 · 전 서울문리대 교수 · 국문
학), 한제영(韓梯泳 · 전 서울사대 교수 · 교육학) 선생 등이 있었다.

졸업반 때 후일 비행사로 이름을 날린 박영환(朴承煥·전 국회의원)과 이상렬(李相烈·해군 대령 예편)등 만주 군관학교 학생들을 알게 돼 군인이 되는 게 어떠냐는 권유를 받았다. 교직이 별로 적성에 맞지 않다고 생각했던 터라 어머니에게 상의를 드렸다.

구한말 참령參領을 지낸 부친 슬하에서 자란 어머니는 "네가 원하는 길로 가라"며 허락해 주셨다.

봉천奉天 만주군관학교를 마치고 42년 봄 임관하여 자므스佳木斯 부대에서 1년간 복무한 후 간도 특설부대 한인부대로 전출, 3년을 근무하던 중 해방을 맞았다. 그동안 만리장성 부근 열하성熱河省과 북경 부근에서 팔로군八路軍과 전투를 치르기도 했다.

간도 특설부대에서는 김백일金白一 송석하(宋錫夏·소장예편) 김석범 (金錫範·중장예편·해병대사령관) 신현준(申鉉俊·중장예편·초대 해병대사령관) 이용(李龍·소장 예편) 임충식(任忠植·대장 예편·국방장관 역임) 윤춘근 (尹春根·소장 예편) 박창암(朴蒼岩·준장예편) 등과 함께 근무했다.

평양 약송보통학교 졸업 기념사진(x표가 白善燁)

나는 45년 8월 9일 소만蘇滿 국경을 돌파해서 만주의 중심부로 진격하는 소련군을 만나 명월구(明月溝·백두산 등반로의 입구)에서 무장해제를 당했다.

여기서 만난 소련군을 따라온 한인 통역에게 조선 사람의 장래가 어떻게 될 지 물었더니 "조선은 곧 독립된다. 국호는 동진東震공화국이 될 것이다. 당신은 여기 있으면 붙잡혀 시베리아에 유배된다. 빨리 고향으로 돌아가라"고 했다.

나는 곧 부대를 해산하고 연길延吉과 용정龍井을 거쳐 두만강을 건너 무산茂山~백암白岩~길주吉州~함흥咸興~고원高原~양덕陽德을 지나 평양으로 돌아왔다. 수 백 km의 먼 길을 걸어 꼬박 한달 걸려 고향으로 돌아온 것이다.

평양에 오니 벌써 소련군이 38선 이북을 점령했고 김일성이 출현하여 급격히 부상하고 있었다. 당시 조만식 선생은 평남 인민정치위원회 위원장이었다. 마침 친척이 비서실장으로 있었기 때문에 그의 소개로 비서실에 근무하게 됐다. 덕분에 여기 출입하는 여러 사람을 통해 공산당의 움직임을 잘 알 수 있었다.

김일성도 이따금 찾아왔다. 그는 시내 중심가 한 건물에 '조선공산당 북부 분국分局'을 개설하고 '공산당의 규율은 강철과 같다'는 표어를 붉은 천에 흰 글씨로 써 건물에 내 걸어 놓고 있었다. 이 사람이 훗날 그 '김일성'이 되리라고는 상상하지 못했었다.

공산당 조직은 나날이 강화됐다. 인민군, 강동정치학원, 군사학교, 민청民青등 외곽조직도 착착 결성돼 분위기는 하루가 다르게 경직되어 가고 있었다.

점령 소련군의 군기도 엉망이라서 주민들은 신음하고 있었다.

10월 하순 소련군의 지도로 창설된 적위대赤衛隊가 동생 인엽이 맡고 있던 조만식 선생 경호대를 해산한데 이어 12월에는 조 선생을 아예 고려호텔에 감금해 버렸다.

나는 이전에 조 선생에게 "김일성이 부각되는 한 북은 공산화 될 것이 틀림없으니 남으로 가시는 것이 어떻겠습니까"라고 한 적이 있었다. 그러나 조 선생은 "북에 있는 사람들을 버리고 갈 수 없다"고 했다.

이때쯤 정일권, 원용덕(元容德·중장예편·헌병사령관 역임), 박기병朴基丙 등이 나를 찾아와 정세를 묻고 조언을 청했다. 나는 이들에게 남으로 가도록 종용했고, 정일권이 먼저 동생 인엽과 함께 12월 초 남행길에 올랐다.

나는 45년 12월 하순 김백일金白一, 최남근崔楠根과 함께 평양을 떠나 12월 27일 밤 38선을 넘어 월남했다.

| 중공군 덫에 걸리다 |

평양을 수복한 뒤 나는 적들이 최고인민위원회 청사로 사용했던 구 평남 도청건물에 사단사령부를 설치하고 공격명령을 기다리고 있었다. 이곳의 김일성 집무실엔 커다란 스탈린 사진이 걸려 있었다. 집기도 그대로 있어 김일성 의자에 앉아 보기도 했다. 집기는 실용적이고 견고해 보였다.

평양에 입성한 1사단과 미 1기병단은 모두 외곽으로 철수해 미 2사단의 문서 수집반에 소속된 소규모 병력만이 시가지를 장악했다. 도시는 '병력을 마셔버리는' 속성이 있어서 시민들과 군인들의 불필요한 접촉을 피하기 위해서라도 무장 군인들은 가급적 도시 주둔을 최단시간으로 해야 한다. 이런 상황이다 보니 추억어린 평양에서 머문 것은 단 이틀이었다.

약 170km 북쪽 압록강까지 내처 나아가야 했다.

맥아더가 이끄는 유엔군 사령부는 평양 탈환과 때맞춰 패주하는 적의 퇴로를 차단하여 이들을 섬멸하고 아울러 아군 포로도 구출하기 위해 대규모 공정투하(공중수송으로 중요 지점에 지상군을 이동시켜 적의 기선을 제압하는 것) 작전을 준비하고 있었다.

미 187공정연대 전투단이 10월 20·21 양일간 평양 북방 56km지점인 숙천肅川과 동북방 60km지점인 순천順川에 낙하, 압록강변의 신의주新義州와 만포진滿浦鎭으로 통하는 통로를 차단하자는 것이었다.

공정작전은 지상군과 신속히 연결되지 않으면 오히려 적진에서 고립되는 부담이 큰 작전이다.

영국 27여단과 1사단이 지상 연결작전Link-up에 선발됐다.

우리는 순천으로, 영국 27여단은 숙천을 공격하게 됐다.

공정대는 C47및 C119 대형수송기에 나눠 타고 10월 20일 정오 김포비행장을 떠나 두 시간 후부터 목표 지점에 낙하하기 시작했다. 4000여 공정대원이 이틀간에 걸쳐 북녘 하늘을 뒤덮었다.

공정대원 뿐 아니라 지프, 반 트럭, 통신장비, 90밀리 대전차포, 그리고 105mm 포 17문과 1000여 발 포탄까지 함께 투하됐다. 약 600t의 장비와 보급품도 투하됐다.

105mm 포를 낙하산으로 투하한 것은 이 작전이 세계 최초로 기록됐다. 박진석 소령(작전처 보좌관)이 인솔하는 12연대 1개 대대가 그로든 전차대대와 보전 협동으로 선두에 나서 순천으로 돌진했다.

그러나 예상했던 적군은 흩어져서 눈에 띄지 않았다. 공정대는 적의 저항 없이 무사히 낙하했고 우리와 곧 연결됐으나 전과는 경미했다.

적에 붙잡혀 있었던 미군 포로들을 구하고 학살된 수십구의 미군 포로 시체를 발견한 정도였다. 숙천 쪽에서는 연대 규모의 적군을 만나 소탕한 것이 전부였다.

맥아더사령관은 21일 미5공군 사령관 스트래티메이어Georgy Stratemeyer중장과 함께 상공을 순시하며 작전을 참관하고 평양비행장에 착륙했다. 그는 "북한에 남아있는 3만명의 적군 중 절반인 1만 5000명이 187 공정연대와 국군 1사단 및 미 1기병사단에 의해 협격될 것이고, 전쟁도 곧 끝나게 될 것"이라고 예언했다.

그는 유엔군의 북진 한계선인 '맥아더 라인'을 당초 정주定州~영원寧遠~함흥咸興선에서 선천宣川~고인동古仁洞, 풍산豊山~성진城津선으로 북상시켜 사실상 유엔군의 공격 제한을 없앴다.

유엔군은 38선을 돌파하여 북진할 때부터 중공군 개입을 우려했으나 이때쯤은 아무 거리낌이 없이 최후의 승리를 움켜쥐려 하고 있었다.

그러나 맥아더의 예언은 적중하지 못했다. 중공군은 이미 10월 중순부터 압록강을 넘어 적유령狄踰嶺산맥 구석구석에 포진하고 있었지만 이를 아는 사람은 아무도 없었다.

공정부대와의 연계작전이 마무리되자 1사단은 즉시 북진에 나섰다. 10월 22·23일 군우리軍隅里 북쪽의 나무다리를 건너 청천강을 넘었고, 이튿날 영변寧邊을 거처 운산雲山에 도착했다.

평양에서 청천강까지 진격 도중에 수많은 패잔병을 볼 수 있었다.

그들은 도로 양 편에 몰려서서 더러는 우리의 눈길을 아랑곳 하지 않고 군복을 벗어던지고 민간인 옷으로 갈아입었다. 나는 그들에게 적개심이 일기보다 연민이 일었다. 고향으로 돌아가 평화롭게 살았으면 하는 마음 뿐이었다.

영변농업학교에 사단사령부를 설치하자 곧 전쟁을 마무리 지을 최종 작전명령이 떨어졌다. 1사단은 운산에서 서북쪽으로 진출, 압록강변의 창성昌城과 삭주朔州를 거쳐 수풍댐에 돌입하는 것이었다.

미 24단은 박천博川에서 구성龜城을 거쳐 의주義州방향으로 진출하고, 영국 27여단은 정주定州, 선천宣川을 거쳐 신의주新義州쪽으로 공격하며, 군단 예비로 편입된 7사단(사단장 신상철 준장)이 압록강 도달 직전 미 24사단과 영국 27여단을 초월 공격하도록 하는 내용이었다. 미 1기병사단은 평양에 잔류해 진남포까지의 후방을 장악한다는 것이었다.

미 1군단의 우익 2군단(군단장 유재흥 소장) 예하 6사단(사단장 김종오 준장)은 이미 압록강에서 불과 20km 거리인 고장古場과 묘향산 북쪽 희천熙川에 진출해 있었고 8사단(사단장 이성가 준장)은 덕천德川과 구장球

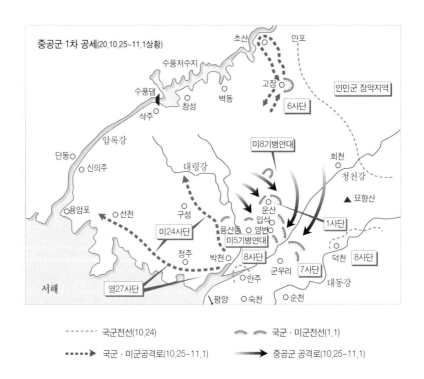

- - - - - - - 국군전선(10.24)　　　　　　⌒⌒ ⌒⌒ 국군·미군전선(1.1)

▪▪▪▪▪▶ 국군·미군공격로(10.25~11.1)　　　━▶ 중공군 공격로(10.25~11.1)

136

場에 진출하여 강계江界를 향하고 있었다.

동부전선 국군1군단(군단장 김백일 소장)도 북청北靑과 이원利原까지 진출해 동해안을 따라 순조롭게 진격을 계속하고 있었다.

그런데 청천강을 넘어설 무렵 왠지 불안한 적막감이 들어 분위기가 전과 다르다는 것이 느껴졌다.

패잔병과 피난민들로 북적거리던 도로가 텅 비어 있었다. 기온도 뚝 떨어져 하복을 입고 있던 장병들은 밤낮으로 한기를 느끼기 시작했다.

병풍처럼 드리운 준봉들이 우리를 에워싸고 있었다. 장병들은 그러나 별다른 의구심을 품지 않고 "압록강, 압록강"을 외치며 진군에만 몰두했다.

운산雲山은 금광으로 이름난 제법 큰 마을이었건만 사람 그림자를 찾기 어려웠다.

마침내 10월 25일 그동안까지 순조롭던 진격이 정체불명의 대군大軍에 의해 저지당하기에 이르렀다.

선두에서 진격하던 15연대(연대장 조재미 대령)는 운산을 거쳐 북상하다가 적의 박격포에 저지됐고, 좌익의 12연대(연대장 김점곤 대령)도 기습을 받았다. 함께 협동하던 미 6전차대대도 적의 직격탄에 전차가 부서지는 피해를 입었다.

뜻밖의 상황에 처하게 된 것이다.

뒤따르던 11연대(연대장 김동빈 대령)도 공격을 받아 사단의 3개 연대는 자연히 운산을 중심으로 원형으로 포진하여 방어 태세를 취하게 됐다. 서부 활극에 등장하는 행군하던 포장마차 대열이 인디언 기습을 받아 원형의 대형을 취하여 싸우는 모습과 흡사한 상황이 된 것이다.

산중에 매복하고 있던 중공군 덫에 걸려든 것이다. 적은 우리가 운산의 골짜기에 진입하기를 기다려 포위 공격을 한 것이었다.

이것이 중공군과의 최초의 접전이었고, 쓰라린 '운산 전투'의 서막이었다.

전투 첫날, 15연대는 중공군 포로 한 명을 생포했다. 나는 사단사령부로 후송된 이 포로를 직접 심문했다.

35세 가량으로 나이가 든 이 포로는 두툼하게 누빈 무명 방한복을 입고 있었다. 겉은 카키색, 속은 흰색이어서 뒤집어 입으면 눈 위 위장복으로도 쓸 수 있을 것이었다. 귀마개가 달린 방한모에다 고무운동화까지 착용하고 있었다.

그는 광동廣東성 출신으로 중국공산당 정규군이라고 했다. 그러면서 이미 운산 부근 산중에 수 만 명이나 되는 중공군이 있다는 충격적

적의 포로를 직접 심문하는 국군 1사단장 백선엽 장군(서 있는 이)

인 사실을 털어 놓았다.

나는 즉시 밀번 군단장을 오도록 해서 직접 포로를 심문해 중공군 개입을 확인하도록 했다.

밀번 군단장의 질문과 포로와의 답이 이어졌다.

—어디서 태어났는가?

"중국 남부지방이다."

—소속은.

"39군이다."

—그간 어디에서 작전했나?

"해남도海南島전투에서 싸웠다."

—혹시 중국에 살고 있는 한국인 아닌가?

"중국인이다."

이 사실은 8군 사령부를 통해 일본 동경에 있는 맥아더 사령부 윌로비Charles Willoughby 정보참모에게 보고됐다.

그러나 당시 맥아더 사령부는 전황에 대해 지극히 낙관적인 전망을 하고 있었다. 따라서 이 포로의 말을 대수롭지 않게 평가했다. 중공에 사는 한국인 의용병이 전쟁에 가담한 정도로 판단했다.

물론 단 한 명의 중공군 포로를 보고 유엔군 사령부 전체가 소동에 빠질 수는 없다. 문제는 미군의 정보 수집 능력에 큰 구멍이 나 있었음을 드러낸 것이었다.

38선을 넘어 북진을 개시할 시점 트루먼 미 대통령과 맥아더 사령관은 중국의 개입을 우려하긴 했으나 두 사람이 만난 웨이크도Wake島 회담(10월 14일)에서 개입하지 않을 것이라는 결론에 도달했었다.

이런 상황에서 자신들의 판단에 반대되는 현실에 봉착하자 이를 과소평가한 것이기도 했다. 결과적으로 오판에 의한 전쟁지휘가 약한 달 이상 지속되는 바람에 국군과 유엔군의 전력은 막대한 손상을 받았다.

나는 이 무렵 제2군단장으로 전보명령을 받았다. 나에게는 영전이라 할 수 있겠으나 전쟁 상황은 아연 긴장국면으로 변해있어 한가하게 축하인사를 나눌 상황이 아니었다.

1사단장은 부사단장이 맡았다. 나는 개천군价川郡 군우리軍隅里 2군단 사령부로 가서 전임 유재흥 소장으로부터 지휘권을 넘겨받았다. 유 소장은 육군 참모차장으로 보임돼 서울로 떠났다.

참모장 이한림(李翰林·중장 예편·건설부장관 역임)준장과 작전 참모 이주일(李周一·대장 예편·국가 재건 최고회의 부의장·감사원장 역임) 대령은 막 중공군 대군이 출현했다는 급박한 현황을 보고했기 때문이다.

군단의 미군 수석고문관은 질레트Gillet 대령으로 내가 46년 부산 주둔 5연대 선임 장교로 있을 때 미 군정 하 경남도 군정장관이었다. 나는 그때 옷과 식량을 얻으러 그를 찾아가곤 했었다.

그 역시 앞이 안 보이는 전황을 걱정하고 있었다.

나는 전황을 직접 점검하기 위해 예하 사단으로 향했다. 6사단은 동룡굴(세계유수의 종유석 동굴) 근처에 지휘소를 두고 있었다. 그런데 설상가상으로 사단장 김종오 준장은 이 위급한 시기에 부상을 당해 민가에 누워 있었다. 동룡굴에서 발견된 적군의 지하 병기창을 시찰하다 차량사고로 턱을 크게 다쳐 대화조차 나눌 수 없었다.

남침 당시 춘천 정면에서, 또 낙동강까지 후퇴했을때 음성지구에서 분투하여 큰 전공을 세웠던 6사단은 압록강 공격에서도 최선두에 나서 예하 7연대 (연대장 임부택林富澤·대령)는 고장古場에 진출하여 압록강 도달을 목전에 두고 있었다. 2연대 (연대장 함병선·咸炳善 대령)는 온정溫井까지 진출했으나 불행히도 두 연대가 각각 중공군에 의해 산중에 고립된 채 고전 중이었다.

두 연대는 경쟁적으로 압록강을 향해 돌진한 결과 동서로 90km 먼 거리에 분산돼 있었고 후방과도 50km 이상 떨어져 퇴로가 차단된 상태였다.

분산된 각 부대에서는 보급 지원 요청이 쇄도하고 있었다. 특히 최북단에 있던 임부택 7연대장은 "탄약과 보급품이 소진됐다. 급히 공수해 달라"는 무전을 애타게 보내오고 있었다. 19연대 (연대장 김익렬 대령)만이 시천熙川에 남아 후속 진출하는 8사단을 엄호하고 있었다.

8사단은 건재해 있었으나 사단장 이성가 준장은 "중공군이 나타났다는 말에 장병들의 사기가 떨어지고 있다"고 걱정했다.

나는 군우리 군단사령부에 돌아와 군단 참모진, 질레트 대령과 함께 보급품을 공수할 방법을 찾았으나 형편이 너무 어려워 묘안을 찾지 못한 채 고민하고 있었다.

그러던 중 뜻밖에 유재흥 소장이 1.5경비행기 편으로 다시 돌아왔다. 그는 나에게 "어, 다 또라가라 그래."라고 말했다. 일본에서 자란 유장군은 우리 말의 발음이 서툴러 자칫 알아듣기 어려운 경우가 있었다.

그는 현 사태가 수습될 때까지 원직原職으로 돌아가라는 명령을 받았다고 부언해 주었다. 그리하여 유 소장은 2군단장에, 나는 다시 1사단장으로 복귀하게 되었다.

나는 사흘 만에 다시 청천강을 건너 영변으로 돌아갔다.

그동안 운산에 갇혀 있던 1사단은 밤낮으로 중공군과 대치하여 싸우고 있었다.

짧은 기간이었지만 2군단장으로서 전황을 폭넓게 점검한 것은 이후 작전수행에 큰 도움이 됐다. 누구보다도 사태를 정확히 인식하는 기회를 갖게 되었던 것이다.

이제 상대는 중공군이다. 그것도 수십 개 사단 규모 대군이 산중에 숨어 우리를 유인하고, 퇴로를 차단하여 섬멸하려 하는 것이었다.

이것은 전혀 새로운 전쟁이었다. 10월 27일경 청천강의 수중교水中橋를 지프로 건널 때부터 나는 이렇게 생각하며 죄어드는 긴장감을 달랬다.

귀환 즉시 사단이 처한 상황을 알아보기 위해 운산으로 향했다. 부관 김배근(金培根·대령 예편) 소위가 지프를 몰았고 문형태 작전참모가 동승했다. 지프에는 유사시에 대비해 천막과 모포 및 비상 일용품을 실은 트레일러를 매달았다.

용산동龍山洞을 거쳐 운산에 접어드는 '낙타머리 고지' 근처 S자 커브 길을 지나려 할 때 앞 약300m 지점에 길을 차단하고 있는 일단의 중공군이 눈에 띄었다.

운전에 열중하던 김 소위는 내가 차를 세우라고 하자 그때서야 깜짝 놀라 차를 돌리기 시작했다. 폭이 좁은 산길에서 트레일러를 단 지프를 돌리기란 쉽지 않았다. 트레일러를 풀고 차를 돌리고 다시 트레일러를 매다는 수 십 초가 굉장히 긴 세월처럼 느껴졌다.

다시 용산동으로 되돌아와 삼탄천三灘川변 우회도로를 통해 간신히 운산으로 들어갈 수 있었다.

장병들은 계속되는 전투에 상당히 지쳐 있었고 보급선이 확보되지 않아 겨울 옷조차 지급받지 못해 고통을 받고 있었다. 특히 밤마다 나팔과 꽹과리를 울리며 인해전술로 공격해대는 중공군에 상당한 공포심을 느끼고 있었다. 그로든 중령의 전차대대도 야간 전투에서는 고전을 면치 못하고 있었고 탄약과 휘발유도 한 차례 공수낙하로 보급을 받아 지탱하고 있었다.

전쟁초기 임진강 전투에서 적의 전차소리 때문에 공포를 일으켰던 병사들이었는데 이번에는 나팔과 꽹과리 소리로 또 한번 공포증을 일으키고 있어 마음이 착잡했다.

슬픈 음조의 나팔소리에 미친 듯한 꽹과리 소리, 여기에 상스런 욕지거리를 지껄이는 듯한 중국말 육성까지 겹친 소리는 거의 악마의 소리인 마성魔聲이라 할만 했다. 공격은 일단 멈췄으나 전황을 타개할 묘책은 보이지 않았다.

| 피 말리는 가을 밤, 운산 최후의 날 |

1사단의 수풍 방면 진격이 중공군 역습으로 운산에서 멈춰서게 되자 밀번 군단장은 미 1기병사단 8기병 연대가 우리를 앞서 공격하도록 작전 명령을 수정했다. 신의주로 향하던 영국 27여단은 부대 정비와 휴식을 요청하여 미 24사단과 전투 임무를 교대했다. 그간 오랫동안 공격전 선두에 섰던 부대의 휴식을 위한 조치였다.

그러나 밀번 군단장과 상급 수뇌부에서는 아직도 중공 정규군 개입을 반신반의하고 있었다.

그때까지만 해도 미군 사단과 정면 대결이 없었고, 미군이 보기에는 중국인과 한국인 모습이 비슷하고 언어의 차이도 식별할 수 없는 처지였기 때문에 중공군 포로가 잇달아 붙잡혀 오고 이들이 정규군의 소속부대를 분명히 밝히는 데도 좀처럼 사태를 직시하려 하지 않았다. 기껏해야 북한군 패잔 부대에 중공의 의용군이 소수 가담했다는 정도의 인식이었다.

중공군 포로는 일단 붙잡히면 양순하기 그지없었고 묻지 않는 말까지 순순히 자백했다. 우리 1사단 정면에 나타난 적은 중공 제4야전군 13집단군 소속의 제39군이었다. 홍콩 북부 광동성에 있던 이 부대는 9월 하순부터 주로 열차 편으로 북상하여 10월 중순 압록강을 건넜다고 한다. 이들은 밤에만 은밀히 움직여 미 공군의 정찰을 감쪽같이 피했다.

위기가 고조되고 있었던 10월31일 나는 다시 운산으로 들어갔다. 밤에는 완전히 고립돼 포위 공격을 받았으나 낮에는 포병과 전차로 화력의 우세가 있는데다 미 공군의 근접 지원도 있어 가까스로 진입이 가능했다.

우리를 추월 공격하기로 된 미 8기병연대는 아직 도착하지 않고 있었다.

운산을 에워싼 산중에는 산불이 번져 곳곳에서 피어오른 연기가 시야를 가리고 있었다. 중공군이 아군 포격과 공습을 피하기 위해 산불을 질러 연막을 친 것이었다.

운산의 한 초등학교에 자리 잡은 포 사령부에 들러 헤닉 대령을 만났다. 그는 "적이 계속 아군의 틈새로 침투해 들어오고 있다. 오늘을 견디기가 어려울 것 같다. 사태가 대단히 위급하다"며 걱정했다.

나는 그에게 "왜 투지가 없는가"고 못마땅하게 대꾸했다. 그러자 그는 정색을 하며 "그렇다면 나의 정직한 의견을 말하겠다. 오늘 중 철수하지 않으면 전멸할 지 모른다"고 했다. 평소 침착하던 헤닉 대령이 긴장된 표정을 감추지 못하고 있었다.

나는 운산 외곽에 포진하고 있는 3개 연대를 차례로 들러 김점곤, 김동빈, 조재미 연대장을 만나 현황을 점검했다. 운산 북쪽으로 진출했던 15연대가 가장 큰 피해를 입고 있었고 11, 12 연대도 전례없는 위기에 처해 있었다.

사태는 더욱 악화되고 있었다. 골짜기마다 중공군이 가득 포진하고 있어 산불 연기로 둘러싸인 산에서는 살기마저 돌았다.

전차대대장 그로든 중령은 "적군의 화력은 대단치 않으나 야간공격에 능숙하고 침투력이 강하다"고 말하며 우리 연대장들과 마찬가지로 위기가 임박했음을 알렸다.

나와 다시 만난 혜닉 대령은 내가 직접 밀번 군단장을 찾아가 후퇴를 건의해야 한다고 말했다. 내가 판단하기에도 중공군의 포위 공격을 6일째 버티면서 손실도 적지 않은 상황이어서 여기서 더 무리하다가는 1만여 장병과 야포, 전차 등 중장비 모든 것이 온천치 못할 것 같았다.

나는 깊은 고민에 빠졌다.

지금 전쟁의 흐름은 아군의 공세이다. 맥아더, 워커, 밀번 등 상급 사령관들은 승승장구의 무드에 젖어 있었고 한결같이 진격을 재촉하고 있는 상황이다.

이 대세를 거슬러 후퇴를 건의한다는 것은 지휘관으로서 운명을 거는 선택이다. 더구나 후퇴 건의를 받아들이지 않는다면 사태는 어떻게 될 것인가.

나는 혜닉 대령에게 포탄이 얼마나 남아 있는 지 물었다. 그는 1만 수천 발가량 있다고 했다. 나는 만약 후퇴 명령이 내려지면 남김없이 포탄을 적 정면에 쏘아 3개 연대의 후퇴를 엄호하도록 철수계획을 세워 두고 다시 운산을 나와 지프로 2시간 거리인 신안주新安州에 있는 미 1군단 사령부로 직행했다.

미리 전화 연락을 해두었기 때문에 미 1기병사단장 게이 소장과 미 24사단장 처치 소장도 나를 기다리고 있었다.

날은 저물어 어두워가고 있었다.

나는 내가 목격한 운산의 긴박한 상황을 설명하고 일단 청천강 선으로 후퇴할 것을 건의했다.

이 무렵 1사단의 우익은 비어 있었다. 국군 2군단 (6, 7, 8사단)은 중 공군에게 허리를 잘려 전열을 유지하지 못하고 있었다. 운산 동남쪽 20km 지점인 비호산飛虎山과 원리院里까지 밀려 힘겹게 전선을 지탱하고 있었다.

개전 초 임진강 전선과 너무 비슷한 상황이 4개월 후 다시 벌어진 것이다. 공교롭게도 그때나 지금이나 우익은 유재흥 장군이 맡고 있었고 전선의 압박도 우익에 먼저 가해지고 있었다.

과거 임진강 전선에서는 전선 사수 명령이 취소되지 않아 1사단이 엄청난 피해를 입었었다. 그때와 지금이 다른 것이 있다면 지휘계통이 살아있고 나는 후퇴 명령을 내릴 수 있는 사람과 마주 앉아 있다는 것이었다.

밀번 군단장과 두 사단장의 표정이 심각하게 굳어졌다. 밀번 군단장은 그 자리에서 8군사령부에 전화를 걸어 워커 사령관에게 상황을 전하고 긴 통화 끝에 수화기를 놓았다. 그리고는 나에게 "지금 곧 야간철수가 가능하겠느냐"고 물었다.

나는 헤닉 대령과 협의해 두었던 대로 철수계획을 설명했다.

밀번 군단장이 마침내 단안을 내렸다.

"1사단은 즉시 입석立石과 영변寧邊선으로 철수한다. 철수의 엄호는 미 1기병사단과 협의하라. 미 24사단은 현 위치에서 진격을 정지하고 명령을 기다려라."

나는 즉시 운산 각 연대에 철수 명령을 내리고 게이 소장과 함께 용산동龍山洞 미 1기병사단 사령부로 향했다.

미 1기병사단 예하 파머Raymond Palmer 대령의 8기병연대는 이때쯤 용산동을 지나 운산으로 진출하는 중이었다. 즉 운산으로 통하는 두 갈래 길 중 서쪽 도로를 따라 진출해 1사단의 퇴로인 운산~입석의 동쪽 도로와는 산허리 하나를 사이에 두고 있었다. 그런데 이 산허리 간격 하나가 이날 밤 양 부대를 '생과 사'로 갈라놓았다.

게이 소장과 함께 기병사단 사령부에 도착한 것은 자정 쯤이었다. 그곳에서는 마침 8기병연대의 전황이 시시각각 들어오고 있었다. 무전으로 수신되는 전황은 처절하기 이를 데 없는 것이었다.

"진내陣內에 적병이 들어오고 있다!"

"전차에 적군이 기어오르고 있다!"

숨 가쁜 음성과 총성이 그대로 섞여 무전기로 들어오고 있었다. 기습을 받아 엄청난 사투를 벌이고 있음이 생생하게 전해졌다.

충격적인 상황을 확인하고 나는 곧 밤길을 달려 영변 사단 사령부로 돌아왔다. 1사단은 과연 무사히 철수하고 있을까.

철수작전이 실패하면 1사단은 전멸이다. 뿐만 아니라 이곳 전선을 돌파당하면 삽시간에 청천강 선을 차단당하게 되고 청전강 북쪽으로 진출한 모든 병력은 퇴로를 차단당해 결과적으로 미 1군단이 송두리째 중공군에게 포위된다. 미 1군단은 전선에 투입된 전 유엔군 병력의 절반에 해당하는 핵심전력이었다.

피를 말리는 가을밤이 지나갔다. 밤중에 나에게 한 가닥 확신을 준 것은 산 너머 북쪽에서 끊임없이 은은하게 들려오는 포성이었다. 포성이 이어지는 한, 부대는 파탄되지 않았음을 뜻한다. 아군의 포성은 전쟁 중 항상 나에게 용기를 불어넣어 주었다. 과연 1사단은 밤이 새도록 운산 남쪽 10km 지점인 입석까지 철수를 끝냈다.

헤닉 대령의 고사포 군단郡團은 각 포문마다 최대 발사 속도로 밤새 적진에 포격을 가했다. 무려 1만 3000발의 포탄을 쏜 것이다. 이 틈을

1950년 11월 1일 '운산 최후의 날' 미 제10고사포군단의 탄막사격 모습. 이날 밤 철야로 무려 1만 3000발의 포탄을 쏘았다.

이용해 3개 연대의 사단 전 병력이 큰 손실 없이 운산 골짜기를 빠져 나올 수 있었다. 제 2중박격포대대가 가지고 있던 4.2인치 박격포 4~5문을 잃은 정도의 경미한 피해 뿐이었다.

중공군은 우리의 절대 우세한 화력 앞에 공격 기회를 잡지 못했다. 반면 1사단을 엄호하기 위해 진출한 8기병연대가 대신 매를 맞는 결과가 빚어졌다. 이 부대에도 즉각 후퇴 명령이 내려졌으나 이때는 이미 퇴로를 차단당한 채 골짜기에 포위되어 있는 상태였다.

100여필 몽고말로 편성된 기마대가 주력인 경장비의 중공군이었으나 워낙 인원이 많아서 야간 기습은 전차와 중포를 갖춘 미군 연대도 파탄으로 몰아넣기에 충분했다. 특히 미 8기병연대 3대대는 이날 밤 완전히 포위돼 이튿날부터는 통신마저 두절됐다.

게이 사단장은 이 대대를 구출하기 위해 예하 5기병 연대를 투입했으나 산불 연기 속에 깊은 참호를 파고 몸을 숨긴 중공군은 포격과 공습에도 아랑곳없이 오히려 5기병연대에까지 큰 손실을 입혔다.

게이 사단장은 11월 2일 저녁 결국 3대대 구출을 포기하지 않을 수 없었다. 3대대에 매달리다가는 전세가 위급해져 전선 자체가 아예 무너질 위험이 있었기 때문이었다.

미군 역사상 부대가 고립되어 있는 것을 알면서도 구출을 포기한 것은 전례가 없었다고 한다. 전황이 얼마나 위급했는지 짐작할 수 있을 것이다.

게이 사단장은 훗날 "군인의 생애에는 수도 없는 슬픈 추억을 갖게 되기 마련이지만 이때처럼 괴롭고 슬픈 적은 없었다"고 말했다.

미군 8기병연대 3대대는 이 '운산의 비극' 이라 불리는 전투에서 800명 병력 중 무려 600명이 전사 또는 실종되는 치명적 타격을 입었다. 전차 17대, 105mm 포 13문 등 중화기도 대부분 잃었다.

3대대는 1사단이 다부동 낙동강 전선에 처음 투입됐을 때 우리의 좌익 왜관 동쪽 303고지에 어깨를 나란히 하고 배치됐었던 부대였다.

대대장을 맡고 있었던 존슨(Harold Johnson · 월남전 때 미 육군 참모총장) 중령은 이 비극적 전투가 나기 일주일 전 군단 작전참모로 전임되고 신임 오몬드Robert Ormond 중령이 지휘하고 있었다. 천운으로 목숨을 건진 존슨 중령은 전후 나와 재회했을 때 '운산의 비극' 을 떠올리며 "말할 수 없는 큰 충격을 받았었다"고 말했다.

'운산의 비극' 이 전해지자 미국 언론은 "8기병 연대와 한국군 1사단이 함께 전멸했다"고 보도했다 한다. 내가 캐나다 대사로 근무하던 68년 미국 콜로라도 스프링스에서 헤닉 대령 부인을 만났더니 "당시 방송에서 이 뉴스를 듣고 밤새 울었다"고 했다.

여하튼 우리 1사단을 엄호하기 위해 진출한 8기병 연대가 이런 참상을 당하게 된 데 대해 나는 평생 미안하고 고마운 마음을 갖고 있다.

1사단은 11월 2일 밤 다시 영변으로 철수해 군단의 우익으로서 남하하는 중공군을 저지했고 이튿날 명령에 따라 전선을 미 1기병사단에게 넘겨주고 청천강을 남하해 신안주新安州에 집결, 군단의 예비가 됐다.

10월 25일에 시작된 중공군의 공세는 11월 5일 밤까지 이어지다 소강상태에 접어들었다. 이것을 '중공군 제1차 공세'라고 일컫는다.

이 기간 중 1사단은 530여명이 전사·실종하는 적지 않은 피해를 입었다. 특히 선두에 섰던 조재미 대령의 15연대가 큰 타격을 받았다.

중공군과의 첫 대전에서 국군과 미군이 패배한 것에 대해 오늘날까지 많은 연구가 되고 있음을 알고 있다.

내가 꼽은 패배 원인의 첫째는 기습Supprise attack에 대한 대비책이

운산전투를 끝내고 기도를 드리고 있는 미 제10고사포군단

소홀했던 점이다. 승세를 탄 군대는 흔히 '사기士氣과잉'에 빠져 든다. 그러나 빨리 달릴수록 작은 돌부리에 넘어지기 쉬운 법이다. 당시 외신들도 중공군의 한만 국경 이동을 거듭 보도하고 있었으나 유엔군과 국군은 단거리 경주하듯이 북진을 서둘렀다.

둘째는 적을 너무 몰랐다는 점이다. '지피지기면 백전불태知彼知己百戰不殆'라는 손자병법의 명구를 모르는 군인은 없다. 그러나 당시 유엔군은 중공군을 과소평가하고 있었다. 중공군은 오랜 항일전과 국공國共내전을 통해 상당한 전술 능력을 터득하고 있었는데도 말이다. 이에비해 중공군은 우리 쪽을 비교적 정확히 파악하고 있었다.

나는 후일 중공군 포로를 통해 중공군 제66군사령부가 간행한 50년 11월 20일자 '운산 전투 경험에 관한 결론'이라는 전훈속보戰訓速報를 입수할 수 있었다. 중공군 부사령관 덩화鄧華가 작성한 것으로 그는 이듬해 개성의 휴전회담에서 나와 만나게 된다.

여기에는 "미군은 전차와 포병의 협동 전투가 장기다. 공군의 대지對地공격력도 강하다. 그러나 보병이 약하다. 죽음을 두려워해 과감한 공격이나 진지를 사수하겠다는 의지가 없다. 낮에만 행동하는 버릇이 있다. 야간전투나 근접전에는 아주 미숙하다. 보급이 끊기면 곧 전의戰意를 상실하고 후방을 차단하면 스스로 물러난다"고 써 있었다.

우리 국군에 대해서는 "한국 군은 모든 면이 미숙하다. 훈련이 절대 부족하다. 화력과 전투력을 비교할 때 한국 사단은 미군 사단의 3분의 1에도 미치지 못한다. 그러나 전의는 어느 정도 갖추고 있다"고 되어 있다.

04

물거품이 된 북진통일,
다시 후퇴

★ ★ ★ ★

대동강에 가설된 부교도 폭파됐다. 피난민들은 필사적으로 강을 건너려다
차디찬 강물에 빠져 목숨을 잃었다. 조국 통일의 꿈은 사라지고
언제 고향에 다시 올 수 있을 지 기약할 수 없었다.
51년 정초부터 그해 봄이 오기까지 전화戰禍속의 국민과 국군에게는
가장 우울하고 고통스러운 기간이었다.
유엔군의 전략이 '한반도 철수' 인지 '재반격' 인지
분명치 않은 가운데 전세는 기울었다.

| 입석 부근에서의 휴식 |

성난 파도처럼 쳐내려오던 중공군은 11월 5일 자정을 기해 썰물처럼 빠져 나갔다. 불가사의한 갑작스런 퇴각이었다.

미군 수뇌부는 충격에서 깨어나자 곧 중공군의 공세를 '만주의 산업시설을 보호하기 위한 무력시위' 또는 '북한에 대한 지원' 으로 판단했다.

중국은 왜 한국전쟁에 개입했을까. 이 역시 중공군 측 자료를 통해 살펴볼 필요가 있다.

70년대에 발간된 전쟁 당시 중공군 총사령관 '팽덕회彭德懷 증언' 과 전쟁 중 발간된 중공군 13집단군 사령부의 '전투 경험집' 과 앞서 언급한 제66군사령부의 '운산 전투경험에 관한 결론' 을 포함해 기타 관련 자료에 나타난 중공군의 의도 및 전투 상황은 대략 다음과 같다.

팽덕회의 총 지휘하에 임호林彪의 제4야전군은 미군의 인천상륙작전 성공에 자극받아 대륙에서 만주로 이동을 개시했다. 전쟁 개입의 최종 결정은 10월 4·5일 북경北京에서 열린 당 중앙회의에서였다.

모택동毛澤東은 "지금 미국이 한국을 점령하고 압록강을 건너 우리의 동북지방을 위협하고 있다. 미국은 이미 대만을 지배해 상해上海와 남경南京을 위협하고 있다. 만약 미국이 중국 침략 전쟁을 개시하려 한다면 언제든지 제멋대로 구실을 붙여 할 것"이라며 "옆 집(북한)이 위급할 때 방관하는 것은 변명이 있을 수 없다"는 명분을 걸어 출병을 결정했다.

중국공산당은 정규전과 속결전에서는 미국이 우세할지라도 비정규전과 장기전은 자신들이 유리하며 소련 원조도 있어 항일 전쟁에 비해 훨씬 유리한 여건이라고 판단했다.

선발대가 최초로 압록강을 건넌 것이 10월 13일 밤이었고 13집단군 예하 6개 군 18개 사단 약 15만 병력이 계속 남하해 1차 공세에 가담한 것이다.

팽덕회는 10월 18일 선두부대와 함께 압록강을 건넜다. 제 38군과 제 42군은 지안輯安을 거쳐 강을 넘어 만포진滿浦鎭으로 와 38군은 희천熙川으로, 42군은 장진호長津湖로 진출했다.

제 39군과 제 40군은 압록강 철교를 건너 신의주新義州로 넘어와 39군은 운산雲山으로, 40군은 온정溫井을 거쳐 군우리軍隅里 방면을 공격했다. 제 50군과 제 66군도 역시 신의주를 거쳐 구성龜城으로 우회하여 미 24사단을 협공하려 했으나 시기를 놓쳐 공격에 가담하지는 못했다.

운산으로 1사단을 기습한 39군은 10월 25일 2개 연대가 도착하자 중공군으로서 첫 전투를 벌였고(10월25일을 중공군은 참전 기념일로 정하고 있다) 10월 31일에 주력이 모두 집결해 운산 서남쪽 귀두성龜頭城의 퇴

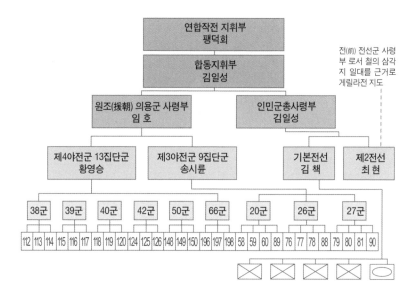

전(前) 전선군 사령부 로서 철의 삼각지 일대를 근거로 게릴라전 지도

중공군 개입 당시 공산군 지휘체계

로를 차단하고 운산을 포위 공격한 것이다.

앞서 설명했듯 우리 1사단은 포위망을 뚫고 철수하는 데 성공했지만 미 8기병연대가 여기 갇혀 운산의 비극을 맞이한 것이다. 중공군이 포위한 8기병연대 3대대를 완전 섬멸하는 데는 4일이 걸렸다.

공격을 마친 중공군은 태천泰川~운산雲山~구장동球場洞으로 후퇴하여 차기공세를 준비했다. 이 기간 중 중공군은 '1만 5000여 유엔군 장병을 사살 또는 생포했다'고 기술하고 있다.

중공군은 미 공군기 정찰에 포착되지 않기 위해 낮 행동을 엄격히 금지했다. 이를 어기면 즉석에서 총살을 할 정도였다.

행군의 흔적도 말끔히 없앴다. 야간 행군은 밤 7시부터 새벽 3시로만 국한했고, 무전사용도 일체 금지했다. 이렇게 해서 대부대가 정체를 드러내지 않고 1차 공세에 가담할 수 있었고, 11월 말까지는 도합 60만의 중공군이 북한에 모이게 된 것이다.

중공군의 전술은 철저하게 우회→퇴로차단→포위 공격을 되풀이하는 기습 전법이었다. 이를 위해서는 신속한 야간 산악 행군이 전제가 되는 데 실제로 하룻밤 동안 20~30km를 거뜬히 행군했다.

나팔과 호적은 야간 전투에서 심리전의 수단뿐 아니라 전술적으로도 효과적으로 이용됐다. 괴상한 소리에 놀라 상대가 사격을 하면 위치가 노출되었기 때문이다.

상대 위치가 파악되면 소화기와 수류탄으로 집중 공격을 하고 인명 피해를 전혀 아랑곳하지 않는 인해전술로 덮치는 식이다.

팽덕회는 1차 공세에서 유엔군을 추격하지 않은 이유에 대해 '한국군 6~7개 대대와 미군 소부대를 소멸시켰을 뿐 아직 적의 주력을 소멸시키지 않았다. 고의로 전투력이 약하게 보이도록 해 오만한 적을 깊이 유인하는 전술을 택했다'고 증언집에서 적고 있다.

앞서 소개한 중공군의 미군 및 국군에 대한 평가를 액면 그대로 받아들일 수는 없다. 중공군 병사들을 대상으로 한 책자였기 때문에 상대의 약점만 지나치게 강조한 면도 있다.

특히 미군에 대해 과소평가한 대목은 동의할 수 없다. 당시 미군 장교는 대단히 우수했다. 전술능력 뿐 아니라 책임감에 있어서도 가히 세계 최강이었다. 하지만 미군 장교들조차 자신들의 병사에 대해 걱정하는 소리는 나도 종종 들을 수 있었다.

전투 중 만났던 미 25사단 부사단장 윌리엄스Williams준장은 "풋내기 병사green soldier 때문에 어려움이 이만저만 아니다"고 토로한 적이 있었다.

2차대전 후 평화를 구가하다 갑자기 징병돼 온 병사들이 더구나 들도 보도 못한 낯선 전선에서 잘 싸우기를 기대하는 것은 무리이리라.

미군이 이 정도였으니 장교와 사병 모두 실전 경험이 빈약했던 국군의 어려움이야 비할 바 아니었다.

중공군 1차 공세 기간 중 나는 날짜나 시간을 제대로 기억할 수 없을 만큼 바빴다.

전쟁의 흐름이 갑자기 벽에 부딪친 가운데 2군단장으로 전보됐다가 다시 원대 복귀했고, 이 기간 중 두 차례 평양에 다녀와야 했다.

10월 25일 이승만李承晚 대통령이 평양에서 주최한 '평양탈환 환영대회' 참석차 행사준비와 경호를 위해 평양에 갔으나 대통령이 오지 못하고 대신 조병옥趙炳玉내무장관이 참석하여 내가 할 일이 없어져 전선으로 되돌아갔고 행사가 다시 10월 29일에 열리게 돼 또 평양에 간 것이다.

이 대통령은 평양 시청 광장에서 민족 단합을 호소하는 명연설을 하여 광장을 가득 메운 평양 시민들로부터 열광적인 환영을 받았다. 연설 직후 시민들 틈에 내려가 악수를 나누는 감동적인 장면도 연출했다. 대통령의 신변 안전을 책임지고 있던 나로서는 가슴을 죄는 순간이기도 했다.

나는 지난 45년 10월 14일 평양 제1중학교 교정에서 열렸던 김일성이 등장하는 군중집회도 참관한 적이 있었다. 시간과 장소는 달랐으나 평양에서 이승만과 김일성의 연설을 모두 직접 들은 흔치 않은 경험을 갖게 된 셈이다.

양자를 비교하는 것은 부질없는 짓이겠으나 노련한 정치가인 이승만의 위엄과 성망聲望은 젊은 김일성과는 비교할 수 없을 만큼 청중들을 사로잡았다.

이 대통령은 평소 "지도자는 그가 민족에게 헌신한 만큼 대접을 받

대형 태극기가 나붙은 평양시청. 1950년 10월 29일 이승만 대통령 내외가 평양을 방문했을 때는 10만 시민이 모였다.

는 것"이라고 말하곤 했는데 최소한 평양대회에서만큼은 그에 합당한 대접을 받았다고 볼 수 있었다.

한편 신안주의 남방, 입석(立石·전술한 영변의 입석과는 다른 곳) 비행장 근처에 집결한 1사단은 전쟁 발발 후 4개월 여 만에 처음 휴식을 취하게 됐다. 나는 인원과 장비를 보충 받아 부대를 정비하고 전술 훈련을 시키는 예하부대들을 점검하며 분주한 나날을 보냈다.

입석비행장은 당시의 여의도나 김포(확정 전) 비행장과 비슷한 규모였고 미군 수송기들이 온종일 꼬리를 물고 이착륙하면서 보급품을 수송하고 있었다. 모처럼 연합작전에 의한 전쟁의 무대 뒷면을 보게 된 것이다.

나는 여기서 청천강 전투에서 왜 보급이 원활하지 못했는지 이해할 수 있게 되었다. 파괴된 철도 복구에 시간이 걸려 한동안 평양까지는 트럭에 의존해 전쟁물자와 보급품을 실어 날라야 했으나 당시는 운전병이 모자라 큰 애로를 겪고 있었다.

입석비행장을 확보하게 되자 대형 쌍발수송기로 식량, 피복, 유류, 탄약, 기타 수품需品을 공수하여 간신히 보급선을 유지하고 있었다. 입석비행장은 온종일 엄청나게 분주한 모습이었다.

신안주 일대는 북한 최대 곡창지대로서 광활한 안주安州평야가 펼쳐져 있었다. 마침 추수를 마친 때라 우리는 햅쌀을 구해 떡을 해 먹을 수 있었다.

사단 정훈부 연예대는 어느 틈에 위문공연을 준비해 전쟁에 지친 장병들에게 한때나마 웃음을 선사했다. 코미디언 김희갑金喜甲씨가 1사단을 위문했고 무희들도 함께 와 가마니를 깐 야전무대에서 추위에 오들오들 떨며 열심히 춤을 추었다.

근처 민가에서 맛본 메밀냉면과 동치미 맛도 잊을 수 없다. 국물이 마치 사이다처럼 입안을 자극하는 독특한 별미였다. 심신이 고달프고 궁핍했던 때였기 때문에 더 맛있게 느껴졌을 지도 모를 일이다.

장병들은 약 열흘간 전쟁의 중압감을 떨고 새로 에너지를 충전했다. 이때만 해도 장병들은 뜻밖의 중공군 내습으로 전선이 일시 교착됐을 뿐 설마 전세가 역전되리라고는 생각하지 않았다.

| 크리스마스 공세, 재난으로의 눈먼 행진 |

11월 중순 1사단은 다시 전선으로 이동했다.

이 때 서부전선에는 미 2사단, 미 25사단 및 터키여단으로 편성된 미 9군단(군단장 존 쿨터 John Coulter 소장)이 가담하게 돼 전선의 재배치가 이뤄졌다.

즉 8군의 부대 배치는 좌로부터 미 1군단(미1기병사단, 미24사단, 국군1사단,영국27여단), 미 9군단, 국군 2군단(6·7·8사단)이 각각 서해안에서 낭림산맥까지 이어졌다. 1사단은 미 1군단의 중앙으로 박천博川, 태천泰川을 거쳐 수풍을 향하도록 되어 있었다. 청천강을 넘어 다시 북상한 1사단은 박천에 집결해 공격 개시 명령을 기다렸다.

한편 낭림산맥을 경계로 서부전선을 담당한 미 8군과 동부전선을 담당한 미 10군단의 11월의 전황은 상반된 양상을 드러내고 있었다.

8군은 중공군 1차 공세로 인한 손실과 보급의 불량으로 공격이 벽에 부딪친 반면 10군단의 작전은 순조로웠다.

장진호長津湖 방면에서 미 해병1사단(사단장 스미스 O.P. Smith 소장)이 중공군과 접촉하고 있을 뿐 수도사단(사단장 송요찬·宋堯讚 준장)은 청진淸津에, 3사단(사단장 최석·崔錫준장)은 함수咸水까지 진출해서 두만강을 눈 앞에 두었고 미 7사단 (사단장 데이비드 바 David Barr 소장)은 백두산이 바라보이는 압록강 상류의 혜산진惠山鎭에 돌입하여 언뜻 사단에 부여된 작전을 완료한 듯한 형세였다.

이즈음 나는 군단사령부 미군 장교들로부터 왜 10군단이 8군 지휘하에 있지 않은 지 불안스럽게 수군거리는 소리를 자주 들을 수 있었다. 하나의 전역(戰域·theater)에는 한 명의 지상군 사령관commander이 있어야 하나 이때는 두 명의 지상군 사령관이 있어 상호 협조가 안된다는 것이었다.

그러나 맥아더 유엔군 사령관은 독자적 판단에 따라 험준한 낭림산맥의 동서를 분리 지휘했고, 결과적으로 작전에 실패함으로써 전술가들의 비판을 한 몸에 받게 됐다.

이것은 임진왜란 때 왜군의 상황과 신기할 정도로 흡사했다.

도요토미 히데요시豊臣秀吉는 규슈九州의 나고야名護屋에서 평양으로 진군하는 고니시 유키나가小西行長와 동해안을 따라 진군한 가토 기요마사加藤淸正를 지휘했었다. 그로부터 350여년 후 맥아더는 동경 극동사령부에서 서부전선의 워커 8군사령관과 동부전선 아먼드소장 10군단장을 지휘하여 양자를 경쟁시켰다.

임진왜란 때나 6·25 때나 경쟁자 사이는 좋을 수가 없다.

워커 사령관은 공격 템포를 늦추더라도 동서 전선의 보조를 맞출 것을 희망한 반면 아먼드 군당장은 맥아더 사령관의 기대에 부응해서 북진을 계속하자고 주장했다. 자연히 아먼드 군단장은 맥아더 사령관의 신임을 더욱 얻게 되고 작전 및 군수 보급 지원 면에서도 오히려 상급자인 워커 사령관을 누르고 우선권을 쥐게 됐다.

왜 워커 사령관은 아먼드 군단장처럼 진격하지 못하고 있는가 하는 것이 맥아더 사령관의 불만이었을 것이다.

이러한 부조화 속에 서둘러 준비한 것이 소위 '크리스마스 공세

Home by Christmas Offensive'였다. 유엔군 장병들한테 속히 전쟁을 끝내고 고국으로 돌아가 크리스마스를 맞이하도록 하자는 뜻의 작전 이름이었다. 중공군이 퇴각한 11월 6일부터 3주간 미 공군은 정체된 지상군을 대신하여 맹렬한 북폭北爆을 감행했다.

11월 8일 미 공군기 600대가 출격하여 신의주를 거의 초토화하는 대 폭격을 한 것을 비롯해 청천강 이북의 크고 작은 도읍에 폭격이 가해졌다.

공격개시를 앞두고 수색대가 적진에 위력정찰威力情察을 전개했으나 별다른 적의 동향을 발견할 수 없었다.

공격개시는 11월 24일 오전 10시로 잡혀졌다.

하루 전날인 11월 23일은 추수감사절이었다. 전선의 유엔군 부대마다 칠면조 고기가 지급돼 흥거운 회식이 마련되어 한 달 전 패배의 상처는 말끔히 아문 것처럼 느끼게 했다. 유엔군 장병들은 귀향한다는 생각에 마음이 들떠 있었다.

맥아더 유엔군 사령부는 인천 상륙작전은 극비를 유지했던 것과 달리 이번 공격에 대해서는 성명까지 발표하여 대내외에 승리를 장담했다.

유엔군 3개 군단과 국군 2개군단 등 5개 군단은 동서 전 전선에 걸쳐 예정대로 11월 24일 오전 10시 일제히 공격을 개시했다.

1사단은 박천博川을 공격 개시점으로 하여 대령강大寧江을 건너 태천泰川을 향해 진격했다.

적의 저항은 경미했다. 압록강까지 밀어붙이는 데 별 문제가 없을 듯한 느낌이었다.

그러나 이튿날인 25일 아침부터 적은 맹렬한 반격을 개시해 태천 동남쪽 야산지대에서 치열한 전투가 벌어졌다.

1950년 11월 24일, 크리스마스 공세를 위해 청천강을 건너 북상하는 국군 1사단. 그러나 나흘 후 중공군의 2차공세로 다시 내려와야 했다.

어느덧 전쟁을 몇 달째 지휘하다보니 적군의 강약을 직감적으로 느낄 수 있었다. 정면의 적은 충분히 격파할 수 있다는 자신감을 가질 만할 정도였다. 1사단은 공격 개시 이틀간 10여km를 진격해 태천이 내려다 보이는 구릉지대까지 진출했다.

나는 태천 동남쪽 한 고지에 전방지휘소를 차리고 공격전을 지휘했다.

내 곁에 있던 공지 연락장교 매듀스William Methews 중위가 가슴을 관통당하는 총상을 입은 것은 바로 이때 일이다.

공군기와 교신하며 근접 지원을 유도하던 그가 전방에서 날아온 유탄에 맞아 피를 흘리며 쓰러졌다.

근처에 마침 내 지프가 있어 즉시 신안주의 이동외과병원으로 후송했다. 그는 다행히 기적적으로 완쾌됐고 훗날 공군대장까지 승진, 미 공군 참모차장을 역임했다. 나는 1978년 매듀스가 공군 중장으로 미 전술 공군사령부 부사령관으로 재임할 때 버지니아 랭그리 공군기지에서 재회했었다.

여담이지만 그는 박정희朴正熙 소장이 5·16군사혁명을 일으키자 나와 이름을 혼동하여 내가 혁명을 일으킨 것이 아닌가 오산烏山 미 공군기지에 확인하려 했다는 일화가 있다. 하기야 'Park' 이나 'Paik' 이나 미국인이 듣기에는 비슷한 발음이니까 그럴 수도 있겠다 싶어 껄껄 웃은 적이 있다.

공격 첫날 중공군 한 명이 1사단으로 귀순했다. 그는 뜻밖에도 일본인이었다.

당초 일본군이었으나 중국 대륙에서 전쟁 포로가 되어 중공군에 편입되어, 기마대의 말 당번으로 한국전쟁에 참전하게 되었다는 것이다.

1사단을 포함한 미 1군단 정면을 공격한 적은 주력 부대가 아닌 듯 했다. 전선의 파탄은 8군의 최 우익, 즉 묘향산맥 남쪽 기슭에서 빚어지고 있었기 때문이다.

전황은 우리가 제대로 싸워보기도 전에 돌이킬 수 없는 파탄 국면으로 치닫고 있었다.

11월 25일 1사단이 태천 동남쪽에서 공방전을 벌이던 그 순간 덕천德川의 7사단과 영원寧遠의 8사단은 중공군에게 포위당해 각개격파되고 있었다.

중공군의 주력공격은 전투력이 약한 우익의 국군 2군단을 향한 것이었다. 2군단 예하의 7 · 8사단은 공격개시 하루 만에 산중에서 흩어져 전투부대로서의 기능을 잃어버렸다.

그 여파는 곧바로 인접 미 9군단에 미치게 됐다.

8군 우익의 전선을 돌파한 중공군은 9군단의 퇴로를 차단하고자 측후방으로 쇄도해 들어갔다. 우익으로부터 부대가 하나씩 허물어지는 '청천강의 도미노현상'이 시작된 것이었다.

청천강을 따라 희천熙川으로 북진하려던 미 9군단은 11월 27일부터 국군 2군단 지역까지 담당해 방어를 맡도록 명령이 수정됐고, 동부전선까지 상황이 급변하게 된 28일에는 8군 담당 전 전선에 후퇴 명령이 내려졌다. 이 결정은 워커 사령관과 아먼드 군단장이 동경에 날아가 맥아더 사령관에게 전황을 설명한 후 취해진 것이었다.

9군단이 사력을 다해 무너진 우익을 엄호한 덕에 좌익의 1사단과 미 24사단은 질서 있게 철수할 수 있었다.

우리는 눈발이 흩날리던 11월 28일 청천강을 내려왔다.

장병들은 왜 제대로 싸워 보지도 못하고 후퇴해야 하는 것인지 어안이 벙벙했을 것이다.

1사단이 평양 북쪽 25km지점인 영유永柔로 철수한 지 이틀 후인 11월 30일은 미군으로서는 잊을 수 없는 치욕적인 날이었다.

이 날은 중공군에 견디지 못한 유엔군이 순천 ~ 숙천 ~ 성천~양덕 선에서 재편성해 평양~원산방어선을 구축하기 위해 총 철수를 개시한 날이었다.

마지막까지 전선을 지탱하던 미 9군단 예하의 미 2사단과 미 25사단이 군우리를 버리고 순천을 향해 철수를 서둘렀다.

군우리에서 순천에 이르는 도로는 두 갈래이다. 안주를 거쳐 서쪽으로 우회하는 도로와 직행하는 동쪽 도로가 있다. 그러나 비교적 안

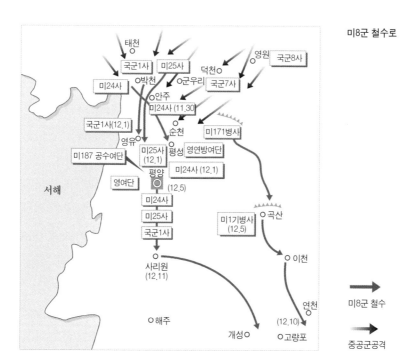

태천
국군1사 미25사 덕천 영원 국군8사
미24사 ○박천 ○군우리 국군7사
○안주
미24사 (11.30)
국군1사(12.1) ○순천
영유 미171병사
미187 공수여단 미25사 평성 영연방여단
(12.1)
영여단 미24사 (12.1)
평양
서해 ◎ (12.5)
미24사 ○곡산
미25사 미1기병사
국군1사 (12.5)
사리원 ○이천
(12.11)
연천
○해주 (12.10)
개성○ (12.10)
○고량포

미8군 철수

중공군공격

전한 서쪽 우회도로는 철수하는 유엔군 부대들의 긴 행렬로 인해 비집고 들어갈 틈이 없었다.

비포장된 좁은 도로망은 미군 1개 사단이 통과하는데 하루 이상 걸리는 것이 예사였다.

카이저Lawrence Keiser 소장이 이끄는 미 2사단은 동편의 직행도로를 택할 수 밖에 없었다. 그러나 이 길은 사신死神이 머뭇거리고 있는 죽음의 골짜기였다.

미 2사단 주력이 전차 야포 및 각종 차량과 함께 좌우가 산으로 에워싸인 약15km의 골짜기로 접어들자 양편 산중에 매복해 있던 중공군이 일제히 무차별 포위 공격을 가했다. 좁은 길을 가득 메운 차량들은 스스로 발목을 묶는 장애물이 되어 철수를 방해하고 있었다.

도로 남단에는 영 연방여단이 포진하고 있었으나 이 사태를 구출해 줄 아무런 방도도 없어 그저 발을 구르고 있어야 했다.

반나절 동안 무려 3000명의 사상자를 낸 가운데 미 12사단의 주력이 이 골짜기에서 와해되고 말았다. 이 참사를 미군에서는 '인디언 태형(笞刑·Gauntlet)'이라 부르고 있다.

인디언은 적군 포로나 범법자를 처벌할 때 두 줄로 나란히 선 뒤 그 사이로 이들을 들여보내 행렬을 빠져 나갈 때까지 흠씬 뭇매를 때리는 형벌을 가한다고 한다. 당시 미 2사단이 처한 상황이 이와 똑같은 것이었다. 한국 전쟁 중 최악의 패배로 기록될 정도였다.

미 2사단 괴멸이 던져준 충격은 실로 엄청났다.

1사단과 미 1기병사단, 미 25사단 및 영 연방 29여단은 평양 북쪽에 방어선을 형성하고 미 2사단을 비롯한 철수 병력이 평양의 동쪽 전선을 형성하여 소위 평양~원산 전선에서 중공군을 저지하고자 했으나 동쪽이 텅 비는 결과를 빚고 말았다.

12월 3일은 유엔군이 38선을 넘어 북진하겠다는 목표를 포기한 날이고 우리로서는 적어도 군사적으로 북진통일의 꿈이 무산된 날이다.

이날 맥아더 사령부는 북한에서 작전중인 전 병력에 대해 38선으로 총 후퇴(퇴각)할 것을 결정했다.

'크리스마스 공세'는 '중공군 2차 공세'에 맞부딪쳐 완전히 좌절되고 말았다. 전쟁 전문가들은 유엔군의 크리스마스 공세를 '철저한 오판Drastic miscalculation'에 의한 '재난을 향한 눈먼 행진Blind march to disaster'이라 혹평하고 있다.

크리스마스 공세는 유엔군 사령부가 북한 주둔 중공군의 전력을 최소 3만 명, 최고 7만 명 정도로 추정하고 유엔군 산하 11만 명 전력

1951년 11월 29일, 군우리~순천간 협곡에서 중공군38군의 매복에 포위 궤멸당한 美2사단.

이면 충분히 승리할 수 있다는 판단이 배경이었다.

그러나 이 때 쯤은 중공군 제 3야전군 예하 제 9집단군의 20, 26, 27 군마저 동부전선에 투입돼 무려 60만의 대군이 도사리고 있었다. 이들은 맥아더 사령관의 자신에 찬 공격 발표가 나오자 수월하게 길목을 노리고 기다리고 있다 역 공격을 한 것이었다.

미 8군의 작전 계획도 비판의 표적이 됐다.

국군 2군단(6·7·8사단)은 중공군 1차 공세에서 상당한 타격을 받아 전력이 크게 약화되어 있었음에도 불구하고 전력 증강 대책을 세워주지 않았고, 가장 취약한 우익에게 산악지역을 맡게 함으로써 산악전에 능숙한 중공군을 유리하게 만든 결과를 빚었다는 것이다.

당시 국군 각 사단의 형편이 어떠했는가는 굳이 내가 설명하지 않겠다.

"국군 사단은 경 장비에 불과했다. 박격포와 기관총을 정상 수준의 일부만 지급받았고, 사단마다 1개씩 105mm 경포대대를 갖고 있을 뿐이었다. 군단에도 포병이나 장갑차조차 없었고 미군 지원부대도 전무했다."(미 군사고문단 카메론Robert Cameron)

그런데 국군 2군단 두 명의 사단장은 작전 실패의 책임을 지고 군법회의에 회부돼 극형을 언도받았다. 얼마 후 사면돼 군에 복귀되긴 했지만 당시 북진통일을 외치던 이승만 대통령의 심경이 어떠했는지를 보여주는 사건이었다.

미 2사단 카이저 소장도 해임됐다.

장군들에 대한 인책보다 더 큰 후유증은 국군과 유엔군 사기가 땅에 떨어진 것이었다.

처절한 패배에 대한 충격, 본국 귀환을 믿고 있던 미군 병사들의 좌절, 전쟁에 대한 불안감 등등으로 각 부대마다 심리적인 파탄이 회오리치게 됐다. 공황상태에 빠진 부대를 지휘해 본 경험이 없는 지휘관들은 그 고통을 알지 못한다.

명령과 지시는 먹히지 않고 예하부대 현황조차 파악되지 않는다.

병사들은 상급 지휘관의 말을 절대적으로 따라야 하는데 작전에 따라 움직이지 않고 자신의 생존을 위한 본능에 따라 움직인다.

누가 어떻게 이 위기를 극복할 수 있을 것인가.

| 참담한 1·4 후퇴 |

1사단은 12월 5일 평양, 12월 11일 사리원을 거쳐 임진강까지 회한의 눈물을 삼키며 철수했다.

해가 진 후 동 평양을 지나는 길이었다. 곳곳에서 불길이 치솟아 어두운 밤하늘을 밝히고 있었고, 추위도 아랑곳하지 않고 수많은 피난민이 거리로 쏟아져 나오고 있었다.

불길은 평양 곳곳 미군 보급소에서 솟아오르고 있었다.

철도가 개통되어 평양에는 산더미처럼 미군 보급 물자가 쌓여 있었지만 워커 사령관이 적의 수중에 들어가지 않게 하기 위해 모조리 불태우도록 명령을 내렸기 때문이었다.

일부 시민들은 불더미 속으로 들어가 옷 한 가지라도 건지려고 위험을 무릅쓰고 접근하려 하고 있었고 경비하던 미군은 위협 사격을 하며 쫓아내는 광경도 볼 수 있었다. 국군 장병들까지 어느 틈에 불더미 들어가기 직전의 옷을 얻어 몸에 걸치기도 했다.

대동강 역을 지날 때는 무개 화차위에 실린 신형 전차 18대가 불길에 싸인 채 파괴되고 있었다. 전선에 투입하기 위해 태평양을 건너와 이제 막 도착한 전차들인데 한번 써 보지도 못하고 부서지고 있었다.

대동강에 가설된 부교도 폭파됐다. 피난민들은 필사적으로 강을 건너려다 차디찬 강물에 빠져 목숨을 잃기도 했다.

이때의 비통한 심경을 어찌 필설로 표현할 수 있을까.

조국통일의 꿈은 사라지고 언제 다시 고향에 올 수 있을 지 기약할 수 없게 되었다.

사리원을 지날 때는 말라리아까지 재발해 나의 심신은 걷잡을 수 없이 황폐해졌다. 좋지 않은 일은 엎친 데 덮치는 격으로 겹쳐서 일어난다더니 이 와중에 미군이 한국을 포기하고 일본으로 철수한다는 풍문까지 나돌기 시작했다.

나는 밀번 군단장에게 이 풍문을 전하며 미군의 계획을 물었다. 그러나 그는 "우리는 군인이다. 최후까지 생명을 바쳐 싸워야 하지 않겠느냐"고 말하면서 그 이상의 언급은 피했다.

사리원에서 만나게 된 마이켈리스 대령은 "미군이 철수할 가능성은 있다. 그러나 최선을 다해 보아야 하지 않겠는가. 사태를 너무 비관하지는 말라"고 했다.

1사단은 철수 도중 미군 사단과 교대로 철수부대를 엄호했다.

중공군의 추격은 완만해졌고, 임진강까지 남하하는 동안 적과의 접촉은 없었다. 그야말로 신속한 철수였다.

당초 서부전선에 투입됐던 국군 4개 사단 중 이 무렵 편제를 유지하고 있는 것은 1사단 뿐이었다.

국군 2군단 사령부는 일시적으로 명맥이 끊겨 버렸다. 워커 사령관은 고랑포에 있던 나에게 "후퇴하는 한국군 장병들을 전부 수용해 통합 지휘하라"는 훈령을 내릴 지경이었다.

이즈음 1사단 진용에도 변화가 있었다. 부사단장 최영희 준장이 신설된 국민방위군 고문으로 전출됐다가 곧 이성가 준장 후임으로 8사단장에 부임했고, 신편 13연대장이던 유흥수 대령이 전임돼 부사단장에 부임했다. 또 11연대장 김동빈 대령이 참모장에, 11연대장에는 문형태 중령, 작전 참모에는 박석진 소령이 기용됐다.

그동안 어깨를 나란히 하고 함께 싸우던 헤닉 대령의 고사포 군단과 그로든 중령의 전차대대도 원래 미군부대로 되돌아갔다.

1사단 화력은 허전할 만큼 위축된 느낌이었다. 철수 직후 38선상의 방어배치는 임진강 정면은 미 1군단(미25사단, 국군1사단, 터키여단), 의정부 정면은 미 9군단(미2사단, 국군6사단) 춘천 방면은 북진 중 후방에서 새로 편성된 이형근 소장의 국군 3군단(2·5·8사단), 동해안 정면은 국군 1군단(수도, 3사단)으로 계획돼 있었다.

한편 동부전선의 상황은 정예 미 1해병사단이 장진호長津湖 부근에서 중공군에게 포위돼 사투를 벌였고 후퇴 명령이 내려지자 흥남을 교두보로 확보한 가운데 미군 사단들은 12월 14일부터 24일까지 해상 부산으로 철수했다.

국군 수도사단과 3사단은 삼척 항으로 재 상륙해 동부전선으로 다시 투입됐다.

동서 양 전선에서 국군과 유엔군의 철수가 진행되는 동안 전화戰禍에 휘말린 수많은 북한 피난민들이 엄동설한에 함께 남하하다 뿔뿔이 흩어져 이산가족의 애절한 한을 품고 평생을 보내게 됐다.

1사단은 12월 15일 임진강을 따라 왼쪽으로는 장파리長波里에서 오른쪽으로는 한탄강이 임진강과 합류하는 돌출부까지, 즉 파주군坡州郡 적성면積城面일대에 다시 배치됐다.

사단 좌익의 문산汶山 정면은 미 25사단이, 우익의 동두천 정면은 미 9군단 예하의 국군 6사단(사단장 장도영 준장)이 담당했다. 이 곳은 전쟁 직전 1사단이 배치되었던 곳에서 다소 동쪽으로 옮겨간 위치였으므로 나를 비롯하여 전쟁 초기 이래 살아남은 장병들에게는 낯익은 전선이었다.

그러나 여전히 넓은 정면에 비해 병력은 부족했고 그해 겨울 유난했던 혹한으로 임진강은 꽁꽁 얼어붙어 하천방어의 이점을 기대할 수도 없었다.

철조망과 지뢰 등 장애물을 미군으로부터 받아 주요 접근로에 설치하고 언 땅을 파 참호를 구축하면서 사기가 땅에 떨어진 병사들을 독려해가며 방어준비에 온 힘을 기울였다.

소강상태를 이루던 전선은 12월 하순에 접어들자 중공군이 속속 남하해 압박을 가함으로써 긴장이 고조됐다.

중부 전선 춘천 정면의 국군 8사단(사단장 최영희 준장)과 중동부 전선의 9사단(사단장 오덕준 준장·12월31일부터 김종갑 준장)이 가장 먼저 공격을 받았다.

워커 사령관의 갑작스런 사망 소식이 전해진 것은 이 무렵이었다.

워커 사령관은 12월 23일 오전 미 24사단을 들러 전날 은성무공훈장을 받은 아들 샘 워커 대위를 만나본 후 이승만 대통령의 부대방문을 준비하기 위해 의정부 북쪽의 영연방 여단으로 가는 길이었다.

평소 스피드광인 사령관이 탑승한 지프가 과속으로 달리다 때마침 맞은 편에서 달려오던 국군 6사단 소속의 트럭과 충돌해 병원에 후송되기도 전에 숨을 거뒀다는 것이다. 그의 스승인 패튼 장군처럼 자동차 사고로 순직한 것이다.

전쟁 초기 38선에서의 패전 직후 육군 참모총장 채병덕 장군도 낙동강 전선에서 전사했었다. 그러더니 청천강 패전 직후에는 워커 사령관이 사망한 것이다. 두 최고 사령관에게 주어진 가혹한 우연의 일치였다.

나는 전쟁 중 워커 사령관과 4차례 마주쳤었다.

낙동강 전선 영천永川에서 공로훈장Legion of Merit을 받을 때가 첫 대면이었고, 다부동 전선에서 콜린스 미 육군 참모총장과 함께 그가 있었던 동명초등학교 사단사령부를 방문했을 때가 두 번 째, 그리고 공세 이전攻勢移轉의 실마리를 풀지 못하고 있던 때 그가 대구 동촌비행장 근처로 나를 찾아와 만난 것이 세 번째였다.

청천강 북쪽 전선에서 부대가 이동할 때 도로상에서 마주친 것이 네 번째였는데 그게 마지막 만남이 되고 말았다.

워커 사령관은 50년 7월 13일 전황이 최악이던 시점에 한국에 부임해 부산 교두보의 방어전을 성공리에 수행하여 북진의 돌파구를 열었으며 평양을 공략, 탈환하는 혁혁한 무공을 세웠다. 그의 낙동강 사수가 없었다면 전세를 역전시킨 인천 상륙작전도 있을 수 없고 나아가 오늘의 대한민국도 없었을 것이다.

그는 불독처럼 생긴 얼굴에 번쩍거리는 철모를 항상 쓰고 다녀 활동적이고 과감한 군인이라는 인상을 짙게 풍겼다. 미 육군은 지금도 그를 추앙하는 의미에서 수색용 경전차인 M41형 전차에 '불독 워커'라는 애칭을 붙이고 있다.

이승만 대통령은 전쟁 지휘를 그에게 크게 의존하고 있었으면서도 탐탁치 않은 감정을 지니고 있었던 듯했다.

그의 사후에도 이따금 "버릇없는 친구였어"라는 말을 하곤 했다. 워커 사령관이 한국군은 왜 잘 싸우지 못하는가 하고 대놓고 자주 불평을 한데다가 매너가 고분고분하지 않아 심기를 건드릴 때가 있었기 때문인 듯했다.

워커 사령관의 후임으로는 미 육군성 작전 참모부장이던 리지웨이 Methew B. Ridgway 중장이 왔다.

그는 2차대전 중 제 82공정 사단장으로 시실리, 노르만디 작전에 참가했고, 이전에는 중국 천진天津과 필리핀에 근무한 적이 있는 패기만만한 군인이었다.

리지웨이 사령관은 12월 29일 법원리法院里근처 초등학교에 있는 1사단 사령부를 방문했다.

그는 수류탄과 구급대를 양쪽 가슴에 매달고 있었다. 번쩍거리는 철모가 전임자 워커 사령관의 상징이었듯 가슴의 수류탄이 그의 상징이었다. 그는 내게 적정敵情과 장병들의 사기 등 여러 가지를 묻고 "굿럭(Good Luck · 행운을 빈다)"이란 말을 남기고 20여분 만에 돌아갔다.

리지웨이 사령관이 가장 먼저 해결해야 할 문제는 유엔군과 국군에 광범위하게 만연되어 있던 패배주의를 극복하는 것이었다. 그는 부임 직후 일선의 각 부대를 순시하여 지형을 익히고 지휘관을 평가하면서 부대의 사기를 측정하는 등 실정 파악에 주력했다. 그는 훗날 자신의 회고록에서 "맥아더는 나에게 현재의 병력으로 가능한 가장 북쪽 전선에서 한국을 지탱하는 것이 당면 과제라고 했다. …모든 계급의 장병을 만나본 결과 기백, 용기, 감투정신이 결여돼 있었다"고 기록했다.

중공군의 제3차 공세는 1사단이 38선에 재배치 된 지 보름만인 12월 31일에 시작됐다. 이날 낮까지만 해도 전선에는 별 이상이 보이지 않았다.

괴롭고도 길었던 한 해를 보내는 장병들은 부대별로 특식으로 나온 떡을 나눠먹으며 시름을 달래고 있었다. 한국은행 이사이던 장기영(張基榮 · 작고 · 전 부총리 겸 경제기획원장관), 송인상(宋仁相 · 재무장관 역임) 일행이 사단사령부로 김치를 여러 독 가져와 장병들을 위문한 것도 이날 낮이었다. 행원들이 관사에서 직접 담궜다는 것이다.

1950년 12월 23일 워커 사령관의 갑작스런 자동차 사망사고로 후임 美8군 사령관에 부임한 리지웨이 중장

사단 정면의 중공군은 오후 늦게 박격포와 기관총으로 맹렬한 공격 준비사격을 가한 후 우익 12연대 정면으로 물밀듯이 내려왔다.

중공군은 1사단과 6사단의 전투지경선戰鬪地境線이며 동시에 미 1군단과 미 9군단의 전투지경선인 율포리栗浦里 동쪽지점을 노려 집중공격을 했다. 아니나 다를까, 피리와 꽹과리를 울리며 인해전술로 밀고 내려왔다.

중공군은 최초 피난민들 틈에 편의대(便衣隊·민간인 복장으로 변장한 부대)를 침투시켜 방어선에 접근한 후 대군이 뒤따라 맹공을 가했다. 사단 우익의 12연대(연대장 김점곤 대령)는 그다지 오래 버티지 못하고 돌파되고 말았다.

사단사령부에서 이같은 급보를 접하게 된 나는 예비 15연대(연대장 조재미 대령)를 예비진지에 투입하도록 하고 시시각각 전황을 점검했다. 전황은 밤이 깊어갈수록 혼미해져 각 부대와 통신마저 유지되지 않는 상황에 빠져들었다.

최후 수단으로 사단사령부 공병, 통신 등의 병력으로 편성한 '대전차 공격대대'를 급파했으나 한밤중 돌파된 전선을 수습하기에는 역부족이었다. 좌익의 11연대 (연대장 문형태 중령)는 건재했으나 우익의 2개 연대는 절망적이었다.

나는 눈앞이 캄캄해지는 허탈감에 빠져 들었다. 역전의 1사단이 돌파 당하다니, 1사단이 이렇게 허무하게 무너지다니.

극도의 분노와 수치심으로 제 정신을 가누기 어려웠다. 전 사단에 후퇴 명령을 내려 고양리高陽里 일대에 다시 방어선을 펴도록 하고 사단사령부를 녹번리로 철수시켰다.

참모들과 미 고문단을 모두 내려 보낸 뒤 나는 사령부가 있는 초등학교에 남아 후퇴 상황을 점검했다. 곁에는 두세 명의 참모가 남아 각 부대와 통신을 유지하려고 안간힘을 쓰고 있었다.

나 자신은 반쯤 넋을 잃고 있었다.

지금까지 큰 과실 없이 사단을 지휘해 어려웠던 전쟁을 수행했다는 자부심이 무참히 깨졌다.

극도의 허탈감에 빠져 후퇴할 기력조차 잃고 말았다. 그때 내 곁에 남아 있었던 통신참모에 따르면 당시 내가 모든 것을 포기한 듯 비장해 보여 무어라 말을 붙일 수 없는 분위기였다고 한다.

이따금 예하부대와 통화가 될 때는 전화를 끊고 나서도 혼잣말로 지시사항을 얘기했다는 것이다. 적군이 곧 사단사령부까지 덮쳐올 것이 분명한 데도 굳은 표정으로 움직일 기색을 보이지 않아 어차피 함께 죽게 되는 줄 알았다는 것이다.

미 고문관 메이May대위가 뛰어 들어와 나를 막무가내로 번쩍 안아 들고 지프에 태워 녹번리로 차를 모는 바람에 부끄러운 목숨을 잇게 됐다.

메이 대위는 "전쟁을 하다보면 질 수도 있는 것 아니냐"며 "다시 싸워 이기면 되지 않겠느냐"고 거듭 위로했다.

1사단은 1·4 후퇴를 초래하게 한 중공군의 38선 공격에 12연대가 심한 타격을 받았다. 그리고 사단을 지원하던 미 9포병대대가 감악산紺嶽山 서쪽 얼어붙은 고개 길에서 155mm 포 3문을 잃는 피해를 입은 다음날인 51년 1월1일 참담한 새해 첫 아침을 북한산 기슭에서 맞았다.

미 25사단은 이날 밤 전차를 앞세운 대대병력을 우리에게 급파해 사단의 후퇴를 엄호하고 돌파된 전선을 수습했다.

전 전선에 걸쳐 감행된 중공군의 3차 공세는 파죽지세 양상으로 아군을 강타했다. 38선에 배치됐던 국군 각 사단은 빠짐없이 뚫려 크고 작은 피해를 입은 채 후퇴했고 특히 중부전선은 홍천洪川과 횡성橫城까지 단숨에 밀리는 치명적인 타격을 입었다.

1사단은 51년 1월 2일 서울을 다시 포기하고 한강 남안에 방어선을 펴기로 한 유엔군 사령부의 작전 명령에 따라 영등포에서 노량진을 거쳐 동작동(현 국립묘지 부근)에 이르는 전선에 투입됐다.

나는 한강 남쪽 둑에 올라 임시 다리를 건너거나 얼어붙은 강 위를 걸어 피난 내려가는 수십만의 시민을 바라보며 죄책감에 젖었다. 중과부적衆寡不敵이라 하나 우리가 좀 더 잘 싸웠다면 수도 서울을 두 번씩이나 잃어 시민들이 이렇게 혹한 속에 기약 없는 피난길에 오르게 하는 일만은 막을 수 있었을 것이 아닌가.

한강 방어계획마저도 중부전선의 악화된 전황으로 곧 취소되고 국군과 유엔군은 37도선, 즉 평택平澤~안성安城~장호원長湖院~제천堤川~삼척三陟까지 철수하게 됐다. 한강전선은 중부전선을 돌파한 중공군에게 우회 포위될 우려가 있고, 극심한 피로와 사기 저하로 자신감을 잃은 8군 예하의 각 사단이 전열을 정비하여 재차 반격을 가하려면 충분한 거리로 후퇴해야 된다는 판단에 따른 것이었다.

나는 1사단이 왜 허물어졌는지 뼈아픈 반성을 했다.

우선 나 자신에게 일차적인 책임이 있다. 당시 말라리아가 재발한 후유증으로 건강이 좋지 못했다. 사람이 기력이 약해지면 화를 잘 내고 신경질을 부리기 쉽다. 지휘관의 신경이 날카로워지면 예하 부대들은 지휘관의 눈치만 살피고 소신껏 임무를 수행하지 못한다.

장병들은 중공군에 대한 이상스런 공포심을 계속 떨쳐버리지 못하고 있었다. 전투를 하기도 전에 벌써 심리적으로 지고 들어가고 있었다.

연말을 맞아 더러 민가에 찾아가 술을 달라 하는 등 경계를 소홀히

1950년 1월말 국군 1사단이 안성 입장에서 전열을 재정비하면서 강도 높은 기동훈련을 하고 있다.

했음도 드러났고, 피난민을 앞세운 적에게 사격을 가하지 못했다는 보고도 있었다.

무엇보다 나를 가장 격분케 한 것은 예비로 투입한 15연대의 일부 병력이 예비진지를 점령하지도 않고 그냥 후퇴해 버렸다는 것이었다. 싸워 보지도 않고 달아난 것이다. 어쩔 수없이 후퇴를 하게 되더라도 부대는 적과 접촉을 유지하며 적에게 최대한 타격을 주어야 하고, 적의 진격을 늦추며 언제든지 반격할 수 있도록 주의해야 하는 법이다. 군사적으로 후퇴도 엄연한 작전의 하나이다. '도망' 또는 '도주'와는 엄연히 다르다.

사단이 안성安城 전선에 배치되고 사단사령부가 입장笠場에 자리 잡게 되자 가장 먼저 손을 쓴 것이 군기 확립이었다. 심기일전하여 실패를 만회하려면 장병들이 불퇴전不退轉의 각오를 새로 해야만 했다.

나는 부사단장 유흥수 대령에게 적전 이탈을 한 지휘관을 문책하는 등 부대의 군기를 쇄신하라고 독려했다.

대대장 1명과 중대장 1명이 군법회의에 회부돼 극형이 선고됐다.

국운을 건 전쟁 수행에서 적 앞에서 도주한다는 것은 결코 용납될 수 없었다. 당시 모든 지휘관에게는 정일권 참모총장 명의로 된 '즉결처분권'이 주어져 있었다.

명령을 어기는 병사들을 재판없이 처단할 수 있는 재량이 전시에는 분대장 이상의 지휘관에게 허용됐다.

나는 전쟁 중 즉결처분을 단 한 건도 행사하지 않고 부대를 지휘할 수 있었던 것을 다행으로 생각하고 있다.

전쟁이라는 극한 상황 속에서는 용서할 수 없는 행위를 저지르는 부하들이 있게 마련이다.

그러나 나는 인내에 인내를 거듭하며 역경을 넘겼다. 부득이한 경우에는 범법자들을 군법회의에 회부시켜 판결에 따라 처벌하도록 했다.

중형을 선고 받았던 한 지휘관은 훗날 76년 군법회의에 재심을 요청해 늦게나마 불명예를 씻었다. 그의 탄원서에 나는 흔쾌히 서명을 해주었다.

이 사건을 지금까지 기억하고 있는 것도 그가 20여 년 만에 나를 찾아와 자초지종을 얘기해 주었기 때문이었다.

전쟁이 남긴 상처는 이렇게 깊었다.

| 중부 전선에서의 공방전 |

51년 정초부터 봄이 오기까지가 국민과 국군에게 가장 우울하고

고통스러운 기간이었다.

유엔군의 전략이 '한반도 철수'인지 '재 반격'인지 분명치 않은 가운데 전세는 기울고 있었다. 다시 서울을 잃고 37도선 상의 안성安城, 평택平澤선까지 철수하면서 나는 여러 불길한 생각을 떨쳐 버릴 수 없었다. 유엔군이 전의를 상실한다면 나라의 패망은 불을 보듯 명백했다.

답답하던 차에 불현듯 '정감록鄭鑑錄'이 머리를 스쳤다. 나라의 장래가 예언되어 있다는 말을 들은 것이 생각났다. 나는 부관 김판규 대위를 불렀다.

"정감록을 알 만한 사람을 찾아보라. 거기 오랑캐가 어디까지 남하한다고 돼 있는 지 한번 알아 달라."

김 대위는 얼마 후 내게 이렇게 보고했다.

"알아봤더니 오랑캐는 성환成歡과 안성安城 아래로는 내려오지 못한다는 풀이입니다."

십중팔구 그는 내 기분을 알아채고 꾸며낸 이야기를 했을 것이다. 그러나 지푸라기라도 잡고 싶었던 나는 여기에 상당한 위안을 느꼈다.

1사단이 배속된 미 1군단 정면에는 상당기간 적의 그림자도 얼씬거리지 않았다. 중공군은 오산烏山~금량장(金良場, 지금의 용인) 선까지 남하한 후 추격을 멈춘 듯했다.

나는 소규모 병력으로 전방에 대한 수색정찰을 펴는 동시에 부대의 훈련과 정비에 온 힘을 기울였다. 전력과 사기에서 중공군을 능가하지 못하면 기울어진 전세를 역전시킬 수 없는 것이다.

특히 군기軍紀는 군의 명맥이다. 군기가 바로 서지 않는 군대는 사상누각에 불과하다. 신상필벌信賞必罰로 군기를 다스리고 인원과 장비를 보충 받아 부대정비에 박차를 가하자 그늘졌던 장병들의 표정이

다소 퍼지는 듯했다.

입장笠場의 사단 사령부에서 우리는 약 200여대 트럭을 지급받아 수송대를 대폭 강화했다. 이 트럭은 '닛산', '도요타', '이스즈' 등 모두 일제日製였다. 기타 보급품에도 일본 제품이 다수 섞여 들어오기 시작했다. 2차 대전 후 일본을 소생시키는 원동력이 된 소위 '조선특수朝鮮特需'가 본격화된 것이다.

정부 고위층 인사들이 전에 없이 사단을 방문하여 장병들을 위문하고 선전 분투를 당부하는 일도 잦아졌다. 이승만 대통령을 비롯해 장면 국무총리, 신성모 국방부장관이 잇달아 찾아와 장병들의 애국심을 고취시켜 주었다.

이 대통령 앞에서 눈물을 자주 흘렸다하여 '낙루장관落淚長官'이라는 별명을 가졌던 신 장관은 장병들에게 훈시하면서도 연신 눈물을 글썽거렸다. 장병들은 이에 감동돼 함께 눈시울을 붉히며 투지를 가다듬었다.

고위 인사의 부대 방문은 당시 전세가 절박했던 때문이기도 했으나 한편으로는 신임 리지웨이 사령관이 이 대통령에게 한국군에 대한 강한 불만을 나타냈기 때문에 이루어진 것이기도 했다.

리지웨이 사령관은 정초 중공군 3차 공세 급보를 받자 곧 의정부 전선으로 달려 나갔다가 국군 6사단과 미 25사단 병사들이 패주하는 참담한 광경에 충격을 받았다. 즉시 이 대통령에게 "각하가 한국군을 통솔할만한 지도력을 보여주지 않는다면 우리는 한국군을 지원하지 않겠다"고 말하고 이 대통령과 동행하여 중부전선의 국군 사단을 순방, 지휘관들을 직접 독려하게 했었다.

워커 사령관에 이어 리지웨이 사령관도 잘된 것은 미군 탓, 잘못된 것은 국군 탓으로 돌리는 경향이 없지 않았다.

1951년 2월 1일, 입장의 국군 1사단지휘소를 방문한 이승만 대통령

　37도 선에서 전선을 정비한 유엔군은 만약의 사태를 대비해 차령 산맥, 낙동강, 데이비드슨 선 등 지난 여름 이래 잊고 있었던 후방 방어선을 재점검 보완하는 동시에 재 반격 작전도 검토하기 시작했다.

　만약 이때 중공군이 쉬지 않고 남침을 계속했다면 유엔군은 후퇴를 거듭했을 가능성이 컸다. 왜냐하면 당시 유엔군은 승패를 떠나 병력에 심대한 피해를 감수하면서까지 전선을 사수할 의사를 갖지 않았음이 분명했었다.

　다행히 중공군은 공격의 고삐를 늦췄고, 유엔군과 국군은 전열을

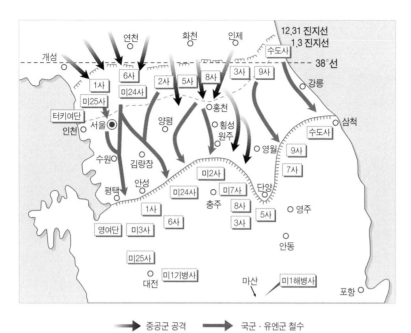

중공군 정월 공세(3차 공세) 50.12.31~51.1.24

가다듬어 반격의 의욕을 되살릴 수 있었다.

중공군은 지금까지의 전투에서 일견 성공한 듯 했으나 거듭된 인해전술로 병력 손실이 극심했다. 또 보급선이 길어지자 전쟁 물자 조달에도 혹독한 어려움을 겪게 됐다.

이 무렵 조재미 대령 후임으로 15연대장을 맡게 된 김안일金安一대령(준장 예편·목사)은 기발한 아이디어를 냈다.

유능한 정보참모로 나를 보좌했던 김 대령은 중공군과 싸우려면 중국인이 필요하다 하여 화교 청년들을 수소문해 약 50명을 모아 수색대를 편성한 것이다. 김 대령은 이 수색대를 활용해 중공군의 정보를 수집하고 포로도 붙잡아왔다. 과연 화교 수색대가 탐지해 온 정보는 쓸모 있는 것이 많았다.

중공군 포로들은 한마디로 기진맥진해 있었다. 한결같이 피로와 배고픔을 호소했고 동상과 전염병에 시달리고 있었다. 무명 군복에는 물이 스며 손 발에 동상을 입었고, 장티푸스도 만연했다. 신비롭게만 여기던 중공군의 실상을 접하게 되자 약점이 하나하나 드러났다. 그들은 사흘 싸우고 사흘 굶었다고 한다. 특히 유엔 공군의 폭격에 많이 시달렸다고 털어놓았다.

금량장(미군은 이 발음이 어려워 이 지명을 Kingtown이라고 불렀다)에서 붙잡힌 포로들은 38군 113사단 소속이었다. 사단장師長 왕쟈산王家善은 만군滿軍소장 출신으로 익히 귀에 익은 이름이었고, 그들의 연대장團長 후렌화傳連和는 봉천 군관학교 시절 바로 나의 구대장區隊長이었던 만주군 대위출신이었다. 이로 미뤄 만주군 출신들이 8 · 15이후 소련 군이나 국부군에 투항, 변신했다가 중공군이 대륙을 제압하자 다시 중공군으로 대거 편입됐음을 확인할 수 있었다.

유엔군의 첫 반격은 1월 15일 새벽을 기해 시작됐다. 마이켈리스 대령의 미 25사단 27연대에 1개 전차대대와 3개 포병대대를 증강시켜 연대 전투단RCT을 편성하고 항공, 공병의 지원 아래 수원방면으로 강력한 위력수색을 펼쳤다.

리지웨이 사령관은 이때부터 크고 작은 작전에 고유명칭code name 을 붙였는데 이 첫 작전에 참가한 부대는 '울프 하운드(Wolfhound · 이리 사냥 용 큰 개)' 라는 별명을 가진 미 25사단 27연대였다.

27연대 전투단은 오산을 거쳐 수원까지 진출했으나 중공군은 수원 ~오산도로를 차단하고자 약간의 반격을 시도했을 뿐 오히려 접촉을 피한 채 여주驪州쪽 산간으로 잠복해 버렸다.

적진에 단독 투입된 27연대 전투단을 조마조마 지켜보던 아군 지휘관들은 환호성을 올렸다. 중공군이 겁을 집어먹고 달아나는 것을 처음 목격하게 된 것이었다. 특히 미 25사단장 킨Kean 소장은 나를 만나자 '울프 하운드 작전'의 경과를 설명해 주며 "이 작전이 차후 전투에서 하나의 모델이 될 것"이라고 흥분을 감추지 못했다.

김안일 대령의 15연대는 이튿날 우익 엄호부대로 미 25사단에 배속돼 용맹한 터키대대와 인접해 이 작전에 참여했다.

미 1군단의 우 인접 미 9군단도 1월 22일 존슨 대령의 미 1기병사단 미 8기병연대를 주축으로 위력 정찰대를 용인과 이천利川에 진출시켰다. 역시 중공군은 반격하지 못했다.

리지웨이 사령관은 이 작전의 성공을 바탕으로 1월 25일 마침내 총공격을 명령했다.

공격 목표를 한강 이남 선으로 정해 미 1군단(미 3사단, 미 25사단, 국군 1사단)은 김포, 영등포, 이천 방향으로 미 9군단(미 1기병사단, 미 24사단, 국군 6사단)은 이천, 양평, 여주 방향으로 진격했다. 이것이 '선더볼트(Thunderbolt · 벼락) 작전'이다.

리지웨이 사령관의 공격은 워커 사령관과는 전혀 다른 작전이었다. 워커 사령관의 공격이 기갑부대를 앞세운 충격과 돌파를 위주로 했던 데 반해 리지웨이 사령관은 각 부대를 옆으로 전개해 인접 부대 간 연결을 중시하며 한 걸음 한 걸음 나아가는 작전이었다.

우회와 포위에 능한 중공군의 전술을 염두에 둔 것이다. 그래서 88 서울올림픽의 구호처럼 '손에 손 잡고hand-in-hand' 또는 '어깨와 어깨 Shoulder to Shoulder'가 선더볼트 작전의 구호가 됐었다.

이 작전에서도 1사단은 15연대가 미 25사단에 배속돼 공격에 가담했고, 나머지 2개 연대는 예비로 남아 주 보급로인 수원~천안~대전의 도로 경비를 담당했다.

공격 속도는 답답할 정도로 더뎠으나 전선은 꾸준히 북상했다. 1월 26일에는 수원, 2월 7일에는 안양을 탈환했고 2월 10일에는 군단의 선두가 한강 남안까지 진출했다.

미 8군의 이 같은 신중한 진격은 중공군이 조만간 대 역습을 취하리라는 것을 계산한 것이었다.

중공군의 주력을 탐지하기 위해 스크럼을 짜고 조심조심 나아갔다. 수원 동편의 고지군, 안양 근처의 수리산修理山, 청계산淸溪山, 관악산冠岳山 일대, 반월半月 근처의 광교산光敎山 일대에서 강력한 적의 저항이 있었으나 이들은 모두 격전 끝에 격퇴됐다.

결국 서부전선 어느 곳에도 중공군의 주력부대는 나타나지 않았다.

한편 남한강을 축으로 그 동쪽에 전개한 미 10군단(미 2사단, 미 7사단)은 서부전선보다 열흘 늦은 2월 5일에 원주原州로부터 횡성橫城~홍천洪川~춘천 방향으로 진격하는 '라운드 업Roundup 작전'에 들어갔다. 라운드 업은 사냥이나 목축에서 '짐승 몰이'를 뜻하는 말이다.

북진 중 워커 사령관 휘하에 들지 않았던 10군단장 아먼드 소장은 여기서부터 리지웨이 사령관 휘하로 들어와 미 8군은 단일 지휘체계를 갖추게 되었다.

아먼드 소장은 횡성~홍천의 진로의 좌익에 배속된 8사단(사단장 최영희 준장)을, 그리고 우익에는 5사단(사단장 민기식 · 閔機植 준장)을 앞세우고, 미 2사단(사단장 클라크 러프너 Clark Ruffner 소장)과 미 7사단(사단장 클로드 훼렌바우 Claud Ferenbaugh 소장)이 각각 8사단과 5사단을 뒤 따르며 지원하도록 했다.

다부동에서 나와 함께 싸웠던 프리먼 대령의 미 23연대는 중앙선中央線 철도를 따라 군단의 최 좌익을 담당하도록 했다.

중공군이 노린 것은 바로 미 10군단이었다. 서부전선의 개활지에서 승산이 없다고 판단한 중공군은 중부전선 산악지대를 결전장으로 선택했다.

미군도 중공군의 의도를 이때 쯤은 간파하고 있었다. 다만 그들의 공격개시를 2월 15일로 예측했으나 중공군은 이보다 나흘 먼저인 2월 11일 기습적인 대 역습을 가했다.

중공군 4개 사단에 포위된 8사단은 횡성 서북쪽에서 와해됐고, 5사단과 때마침 지원부대로 진출했던 3사단(사단장 최석·崔錫 준장)은 재편된 북괴군 2, 5군단에 이은 중공군의 공세에 말려들어 상당한 타격을 입게 됐다.

51년도 미 10군단 지휘보고서Command Report에 따르면 8사단은 장교 323명, 사병 7142명, 5사단과 3사단은 각각 3000명씩의 엄청난 병력손실을 입은 것으로 기록돼 있다.

횡성에서 국군 3개 사단과 미 2사단에게 심대한 타격을 입힌 중공군은 2월 13일부터 공격의 화살을 지평리砥平里로 돌려 미 23연대를 포위망 속에 고립시키고 완전히 섬멸시켜 버리려 했다.

프리먼 대령과 미 23연대에 배속된 프랑스 대대 몽클라Ralph Monclar 중령은 원형의 진지 속에 갇혀 중상을 입은 채로 크롬베즈 대령의 미 5기병 연대가 구출 작전에 성공할 때까지 5일 간 밤낮으로 혈투를 지휘해 마침내 대군의 적을 격퇴했다.

중공군의 4차 공세는 이들 두 연합군 지휘관을 영웅으로 부각시킨 가운데 중공군에게 첫 패배를 안겨 주었다.

프리먼 대령은 후일 4성 장군까지 올랐다. 몽클라 중령은 당초 1·2차 대전을 겪은 3성 장군이었으나 대대규모의 프랑스군을 지휘하기 위해 중령 계급장을 달고 한국전에 참전한 백전노장이었다.

지난 63년경 몽클라 장군이 사망했을 때 나는 마침 주 프랑스대사였다. 그의 장례식은 암바리드肺病院(현 군사박물관)에서 드골 대통령이 직접 주관해 엄숙하게 치러졌었다.

한편 중공군 4차 공세에서 국군이 큰 피해를 본 것과 관련해 아먼드 소장의 전투지휘에 의문이 생겼다. 왜 서부 전선에서와는 달리 미 10군단 작전에는 한국군이 선두에 나섰나 하는 점이다.

앞서 언급한 바와 같이 서부전선에서는 전차, 포병, 공병으로 증강된 미군연대 전투단이 선두에서 진격하고 국군사단은 독자적으로 기용하지 않았다. 그러나 아먼드 소장은 고작 경장비만으로 무장한 국군사단을 앞세웠다. 예비대를 주는 것도 허락하지 않았다고 한다.

이것은 국군을 앞세워 중공군 대 공세의 예봉을 일단 저지하겠다는 계산이 아니었을까.

불과 2개월 전 장진호長津湖에서 미 해병 1사단을 중공군의 포위망 속에 넣어 쓰라린 패배를 맛 봤던 아먼드 소장이 미군 피해를 줄이기 위해 이런 작전을 구사했을 가능성도 있다.

여기서 수많은 부하를 잃은 최영희 준장은 후일 나에게 이런 이야기를 들려주었다. 그는 너무도 처참한 전투 결과로 엄중한 문책이 있을 것으로 보고 미리 신성모 국방장관을 찾아가 사죄하려 했다 한다. 그러나 신장관은 최준장의 방문을 받고도 면담조차 거절한 채 되돌려 보냈다는 것이다.

다급해진 최준장이 아먼드 소장을 찾아가 자신의 처지를 얘기하자 소장은 깜짝 놀라며 "전공을 세운 귀관에게 처벌이 왠말이냐"면서 오히려 은성무공훈장을 주었다고 한다. 아먼드 소장은 이 훈장 수여식에 신 장관을 초청해 후환이 없도록까지 배려했다.

이런 경위로 최준장은 당시 아먼드 소장이 적 주력의 소재를 파악하기 위해 국군 8사단과 5사단을 수색부대로 진출시켰고, 이러한 국군의 희생이 바탕이 되어 중공군 공격을 격퇴할 수 있었다고 믿고 있다.

설혹 아먼드 소장의 복안이 그렇다 하더라도 내 나라를 지키자는 전투에서 국군이 앞장서 희생됐다는 점에서 하등의 시비가 있을 수 없다.

다만 좀 더 현명한 작전을 구사했다면 국군 희생을 줄이고서도 소기의 전과를 거둘 수 있지 않았겠나 하는 아쉬움을 지울 수 없다.

미군은 국군과 미군의 수많은 장병들이 전사한 횡성 서북쪽의 협곡을 '학살의 골짜기Massacre Valley'라고 불렀다. 당시에는 이 전투가 알려질 경우 장병들의 사기와 참전국의 여론이 나빠질 것을 우려해 보도 통제를 하지 않을 수 없었다고 한다.

참고로 미군에 의한 국군의 피해 집계는 항상 실제보다 많은 것으로 나타난다. 이는 국군 장병들이 전투 후 분산되었으나 후일 소속 부대로 복귀하는 것을 계산하지 않았기 때문이다.

그러나 이러한 현상은 결코 자랑거리가 될 수 없다. 아직 정예화되지 못한 부대의 특성일 뿐이었기 때문이다.

우리를 궁지에 몰아넣은 중공군의 3차 공세(50년 12월 31일~51년 1월 10일)및 4차 공세(51년 2월 11일~2월 18일)에 대한 그들 자신의 평가는 어떠한가.

'팽덕회 증언'은 그다지 성공적이지 못했음을 시인하고 있다. 그는 '제3차 전역戰役' 편에서 "우리 부대는 피로가 극심했고 보급선의 연장으로 인해 보급이 불량했다. 전투원, 비전투원의 감소로 부대 인원은 절반으로 줄었다"고 했고, '제4차 전역' 편에서는 "5개 군軍을 모아 적의 반공反攻을 요격했다. 그러나 빠른 승리를 하는 것은 불가능하다"고 기록했다.

팽덕회는 51년 2월말 북경에 가서 일주일간 머무르며 모택동을 만나 "전쟁에 대한 명확한 방침을 갖게 됐다"고 얘기 했으나 이 자리에서 모택동으로부터 상당한 힐책을 듣지 않았나 추측된다.

05

다시 38선을 향해

★ ★ ★ ★

전선이 다시 38선에 형성된 51년 3월 27일,
리지웨이는 미 8군 전진지휘소에서 주요 지휘관들을 소집했다.
…고급 지휘관이 총망라된 이런 회의는 이것이 전시 유일한 경우였다.
이때 국내외의 온 시선은 다시 38선에 집중되고 있었다.
유엔군의 차후 작전은 과연 무엇인가. 이승만 대통령과 맥아더 총사령관은
'북진'을 외쳤고 트루먼 미대통령과 연합국 참전국들은
'38선 이남에서의 침략군 격퇴'를 희망하고 있었다.

　중공군의 대 공세를 격퇴한 미 8군은 즉시 반격을 개시했다. 적에게 휴식과 재편성의 여유를 주어서는 안 되기 때문에 반격은 빠를수록 좋다.

　서부전선에 비해 뒤처진 중부전선 회복에 초점이 맞춰진 '킬러작전Operation Killer'은 2월 21일 개시됐다.

　서부전선 미 1군단은 우익 미 25사단이 남한산성을 공략했고, 중부전선의 미 9군단과 10군단은 팔당~양평~횡성선으로 진격했다.

　이 작전에는 미 해병 1사단이 흥남 해상 철수 이후 처음 전선에 복귀해 원주原州 정면을 향해 선두에서 공격을 이끌기도 했다.

　크리스마스 공세 이후 분산됐던 미군 병력이 마침내 최전선에 모두 복귀하게 된 것이다.

　킬러작전은 무난히 성공했다. 1사단이 김포반도에서 동작동에 이

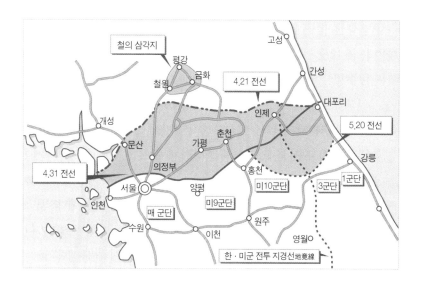

1951년 중공군 춘계 공세시의 전선

르러 한강변을 지탱하고 있는 동안 우익의 모든 전선도 한강 이남으로 조정됐다.

이 작전 중 미 9군단장 무어Bryant Moore 소장이 탑승한 헬기가 여주 근처 한강에 추락하는 바람에 심장마비로 순직하는 비극이 발생했다.

후임으로 임명된 호그William Hoge 소장은 우리나라에서도 상영된 바 있는 2차대전 소재 영화 '레마겐의 철교'의 주인공으로 실제로 그 철교를 점령했던 지휘관이다.

전시에는 고급 지휘관들의 이동이 잦다보니 차량 또는 항공기 사고로 순직하는 경우가 적지 않았다. 무어 소장 외에도 워커 중장(8군사령관), 김백일 소장(1군단장), 이용문 준장 등 4명의 장성이 전쟁 중 교통 사고로 순직했다.

나도 이 무렵 교통사고로 한 달가량 고생했다.

신성모 국방장관과 지프를 타고 수원 미 1군단 사령부에 가는 도중이었는데 미군 트럭을 비켜가려다 차가 뒤집혀버린 것이다. 신 장관과 사단 수석 고문관 헤이즈레트 대령은 무사했으나 나는 허리를 다치고 얼굴도 찢기는 부상을 당해 수원의 이동 외과 병원에 입원했다.

리지웨이 사령관이 이 소식을 듣고 병원으로 달려왔다.

군의관들은 나를 검진한 후 후송하려 했으나 사령관이 "사단장이 꼭 필요한 때"라면서 후송을 반대했다.

나도 작전 중인 부대를 비울 수 없어 하루 만에 퇴원했다. 그러나 계속 통증에 시달렸다. 이런 나를 보고 누군가가 웅담을 구해줬다. 이 덕분에 한 달쯤 지나자 완쾌됐다.

북진 때 운산雲山 근처 용산동龍山洞에서도 얼었다 녹은 도로변에서 지프가 구르는 바람에 차에 깔릴 뻔했다. 그때는 지프에 세워진 기관총 받침대가 버텨주어 목숨을 건질 수 있었다.

1사단은 한강을 사이에 두고 적과 대치한 채 이따금 포격을 주고받으며 서울 탈환 공격 명령을 기다렸다.

불과 두 달 전만 해도 끝없이 땅에 떨어졌던 사기는 다시 살아나기 시작했다.

한 · 미 장병들의 '패배심리'를 극복시킨 것은 리지웨이 사령관의 가장 큰 공적이라 할 수 있다. 그는 용감하면서도 매우 세심한 지휘관이었다.

지프를 타고 일일이 전장을 누비며 장병들이 경례를 잘 하는 지만 보고도 부대의 사기를 평가했고, 장갑과 양말이 제대로 보급되고 있는지 더운 음식을 먹고 있는 지 심지어는 고향에 보낼 편지지를 갖고 있는 지까지를 세세하게 파악해 장병들의 애로와 부대의 문제점을 찾아냈다.

리지웨이 사령관은 대구의 8군사령부는 비워둔 채 최전선 부대를 따라다니며 천막 속에서 살았다. 바로 여주 강가에 설치한 전방지휘소이다.

전황이 위급할 때 지휘관은 최대한 전선 가까이 바짝 붙어야 한다는 것이 그의 통솔 원칙이었다.

리지웨이 사령관이 한국전쟁 최고 지휘관으로 평가되는 이유도 바로 이러한 솔선수범 통솔 원칙 때문이었다.

유엔군의 다음 목표는 당연히 38선이었다. 38선 허리를 다시 톱질로 켜자는 '리퍼(Ripper·톱이라는 뜻) 작전'은 한강의 얼음이 녹고 봄기운이 비치기 시작한 3월 7일 감행됐다.

15만 병력이 동원된 이 작전의 성패는 금곡金谷과 양수리兩水里에서 적전敵前 도하를 해야 하는 미 25사단(사단장 Joseph Bradly 소장)에 달려 있었다.

대안을 쑥밭으로 만드는 엄청난 포격을 시작으로 미 25사단은 무난히 한강을 건넜고, 공격의 선봉으로 나서 포천抱川으로 진격했다. 이어 우리의 우익 미 3사단은 뚝섬을 건너 의정부로 향했다.

리지웨이 사령관은 전 전선에 걸쳐 전면 공세를 펼치면서도 유독 서울 정면을 담당한 나에게만 공격을 제한토록 했다.

1사단에게 주어진 임무는 도하 작전을 하는 체 하는 소위 양동陽動 작전이었다.

리지웨이 사령관의 의도는 서울에서 소모적인 시가전을 벌이지 않겠다는 것이었다. 서울 동쪽 전선에서 소기의 전과를 올리면 자연스럽게 서울이 포위돼 적군은 도주나 투항 중 양자택일을 해야 한다는 것이 그의 계산이었다.

이 양동작전에는 1사단과 함께 서해에 진출한 유엔군 해군 함정이 가세했다. 해군 함정들은 이때 진남포 앞바다까지 접근해 소해掃海 작전을 벌이며 상륙하려는 듯 가장했다고 한다.

이 일련의 양동작전은 서울과 평양에 주둔하고 있는 적군의 대부대 병력을 딴 곳으로 이동, 증파할 수 없도록 붙잡아 두자는 것이었다.

미 1군단 부군단장 해롤드Thomas Harrold 준장(곧 미1기병사단장이 됨)이 이 무렵 나를 찾아와 함께 김포반도 북단까지 가서 하구河口 건너 적정을 살폈다.

일행의 지프 행렬이 언덕마루에 오르자 멀리 대안에서 집중 사격이 가해졌다. 적이 한강 방어선에 포진돼 있음을 확인할 수 있었다.

그는 나에게 보전 협동작전과 공정 연계작전의 경험이 있는 지 물었다. 당시 우리 1사단이야말로 그런 작전을 경험한 국군 유일의 부대였다. 그의 질문은 곧 전개될 차후 작전을 암시하는 것이었다.

미군은 나에게 이러이러한 양동작전을 해달라고 한 것이 아니다. 다만 도하장비를 3월 10일 경부터 서서히 단계적으로 지원함으로써 1사단이 자연스럽게 도하준비를 하도록 하는 것이었다. 양동작전의 내막을 내가 알게 된 것은 훨씬 후의 일이다.

1사단은 대대규모 수륙 양용 차와 고무보트 도하장비를 받아 도하 및 시가전 훈련을 거듭하는 한편 소규모 수색대를 서울에 잠입시켜 계속 적정을 탐지했다.

3월 14일 밤 수색대는 적군이 서울에서 철수하고 있다고 보고했다. 이때는 경춘선京春線이 미군에 의해 차단되고 홍천洪川이 탈환될 즈음이었다.

나는 즉시 밀번 군단장에게 이 사실을 보고하고 서울 탈환작전의 개시를 건의했다.

1951년 3월 15일, 서울 탈환을 위해 마포나루에서 부교를 이용하여 한강을 건너고 있는 국군 1사단 장병들

밀번 군단장은 조금도 주저하는 기색 없이 "고 어헤드(Go ahead·계속 가자)"라는 짧은 말로 허락했다. 마치 내가 언제 서울 공략을 결심할 것인지를 기다리고 있었다는 듯한 반응이었다.

3월 15일 아침, 1사단은 수도 서울을 눈 앞에 둔 채 20여일을 벼르던 끝에 차가운 한강 물을 가르며 여의도에서 마포 쪽으로 건넜다.

선두 15연대가 대안에 교두보를 확보하자 전 병력이 무사히 강을 건넜다.

리지웨이 사령관과 밀번 군단장 그리고 신성모 국방 장관이 강변에 나와 이 작전을 지켜봤다. 신 장관은 여기서도 나를 끌어안고 눈물을 흘리며 서울 재탈환 작전의 감격을 나눴다.

서울 시가에서는 산발적인 총격전이 있었을 뿐 적의 저항은 경미했다. 무수히 매설된 지뢰가 오히려 장애가 되고 있었다.

서울의 모습은 황량했다. 포격과 폭격으로 온전한 건물은 찾아 볼 수 없었다. 한때 150만 시민이 살던 수도는 순식간에 폐허로 변해 있었다. 곳곳에 끊어진 전기줄과 전차 동력선이 헝클어진 채 늘어져 마치 거미줄에 갇힌 것 같은 착각을 주었다. 남대문도 손상돼 퇴락한 모습이었다.

서울에 남은 시민은 약 20만 정도였으며 노인과 어린이들, 병약자가 대부분이었다. 이들은 오랜 전쟁에 지쳐 표정조차 없었다.

얼마 전처럼 태극기를 흔든다거나 국군을 열렬히 환영하며 반기는 모습은 찾아보기 힘들었다. 굶주림과 질병, 추위에 지친 시민들의 얼굴은 누렇게 떠 있었고 행색은 거지와 조금도 다를 바 없었다. 한마디로 공동묘지를 탈환했다고 하는 것이 적합한 비유일 것이다.

일주일 후 쯤 가진 '서울 반환식'도 시장실에서 몇 명의 관리들만이 지켜보는 가운데서 간단하게 치러졌다. 서울을 이기붕李起鵬 시장에게 넘겨주는 간단한 의식이었다.

어떻든 '리퍼 작전'은 완벽한 성공이었다. 리지웨이 사령관의 계산대로 북진은 순조로웠고 서울도 손쉽게 수복했다.

사령관은 '생애 최고의 작전'이었다고 자랑할 정도였다. 그러나 이승만 대통령은 오히려 이 작전에 격노했다고 한다. 수도 서울 탈환을 우선 순위 맨 뒷자리에 두었기 때문이었다. 하지만 수도 서울을 뺏느냐 빼앗기느냐 하는 정치적인 의미는 리지웨이 사령관에게는 중요한 문제가 아니었다.

반대로 후임 밴플리트 사령관은 51년 4월 중공군 봄 공세 때 서울은 프랑스 파리나 그리스 아테네와 마찬가지로 중시되어야 한다고 강조해 서울을 사수했다. 여하튼 서울은 이후 다시는 빼앗기지 않았다.

1951년 3월 24일 서울 만경 초등학교의 국군 1사단사령부를 방문한 맥아더 UN군 사령관을 영접하는 백선엽 장군

　서대문 근처 만경萬頃초등학교에 사단 사령부를 설치하고 있던 나는 뜻밖에 맥아더 최고사령관의 방문을 받았다.

　그는 지프 뒷자리에 리지웨이 사령관과 극동사령부 경제과학국장 마케트 소장을 대동하고 나타났다.

　지프 앞좌석에 앉아 나의 전황 설명을 듣던 맥아더 최고사령관은 대뜸 "요즘 급식 상태는 어떤가"고 물었다.

　나는 "쌀은 잘 조달되고 있으나 야채가 부족하고 사탕 등 감미품이 있으면 좋겠다"고 답했다. 내 말이 끝나자 곁에서 지켜보고 있던 사단 미군 수석고문관이 내게 불평을 터뜨렸다.

　"최고 사령관에게 급식 같은 문제를 얘기하는 것은 곤란하다. 더구나 그것은 한국 정부가 맡아야 할 사항이 아니냐"는 것이었다.

나도 지지 않았다.

"아니, 최고사령관 질문에 거짓 답변하라는 말인가. 당신들은 어쨌든 한국군을 도우러 온 것 아닌가"

그는 더 이상 말을 꺼내지 못했다.

일주일쯤 지나자 식량 상자가 산더미처럼 쌓였다. 일본에서 김, 오징어 등 우리 입에 맞는 전투 식량을 만들어 공수한 것이었다.

나는 53년 5월 참모총장으로서 미국을 방문했을 때 뉴욕 월도프 아스토리아 호텔에 묵고 있던 맥아더 최고 사령관을 찾아가 뒤늦게나마 당시의 고마움을 전할 수 있었다.

전쟁 당시 급식 형편이 어떠했는지 안다면 내 심정이 어떠했으리라 짐작할 수 있다.

급할 때는 익히는 데 시간이 걸리는 보리는 빼고 쌀밥을 짓는다. 보통 때는 물론 보리 혼식이다. 된장, 고추장은 중앙에서 보내줬고 김치는 소금에 절이는 정도였다. 근처 농가에서 더러 가축을 사기도 했다. 절인 생선이 공급되기도 했다. 콩나물국과 야채국은 가끔 먹었다.

국민들은 세 끼 밥 먹는 것조차 어려웠던 때인 만큼 이만한 것도 큰 다행이었다.

이에 비해 미군은 A, B, C 세 등급의 레이션을 먹었다. A레이션은 스테이크를 포함함 훌륭한 양식洋食이고, B레이션은 소시지 등 가열해 먹거나 집단 취사 할 수 있는 재료들이었다. C레이션은 캔 류로 휴대용 야전 식이었다.

한편 중공군은 고량(수수), 조, 콩 등 잡곡을 볶아 개인별로 휴대했고 밀가루 떡을 갖고 다니며 뜯어 먹었다고 한다. 이들은 공중 정찰로 발각되는 것을 피하기 위해 불을 피우지 않았기 때문에 더운 음식을 먹을 수가 없었다. 때문에 소화기 계통 전염병에 시달리는 병사들이 많았다고 한다.

│ 고락을 같이했던 1사단을 떠나다 │

서울 탈환에 이어 '토마호크Tomahawk 작전'이란 이름 붙여진 문산
汶山공정작전이 계속됐다.

공정사단장과 군단장을 역임한 리지웨이 사령관은 공정대를 투하
해 임진강까지의 잃어버린 땅을 단숨에 회복하면서 포위망 속 적군을
섬멸하고자 했다. 3월 23일 보웬Frank Bowen 준장의 미 187 공수전투
단이 대구 비행장을 발진하는 것과 때맞춰 1사단은 독립문을 공격 출
발점으로 하여 연계작전에 들어갔다.

보·전步·戰 협동과 링크업Link up(지상연계작전)의 경험이 풍부한 김
점곤 대령의 12연대가 선두에서 배속된 미군 전차대대와 기민하게 작
전을 이끌고 갔다.

187공수전투단의 3447명의 공정대원이 135대의 수송기에 나눠 타
고 오전 9시부터 문산 상공에서 점프하기 시작했다. 야포와 장비, 군
수품 등 220t의 물자도 닷새에 걸쳐 함께 투하됐다.

나는 문산에서 보웬 준장을 만났다. 그는 문산에서 공정대를 이끌
고 의정부 방면으로 진출해 미 3사단과 연결, 포위망을 압축할 것이
라고 말하며 동쪽으로 향했다.

이 작전에서 아군은 북한군 1군단의 약 6000명에 달하는 병력을 포
위 섬멸하려고 했지만 이들이 신속히 탈출하는 바람에 1개 연대 규모
의 적을 소탕하는 정도에 그쳤다.

그러나 1·4후퇴 3개월 만에 38선을 회복했다. 나는 다시 임진강
변에 서게 됐다. 1사단은 6·25때의 주 저항선, 임진강에 다시 포진했

다. 개전 이래 세 번째로 이곳을 지키게 된 것이었다. 나는 관산리官山里로 사령부를 옮기고 수많은 장병들의 피와 땀과 한이 어린 이 곳에서 '다시는 물러서서는 안된다'는 각오를 새롭게 했다.

전선이 다시 38선에 형성된 3월 27일, 리지웨이 사령관은 여주驪州 미8군 전진 지휘소에서 주요 지휘관들을 소집했다.

미군 측에서는 각 군단장과 사단장 전원, 국군에서는 정일권 총 참모총장, 김백일 1군단장, 유재흥 3군단장 그리고 미 군단에 배속된 국군 사단의 사단장인 장도영 6사단장과 1사단장인 내가 참석했다.

고급 지휘관들이 총 망라된 이런 회의는 전시에 유일한 경우였다.

이즈음 국내외 온 시선은 다시 38선에 집중되고 있었다.

유엔군의 다음 작전은 과연 무엇인가.

전쟁 중 유일하게 한·미 야전지휘관이 한자리에 모였다. 1951년 3월 27일, 경기도 여주의 미 8군 전진 지휘소. 김백일 군단장은 이것이 그의 마지막 사진이다.(앞줄 오른쪽부터 김백일 군단장, 정일권 총참모장, 리지웨이 8군사령관, 아먼드 9군단장, 훼렌바우 7사단장, 소울 3사단장, 유재흥 3군단장, 콜터 8군 부사령관, 밀번 미1군단장, 앨런 8군 참모장, 뒷줄 오른쪽부터 백선엽 1사단장, 장도영 6사단장, 브래들리 25사단장, 호그 9군단장, 스미스 해병 사단장, 파머 1 기병사단장, 펠로 미군사고문단장, 브라이언 24사단장)

이승만 대통령과 맥아더 총사령관은 '북진'을 외쳤고 트루먼 미 대통령과 영국을 비롯한 연합군 참전국들은 '38선 이남에서 침략군 격퇴'를 희망하고 있었다.

리지웨이 사령관은 이런 미묘한 시점에서 전쟁 지휘 방침을 밝히고자 했다. 그는 이 자리에서 "38선은 없다"고 분명히 못 박았다. 동시에 캔자스 선Kansas Line을 상기시키면서 다음 작전은 공세방어(攻勢防禦 · offensive-defensive)라고 강조 했다.

캔자스 선은 임진강에서 화천華川~양양襄陽을 잇는 즉 38선 북쪽 10~20km 지점을 동서로 그은 작전 통제선이었다.

사단으로 돌아오자 나는 공세 방어의 일환으로 서울~개성 국도상의 임진강 나루터 북쪽 돌출부에 대한 위력 수색 작전을 계획하고 이를 실천에 옮겼다.

탄막사격으로 돌출부의 적 후방을 차단하고 도하작전을 감행했다. 공병工兵 지원 아래 도강하여 적진에 투입된 특공대는 하루 동안 약 50명의 중공군 포로를 붙잡아 귀환했다. 병사들은 사기가 치솟았다.

그러나 이 무렵 뜻밖의 비보가 전해졌다.

1군단장 김백일 소장이 순직했다는 것이다.

'여주회의'를 마치고 경비행기 편으로 강릉으로 귀환하던 중 악천후를 만나 탑승기가 대관령 산중에 추락한 것이었다. (유해는 5월 9일에야 발견됐다).

그는 나와 각별한 사이였다. 간도특설대間島特設隊에서 같이 근무했었고, 해방 후 함께 38선을 넘어 월남해 나란히 군문軍門에 투신했었다.

그는 활달하고 패기만만한 지휘관으로 동부전선을 도맡아 혁혁한 전공을 세웠다. 내가 고향인 평양에 입성했듯이 그 역시 고향인 함북

명천明川에 금의환향하는 감격을 맛보기도 했다.

그는 50년 12월 북한에서 총 철수를 할 때 흥남부두에 집결한 9만여 피난민을 무사히 철수시킨 장본인이기도 했다.

전쟁 중 나는 국민 특히 피난민에 대한 정부와 국군의 배려가 소홀했던 점에 회한을 갖고 있다. 한강 인도교를 일찍 폭파하는 바람에 개전 초 많은 서울 시민이 버림받았다. 또 서부전선에서 청천강으로부터 38선까지 철수할 때 평양~서울의 간선도로를 유엔군 주보급로(MSR · Main Supply Road)로 확보하는 바람에 샛길로 밀려나야 했다.

이 때문에 피난민들은 엄동설한에 험한 산길을 방황하거나 해주 · 옹진반도 등지로 먼 길을 돌아가야 했거나 뱃길로 내려가는 등 갖은 고초를 겪었다.

육로가 차단됐던 동부전선 상황은 더욱 어려웠다. 피난민들을 배로 수송해야 했는데 미 10군단은 배도 부족하고 피난민 중에 스파이가 섞여 있을 수도 있다는 이유로 피난민 승선을 반대했다. 그러나 김백일 1군단장과 김득모金得模 1군단 헌병부장(준장 예편)이 아먼드 10군단장과 담판을 하여 서호진西湖津과 흥남興南 부두에서 발을 동동 구르던 9만여 피난민을 어선 상선 등에 태워 거제도까지 해상 철수시켰다.

이 함경도 출신의 피난민들이 부산 국제시장으로 몰려들어 이곳의 상권商權을 쥐게 된 것이다. 피난민 철수를 성사시킨 김 장군의 공적은 어떠한 전승戰勝에 못지않은 수훈이었다. 9만 명의 목숨을 구한 것이나 마찬가지였으니 말이다. 김 장군의 순직으로 국군으로서는 큰 보배를 잃었다.

한편 유엔군의 다음 공격 목표는 '철의 삼각지'였다.

철원鐵原~금화金化~평강平康을 잇는 삼각지대는 서울, 평양, 원산, 춘천 등 남북 주요도시를 최단거리로 연결하는 한반도 심장부에 해당

하는 요지 중의 요지였다. 무조건 이곳을 제압하는 쪽이 전쟁의 주도
권을 쥐게 되는 것이다.

6·25때 북의 남침 군사 거점이 바로 이곳이었다. 중공군도 이곳에
대거 집결해 병력을 자유자재로 집중 분산해 가며 대공세 기지로 활
용하고 있었다.

51년 4월 7일 개시된 '험난한 작전Operation Rugged' 은 전선을 철의
삼각지에 근접시키는 첫 단계였다.

이 작전은 중부전선의 미 9군단이 주역을 맡고 서부전선에는 임진
강 선을 고수하는 임무가 주어졌다.

작전 개시일에 나는 육군본부로부터 고故 김백일 소장 후임으로 1
군단장에 임명됨과 아울러 소장少將으로 진급됐다는 연락을 받았다.

1사단장 후임으로는 육본 작전국장 강문봉(姜文奉·중장 예편·작고)

1951년 4월 중순 이승만 대통령에게 진급 신고를 마치고 신성모 국방장관(가운데)의 안내로 김황란 공보처장
(왼쪽)의 관사를 찾아간 백선엽 소장(오른쪽 끝)

준장이 임명 돼 즉시 관산리官山里 사단 사령부에 도착했다. 강 준장은 명석하고 강직해 장래가 촉망되는 인물이었다(그러나 그는 후일 김창룡·金昌龍 특무대장 저격 사건으로 옥고를 치르게 된다).

생사고락을 같이 하던 1사단 장병들과 헤어져야 할 순간이 다가왔다. 전쟁 중 피로 나눈 전우애는 친형제 못지않게 진한 것이다. 눈물을 흘리며 전송해준 장병들 모습이 지금도 눈에 어른거린다.

의정부 미 1군단 사령부 밀번 군단장을 찾아가 이임인사를 하자 그는 진심에서 우러나오는 축하와 함께 석별의 정을 표하며 진급 신고차 부산으로 떠나는 나에게 전용기(L-17)를 내주었다.

밀번 군단장은 운산雲山에서 내가 2군단장에 부임한 직후 '운산의 위기'를 타개하기 위해서는 내가 사단장으로 복귀해야 한다고 요청했던 장본인이었다.

1사단이 전쟁 중 여러 차례 역경 속에서도 큰 파탄 없이 싸울 수 있었던 것은 그의 지원과 상호 신뢰가 있었기 때문이었다.

밀번 군단장은 북진 중 나에게 전차와 포병을 지원해 미군 사단에 버금가는 전력을 확보해 주며 나에게 연합작전의 요령을 터득시켜 준 스승이라 해도 과언이 아니다.

8개 보병사단으로 남침을 맞았던 육군은 개전 초 패전으로 인하여 5개 사단으로 재편했다가 이즈음 10개 사단으로 증편돼 있었다.

그러나 격전을 치르는 동안 각 사단은 승리의 영광보다는 패배의 고통을 더 뼈아프게 겪어야 했다. 대대 연대는 물론 사단 전체가 궤멸될 만큼 타격을 입는 경우도 없지 않았다.

사단장들도 수없이 바뀌다보니 전쟁 초부터 계속 맡아온 경우는 어느덧 나 혼자였다. 그러나 49년 7월부터 5사단장, 50년 4월부터 1사단장으로 지낸 나도 2년 가까운 사단장 시절을 마감해야 했다.

국군은 특히 중공군 개입 이후 고전의 연속이었다. 세계 최고 무기 체계로 최강의 정규전 능력을 갖춘 미군과 세계 최강의 비정규전 능력을 배양한 중공군 틈에서 연대급 이상의 기동 훈련을 경험해 보지도 못한 국군은 이 '축소판 세계대전'의 무대에서 위상이 초라할 수밖에 없었다.

참고로 6 · 25 이후 휴전까지 각 사단을 거쳐 간 사단장들은 다음과 같다.

■ 기존사단

▲1사단=백선엽白善燁→강문봉姜文奉→박임환朴林桓→김동빈金東斌

▲6사단=김종오金鐘五→장도영張都暎→백인엽白仁燁→김점곤金點坤

▲3사단=유승열劉昇烈→이준식李俊植→김석원金錫源→이종찬李鐘贊→최석 崔錫→김종오金種五→백남권白南權→임선하林善河

▲8사단=이성가李成佳→최덕신崔德新→이성가李成佳→최영희崔瑩喜→송요찬 宋堯讚

▲수도사단=이종찬李鐘贊→이준식李俊植→김석원金錫源→백인엽白仁燁→송요찬宋堯讚→최창언崔昌彥

■ 재편 및 신편사단

▲2사단=이형근李亨根→이한림李翰林→함병선咸炳善→정일권丁一權→김웅수金雄洙

▲5사단=이응준李應俊→이형석李炯錫→민기식閔機植→김종갑金鐘甲→박병권 朴炳權

▲7사단=유재흥劉載興→신상철申尙撤→김형일金炯一

▲9사단=김종오金種五→오덕준吳德俊→김종갑金種甲→최석崔錫→김종오金

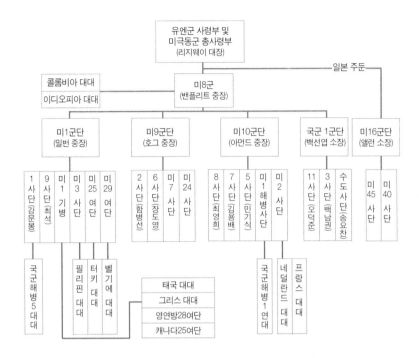

1951년 4월 중공군 춘계공세 직후의 연합군 지상군 지휘체계

種五

▲11사단=최덕신崔德新→오덕준吳德俊→임부택林富澤

내가 부산에 도착한 날은 4월 12일이었다. 진급 신고 차 경남도지
사 관사에 자리 잡은 임시 경무대로 향하는데 부산거리가 온통 소동
이 난 듯 술렁였다.

이승만 대통령은 내 군복에 소장 계급장을 직접 달아주었다. 대통
령의 표정은 시종 실망의 그림자가 드리워져 있었다. 바로 전날 맥아
더 원수가 해임되었기 때문이다.

이 대통령은 "맥아더야말로 내 심정을 진심으로 알아주는 군인이었다"고 말하며 앞으로 전황을 우려했다.

재차 북진을 주장하며 트루먼 대통령에게 고분고분하지 않았던 맥아더는 하루 아침에 미 극동군 최고 사령관, 미 극동지상군 총사령관, 유엔군 총사령관 등 세 개의 직함을 내놓아야 했다(맥아더가 '파면됐다'는 표현이 있으나 이는 옳지 않다. 오성五星 장군은 평생 현역으로 간주되며 부관, 승용차, 사무실이 제공 된다).

후임에는 리지웨이 사령관이 대장大將으로 진급되어 취임했고, 밴 플리트James Van Fleet 중장이 8군 사령관에 임명됐다.

나는 부산에서 50년 6월 25일 전쟁발발로 헤어졌던 가족과 처음으로 재회했다. 그간 만나볼 기회가 없었던 것은 아니었다.

봉일천奉日川전투 때 가족을 챙겨 남하할 수도 있었으나 부하들도 제대로 수습하지 못하는 형편에 가족 걱정을 하는 것은 양심이 허락하지 않았다. 북진 때는 명령이 급해 시간이 허락하지 않고 1·4후퇴 때는 부관이 나 대신 피난을 주선해 주었다.

어머니와 처, 그리고 세 살짜리 딸은 초량에서 단칸방에 세 들어 비참하게 살고 있었다. 처는 장티푸스를 앓아 사경을 헤매던 뒤끝이라 무척 여위어 있었다. 나를 보자 한동안 눈물만 흘릴 뿐이었다. 적 치하의 서울에 남아 있으며 많은 고초를 겪었으나 다행히 모두 살아남았다.

| '결전' 이냐 '후퇴' 냐 |

내가 강릉 1군단장에 부임한 때는 맥아더 해임 말고도 국민 방위군 사건, 거창居昌사건 등 군과 관련된 불미스러운 사건이 연이어 터져

안팎으로 어수선한 때였다.

그러나 전방지휘관으로서는 신문 방송을 제대로 접할 수 없었던 데다 후방 사건에 관심을 가질 틈도 없었다.

국군이 담당한 동부전선 형세는 3월 27일 수도사단이 재차 38선을 선두로 돌파한 데 이어 속초束草 남쪽 대포리大浦里~설악산雪嶽山~한계령寒溪嶺~신남리新南里선까지 진출해 있었다.

태백산맥의 긴 남북 능선을 경계로 동해안까지를 1군단이, 인제麟蹄 일대의 내륙 산악지역은 3군단(군단장 유재흥 소장)이 담당하고 있었다.

육군본부가 독자적으로 지휘하는 전선의 지상군 병력은 이들 2개 군단이 전부였다(물론 전체적인 작전 계획은 8군사령부가 수립했고 육군본부는 이에 따라 군단을 지휘했다).

따라서 강릉에는 육군본부 전방 지휘소가 설치돼 이따금 정일권 총 참모장이 이곳에 들렀으며, 이준식 준장이 전방지휘소 현지 책임자로 상주하고 있었다.

내가 1군단장에 부임할 무렵 전·후방사단의 예·배속에 변화가 있었다.

지리산 일대 공비 토벌에 투입됐던 11사단(사단장 최덕신·崔德新 준장 ·전 천도교 교령)이 1군단에 편입 명령을 받고 군단에 도착했다. 나는 전방실전 경험이 없는 11사단을 군단 우익의 동해안에 배치하고 역전의 수도사단 (사단장 송요찬 준장)이 험준한 산악지대를 담당토록 했다.

수도사단은 그간 동부전선에서 항상 공격 선두에 나섰기 때문에 자부심이 강했다.

수도사단 예하 1연대장은 한신韓信 대령, 기갑연대장은 이용李龍 대령, 26연대장은 서정철徐廷哲 대령으로 모두 우수한 인재였다.

한편 11사단은 '거창사건' 이라 불리는 양민 학살사건 직후 이곳으로 이동하였다.

거창사건이 빚은 정치적 소용돌이로 4월 24일에는 신성모 국방, 조병옥 내무, 김준연 법무 등 3부 장관이 해임됐다. 후임 국방장관으로는 이기붕씨가 임명됐다.

내가 부임당시 군단 참모진은 육군에서 손꼽히는 인재들이 모여 있었다. 그러나 명색이 군단이라 하나 내용은 보잘 것 없었다. 내가 직접 지휘할 수 있는 포병이나 전차는 전혀 없었고 1101야전공병단(단장 허필은 · 許弼殷 대령 · 소장 예편)이 있을 뿐이었다.

예하 사단에는 105mm 포병대대가 하나씩 있어 개전당시와 조금도 나아진 점이 없었다.

다부동 전투 이래 미군에 속해 연합작전에 익숙했던 내 안목으로

1군단을 방문한 이승만 대통령이 강릉 비행장에서 지휘관들의 경례를 받고 있다.(왼쪽부터 정일권 총참모장, 유재흥 3군단장, 백선엽 1군단장, 이준식 육본 전방지휘소장)

는 솔직히 말해 도시에 살다 시골에 간 듯 시계바늘을 거꾸로 돌려놓은 듯한 기분이다.

다행스러운 것은 동해상에 미 해군이 진출해 부족한 1군단의 화력을 보강한 것이었다.

미 해군 7함대 제5순양 함대 소속 순양함과 구축함이 위력적인 함포사격으로 우리를 지원했고, 항공모함 2척을 기간으로 하는 77기동부대 함재기(항공모함에서 뜨는 비행기)들이 두만강까지의 동해안 전 지역에 대해 폭격 및 공중지원을 하고 있었다.

1군단장으로서 가장 먼저 취한 조치는 강릉 시내 검찰청 건물에 있던 군단사령부를 주문진注文津으로 옮긴 것이었다. 속초 근처에 형성된 전선을 강릉에서 지휘하기에는 거리가 너무 멀었다.

그러나 더 큰 이유는 사령부가 도시에 있는 것이 마음에 들지 않았다.

나는 서울과 평양을 뺏고 빼앗기는 전쟁을 직접 지휘하면서도 부대가 대도시에 주둔하는 시간을 최소한으로 잡았었다. 군대가 도시에 주둔하면 기강이 해이해지기 때문이다.

주문진 남쪽 해변 솔밭에 천막을 치고 당장 사령부를 이쪽으로 옮겼다.

일부 참모들은 불만을 드러내기도 했다. 일선 사단에서도 군단사령부가 전선에 접근하면 사단사령부는 어디에 차려야 하느냐는 볼멘소리가 나왔다.

그러나 위급한 시기에는 지휘관이 전선에 바짝 붙어있어야 한다. 여유가 있는 시기라면 떨어져 있어도 상관없다. 이것은 그간 전쟁 경험을 통해 얻은 깨달음이다.

군단장이 맡은 일은 사단장에 비해 단순한 측면이 있다. 군단은 예

1951년 5월, 제1군단사령부 간부요원과 함께한 군단장 백선엽 장군. 지휘부를 강릉시내에서 주문진 남쪽 해변가로 옮겼다.

하 사단작전과 훈련에 전념토록 임무가 국한돼 있다.

행정 및 보급분야는 육군본부와 사단이 직접 연결된다. 군단을 '중간 사령부'라 하는 이유도 여기에 있다.

군단장으로서 나의 일과는 이랬다. 아침 일찍 전황보고를 듣고 당일 있을 또는 전투가 예상되는 전선으로 지프를 타고 나간다. 사단장, 연대장 등과 의견을 교환하며 지시할 것은 지시하고 건의사항이나 애로사항을 듣는다.

사단장을 대신해 육본에 연락을 취해 주기도 한다. 미 고문단, 해군 및 공군과 화력지원 등에 대해 협조를 하기도 한다. 최전선의 고지와 후방의 보급소를 오가며 점검을 하다보면 하루가 어떻게 지나갔는지 몰랐다.

지휘관은 2단계 아래 부대까지는 장악하고 있어야 한다는 것이 리지웨이 사령관의 지론이기도 했다. 즉 군단장은 연대, 사단장은 대대,

연대장은 중대까지 지휘력이 직접 미쳐야 한다는 것이다.

전선에서의 진격은 횡대 연결을 중시하기 때문에 멋대로 혼자 나아갈 수 없다. 그러나 1군단은 동쪽 날개 끝이었기 때문에 또 서부전선과 같이 한강, 임진강, 예성강과 같은 장애물이 없었기 때문에 더디게나마 진격을 계속할 수 있었다.

중공군의 5차 공세(1차 춘계 공세)는 내가 1군단장에 부임한 지 열흘쯤 되는 4월 22일 중서부전선을 목표로 개시됐다.

9개 군 예하 25만 병력이 동원된 대공세였다.

1군단 정면은 북한군과 대치하고 있었다. 장병들도 중공군이 아닌 다음에는 자신감을 갖고 잘 싸웠다. 동해안선 전선은 조금도 동요하지 않았다.

중공군은 최초 사창리史倉里 국군 6사단(사단장 장도영 준장)을 덮쳤다. 늘 그랬듯 먼저 취약한 국군을 노린 것이었다.

미 6군단 정면 우익을 담당하던 6사단은 일거에 패주했다. 가평까지 뚫린 전선을 미 해병사단과 미 3사단, 영 연방 27여단 등의 병력이 수일동안 가까스로 수습했다.

문산汶山동쪽 정면 미 1군단 예하 영국군 29여단도 기습을 받았다. 29여단을 이끄는 카니James Carne중령의 글로스터Gloucester 대대는 적성積城의 한 고지에 고립된 채 60시간 동안 전선을 사수해 한국전쟁에 또 하나의 신화를 남겼다.

글로스터 대대는 800명의 병력 중 약 760명을 잃었다. 글로스터 대대의 희생이 없었다면 의정부 통로가 위태로웠을 것이다. 영국군은 2개 여단이 전쟁에 참전했다. 혼성부대인 영 연방27여단이 홍콩에서 왔고 영국 본토에서 29여단이 뒤이어 도착했다.

나는 미 1군단 예하에서 영국군과 함께 싸우며 그들을 관찰할 기회를 가졌었다.

영국군은 상하 규율이 엄격하며 장병 각자가 임무를 잘 파악하고 있고 주어진 책임을 완수하는 습관이 철저히 몸에 배어 있었다. 특히 방어전에 강했다. 보병연대와 포병연대, 그리고 90mm 포가 장착된 센츄리Century 전차대대로 편성되어 신속한 기동력과 크지도 작지도 않은 부대 규모 때문에 항상 교두보의 방어에 기용했다.

그들은 청천강에서 1·4후퇴 때 한강에서 그리고 이곳 적성積城에서처럼 위급한 전선에서 임무를 완수했다.

영국군은 포병이 아주 정확하다. 영국 포병은 포병 중대장이 나서고 사격 지휘는 중대장 아래의 선임 장교가 맡는다. 일본군도 마찬가지다.

영국군은 또 오후 4시가 되면 전투 중에도 꼭 홍차와 쿠키를 드는 티타임을 갖는다. 포병은 티타임 중 사격을 일시 중지하기도 했다.

이처럼 연합군에 있다보면 작은 지구촌이라는 것을 실감하게 된다. 언어와 얼굴이 다르고 살아온 문화환경이 달라 서로를 객관적으로 관찰하게도 된다. 어쨌거나 함께 전투를 치르면 민족과 나라를 넘어 동지가 된다. 피로 맺어진 동맹, 즉 혈맹은 이렇게 만들어지는 것이니 우리나라를 지켜 주기 위해 기꺼이 희생한 나라 국민들은 남이 아니라 형제 나라나 마찬가지다.

영 연방 여단에서는 호주대대가 가장 잘 싸웠던 것으로 기억된다. 캐나다 여단 여단장이던 존 앨러드 준장은 후일 내가 캐나다 대사로 재임하던 때 대장으로 승진해 육해공군 통합 참모총장이 됐다. 이때부터 캐나다군은 육해공군이 똑같은 군복을 입고 통합 운영됐다.

한편 인제 남쪽의 중동부전선에서 국군 5사단(사단장 민기식 준장)과 7사단 (사단장 김형일·金炯一 준장)도 적의 공격을 받고 후퇴했으나 미2사단이 뒤를 받쳐 돌파를 면했다.

중부 전선을 유린한 중공군은 4월 24일 63군 예하3개 사단으로써 임진강을 건너 국군1사단을 공격했다. 서울을 다시 함락하려는 의도였다.

서울은 다시 풍전등화의 위기에 놓이게 됐다.

그러나 신임 강문봉 준장의 1사단이 용감히 맞서 싸웠다. 밴플리트 8군사령관의 수도 사수 결의도 확고했다.

국군 1사단을 좌익으로 하고 미 3사단, 미 25사단, 미 24사단이 차례로 환상環狀의 방어선을 이루며 수색~북한산~퇴계원~와부의 선, 즉 골든라인Golden Line을 사수했다.

1사단은 수색~벽제 선까지 밀리기도 했으나 6일 간 사투 끝에 중공군을 저지하는 데 성공했다. 1사단은 중공군 개입 이래 5차 대공세에서 중공군을 저지한 첫 국군사단이라는 위업을 쌓았다. 한국 사단들의 연패連敗에 신경이 곤두섰던 밴플리트는 1사단의 분전에 찬사를 아끼지 않았다.

내가 1년간 지휘하던 부대였는데 내가 떠난 후에도 이러한 전공을 세웠으니 무한한 자부심을 가질 수 있었다.

한국전쟁을 다룬 클레이 블레어의 '잊혀진 전쟁The Forgotten War'은 이 전투를 이렇게 쓰고 있다.

'미 1군단 정면의 최 좌익을 담당한 한국군 1사단은 미 73전차대대 지원을 받으며 용감하고도 기술적으로 전투를 계속했다. 이것은 국군 1군단장으로 승진 보임된 젊은 지휘관 백선엽에게 향후 육군 참모총장이 되는 길을 열어 주었다.'

강문봉 사단장과 김점곤, 문형태, 김안일 연대장의 전공에 전임자까지 영예를 나누게 된 데 대해 송구스러움을 느끼지 않을 수 없는 대목이었다.

1군단은 5월 들어 38선 이북의 유일한 부대로서 전선 최북단에서 설악산을 무대로 치열한 공방전을 벌였다. 설악동 입구 평지가 쟁탈의 요지였다. 이곳을 뺏고 빼앗으며 적과 번갈아 지뢰를 묻어 전투는 더욱 고통스러웠다. 험준한 지세 때문에 설악산 중에서 부대 간 통신이 두절되는 경우도 잦아 지휘관들의 애로가 적지 않았다.

11사단장 최덕신 준장은 미군 보병학교에 국군으로서는 1진으로 군사유학을 다녀온 군인답게 늘 미군 군사 교본을 탐독하고 있었다.

내가 11사단 예하 1개연대가 통신이 두절됐다는 급보를 받고 사단사령부에 들렀을 때도 교본을 보고 있었다.

상황을 묻자 "통신이 되지 않아 걱정"이라는 말만 돌아왔다. 좀 답답한 마음에 "책도 중요하지만 연락 장교를 도보로 보내서라도 연락을 유지하도록 하시오. 미군 교본에 그런 해답까지는 없을 것 아니겠소"라고 말했던 기억이 있다.

최 준장은 이 무렵 거창사건으로 마음이 편치 않은 듯 했다. 그는 곧 육본으로 전보轉補되고 후임에 오덕준 준장(吳德俊·소장 예편·농협중앙회장 역임·작고)이 부임했다.

오 준장은 학병으로 일본군에 입대해 히로시마에 주둔하던 중 원자탄 투하를 당했으나 요행히 살아남은 사람이었다. 원폭 투하 순간 화장실 안에 있어 몸의 반쪽이 원폭 섬광에 쬐어 피부에 화상의 흔적을 가지고 있었다.

한편 설악산 골짜기에서 나는 다부지고 똑똑해 보이는 수도사단 예하의 한 중대장을 만났다. 그가 나중에 중앙정보부장이 되는 김형욱金炯旭이었다. 초급 지휘관으로서 김형욱은 눈에 띄는 군인이었다.

| 3군단 붕괴의 여파, 대관령 전투 |

유엔군은 중공군 5차 공세를 저지했으나 전선은 문산, 의정부, 춘천을 빼앗겨 양평~홍천~인제 선에서 형성됐다.

5월 들어 동부 전선에 주어진 임무는 동해안 간성杆城에서 홍천洪川에 이르는 도로를 장악하는 것이었다. 험준한 동부전선의 승패는 보급로 확보에 있다 해도 과언이 아니었다.

부산에 집적된 물자를 내륙 도로망을 통해 전선에 수송하는 일은 대단히 힘든 일이었다.

보급품은 묵호墨湖 삼척三陟 주문진注文津 등 3개 항구를 통해 운반된 후 대관령을 넘어 3군단 지역에 수송됐다.

간성~홍천도로가 확보되면 외길에 의존하는 중동부전선 3군단 보급은 숨통을 트게 된다.

이 도로를 목표로 한 작전에는 국군 1·3군단 및 미 10군단에 편입된 국군 5·7사단 등 국군 6개 사단이 앞장섰다.

동부전선 형세가 안정되면 서부전선에서 반격을 가해 38선을 회복하려는 것이 미 8군의 복안이었다.

이 무렵 중공군은 다시 중부전선에 집결해 또 한 차례 대공세를 준비하고 있음이 확인됐다. 미 8군은 중공군이 이번에도 서울 공략을 위해 서부전선을 노릴 것으로 판단하며 대비하고 있었다.

중공군의 6차 공세(2차 춘계 공세)는 동쪽을 노리는 것이었다. 5월 16일 저녁 중공군은 피리와 꽹과리를 울리며 인제 서남쪽 소양강 상류를 건너 국군 7사단과 9사단의 협조점인 남전리藍田里에 첫 공격을 했다.

이곳은 미 10군단과 국군 3군단과의 접점이기도 했다.

7사단(사단장 김형일 준장)을 일거에 물리친 중공군은 밤새 동남쪽으로 진출해 오마치五馬峙고개를 점령했다.

이것은 엄청난 사건이었다.

현리縣里와 용포龍捕에 진출한 3군단 예하 3사단(사단장 김종오 준장)과 9사단(사단장 최석 준장)의 유일한 후방 보급로인 인제~하진부리下陳富里도로로 허리가 차단된 것이기 때문이다.

3군단은 눈 깜짝할 사이에 앞뒤에서 적군의 협공을 받게 됐다.

전쟁에서는 때와 장소는 달라도 비슷한 상황이 되풀이 되는 경우가 많다. 이날 양상은 청천강 중공군 3차 공세와 여러 면에서 유사했다. 우선 지형이 청천강을 소양강으로, 낭림산맥을 태백산맥으로 바꿔 넣으면 판에 박은 듯 비슷하다.

강의 상류는 적군이, 하류는 유엔군이 장악한 상황도 마찬가지다. 유재흥 소장이 군단을 지휘하고 좌익에 미 2사단이 포진한 것도 우연

6회의 중공군 대공세를 주도한 중공군 사령관. 왼쪽부터 팽덕회 인민의용군 사령관, 송시륜 제9집단군사령관, 이담유 제18집단군 사령관

의 일치라 할 수 있다. 중공군에게 후방을 차단당한 것까지도 마찬가지 형국이었다.

협공에 직면한 3군단이 택할 수 있는 방도는 오마치를 차단한 중공군과 결전을 벌여 후방의 적을 돌파하는 것이요, 아니면 산중으로 후퇴하는 것 뿐이었다. 물론 산중 후퇴를 위해서는 중장비를 모두 버려야 한다.

'결전'이냐 '후퇴'냐 하는 기로에서 후자를 택했다.

국군은 야포와 트럭을 모두 버리고 남쪽에 치솟은 방대산芳대山으로 뿔뿔이 흩어져 달아났다. 병사들은 개인 화기마저 버리고 맨 몸으로, 장교들은 계급장마저 떼어버리고 달아난 경우도 허다했다고 전해진다.

3군단은 부득이 '최악의 선택'을 했겠지만 제대로 싸워보지도 못한 채 와해됨으로써 전선에는 현리를 중심으로 커다란 구멍이 생겼다.

중공군은 5월 17일 오마치와 상남리上南里를 차단한 후 계속 전과를 확대해 나아갔다. 18일에는 창촌리蒼村里와 삼거리, 19일에는 선두가 경강京江도로(서울~강릉 국도로 지금의 영동고속도로)와 마주치는 속사리束沙里까지 진출했다.

가장 위기를 느낀 것은 미 10군단 예하의 러프너Clark Ruffner 소장이 이끄는 미 2사단이었다. 동 측방이 완전히 노출된 것이다. 이 또한 청천강변 군우리軍隅里 전투와 똑같은 양상이었다. 반년 전 미 2사단은 거기서 궤멸되는 치욕을 맛보았었다.

아먼드 10군단장은 미 2사단에게 후퇴하는 7사단 병력을 수습해 측방을 지키도록 하는 한편 밴플리트 사령관에게 즉각적인 증원군 파견을 요청했다.

5월 18일 하루 동안 미 10군단 및 미 2사단 포병은 4만 1000발 이상

의 포격을 중공군에게 가했으며 미 공군기는 165회의 근접 지원 출격
으로 미 2사단을 포위 섬멸하려는 중공군을 가까스로 저지했다.

미 공군은 국군 3 · 9사단이 버려둔 각종 중장비에도 폭격을 가해
중공군이 노획하는 것을 막았다.

8군 사령부는 3군단 정면이 뚫리자 강릉과 양양 중간지점인 남애
리南涯里에서 오대산 줄기인 두로봉頭老峰과 홍천 풍암리豊岩里 북쪽
1009고지를 잇는 '와코WACO선'에 방어선을 재편하도록 했으나 3군
단이 급속히 와해되면서 무의미한 조치가 되고 말았다.

1군단은 역시 서 측방이 노출됐다. 그러나 사이에 태백산맥이 버티
고 있어 시간을 벌 수 있었다.

나는 군단 사령부를 강릉에서 철수하고 오대산에서 동해안에 이르
는 전선에 수도사단과 11사단을 배치했다.

경강도로까지 진출한 중공군은 대관령을 넘어 강릉을 노린다는 판
단에 따른 것이었다.

강릉에는 우리 공군의 유일한 출격기지인 K-18 비행장이 있고 산
더미 같이 쌓인 폭탄과 보급품이 있었다. P-51 무스탕 전투기도 여기
서 평양까지 출격하고 있었다. 미 해병비행사단도 강릉기지를 이용
하고 있었다.

강릉을 잃으면 동해안 보급 항과 공군기지가 모조리 사라진다. 지
형 상으로 보아 최소한 삼척이나 포항까지는 물러서야 한다. 나는 다
급하지 않을 수 없었다.

위기가 고조된 5월 21일 아침, 미 8군으로부터 연락을 받았다. 대관
령 서쪽 용평龍坪 3군단 간이 활주로에서 작전 회의가 있으니 나오라
는 통지였다.

나는 군단 수석고문관 로저스Glen Rogers 대령과 함께 미군기를 타

고 급거 대관령 너머로 날아갔다.

대관령 상공을 지나자 멀리 북서쪽 산 너머에서 검은 연기가 하늘을 찌를 듯 솟아오르고 있었다.

마치 화학공장이 폭발한 듯한 엄청난 연기였다. 3군단 지역에 쌓아 놓았던 탄약·가솔린 등 보급품과 중장비를 적군에게 빼앗기지 않도록 미 공군기들이 폭격으로 파괴해 치솟는 연기였다.

활주로에 착륙하자 미 3사단 소속 라이딩스Eugene Ridings 장군이 한 발 앞서 도착해 있었다.

그는 "미 3사단이 3군단 지역에 투입되기 위해 이미 주둔지를 출발했다"고 전했다. 미 8군 예비부대인 미 3사단(사단장 로버트 소울 Robert Soule 준장)은 서울 방어를 위해 광릉光陵 부근에 포진하고 있다가 급거 출동, 선두가 홍천에 도착하고 있었다.

이 활주로는 3군단이 닦은 것이었고 근처 하진부리下珍富里에 3군단사령부가 위치했었으나 그들은 이미 철수한 듯 보이지 않았다.

곧 2대의 L-19 경비행기가 서쪽 하늘에 나타났다. 적의 대공포화에 맞아 기체에서 가솔린이 흰 연기처럼 새고 있었지만 비행기는 무사히 착륙했다.

밴플리트 사령관과 8군 작전참모 머제트Gilman Mudgett 대령이 타고 있었다.

비행기가 적의 포화에 맞아 가솔린을 흘리면서 산중 간이 활주로에 착륙하는 모습을 보자니 숙연해졌다.

머제트 대령은 즉시 두루마리 작전지도를 펼쳐 들고 활주로 위에서 전황을 설명했다. 전황은 심각한 상태였다.

밴플리트 사령관이 입을 열었다.

"두 사람이 협조해 이 사태를 수습해야 한다. 1군단은 우측으로 3

사단은 좌측으로 공격하라."

그러면서 지도상 동서 방향을 각각 가리켰다.

1군단은 대관령에서 서북상으로 미 3사단은 하진부에서 동북방으로 공격하라는 것이었다.

밴플리트 사령관은 "적에게 최대한의 징벌을 가하도록 하라"고 누차 강조했다. 국군 3군단을 언급하며 "나는 저항을 되풀이하면서 후퇴를 하도록 지시했으나 그렇게 하지 못한 것은 유감"이라고 한탄했다.

내가 공격 시기를 묻자 "지체 없이 개시하라! Without delay"는 답이 돌아왔다.

8군 유일 예비사단이던 미 3사단은 미 10군단장 아먼드의 증원 요청에 따라 급거 이동을 개시, 하루만에 250km를 이동했다. 미 육군의 진면목을 느낄 수 있었던 대목이다.

경강도로 위 속사리束沙里에 진출한 중공군은 거기서 강릉과 정선旌善 두 갈래로 방향을 나눠 진격을 계속하고 있었다.

나로서는 대관령이라는 유리한 지형을 먼저 확보하는 게 급선무였다. 대관령 산허리를 지키느냐 여부에 승패가 달린 것이다.

10여 분 만에 작전회의를 마치고 강릉에 귀환하며 나는 머릿속에 작전을 구상했다. 전황은 1분1초라도 지체를 허락하지 않고 있었다.

군단의 한정된 병력으로 측방의 중공군과도 싸워야 한다. 북측 정면과 서측 정면 어느 곳도 물러서면 강릉이 위태로워진다. 나는 마치 도박을 하는 것과 같은 심정으로 병력 재배치를 구상했다.

우선 정예부대인 수도사단 1연대(연대장 한신 대령)를 대관령에 급파한다. 이어 수도사단 정면을 서측으로 조정한다. 우익 11사단으로 하여금 수도사단 이동으로 인한 공백을 메우도록 좌(서쪽)로 옮긴다. 최우익인 해변의 개활지는 군단 배속 1101공병단으로 하여금 전투 정면을 담당케 한다. 11사단과 공병단은 물론 전투 경험이 별로 없었다. 이를 미 7함대와 협조하여 전함의 함포에 의한 화력저지fire blocking로 보강한다.

나는 도착 즉시 두 사단장과 참모들을 소집해 이 같은 작전 계획을 설명했다.

특히 1군단이 아직 중공군과는 대전한 적이 없었던 점을 유의해 중공군에 대해서도 소상히 설명했다.

"중공군의 공세 지속 능력은 앞으로 3~4일에 불과할 것이다. 사람과 말에 의존하는 적의 보급 능력에는 한계가 있다. 반면 우리는 하늘을 제압할 수 있는 제공권을 갖고 있다. 적이 3~4일간 어디까지 기동할 수 있느냐를 판단해 세부 작전 계획을 수립하라."

1연대가 대관령까지 육상 기동하는데 약 3시간, 또 전투 배치에 서너 시간이 소요될 것으로 예측된다. 이 정도면 적보다 먼저 대관령을 선점할 수 있으리라.

그러나 시간이 지나도 1연대의 이동보고는 들어오지 않았다.

오후 3시경 작전참모 공국진孔國鎭 대령(준장 예편 · 헌병사령관 역임)이 극도로 흥분한 어조로 내게 보고했다.

"송요찬 장군이 1연대를 움직이지 못하게 하고 있습니다. 이것은 항명입니다."

송 장군이 수도사단 담당 정면도 위급한 터에 1연대를 뺄 수 없다는 이유로 명령을 따르지 않고 있다는 것이었다.

전투 중 소속 부대를 차출하는 것을 좋아할 지휘관은 없다. 나 역시 그랬었다. 특히 동부전선 지휘관들은 내내 동해안을 따라 좁은 공간에서 싸워왔다. 연합작전 경험도 적었다. 대국을 보는 안목을 키울 기회가 없었던 것은 안타까운 일이었다.

그러나 송 준장의 태도에는 또 다른 미묘한 이유가 있었다. 그는 나와 불과 얼마 전까지만 해도 같은 사단장이었다. 동부전선에서 누구 못지않게 용맹을 날렸다. 나이도 별 차이가 없었다.

자존심이 강했던 그로서는 "네 까짓 게"라는 기분이 있었을 터이고 그러다보니 고분고분 내 명령에 따르기 어려웠을 것이다.

나는 펄펄 뛰는 공 대령에게 "사단 나름의 사정이 있을지 모르니 잠시 기다려보자"고 했다.

나 역시 피가 치솟는 듯한 분노가 치밀었지만 여러 참모들 앞에서 내색을 할 수는 없었다.

공 대령은 내게 계속 "당장 손을 써야 된다"고 우기며 "1군단의 명맥이 배척간두에 서 있는데 이렇게 연약한 통솔로는 안 됩니다" "육군 소장으로 만족할 겁니까, 아니면 명장으로 이름을 남기실 겁니까" 같은 자극하는 언사도 서슴지 않았다.

정말 오후 늦도록 1연대가 움직이지 않았다. 더는 기다릴 수가 없었다. 나는 허리에 45구경 권총을 차고 지프에 올랐다. 공 대령도 동행했다. 전조등을 켠 채 수도사단 사령부로 달렸다.

사령부에 들이닥쳐 "사단장은 어디 있냐"고 물었더니 천막을 가르쳐 주었다.

나는 송 준장과 마주앉았다.

내가 조금 위협적인 목소리로 "귀관은 내 명령에 복종할거냐, 아니면 불복할거냐?"라고 하자 그는 사태가 심상치 않다고 느꼈는지 자리에서 벌떡 일어났다. 그러더니 "각하 죄송합니다. 명령에 복종하겠습니다"라고 했다.

즉각 사죄하면서 용서를 구한 것이다.

그는 바로 전화기를 들어 한신 연대장에게 출동을 명했다. 1연대는 다행히 출동 준비를 완료하고 있었다. 한 대령은 군단장과 사단장의 미묘한 갈등을 알아채고 서로 다른 명령이 떨어지지 않을까 고민하고 있었으면서도 준비를 게을리 하지 않고 있었다. 당시 수도사관 군의관이던 문태준(文太俊 · 의사협회장 · 8~10대 국회의원 역임)이 천막 밖에서도 이 해프닝이 들렸다며 훗날 전해 주었다.

한편, 공 대령이 그날 내 귀에 거슬리는 말까지 하며 송 준장을 비난한 것은 상황이 급한데도 내게 표정변화가 전혀 없어 나를 흥분시키려 한 것이었음도 훗날 알게 되었다.

나는 참을 때까지는 참는다는 것을 좌우명으로 삼고 있다.

당시 고급 지휘관들은 대부분 30세 안팎의 젊은 나이였다. 서로 반말을 하는 사이였다가 차차 계급과 보직에 차이가 났으니 통솔상 어려움이 없지 않았다.

그러나 상급자가 이를 단호히 극복하지 못하면 부대 기강이 유지될 수 없었다.

1연대는 급히 대관령으로 향했다.

대관령 정상에 도착한 것은 밤 9시경이었다. 전투는 그 후 불과 1시간 만에 벌어지기 시작했다. 우리가 약 3시간을 지체했으니 중공군이 1시간 늦게 도착한 것이었다.

전투는 처음부터 고지를 선점한 아군의 완승으로 전개됐다.

1연대는 밤낮으로 파도처럼 밀려오는 중공군을 물리쳤다.

중공군은 화력이 빈약했고 오랜 전투로 피로에 지쳐 있었다.

1군단은 동시에 강릉을 반원형으로 방어하는 태세를 취하고 북측에서는 북괴군, 서측에서는 중공군과 치열한 공방전을 벌였다. 여기서 허필은 대령이 지휘하는 공병단이 보병 연대 규모의 전투 정면을 지킨 것은 전무후무한 기록이었다.

적의 공세는 5월 23일을 고비로 수그러들었다. 나는 즉각 공세로 전환하라고 명령했다.

오대산에서 대관령 남쪽 일대까지 포진했던 수도사단은 산록을 누비며 적을 소탕했다. 1연대는 이 전투에서 1180여명의 적을 사살한 반면 전사자는 12명에 불과했다. 100대 1의 손실률로 중공군의 공세를 저지한 것이었다.

이어 미 3사단 및 미 10군단과 호응하여 북으로 반격해 올라왔다.

오대산에서 인제·원통까지 거침없이 진격했다.

적의 주력은 이미 퇴각해 태백산맥은 무주공산이었다. 중공군 포로를 여기저기서 주워 담는 격이었다.

중공군 병사는 죽음을 두려워하지 않고 싸운다. 그러나 포로가 되면 양순하기 그지없다. 1연대 2대대장 정세진丁世鎭 중령(전 종근당 부사장)에 따르면 이때 붙잡힌 포로 중에 "나는 중국요리를 잘한다. 목숨을 살려주면 취사병으로 맛있는 음식을 만들어 주겠다"며 머리를 조아리는 병사도 있었다고 한다.

우리는 또 수많은 3군단 휘하 장병들을 수용했다.

방대산芳臺山을 넘어 산길로 50km 이상을 걸어 경강도로까지 탈출한 병력은 결국 절반만 남았다. 이들은 5월인데도 눈 내린 산에서 물과 음식이 없어 혹독한 고생을 했다. 옷에 내린 눈을 핥아먹고 화전민에게서 씨감자를 얻어먹으며 버텼다고 한다.

나는 공격부대와 함께 인제·원통까지 가 보았다. 공격 능력을 잃은 적은 황급히 철수했는지 이곳도 무주공산이었다.

동해안에서는 간성杆城을 거쳐 거진巨津까지 일거에 탈환했다. 현재 휴전선과 거의 비슷한 선까지를 다시 확보하게 된 것이다.

중공군은 1·2차 춘계공세에서 무모한 공격을 펴 한국전 개입 이래 최대 타격을 입었다. 전선 돌파에는 성공했으나 성공에 고무돼 미 10군단과 1군단을 포위 섬멸코자 욕심을 부린 것이 화근이었다. 태백 산맥 서쪽에서 협공을 받아 상당기간 재기 불능의 타격을 입었다.

춘계 공세 이후 중공군이 대규모 공세를 아예 중단한 것만 보아도 이때 얼마나 큰 피해를 당했는지 짐작할 수 있다.

중공군이 동부전선에 주력하는 동안 아군은 서부전선에서 반격을 개시해 다시 38선을 회복하는 전과를 올려 서울에 대한 위협을 제거 했다.

한편 우리가 대관령 전투에서 적의 예봉을 꺾고 공세전환에 들어 갔던 5월 25일경 밴플리트 사령관이 강릉 공군기지로 날아왔다. 탑승 기에서 내린 밴플리트 사령관은 대기실에 들어가지도 않고 선 채로 정일권 총장, 이준식 전방지휘소장 그리고 내가 함께 있는 자리에서 충격 선언을 했다.

"한국군 3군단을 폐지합니다. 또 육군본부의 작전통제권도 없어집 니다. 육군본부의 임무는 작전을 제외한 인사 · 행정 · 군수 및 훈련 으로만 국한됩니다. 1군단은 나의 지휘 하에 두며 육본 전방지휘소는 폐쇄합니다."

밴플리트 사령관은 이어 9사단을 미 10군단, 3사단을 한국군 1군단 에 배속한다고 통고하고 10여분 만에 되돌아갔다. 우리는 크게 낙담 을 한 채 할 말을 잃고 흩어졌다.

물론 국군 작전지휘권이 이 사건으로 사라진 것은 아니다. 본래 군 의 작전지휘권은 50년 7월 14일 이승만 대통령이 '공산군의 침략을 효과적으로 격퇴하기 위해' 국군 지휘권을 유엔군에 통합하도록 하 는 '작전권 이양에 관한 서한'을 맥아더 유엔군 사령관에게 보냈고 사흘 후인 7월 17일 맥아더가 이를 수락함으로써 그날부터 유엔군,

다시 말해 유엔군의 지휘권을 가진 미군에게 넘겨졌었다.

그러나 유엔군 사령관과 8군 사령관을 각각 맡았던 맥아더와 워커 및 그 후임자인 리지웨이 총사령관과 밴플리트 사령관은 육군이 전선의 일부를 독자적으로 담당하는 분담分擔 방식으로 전쟁을 치뤘고 국군 군단에 대해서도 육군본부를 거쳐 작전 지휘권을 행사해 이양 받은 지휘권을 융통성 있게 행사했다.

그러나 국군 3군단 폐지를 계기로 전선에 투입된 국군 사단은 1군단 예하의 3개 사단을 제외하고 모두 미 군단 예하로 가고 1군단도 8군 예하로 전환한 것이다.

군단 규모로서는 내가 지휘하는 1군단만이 남은 것이다.

한국의 육군본부는 작전에 관한 한 유명무실한 존재로 전락했다.

1951년 5월, 강릉의 육본 전방지휘소에 모인 정일권 총참모장, 백선엽 1군단장, 최홍희 1군단 참모장, 이준식 전방지휘소장(왼쪽부터)

이때 만약 1군단마저 작전에 실패했었다면 육군은 군단 이상 고급 사령부가 하나도 없이 전쟁을 치러야 했을 것이다.

육군 수뇌부의 진용도 개편됐다. 6월 24일부로 정일권 총장이 물러나고 이종찬 소장이 육군 참모총장에 임명됐다.

3군단장 유재흥 소장은 육군 참모차장에, 이준식 준장은 참모부장에 각각 임명됐다.

| 전선 교착 중에 실시된 국군 집중 훈련 |

51년 6월, 전선은 임진강에서 철원, 금화를 거쳐 거진에 이르는 선을 형성하고 있었다.

1군단은 수도사단(사단장 송요찬 준장)이 좌익, 11사단(사단장 오덕준 준장)이 우익에 배치돼 전선 최북단에서 진격을 지휘했다.

1군단이 최북단에 진출했다고는 하나 미 해군이 원산 앞바다까지 제해권과 제공권까지 장악하고 있었던 점을 감안하면 동부전선에서는 더 큰 전과를 기대할 여지가 있었다.

나는 1군 사령부를 강릉에서 다시 속초 남쪽 해변 솔밭으로 옮기고 향로봉香爐峯 산맥 전투를 지휘했다.

이즈음 나는 밴플리트 사령관으로부터 새 작전준비 명령을 받았다. 그것은 '고저庫底 상륙작전'이었다.

한ㆍ미 4개 군단이 참가하는 대대적인 규모였다.

작전 내용은 이렇다.

1군단은 동해안을 따라 원산 동남쪽 30km지점인 고저로 진격한다. 철원까지 진출한 미 9군단은 경원선京元線을 따라 신고산으로 진격하며 1군단의 좌익 미 10군단은 양구楊口와 문등리文登里를 거쳐 북한강

상류를 따라 금강산 서쪽을 돌아 역시 고저를 공격하는 것이었다.

일본 주둔 미 16군단은 예하의 미군 2개 사단이 해상 기동하여 고저를 상륙, 지상 공격부대와 연계한다.

이 작전은 양구군 해안면과 금강산을 거점으로 하는 적군을 포위해 섬멸하여 동해안에서는 북위 39도까지를 확보하자는 것이었다.

작전 준비 명령을 받은 나는 가슴을 설레며 공격 명령을 기다렸다.

그러나 공격 개시 명령은 끝내 내려오지 않았다.

유엔군 총사령관 리지웨이의 승인을 얻지 못한 것이다. 이로써 공격은 계속하되 대작전大作戰은 피한다는 미군 방침이 명백해졌다.

압록강과 두만강까지 북진을 포기한 연합군은 차후 목표를 정전停戰에 두었다.

전쟁은 다시 새로운 양상으로 전개됐다. 38선 부근에 형성된 현 전선을 중심으로 유리한 지형을 확보하려는 진지전trench war으로 굳어졌다. 1차대전 때 서부전선과 흡사한 것이다.

동부전선에서의 1군단 전투와 관련하여 미 해군 얘기를 빼놓을 수 없다.

동해상에는 미 7함대(사령관 해롤드 마틴 Harold Martin 중장) 소속 제5순양 함대(Cruiser Division5)가 배치돼 있었다.

알레이 버크Arleigh Burke 소장이 지휘하는 이 함대는 순양함 로스앤젤레스 호를 기함旗艦으로 미 해군의 순양함 및 구축함에 캐나다 해군 구축함 두 척이 가세하고 있었다. 때로는 미주리, 뉴저지, 아이다호 등 전함戰艦이 가담해 교대로 함포 사격을 지원하기도 했다.

나는 함포 지원을 협의하기 위해 이따금 로스앤젤레스 함으로 가 버크 제독을 만났다.

버크 제독은 태평양전쟁 중 솔로몬 해전에서 구축함대를 지휘했고

2차 대전 때는 유명한 미첼 제독의 참모장을 역임한 유능한 지휘관이
었다.

그는 49년에 소위 '제독의 반란Admiral Revolt' 사건으로 미 극동 해
군으로 좌천돼 있던 중 한국전쟁을 맞았다. '제독의 반란' 이란 'B36
폭격기만 있으면 항공모함이 필요 없다' 는 당시 존슨 국방장관의 주
장에 버크 등 제독들이 반기를 든 사건이었다.

버크 제독은 순양함과 구축함 항공작전에 대한 전문가로서 해군이
지상부대를 어떻게 지원해야하는지 명쾌한 방침을 갖고 있었다.

그가 한국전쟁 직후인 53년 아이젠하워 대통령 시절에 소장에서
대장으로 곧바로 진급하여 50여명의 선임자를 제치고 해군 참모총장

1951년 6월, 국군 2군단의 함포 지원 협의차 동해상의 美순양함 로스엔젤레스호를 방문 했을때 알레이 버크
제독(왼쪽)과 맥팔레인 대령 함장(오른쪽)이 반갑게 맞아 주셨다.

으로 발탁되어 6년간이나 재임한 것만 보아도 어떤 인물이었는지 짐작할 수 있다. 미 해군에서 건조한 신형구축함 이지스 형을 'R.E.버크' 라고 명명할 정도였다. 미 해군 역사상 생존해 있는 사람의 이름을 구축함에 명명한 것은 처음이다.

버크 제독은 내게 "나는 귀하의 포병사령관" 이라며 내 지원 요청이 있을 때마다 최대한 받아 주었다.

돌이켜보면 전쟁 중 이처럼 미 육 · 해군에서 가장 탁월한 군인들과 만나 함께 싸우게 된 것은 나로서는 대단한 행운이었다.

버크 제독은 훗날 퓰리처상 수상작가 존 토어랜드가 그에 관한 책을 준비하기 위해 한 인터뷰 초고抄稿중 나와 관련된 부분을 내게 보내오기도 했다. 혹시 착오가 있다면 조언해 달라는 세심한 배려였다.

그중 일부를 소개하면 다음과 같다.

'내가 제5순양 함대에 있을 때 중요한 일로 기억되는 것이 있다. 그해(51년) 5월 내 오랜 친구 백선엽 소장이 지휘하는 아군 지상군 한국군 1군단은 공산군을 격퇴하고 있었다. 1군단은 동해안을 따라 북진했고 나는 해안 함포사격으로 그들을 지원했다. 함대의 함포는 백소장이 가진 화력이 전부였다. 우리가 가진 함포는 6인치 및 8인치 포와 구축함의 함포 및 기관포 등이었다. 상당한 화력이었다. 그러나 나는 물론 백 소장도 지상 통제반Groung Control Party을 갖고 있지 못했다. 그래서 백 소장 사령부에 내 참모 절반을 보내 '무전기를 갖고 가서 백 소장이 무엇을 원하는 지, 어디에 사격을 할 것인지 보고해 달라'고 했다.

왜냐하면 백 소장은 우리에게 일방적 요청만을 해오며 매일 우리가 보유하고 있는 탄약 전량을 요구하고 있었기 때문이었다. 그는 탄약에 대한 개념을 갖고 있지 못했다. 그래서 내 참모들을 교대로 파견한 것이었다.…백 소장은 영어를 잘했다. 상당수 한국군 장교들이 영어를 할 줄 몰라 언어소통에 대단한 어려움이 있었던 것과 대조적이었다. 나는 자주 백 소장을 찾아갔으며 그도 이따금 나를 방문했다.

어느 날 백 소장은 8군 사령관 밴플리트가 군단 사령부를 방문할 예정이니 나도 군단에 와 주었으면 한다고 연락해 왔다. 나는 밴플리트 사령관을 만나기 전에 실제 전투를 경험하기 위해 야간 수색을 함께 나가 보자고 했다. 백 소장은 흔쾌히 승낙했다. 나는 '장성 2명으로 이뤄진 대단한 수색대가 됐다'고 농을 하며 함께 수색에 나섰다. 알람alarm 손목시계를 오후 4시에 맞추고 전선에 들어갔으나 곧 고장 나 버렸다. 우리 일행은 신속히 매복했다. 그곳에는 수많은 참호가 있었다. 밤새 수많은 총격전이 벌어졌으나 다행히 부상자는 없었다. … 밴플리트 사령관이 방문하자 백 소장이 전황을 보고했다. 보고가 끝났다고 생각하는 순간 갑자기 그가 나를 지명하며 이렇게 말했다. "다음은 본관의 포병사령관 알레이 버크 제독이 설명하겠습니다." 사전에 아무런 예고도 해 주지 않았지만 나는 하는 수 없이 주섬주섬 브리핑을 해야 했다.'

당시 미 해군은 함포탄 1발 가격이 최고급 승용차 캐딜락 1대 값과 맞먹는 1만 달러에 달한다고 했다.

수병들이 함포 사격 구령에 맞춰 "캐딜락 1대가 날아간다! One more Cadilac on the way"라고 복창하는 소리를 들을 수 있었다.

나는 당시 일을 통해 해군은 육군과 여러 가지 다른 관행을 갖고 있음도 볼 수 있었다.

함대사령관은 항해 중 정보·작전·통신장교로 구성된 참모진을 가지고 있다. 전함이나 순양함장들은 식당조차 가지 않고 함교를 지키며 군함을 지휘한다. 전문電文도 함장에게 가장 먼저 전달된다. 식사는 하루 네 끼였다.

미 해군은 함정에서 금주禁酒인 반면 캐나다 해군은 음주가 허용됐다. 따라서 내가 보트 편으로 오갈 때 캐나다 구축함장은 나를 초대해 주기도 했다.

여하튼 버크 제독과 친밀한 관계를 유지한 덕분에 동해안 전투에서는 압도적인 화력의 우세 아래 마음 놓고 싸울 수 있었다. 그는 자신의 군의관을 시켜 그때까지 내내 나를 괴롭혀온 말라리아를 완치시켜 주기도 했다.

군단배속 1101공병단은 이 무렵 미 8군 지원 요청에 따라 대포리大浦里에 활주로를 닦았다. 이 활주로는 출격 중 적의 대공사격이나 공중전에서 적에게 피격돼 항공모함으로 돌아갈 수 없는 함재기들이 이따금 비상 착륙하는 곳으로도 이용됐다. 이 활주로가 오늘날 속초 비행장이다.

해체된 3군단에서 3사단을 배속 받게 된 나는 3사단을 후방에 예비로 두고 사단 재건에 힘을 쏟아야 했다. 김종오 사단장이 해임되고 백남권白南權 준장이 사단장에 보임됐다.

3사단은 병력이 절반가량으로 줄어 있었고 장비도 대부분을 잃었다. 제주도 훈련소에서 신병을 보충받아 인원을 충원하고 대구 육본을 통해 장교와 무기를 받았다.

사단의 전력을 회복하는 데에는 상당한 시간이 걸렸다.

3군단의 현리縣里패전이 있기 전부터 우리 정부와 미군측은 국군의 전투력을 증강시키는 것이 시급하다는 데 의견이 일치하고 있었다.

그러나 방법에 있어서는 상반된 입장이었다. 이승만 대통령은 기존 10개 사단 이외에도 추가로 10개 사단을 늘려야 하며 장비도 미국이 지원해 줄 것을 거듭 요청했다. 반면 리지웨이 총사령관과 밴플리트 사령관은 기존 사단조차 잘 싸우지 못하는 마당에 사단 증설은 낭비에 불과하다는 이유로 받아들이지 않았다.

이런 논의가 오가는 가운데 중공군의 추계 공세를 당했고 국군 사단들은 미군 주장을 입증해 주듯이 임무를 완수하지 못했다.

오히려 미 합참의장 브래들리Omar Bradly 원수는 한국군 부대를 미국 장교들이 지휘하는 게 어떻겠느냐는 의견을 내놓기까지 했다고 한다.

이승만 대통령은 한국군에게 우선 필요한 것은 지휘 능력과 훈련이지 병력과 장비 증강이 아니라는 미군 측의 주장에 동의하지 않을 수 없었다고 하니 당시 군인의 한사람으로서 부끄러움을 감출 길이 없다.

어떻든 이렇게 해서 시작된 것이 '한국군 집중 훈련'이다. 밴플리트 사령관은 2차대전 후 그리스에 군사 사절 단장으로 있으면서 그리스 군을 재건하는 공산 게릴라와 싸워 큰 성과를 거둔 경험이 있었다. 그는 이 경험을 우리나라에도 적용할 기회를 갖게 된 것이다.

밴플리트 사령관은 51년 7월 들어 그 첫 단계로 야전 훈련사령부 Field Training Command를 설치했다. 미 9군단 부군단장 크로스Thomas Cross 준장을 책임자로 하고 훈련 경험이 있는 150여명의 미군 장교와 하사관이 훈련을 담당하게 했다.

속초 남쪽에 서둘러 훈련장이 마련되자 3사단이 맨 먼저 훈련에 들어갔다. 훈련은 9주간에 걸친 기초 훈련에 개인 훈련 분대 · 소대 · 중대훈련을 백지상태에서 새로 시작하는 형식으로 진행됐다. 사단장이하 전 장병이 참가했으며 훈련 후 시험에 합격하면 전방에 다시 투입되는 식이었다. 3사단은 시험을 거쳐 미 10군단에 편입돼 전선에 투입됐다.

이어 전투중인 각 사단이 차례로 훈련을 거쳐 이듬해 말까지 10개 사단이 모두 훈련을 완료했다. 훈련을 거치며 전투 중 손실된 인원과 장비를 100% 확충해 주었다.

훈련을 거친 사단은 전선에 재투입되어 전과 확실히 다른 면모를 보였다. 이 훈련이 오늘날 육군의 뿌리를 튼튼히 하는 기초가 되었음은 부인할 수 없는 사실이다.

밴플리트 사령관은 이종찬 육군 참모총장과 협의하여 대구에 참모학교도 설치(51년12월)하고 4년제 육군사관학교를 진해에 창설(52년1월)했다.

51년 말에는 장교 250명을 선발해 포트 베닝(Fort Benning · 미 보병학교)에 150명, 포트 실(Fort Sill · 미 포병학교)에 100명을 단기 유학시켜 장교들의 지휘 능력을 집중 교육시켰다. 성과가 있자 유학 계획을 반복 시행했다.

이 결과 육군은 급속히 성장했다. 휴전당시까지 전선의 3분의 2를 국군이 담당할 수 있었던 것도 이같은 노력의 결과였다.

51년 초여름 이후 1군단 사령부에는 이승만 대통령과 이기붕 국방장관이 번갈아 방문하며 우리를 독려했다.

이 장관은 처음 나에게 또박또박 존대 말을 했다.

나는 나이 차이가 많은 점을 들어 "경어를 생략해 하대해 주십시오"라고 청했지만 그는 "장군이 비록 나보다 나이가 어리다 해도 수만 명의 부하를 이끄는 데 어찌 하대할 수 있습니까"라며 존댓말을 썼다. 그는 위문금 50만환을 각 부대에 나눠주고 가기도 했다. 이기붕은 4 · 19로 비극적인 종말을 맞았으나 내 생각으로는 초기에는 퍽 겸손하고 온건했던 인물로 기억된다.

전쟁이 한창일 때도 양양, 속초, 주문진 등에서는 어부들이 고기를 잡으러 출어했다. 어민들의 끈질긴 생명력을 느낄 수 있었다.

현리전투에서 국군 3군단 붕괴 이후 밴 플리트 美8군사령관은 크로스 준장 책임하에 야전훈련사령부(FTC)를 설치, 1951년 7월 국군 3사단을 시작으로 각 사단이 9주간 동안 사단장 이하 전장병에게 국군 집중훈련을 실시케 하였다.

　이곳 일대에는 벌써 함경도와 강원 북부지방에서 월남한 피난민들이 내려와 있었으며 한동안 소형선박으로 남하해 오는 피난민들도 끊이지 않았다.

　당시 38선 이남지역은 정부가 행정을 관할한 반면 38선 이북 수복지역에 대해서는 군정이 실시됐다. 따라서 양양 이북은 1군단 민사처 군정 관할 지역이었다.

　전선이 현 휴전선 근처로 교착되면서 군정軍政이 해를 넘기며 이어지자 나중에 군이 민폐를 끼치는 사례가 빈발해졌다. '소한민국小韓民國'이라 비꼬는 얘기가 전해질 정도였으니 참으로 유감스러운 일이었다.

06

무엇을 잃고
무엇을 얻을 것인가

★ ★ ★ ★

"우리는 통일이 목표야. 지금 휴전하자는 것은 국토를 분단하는 것이야.
나는 절대 반대다." 이대통령이 강한 어조로 불만을 표시했다.
나는 당황할 수 밖에 없었다. 대통령이 분명히 반대하는 휴전회담에
한국측 대표로 참석해야 하다니… 문산은 내가 전쟁중 후퇴와 진격을 반복하며
수차례나 그곳을 무대로 싸운 곳이다. 수많은 전우들의 몸을 바친 전쟁터를
이번엔 휴전을 위해 찾아가는 것이다.

아무도 바라지 않는 휴전회담의 한국대표로

51년 7월초 버크 제독이 속초 1군단사령부를 찾아왔다. 그는 '급한 용무가 있으니 동경으로 돌아오라'는 명령을 받았다면서 이임 인사차 온 것이라고 했다.

급한 일이란 다름아닌 곧 열리게 될 휴전회담 대표 요원으로 선발된 것이었다. 나 또한 대표단에 합류해 일주일 후에 그와 함께 일하게 되었으나 당시 이에 관한 언급은 전혀 없어 그를 다시 만나게 될 줄은 몰랐다.

버크 제독이 다녀간 다음날 밴플리트 사령관으로부터 군단사령부가 아닌 간성杆城 해변 가에서 만나자는 연락이 왔다. 사무실이 아닌 곳에서 만나자고 하길래 뭔가 중요한 얘기가 있구나 하는 예감을 갖고 약속 장소로 나갔다.

밴플리트 사령관은 점심으로 준비한 샌드위치를 나누어 주며 전황

242

과 시국에 관한 여러 가지 얘기를 하던 중 "휴전회담이 곧 열리게 된다는 뉴스를 들었느냐"고 물었다.

물론 나도 관련된 뉴스를 간간이 듣고 있었다. 그러나 군단사령관으로서 잘 싸우는 것이 급선무였기 때문에 큰 관심을 두고 있지 않았다. 다만 미국이 벌써 전쟁에 싫증을 내는 것이 아닌지 미국이 공산 측에게 속아 넘어가는 것은 아닌지 염려하는 정도였다.

밴플리트 사령관은 내게 "중국어를 하느냐"고도 물었다. 그리고는 별 말 없이 떠났다.

다음날엔 이종찬 참모총장에게서 전화가 왔다. 곧 휴전회담이 열리는 데 유엔군 측 요청으로 내가 한국 측 대표가 됐다는 것이었다. 군단장 임무는 계속 수행하되 부군단장 장창국張昌國 준장에게 군단장을 대신 맡게 하고 즉시 부산으로 가 이승만 대통령에게 보고하라는 것이었다.

휴전회담은 소련 부외상 겸 유엔대표 말리크Jacob Malik가 6월 23일 (한국시간 6월 24일 상오 6시 15분) 미국 CBS 방송을 통해 최초로 제의했고 일주일 뒤인 6월 30일에 리지웨이 유엔군사령관이 원산항에 정박 중인 덴마크의 병원선 유틀란디아Jutlandia 선상에서 회담을 열자고 장소를 제안함으로써 이뤄지게 되었다.

이어 7월 1일 중공이 북경 방송을 통해 회담 장소를 개성으로 하자고 수정 제의함에 따라 7월 10일 제1차 회의를 개성에서 열기로 양측이 합의했다.

나는 7월 8일 경비행기 편으로 부산으로 날아가 경무대를 찾았다. 보고를 받은 이 대통령은 심기가 편치 않아 보였다.

"미국 사람들은 휴전을 하려고 하는데 백만 중공군이 내려와 있는 마당에 휴전이 말이 되는가. 우리는 통일이 목표야. 지금 휴전하는 것은 국토를 분단하는 것이야. 나는 절대 반대다."

대통령이 강한 어조로 불만을 표시하니 당황할 수밖에 없었다. 대통령이 반대하는 휴전회담에 한국 측 대표로 참석해야 하는 상황이었으니 말이다.

"저는 대한민국 군인이올시다. 참모총장께서 휴전회담에 참석하라는 연락을 했으나 각하의 뜻이 그러하시다면 참가하지 않겠습니다."

나는 이렇게 말했다.

이 대통령은 "미국 사람들이 저러니 안갈 수도 없다. 미국 사람과 협조하는 뜻도 있고 하니 참석하도록 하라"고 했다.

나는 대구 육군본부에 들러 이종찬 총장에게 연락을 하고 문산汶山으로 향했다. 이 총장은 이수영李壽永 대령(전 주불대사)이 먼저 합류해 연락장교로서 나를 보좌할 것이라고 말해 주었다.

문산은 내가 전쟁 중 후퇴와 진격을 반복했던 곳이다. 수많은 전우들이 몸을 바친 전쟁터를 이번엔 휴전을 위해 찾아가다니 착잡했다. 더구나 정부나 유엔군 측으로부터 임명장도 없이 구두명령만 받고 가는 길이었다.

문산 동편 개울가 사과밭에는 휴전회담 관련 요원들이 묵을 천막촌이 '평화촌Peace Camp'이라는 이름으로 차려져 있었다.

유엔 측 회담 대표는 미 극동 해군 사령관 조이Turner Joy 중장을 수석으로 미 8군 참모부장 호디스Hank Hodes 소장, 미 극동 공군 부사령관 크레이기Lawrence Craigie 소장, 미 극동 해군 참모부장 버크Arleigh Burke 소장 그리고 나였다.

회담 진행과 관련된 실무 접촉을 담당하는 연락장교단은 키니Andrew Kinney 공군 대령, 머레이James Murray 해병 대령, 이수영 대령으로 구성됐고 영어-한국어 통역은 연세대학교 창립자의 두 아들인 미국 위관급 장교 언더우드 형제가, 영어-중국어 통역은 나중에 대령까지 진급한 중국계 미국인 우 준위가 담당했다. 공산 측 통역관은 중공군 1명, 북한군은 설정식薛貞植이라는 자였다.

미 기병사단 부단장이던 앨런Leven Allen 준장이 공보를 담당했고 국제법 전문가 등 약 100명의 요원이 평화촌으로 집결했다. 평화촌 분위기는 미국인의 낙천적 성격을 반영하듯 비교적 밝았다.

"열흘쯤 지나면 협상이 타결되지 않을까"라는 얘기도 돌아다녔다. 단순 솔직한 성품의 군인끼리 하는 회담이므로 간단히 결말이 날 것으로 생각하는 듯 했다. 나는 공산 측과의 회담이 쉽지 않을 것이라고 말했지만 귀를 기울이는 사람은 아무도 없었다.

7월 10일 아침 대표단 일행은 간단한 회합을 마치고 헬리콥터 편으로 회담장인 개성開城으로 향했다. 첫 회담이 있기 전 양 측 연락장교단이 예비 접촉을 갖고 우여곡절 끝에 회담 장소와 첫 회담 일자를 합의해 두었다.

리지웨이 사령관은 "우리는 강대국이다. 위신을 세워 정정당당하게 임하라"고 거듭 강조하며 대표단을 직접 전송했다.

대표 일행에게는 손거울이 하나씩 주어지기도 했다. 만약 위급한 경우가 생길 때 거울로 구조 항공기에 신호를 하면 구조대가 즉각 출동하리라는 것이었다.

회담 장소는 개성 동북쪽 선죽교에서 멀지 않은 내봉장來鳳莊이라는 한옥이었다.

내봉장에서 가까운 인삼관人蔘館이 유엔 측 전진 기지 역할을 하는 장소로 지정됐다. 헬기로 인삼관 근처에 내려 육상으로 온 실무진과 합류해 다시 지프로 옮겨 타고 내봉장으로 갔다.

내봉장은 99칸짜리 대단한 한옥이었으나 폭격으로 일부가 파괴되

1951년 7월 16일 휴전회담장에서 휴식을 취하는 UN측 대표단 (왼쪽부터 크레이기 소장, 백선엽 소장, 조이 제독, 호디스 소장, 버크 제독)

휴전회담장인 내봉장(來鳳莊) 앞뜰에 선 공산측 대표단 (왼쪽부터 중공군 대표 세황, 덩화와 북한측 대표 남일(수석 대표), 이상조, 장평산)

어 있었다. 본가本家 지붕에도 구멍이 나 있었다.

장방형 탁자를 사이에 두고 양측이 역사적인 첫 대면을 하게 됐다.

공산측은 북한군 남일南日 중장(총참모장)을 수석으로 이상조李尚朝 소장, 장평산張平山 소장과 중공 측의 덩화鄧華 중공군 부사령관과 세황(解方·중공군 참모장 겸 정치위원)으로 구성됐다. 미 극동 해군사령관 조이와 남일이 중앙에 마주 앉았고 나는 조이 사령관의 오른쪽에 앉아 이상조와 마주보게 됐다.

악수나 인사조차 없는 차가운 대면이었다.

각 5명씩 10명의 대표가 마주했으나 발언은 양측 수석대표로만 국한했다.

사용 언어는 한국어, 영어, 중국어로 번갈아 통역하며 진행됐다.

첫날 회의는 회담에서 다룰 의제에 관한 것이었다.

조이 사령관은 첫 발언에서 "회담이 계속되는 동안 전투는 계속될 것"이라고 전제하고 휴전선 확정, 포로교환, 휴전의 시행과 보장을 위한 방안 등을 의제로 제안했다.

남일 중장은 외국군 철수를 안건에 추가할 것을 주장했다. 유엔 측이 그 문제는 정치적 문제이므로 군인들끼리인 휴전회담에서 다룰 성질이 아니라 별도 정치회담에서나 논의할 수 있는 사안이라고 반대했으나 막무가내였다.

회담은 지루하게 이어졌다. 내가 하는 일은 마주앉은 상대를 노려보는 것 뿐이었다. 나는 회담이 순조롭게 진행된다고 즐거워해야 할 이유도 없었고 그렇지 않다 해서 실망할 이유도 없었다. 오히려 우리 정부 입장에서는 회담이 결렬되어야 마땅했다.

첫 회담에서 아무 합의사항 없이 평화촌으로 돌아왔다.

첫날부터 회담장 주도권은 공산측이 쥔 듯 했다.

휴전회담장으로 들어가려는 UN군 특파원을 저지하는 공산군. 그때나 지금이나 공산군의 어거지 행태는 변함이 없다.

회담장 주변에는 적군들이 배치돼 경비와 안내를 맡아 우리는 적진에 들어간 기분을 느껴야 했다. 그들은 자기 쪽 의자를 높게 만들고 탁자 위 깃발도 자기들 것을 더 큰 것으로 내세웠다. 보도요원도 공산측에게만 개방했다. 마치 자기네들이 전승자戰勝者인 양 무대장치를 꾸며놓은 것이었다. 이런 것들을 하나하나 고치는 데 많은 시간이 걸렸다.

보도진의 출입문제로 7월 12일부터 사흘간 회담이 결렬됐다. 자유세계에서 보도진이 없는 국제회담은 의미가 없는 것이다.

공산측이 유엔 측 보도진의 개성 출입을 허용하면서 회담이 재개됐다.

의제에 관한 논의가 본격화하면서 논쟁의 초점은 휴전선을 어디로 획정할 것인지에 모아졌다.

조이 사령관은 현 전선을 주장한 반면 남일 중장은 38선을 거듭 주장했다.

당시의 전선은 앞서 밝힌 것처럼 개성~철원~금화~거진에 형성돼 서부전선 일부를 제외하고는 모두 38선에서 훨씬 북쪽에 형성돼 있었다. 더욱이 공산군은 춘계공세 실패 타격에서 헤어나지 못하고 있어 유엔군이 마음만 먹는다면 진격이 불가능한 상황도 아니었다.

다만 그들을 협상 테이블에 끌어 들이기 위해 대규모 공격을 하지 않겠다고 천명하고 있는 형편이었다.

남일 중장은 "38선은 국제적으로 인정된 선이고 전쟁 전에도 38선이 경계선이었으므로 휴전선은 마땅히 38선으로 되돌아 가야한다"고 녹음테이프처럼 반복하고 강조했다.

이럴 때마다 조이 사령관은 "전쟁에서 잃은 것을 회담에서 되찾으려 하지 말라"고 응수했다.

이런 지루한 논의가 끝없이 전개되는 것을 지켜보는 것은 여간 고역이 아니었다. 나는 미군이 협상을 진전시키기 위해 불이익을 감수하면 어쩌나 하는 불안감을 지울 수 없었다. 그러나 양측 대표들은 모두 회담에 어떤 제안을 하거나 상대 제안에 응답하는데 재량권을 갖고 있지 않은 듯했다. 우선 유엔 측은 매일 회담 진전사항을 워싱턴의 합동참모본부와 동경 유엔군 사령부에 연락하고 지시를 받았다.

이를 위해 당시로서는 최첨단 통신차량이 배치됐다. 이 차량에는 워싱턴과 동경에 직접 전문을 송 수신할 수 있는 장비가 갖춰져 있었다. 전송 스크린이 있어 전문을 타전하면 즉각 워싱턴과 동경에 있는 스크린으로 전송돼 판독할 수 있다는 것이었다. 이를 통해 미군은 회담과 관련한 본국 지시를 지체 없이 받을 수 있었다.

반면 공산측은 대표단 스스로 답을 할 수 없는 사안이 나오면 휴회를 신청했다. 더러는 며칠 후에야 답변이 나오는 경우도 허다했다.

양측이 회담에서 다룰 의제를 합의하는 데만도 보름이 걸린 것은 이처럼 통신시설의 차이에서도 어느 정도 기인했던 것 같았다.

우리 정부가 내게 보내는 지시는 특별히 없었다. 내가 회담내용을 그때그때 정부나 육본에 보고하도록 요청받지도 않았다. 휴전회담에 대한 우리 정부의 입장은 변영태卞榮泰 외무장관이 회담개시 전에 발표한 5개항의 조건이 있을 뿐이었다.

1. 중공은 한만 국경을 넘어 한반도로부터 완전히 철수하되 북한 비전투원의 생명과 재산에 손상을 가해서는 안 된다
2. 북한 괴뢰군도 무장을 해제해야 한다
3. 유엔은 제3국들이 북한 공산당에 군사적, 재정적 또는 기타의 형식으로 원조하지 못하도록 방지함에 동의해야 한다
4. 대한민국의 정식대표는 한국 문제의 전부 또는 일부를 토의하거나 고려하는 어떠한 국제회의 또는 회합에도 참가해야 한다
5. 한국의 주권이나 영토를 침범하는 안이나 행동은 어떤 것이라도 효력이 있는 것으로 인정하지 않는다

공산측은 물론 유엔측도 받아들이기 어려운 조건들이었다.

7월 2일 육본 정보국장 김종면金宗勉준장이 찾아왔다. 그 후 김 준장의 안내를 받아 이기붕 국방장관과 이종찬 육군 참모총장, 손원일 해군 참모총장, 김정열 공군 참모총장 등이 찾아와 격려하고 갔다.

이종찬 총장은 육당 최남선六堂 崔南善이 쓴 '조선 력사'를 건네주면서 읽어보라고 했다. 우리나라는 과거에도 임진왜란, 병자호란 등

휴전회담 장소인 평화촌의 백선엽 장군 막사를 방문한 육군참모총장 이종찬 장군

국난을 당하고 휴전회담과 유사한 강화를 해야 했던 역사가 있는 만큼 역사의식을 갖고 이 회담에 임하라는 조언이었을 것이다.

내가 유엔 측 동료대표에게 처음 항의한 것은 국호 문제였다. 그들이 작성한 준비서류에는 우리나라 호칭이 한결같이 남한South Korea으로 표기돼 있었다. 나는 첫 회담 직전에 이를 발견하고 이것을 모두 대한민국Republic of Korea으로 바꾸도록 요청해 관철시켰다.

회담이 두세 차례 진행됐을 즈음 나를 다시 찾아온 이기붕 장관은 "우리 정부 입장으로는 중공군을 한반도에서 몰아내고 휴전을 해야지 현 상태로는 반대다"라는 말을 남기고 떠났다. 이승만 대통령의 말이나 이기붕 장관의 말을 종합해 볼 때 나는 평화회담에서 내 입장을 분명히 해둘 필요가 있음을 강하게 느꼈다.

나는 친분이 있는 버크 제독에게 "우리 정부가 이 회담에 반대하는데 내가 한국 측을 대표해서 계속 회담장에 앉아 있기가 어렵지 않겠는가?"고 상의했다.

버크 제독은 수석대표와 상의하는 것이 좋겠다면서 조이 제독과 면담을 해 보도록 권유했다.

나는 곧 조이 수석대표와의 면담을 요청했다. 사안의 중요성에 비춰 이수영 대령과 동행해 그로 하여금 정확히 통역을 하게 했다.

조이 대표는 내 설명을 듣자 당황했다. 그는 "공산측은 물론 전 세계가 주목하고 있는 이때에 휴전회담 대표단 안에 불화가 있는 것처럼 알려지면 곤란하다"며 "당신은 지금 국군이 아니라 유엔군 사령관 리지웨이 장군 휘하에 있다"는 말도 했다.

그러고 나더니 "어떻든 리지웨이 사령관에게 보고해 결론을 얻어 줄 테니 그때까지 회담에는 계속 참석해 달라"고 했다.

휴전회담 주춤, 다시 전선으로

내가 조이 수석대표에게 입장을 전달한 지 2, 3일 후에 이기붕 국방장관이 평화촌으로 나를 찾아와 이승만 대통령의 친서를 전해 주었다. 영문으로 된 친서 요지는 '나는 유엔군 측이 대한민국을 분단하는 여하한 협정도 원하지 않으나 유엔 측에 협력하여 휴전회담에 계속 참석하기 바란다'는 것이었다.

이 대통령과 무초 주한 미 대사 및 리지웨이 사령관 사이에 어떤 협의가 있었음을 짐작할 수 있었다.

나는 우리 정부의 희망을 또한 그때그때 나의 판단에 따라 필요한 사항을 유엔 측에 전달하여 그것을 회담에 힘닿는 데까지 반영시켜야겠다고 결심했다.

리지웨이 사령관은 때때로 동경에서 날아와 평화촌을 방문했기 때문에 나는 자주 대면할 수 있었다. 의제 합의를 앞두고 회담장에서 휴전선 문제로 연일 줄다리기를 하고 있을 즈음, 나는 사령관에게 "공산측이 38선에서의 휴전을 고집하는 데 우리는 오히려 평양-원산 선을 휴전선으로 제시해야 한다"고 주장했다.

적의 무리한 요구에는 역시 무리한 주장으로 맞서야 한다는 뜻도 있는 한편 그 선까지의 제한적 공격은 현실적으로도 가능하지 않겠느냐는 것이 나의 생각이었다.

그러나 장군은 "아군이 그 선까지 진출하고 있지 않는 한 의미가 없다"면서 그 선까지 쟁취하자면 많은 희생자를 내야할 것이라고 난색을 표시했다. 또 새로 전면공격을 시작하기에는 병력도 부족하고 교량자재도 충분치 않아 보급선을 유지하기가 어려운 형편이라고 말했다.

나는 평양-원산 선까지는 가지 못하더라도 현 전선에서 휴전하는 것은 한강을 '죽은 강Dead River'으로 만들기 때문에 백보를 양보하더라도 예성강까지는 탈환해야 한다고 강력히 주장했다.

이에 대해서도 그는 마찬가지 이유를 들며 부정적이었다.

리지웨이 사령관은 맥아더 총사령관과는 달랐다. 본국 정부 입장에서 한 치도 이탈하지 않는 충실한 태도로 일관했다.

나는 그와 우리나라 통일문제로도 논쟁을 벌이곤 했다.

나는 우리나라가 과거 통일국가로서의 전통을 갖고 있어 휴전도 통일을 전제로 이뤄져야 한다고 거듭 주장했다.

그러나 그는 어디서 들었는지 마한, 진한, 변한을 일본 발음으로 외우기도 하고 삼국시대 예를 들며 한국은 과거에도 세 갈래로 나누어진 적이 있었다며 반론을 폈다.

그렇다고 그가 내 주장을 묵살한 것은 아니었다.

7월 31일 "군사분계선은 지상군과 공·해군의 전선을 고려할 때 압록강과 개성開城~ 평강平康지구를 연결하는 지상군 전선 사이에서 구하지 않으면 안 된다"는 성명을 발표한 것이다.

이것은 지상군은 개성-평강에서 대치하고 있으나 제공권과 제해권을 고려하면 현 전선보다 훨씬 북쪽의 어떤 선을 군사분계선으로 주장할 수 있다는 논리였다.

그의 성명은 38선에서의 휴전을 주장하는 공산 측과 공산 측의 강력한 주장에 혹시 양보할 지 모른다고 유엔 측을 의심하는 한국 정부 양쪽을 모두 의식한 것이다.

여하튼 유엔 측은 이를 계기로 회담에서 종전의 유화적인 태도를 버리고 공산 측과 팽팽히 맞섰다.

이 성명이 나오기 전 양측은 7월 26일 제 10차 회의에서 다음 5개항에 합의했다.

1. 회의사항의 채택

2. 양 군 간의 완충지대 설치

3. 전투정지와 휴전상태를 감시하기 위한 명확한 기구 설치

4. 전쟁포로 교환에 대한 제반 조치

5. 쌍방의 관계국 정부에 대한 권고

이 합의는 양측이 종래 주장하던 한 가지씩을 양보함으로써 이뤄졌다.

유엔 측은 4항 중 '국적國赤의 포로수용소 방문'을 포기했고 공산측

은 2항 중 '38선'을 삽입할 것과 외군 철수 문제를 철회했다.

공산측이 '38선'과 '외군 철수'를 합의 의제에 명기하지 않았다고 해서 북한군 주장을 철회한 것은 아니었다.

남일 중장은 오히려 2항을 다루기 시작한 다음 회의부터 목청을 높여 이것을 더욱 줄기차게 주장하고 나섰다.

우리 정부는 이때 내가 회담대표를 사퇴할 것이라는 설을 흘려 유엔 측의 혹시 있을지 모르는 양보를 저지하는 수단으로 활용했다. 때맞춰 휴전반대 데모도 남한 각지에서 일어났다. 리지웨이 사령관의 성명이 나온 것은 바로 이런 시점이었다.

군사분계선에 대한 논의는 여러 차례 회담이 열리는 동안 한발 짝도 진전되지 못한 가운데 8월 23일부터 회담이 장기간 중단되기에 이르렀다. 공산측은 유엔 공군기가 개성의 중립지대를 폭격했다는 날조된 사건을 트집 잡아 회담 중단을 일방적으로 통고했다.

유엔 측도 이보다 앞서 8월 4일에 중공군 중대병력이 회담장 근처 중립지대에 들어온 것을 들어 회담을 중단시킨 적이 있었다.

그때 나는 점심시간에 대표단 일행과 함께 인삼관 입구 계단에서 쉬고 있었는데 약 300m 거리에서 중공군이 기관총과 박격포를 메고 일렬로 행군하는 놀라운 장면을 목격했었다.

이 사건은 공산측이 이례적으로 사실을 인정하고 사과함으로써 회의는 6일 만에 속개됐다.

회담 중 북한 측 3인의 대표는 시종 딱딱한 표정이었다. 남일 중장은 화가 난 듯한 얼굴로 줄담배를 피웠다. 이상조는 어느 날 양측 의견 대립으로 서로 "귀측은 할 말이 없는가"라는 말만 주고받은 후 약 1시간 가량 침묵으로 마주 앉아 있는 도중 백지에 빨강 색연필로 낙서를 하더니 슬며시 나에게 비쳐보였다. 거기에는 "제국주의자의 주구走狗는 상가 집 개만도 못하다"고 적혀 있었다.

주먹으로 한 대 갈겨주고도 싶었지만 감정을 나타내지는 않았다. 우리가 부국강병해져서 그들을 이길 힘을 기르는 것 말고 다른 방법이 없다는 생각 뿐이었다.

이들에 비해 2인의 중공군 대표는 가끔 '차이니즈 스마일Chinese smile'이라는 묘한 미소를 흘리기도 했고 특히 셰황은 상대의 체면을 손상시키지 않으려는 자세를 유지했다.

우리 눈에 셰황이 유력인물인 듯 비쳐지자 크레이 소장은 그와 인사를 나누고 싶다며 나에게 중국말 인사를 가르쳐 달라고 했다. 내가 간단한 인사말을 가르쳐주자 그는 이후 회담에 앉을 때마다 셰황에게 인사말을 건넸다. 셰황도 미소로 답했다. 그들은 삭막한 회담에서 유일하게 인사를 나누는 사이가 됐다.

휴전회담이 개시된 이후로는 공산측이 회담에서 불성실한 태도를 보이면 이에 대응해 공격을 강화했다.

유엔군은 그 일환으로 8월 18일부터 강원도 양구를 향해 공격을 강화하고 있었다. 회담이 결렬된 직후인 8월 24일경 당시 서울 동숭동의 구 서울대학교 본부건물에 들어갔던 미 8군사령부에서 밴플리트 사령관이 평화촌에 있는 내게 전화를 해왔다. 다음날 함께 1군단으로 가야겠다는 것이었다.

나는 전황이 나빠지지 않았나 짐작하며 8군사령부로 밴플리트 사령관을 찾아갔다. 내 짐작대로 1군단 공격이 지지부진하다는 설명이었다.

우리는 동대문밖 신설동 구 경마장에서 L19형 비행기를 타고 간성으로 날아가 곧바로 11사단 사령부로 향했다. 사령부는 진부령 동쪽에 자리 잡고 있었다.

사령부에는 밴플리트 사령관과 나, 미 10군단장 바이어즈Clovis Byers 소장, 1군단 부군단장 장창국 준장, 11사단장 오덕준 준장, 1군단 작전참모 공국진 대령이 한 자리에 모여 있었다.

전황은 대략 다음과 같았다. 휴전 회담 시작으로 소강상태에 접어들었으나 동부전선의 요충지인 양구 지구만은 꼭 탈환해야 한다는 것이 밴플리트 사령관의 판단이었다. 양구 지구는 동부전선의 철의 삼각지라 불려 이 분지를 장악하는 쪽이 주도권을 행사할 수 있는 요충이었다.

적도 이곳 일대에 6개 사단을 집결시키고 거점공사를 서둘러 요새화하고 있었다.

8월 18일을 기해 1군단도 향로봉을 중심으로 동해안을 등지고 동에서 서로, 미 10군단은 양구로부터 남에서 북으로 양구지구를 포위해 들어가는 공격을 개시했다.

1군단은 장창국 부군단장 지휘아래 수도사단(사단장 송요찬 준장)이 우익, 11사단이 좌익을 담당하여 깎아지른 험산에 붙어 공격전을 벌였다. 송요찬 장군의 수도사단은 공격목표인 924고지를 빼앗고 적의 완강한 역습을 물리친 반면 11사단은 목표인 884고지를 세 차례나 뺏고 빼앗기는 혈투를 벌인 끝에 금강산을 원류로 하는 남강南江을 사이에 두고 대치하고 있었다.

많은 사상자를 냈으나 적의 역습을 견뎌내지 못하고 있었다.

험한 지형과 비바람이 몰아치는 악천후 때문에 병력과 화력을 집중시키지 못한 것이 고전의 원인이었다.

나는 사단이 보유하고 있는 105mm포로는 적을 공격하기가 어렵다고 판단했다. 그리하여 밴플리트 사령관에게 155mm 포가 있어야 병력 손실을 줄이고 공격에 성공할 것이라고 말했다.

밴플리트 사령관은 갑자기 어디서 구하느냐고 반문했다.

나는 동석한 바이어즈 10군단장 지원을 받으면 된다고 했다.

바이어즈 군단장은 즉각 "곤란하다"고 난색을 표했다. 미 10군단
도 공격이 여의치 않아 지원할 형편이 아니라는 것이었다. 그러나 밴
플리트 사령관은 강한 어조로 바이어즈 군단장에게 지원을 명했다.

이튿날 155mm 곡사포 1개 중대(6문)가 11사단에 도착했다. 때마침
짙은 구름도 걷혔다.

155mm 포격이 적진에 가해지고 동해상의 항공모함에서 함재기들
이 출격해 공중지원까지 가세했다. 열흘을 끌던 혈투는 단숨에 끝장이
났다. 우리는 양구지구를 통제할 수 있는 고지를 모두 확보하게 됐다.

나는 일시적으로 평화촌을 나온 것으로 알고 있었다. 그러나 그게
아니었다. 리지웨이 총사령관과 밴플리트 사령관은 이 기회에 나를
아예 전선으로 복귀시켜 전투에 전념하도록 결정을 내렸다. 이 결정
을 놓고 미군 측은 여러모로 고심했던 것 같다.

조이 수석대표가 회담기간 중 일기를 모아 발간한 '전쟁 중의 협상
Negotiating while Fighting'이란 책에는 이렇게 기술돼 있다.

8월 27일―리지웨이로부터 김포에서 만나자는 연락을 받음. 백선엽 1
군단장이 전투에 꼭 필요한 사람이므로 회담장으로 복귀하지 않고 1군
단에 계속 남아있을 것이라고 통고함.

9월 1일―무초(주한 미국대사)와 점심 후 백선엽의 휴전회담 대표 교
체를 언론에 어떻게 발표하는 것이 좋을 지 토의 함. 리지웨이 총사령
관에게 후임으로 이형근李亨根을 발표하면서 백선엽의 1군단 복귀는
직접 언급하지 말 것을 건의하는 서한을 보냄. 무초대사는 백선엽의 교

체를 발표할 경우 한국민 입장에서 오해를 야기할 우려가 있다고 했고 나도 동의했음

이들이 나의 거취에 이렇게 신경을 쓴 것은 회담초기 내가 우리 정부 입장을 대변한다며 정치적 이유로 대표 사퇴를 암시하는 행동을 한 적이 있었기 때문이었다. 순수하게 군사적 이유로 원대복귀시키면서도 한미 휴전회담 대표 간 불화 때문인 것으로 외부에 비쳐지지 않을까 걱정한 것이었다.

나는 후임 이형근 대표와 인수인계도 못하고 전선으로 복귀했다.

결국 휴전회담은 내가 이렇게 평화촌을 떠난 지 약 2년 후인 53년 7월 27에 조인된다. 당시 나는 참모총장으로서 휴전을 맞이하게 된다.

휴전회담 테이블에 양측이 마주앉은 이후 내가 나오고 난 뒤 2년여

1951년 9월, 양구 북방 '단장의 능선'. 치열한 고지 쟁탈전으로 나무 한그루까지 초토화되었다.

를 더 싸우며 지루한 전선에서 수많은 인명을 희생시킨 끝에야 휴전이 성립되었다는 것은 세계의 전쟁사에서도 전무후무한 기록일 것이다.

내가 1군단에 복귀한 이후 소강상태가 지속됐다.

그러나 우리가 동 측면을 지키고 있는 동안 뒤처진 미 10군단이 10월 중순까지 양구지구와 사태리沙汰里 문등리文登里 계곡을 빼앗기 위한 치열한 전투를 벌였다.

양구지구 전투는 미 10군단 예하 미 1해병사단(사단장 제럴드 토마스 소장)과 해병1연대(연대장 김대식·金大植 대령)가 수훈을 세웠다.

'단장의 능선Heartbreak Ridge'이라 불리는 양구 북방의 사태리, 문등리 전투는 미 2사단을 중심으로 국군 5사단(사단장 민기식 준장)과 7사단(사단장 이성가 준장)이 좌우에 가세했다.

미 10군단의 '양구지구' 및 '단장의 능선' 전투는 한국전쟁에서 마지막 기동전 機動戰이었다. 유엔군은 마침내 양구지구를 탈환했다. 그러나 희생이 컸다.

휴전회담이 개시되면서 공산군이 부대를 재편하고 진지를 요새화하는 시간을 벌 수 있었기 때문이었다.

공산군에게 무려 1개월이라는 시간 여유를 준 결과 유엔군은 엄청난 대가를 치르게 됐으며 그 이후 큰 작전을 회피하는 결과를 낳았다.

동부전선을 담당한 1군단은 전선이 고착된 가운데 한 치의 땅이라도 더 확보하고자 분투했다. 지도를 보면 휴전선이 향로봉에서 곧장 동북쪽으로 치솟아 동해안의 해금강 아래로 빠지고 있음을 볼 수 있다.

동해안은 당시 국군 군단이 담당한 유일한 정면이었다. 만약 그때 이곳을 유엔군이 맡고 있었다면 결과는 달라졌을 것이다. 유엔군은 영토 확장에는 큰 관심이 없었다.

북진의 선봉에 선 수도사단은 최북단까지 진출해 치열한 적의 반격을 저지했다.

지나치게 돌출하면 취약점이 뒤따르게 마련이다. 즉 전선의 허리를 잘릴 위험이 있다. 이를 방지하기 위해 51년 가을부터 2개 사단은 진지공사를 벌이고 장애물로 이를 보강하는 데 주력했다.

휴전 시까지 이 선이 지탱된 것은 퍽 다행한 일이라 하겠다.

9월 하순 미 합참의장 브래들리Omar Bradly 원수가 속초 군단 사령부를 방문했다. 그는 휴전회담에 임한 미군의 정책을 결정하는데 따른 현실을 정확히 인식하기 위해 한국을 찾아온 것이다.

| 백白야전전투사령부의 공비 토벌 |

남강南江 동쪽의 요지를 모두 점령하여 전선이 비교적 안정되고 있던 11월 중순 어느 날 이종찬 참모총장으로부터 전화가 왔다.

"내일 서울의 8군 사령부에서 밴플리트 사령관과 만나 함께 숙의할 일이 있습니다."

"어떤 내용입니까."

"전화로 얘기할 수는 없고, 여하튼 나쁜 일은 아닙니다."

동숭동 구 서울대학교 본부건물 내 8군 사령관 실에는 다음날 밴플리트 사령관과 8군 참모장 애덤즈 소장, 8군 작전참모 머제트 대령과 이 총장, 그리고 내가 모였다.

토의 내용은 지리산 일대의 공비 소탕이었다. 밴플리트 사령관은 "백 장군이 게릴라전 경험이 많다하니 작전을 맡아 주어야겠다. 작전에 차출될 병력은 2개 사단이다. 어느 사단을 선정할 지는 귀관 의견에 따르겠다"고 말했다. 그는 이어 지도를 펴 놓고 작전 내용을 설명했다.

- 대전 이남지역은 작전기간 중 한국 정부에서 계엄을 선포한다.
- 1개 사단은 해상기동으로 여수에 상륙해 남에서 북으로, 1개 사단은 육로로 대전쪽으로 내려가 북에서 남으로 각각 지리산을 포위, 공격한다.
- 한국 공군은 지상부대를 직접 지원한다.
- 작전의 세부계획은 육군 참모 총장 지시와 협조를 받아 수립한다.
- 미8군과 유엔군 사령부는 모든 지원을 아끼지 않겠다.
- 미 극동사령부는 방송, 전단 살포 등 심리전Psychological Warfare을 지원한다.

밴플리트 사령관은 2차대전 후 그리스 군사지원단장으로 그리스 군을 도와 공산 게릴라를 소탕하는데 공로를 세웠던 대 게릴라전의 대가大家였다. 그가 우리나라와 비슷한 점이 많은 그리스를 거쳐 8군 사령관으로 부임한 것은 우리로서는 다행한 일이었다.

참모들은 밴플리트 사령관을 '노인Old man' 이라는 애칭으로 불렀다. 지혜와 경험이 풍부하다는 존경의 뜻이 담겨 있었다.

머제트 대령과 나는 따로 밴플리트 사령관 지침에 따라 세부계획을 짰다.

머제트 대령은 공비토벌에 어느 사단을 기용하겠는 지 물었다.

나는 수도사단과 8사단을 지명했다. 물론 내가 오랫동안 지휘했던 1사단이 먼저 떠올랐으나 워낙 중요한 전선에 투입돼 있었기 때문에 빼올 수가 없는 처지라는 것을 누구보다 잘 알고 있었기 때문에 미리 단념했다.

송요찬 준장의 수도사단은 전투 경험이 풍부한 데다 해상 기동하기가 용이했고 최영희 준장의 8사단은 그때까지 공비 토벌에 투입됐던 부대 중 가장 좋은 평가를 받고 있었다.

나는 11월 16일 지리산 일대 공비를 소탕하는 토벌군 사령관에 임명됐다.

1군단장 후임은 이형근李亨根 소장이 맡게 됐다.

공비 토벌부대의 명칭은 미 8군 작전명령서에 따라 '백白야전전투사령부Task Force Paik'로 작전 명칭은 '쥐잡이Operation Rat Killer'로 명명됐다.

사령관의 성姓을 부대 이름으로 놓은 것은 전례 없는 일이었으니 나에게는 영광스러운 것이었으며 아울러 무거운 책임감을 느끼지 않을 수 없었다.

지리산 공비 토벌 작전을 현지에서 수행해오던 서남지구 전투사령부(사령관 김용배·金容培 준장·대장 예편·육군참모총장 역임)와 각급 경찰 부대가 나의 지휘하에 들게 됐다.

나는 대구의 육군본부로 가서 사령부 조직마련에 착수했다.

참모장 김점곤 대령, 작전참모 공국진 대령, 정보참모 류양수 대령(소장 예편·동자부장관 역임), 군수참모 장우주 중령(소장예편)등으로 참모 진을 구성하고 이들이 육본 작전과장 정래혁 대령(중장 예편·국방부 장관 역임)과 협의해 부대 임시 편성에 필요한 인원과 장비 등 제반 사항을 조치했다.

미 8군과 육본이 지원을 아끼지 않았기 때문에 준비는 신속하고도 순조롭게 이뤄졌다.

공비 토벌작전은 당시 국회가 후방 치안 확립을 촉구하는 결의안을 만장일치로 결의하자 이승만 대통령이 밴플리트 사령관에게 간곡히 요청해 결행키로 한 것이었다.

전시에 최전선 2개 사단을 뽑아 후방작전에 투입하는 것은 일대 모험이라 아니할 수 없다.

그만큼 공비는 골치 아픈 존재였다.

공비는 도처에 출몰하고 있었다. 4개도가 만나며 산악이 중첩된 지리산 일대는 이들의 심장부였다.

해방이후 장기간에 걸쳐 암적 존재로 버텨온 공비의 핵을 단기간에 격파하자는 것이 작전의 목표였다.

공비토벌에는 낙엽이 지고 눈이 쌓인 겨울철이 최적기이다.

당시 공비들은 이상현李鉉相을 총 사령관으로 하는 남부군단의 주력 약 3800명이 지리산 일대에 출몰하는 것으로 파악됐다.

공비들의 주력은 낙동강 전선에서 패배한 북괴 정규군이었고 여기에 이남 각 지역의 남로당 조직과 여순 반란사건이래 잔존 공비들이 가세하고 있었다.

이들은 곳곳에서 후방 교란작전을 벌여 치안과 유엔군의 작전수행에 상당한 방해를 하고 있었다. 도로 철도 기습 및 폭파도 서슴치 않아 경부선마저 위협 받을 정도였다.

'낮에는 대한민국, 밤에는 인민공화국' 이라 할 만큼 산간 오지 사람들의 고통은 이만저만이 아니었다.

나는 약 200명의 장교와 하사관으로 사령부 편성을 마치고 대전을 거쳐 전주로 이동했다.

전주 북 중 교정에 일주일 주둔하며 사령부가 최종적으로 위치할 남원에 진입 즉시 토벌작전을 개시할 수 있도록 만반의 준비를 갖췄다.

동부전선 수도사단과 중동부 전선 8사단도 전선 임무를 다른 사단에 넘겨주고 이동했다.

수도사단은 속초에서 해군 편으로 해로를 따라 여수에 상륙, 북상했다.

8사단 역시 양구지구에서 차량 편으로 대전을 거쳐 내려와 지리산을 포위하도록 했다.

이때 가장 신경을 쓴 것은 보안이었다. 토벌작전에 들어간다는 것이 누설되면 당시로서 군 최대 규모 기동작전이 수포로 돌아갈 것이기 때문이었다.

11월말 남원에서 운봉으로 가는 길목의 초등학교에 사령부를 설치하자 미 고문단과 치안국에서 요원들이 합류했다. 60여명으로 구성된 미 고문단은 작전연락, 통신, 공중연락 및 정찰, 심리전을 주로 담당했다.

선임자인 다즈William Dodds 중령은 그리스에서 밴플리트 사령관 아래서 게릴라전을 함께 수행했던 사람으로 밴플리트 사령관이 특별히 보내준 사람이었다. 동경에서 인쇄한 수백만 장의 투항 권유 전단도

白 야전전투사령부가 들어선 남원의 국민학교에서 미 수석고문단 다즈 중령(왼쪽)과 작전을 협의하고 있는 백선엽사령관(맨 오른쪽은 군수담당 고문관)

공수됐다.

치안국에서는 최치환崔致煥 경무관(국회의원 역임·작고)이 치안국장을 대리한 연락관으로 이성우李成雨 신상묵辛相默 경찰 연대장이 작전을 돕기 위해 합류했다. 박병배朴炳焙 전북경찰국장을 위시해서 각 도의 경찰국장도 전력을 다해 협력했다.

나는 계엄선포에 따라 계엄사령관인 육군 참모총장 대행관으로 행정기관 및 경찰을 지휘 통제할 수 있는 권한을 부여받고 있었다.

강릉에 배치됐던 한국 공군의 무스탕 전투기 편대들도 진해기지를 거쳐 사천비행장에 이동배치 돼 대지對地 공격 지원 채비를 마쳤다.

포로수용소도 남원 외곽과 광주에 설치됐다. 미 8군이 보유한 여분의 통신장비는 각 예하부대에 지급됐다.

이같은 모든 조치는 작전개시 전까지 공비들의 정보망에 탐지되지 않도록 눈 깜짝 할 사이에 이뤄졌다.

이처럼 완벽한 준비를 했지만 빠진 것이 하나 있었다. 포병이었다. 포병 지원이 있으면 보병들이 산꼭대기까지 올라가지 않아도 된다는 것을 밴플리트 사령관은 그리스에서 경험한 터였다.

토벌작전 개시 직전 김성수金性洙 부통령으로부터 한 통의 친서가 전달됐다. 비서관이 직접 전해준 편지는 한지에 붓글씨로 정성스럽게 쓴 것이었다.

'주민들은 도탄에 빠져있습니다. 산간 오지는 치안이 유지되지 않아 국민들이 공비에게 신음하고 있습니다. 더욱이 군경마저 민폐를 끼쳐 군의 위신도 손상되고 있습니다. 백 장군이 정예 2개 사단을 지휘하여 공비를 소탕한다하니 안심이 되는 바이지만 부디 국민을 애호하여 민간에 피해를 끼치지 않고 치안을 확보해 국민들이 안심하게 살 수 있도록 해 주십시오.'

11사단의 거창 양민학살사건이 큰 물의를 일으킨 것을 비롯해 공비 토벌에 나선 군과 경찰이 산간 주민에게 피해를 입힌 사례가 적지 않았기 때문에 이런 염려를 하는 것도 무리가 아니었다.

나 역시 지난 49년 광주 주둔 5사단장으로서 공비 토벌을 지휘하다 쓰라린 경험을 한 적이 있었다.

49년 가을이었다.

나는 15연대를 따라 백운산白雲山 지구에 가서 토벌작전을 지휘하고 광주로 돌아오는 길에 한 마을이 송두리 째 불길에 휩싸인 광경과 마주쳤다.

마을 이름은 보성군 문덕면 한천부락이었다.

약 300호의 집이 모두 타고 주민들은 넋을 잃고 주저앉아 있었다.

경위를 조사하자 처음에는 공비들이 불을 지르고 달아났다는 보고가 올라왔다. 그러나 이상한 낌새를 느낀 나는 마을 어르신들에게 다가가 자초지종을 캐물었다. 아니나 다를까, 국군 짓이었다. 그것도 나의 예하부대가 이 마을이 공비들과 연락을 했다는 '통비부락通匪部落'이라며 마을을 모두 태우고 가버린 것으로 드러났다.

나는 마을 사람들에게 사죄와 아울러 꼭 대책을 세워줄 것을 약속하고 광주로 돌아와 전남도지사를 찾아갔다.

나의 설명을 들은 이남규李南圭 지사는 기꺼이 지원을 약속하고 이튿날 마을까지 동행을 승낙했다.

다음날 나는 이 지사와 함께 한천부락을 다시 찾았다.

마을 사람들이 모인 자리에서 나는 무릎을 꿇었다.

"내게 모든 책임이 있습니다. 원하신다면 나를 죽여주십시오."

마을 사람들은 아무런 말도 없었다.

나는 말을 이었다.

"곧 겨울이 닥치는데 여러분들이 길거리로 나앉지 않도록 최대한 노력하겠습니다. 사단에서 쓰는 공금 3000만 환을 가져왔습니다. 여기 도지사님께서도 부락의 재건을 약속하셨습니다."

마을 사람들은 점점 내 말이 신뢰가 가는 지 근처 산에서 나무를 베어오는 등 월동 준비에 착수했다. 불에 탄 마을은 차츰 재건됐고 민심도 우리 편으로 돌아섰다(문덕면 한천부락에는 당시 주민들이 힘을 모아 세운 백선엽 송덕비가 있다.).

나는 그때 이래 공비 소탕은 토벌 못지않게 민심을 얻어야만 성공할 수 있다는 것을 뼈저리게 느끼고 있었다.

따라서 이번 작전에 참여하는 모든 예하부대에 작전기간 중 절대로 부락 근처에 숙영하지 말 것, 물 한모금도 그냥 얻어 마시지 말 것, 식량은 여유 있게 지급되니 남는 것은 주민들에게 나눠줄 것, 저항하는 자 이외에는 절대로 쏘지 말 것 등을 강력히 지시해 두었다.

작전 지역 주민들은 군경에 대해 공포심과 경계심을 갖고 있었다. 그들은 공비들의 소위 '보급 투쟁' 대상이었고 아울러 군경은 공비에게 협력한 주민들에게 보복을 가해 왔기 때문에 이들은 기회주의적 태도를 취하지 않을 수 없었다.

이 작전은 민심을 얻어야 성공한다. 험난한 세파를 겪은 이들이 얻은 지혜는 강한 자의 편에 서는 것이다. 나는 국군이 강하다는 것과 또한 국군이 그들을 아끼고 애호한다는 것을 동시에 보여주고자 했다.

지리산이 평정되고 중장으로 진급하다

12월 1일 밤까지 수도사단은 광양光陽 하동河東 원지동院旨洞에, 8사단은 남원南原 운봉雲峰 함양咸陽으로 진출해 공격개시선에 모였다.

작전개시 시간은 12월 2일 아침 6시였다. 지리산을 포위한 3만여 병력이 산정을 향해 포위망을 좁혀 들어갔다. 토끼몰이와 같은 개념이었다.

나는 포위망을 좁히는 2개 사단을 '타격부대', 작전지역 외곽 통로와 도주로를 차단하는 경비연대와 경찰부대를 '저지부대'로 구분했다. 타격부대의 틈을 뚫고 달아나는 공비를 남김없이 토벌하자는 구상이었다.

포위망을 좁혀가며 산골의 가옥과 시설은 모두 소각해 다시는 공비들이 거점으로 이용할 수 없도록 하고 주민들을 구호소로 소개시켰다.

작전 첫날 나는 화개장터 근처 형제봉兄弟峰쪽으로 나가 보았다.

수도사단 26연대(연대장 이동화李東和대령·중장예편·철도청장 역임)는 공비들과 정규전이나 다름없는 격전을 벌이고 있었다. 공비들은 박격포까지 쏘며 대항했고 사방에서 총성이 끊이지 않았다.

나는 작전이 진행되는 동안 주간에는 거의 정찰기를 타고 있었다.

부대와 공비의 움직임을 직접 내 눈으로 보고 사단장, 연대장들에게 작전을 지시했다. 부대들이 상황 변화에 따라 순발력 있게 움직여 주어야만 했으므로 나로서는 예하 지휘관들에게 가장 많이 독려를 한 전투가 바로 이 작전이었다고 기억된다.

공비들은 포위망이 좁혀짐에 따라 점점 산정부근으로 후퇴했다. 이 때문에 처음 이틀간은 거의 보고 된 전과가 없었다.

포로도 잡혀오지 않았다.

이즈음 밴플리트 사령관이 남원 사령부를 찾아왔다.

나는 작전의 경과를 설명하고 전과가 없음을 걱정했다. 작전개시 전까지는 모든 것을 비밀에 붙였으나 작전이 시작되자 국내외 신문기자들이 대서특필하기 시작했다. 전과가 없다면 체면이 서지 않을 듯

했다.

그러나 밴플리트 사령관은 "걱정 말라. 매스컴 발표는 내가 알아서 할 것이니 작전에만 전념해 달라"고 했다.

고위 장성다운 여유가 묻어났다.

포위망이 좁혀든 사흘째부터 곳곳에서 전과보고와 함께 포로들이 잡혀오기 시작했다.

포로 중에는 역시 북한 정규군 출신이 가장 많았다. 이들은 이북 사투리 때문에 식별이 용이했다. 이들은 붙잡혀 와서도 살기등등한 눈빛을 감추지 않았다. 남로당 출신 입산자들이나 공비에 가담한 지역 출신자들은 한결같이 살려달라고 애원하는 것과 비교해 대조적이었다.

공비들은 공산군 화기 외에도 M1, 카빈과 일제 99식 소총으로 무장하고 있었다.

모두 누더기 같은 옷을 입었고 장발이었다. 고약한 냄새가 진동해 숨쉬기가 어려울 정도였다.

나이는 10대부터 40대까지 분포되었으며 20~30대가 가장 많았다. 여자들도 상당수 섞여 있었다.

포로는 심사분류를 거쳐 광주로 이송됐다. 심사팀은 군·경, 검찰 요원으로 구성된 합동 팀이었다. 미군 심문반도 동석했다.

포위망이 지리산 정상 근처로 좁혀지자 공군의 활약이 눈부셨다.

타격부대는 전폭기 조종사들이 공비와 식별할 수 있도록 대공포판 對空布板을 휴대하고 움직였다.

사단에 배속된 공지 연락장교가 항공지원을 요청하면 인근 사천비행장에서 무스탕기 편대들이 단시간 내에 출격해 쫓기는 공비들에게 기총소사와 폭격을 가했다.

나는 정찰기에서 공군 무스탕기 움직임까지 소상하게 볼 수 있었

1951년 12월 남원의 '백야전전투사령부'에서 공비 소탕 작전을 설명하는 백선엽 소장. 군 부대만 아니라 경찰, 방위군까지 통합 지휘했다.

다. 이때 활약한 파일럿은 김두만金斗滿 김성룡金成龍 김신金信 주영복周永福 옥만호玉滿鎬 장성환張盛煥 장지량張志良 등으로 당시 영·위관급이던 이들이 훗날 공군의 최고급 간부들이 되었다.

지금은 지리산을 종주하는 등산코스인 노고단에서 반야봉과 세석평전을 거쳐 천왕봉에 이르는 능선에 공비들의 시체가 쌓였다.

타격부대의 공격과 아울러 심리전도 활발히 병행했다.

남원에 방송시설을 갖춘 미군은 공비들에 대한 투항 권유 방송을 밤낮으로 송출했다. 또 각 부대마다 확성기를 메고 다니며 현지에서 육성으로 총을 버리고 자수 또는 투항할 것을 권유했다. 현지 주민들에게도 공비에게 협조하지 말라는 경고방송을 내보냈다.

동경에서 인쇄해 온 전단도 넓은 지리산이 하얗게 덮일 정도로 대

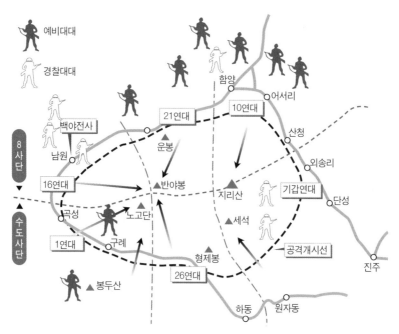

지라산 지구 공비포위 작전도(1951.12.2~8)

량으로 공중 살포했다. 토벌기간 중 살포된 전단은 992만장에 달한
것으로 기록되어 있다.

공비들은 우리 기습작전을 눈치 채지 못한 듯했다. 최전선에서는
전투가 계속되고 있어 마음을 놓고 있었을 것이다.

때마침 추수가 끝난 후라 마을에서 거둬들인 식량도 넉넉해 한 겨
울을 무사히 넘기리라 생각했을 것이다.

작전 중 지라산에는 눈이 많이 쌓여 있었다. 주야간 및 고도 간 기
온차도 심해 장병들은 혹심한 고초를 겪었다. 장병들은 물론이고 잡
혀온 공비들 중에도 동상환자가 많았다.

정찰기를 타는 것도 위험했다.

지리산에 강풍이 휘몰아치는 날이 많았기 때문에 항상 난기류였다. 에어포킷(air pocket)에 걸려 낭떠러지에 떨어지는 듯한 아찔한 경우를 하루에도 여러 번 씩 겪었다.

정찰기로 우리나라 곳곳을 다녀봤지만 지리산 상공과 대관령, 문경새재 상공은 늘 불안한 곳이다.

산 정상까지 이르는 소탕에는 1주일이 걸렸다. 12월 8일부터 각 부대는 공격했던 코스를 거슬러 산을 내려오며 경찰부대가 퇴로를 차단한 가운데 포위망을 뚫고 달아나는 공비를 추격하며 토벌했다.

여기까지가 제1기 작전이다.

2주간에 걸친 이 작전으로 난공불락을 자랑하던 공비들의 근거지 지리산 요새는 철저하게 분쇄됐다.

지리산을 중심으로 그 외곽에는 회문산回文山 장군봉將軍峰 백아산白鵝山 화학산華鶴山 백운산白雲山 덕유산德裕山 운장산雲長山 장안산長安山 삼도봉三道峰 등 봉우리들이 드리워져 있다. 물론 이 산들도 공비들의 요새요, 은거지였다. 지리산을 용케 탈출한 공비들은 외곽 산으로 숨어 들었다.

12월 19일부터 시작된 제2기 작전은 지리산 외곽 거점을 소탕하는 것이었다. 이번에는 전주, 남원, 구례, 순천을 잇는 남북의 선을 중심으로 서쪽은 8사단, 동쪽은 수도사단이 담당토록 했다. 쫓기는 공비에게 시간을 주지 말아야 했다.

제2기 작전에서는 공비들의 저항이 현저히 약화된 것을 느낄 수 있었다. 공비들은 달아나는 데만 급급했고 귀순자도 약 400명에 육박했다.

12월 하순경 제2기 작전 중 나는 작전 참모 공국진 대령을 해임하고 박진석 중령을 기용했다. 작전 중 핵심참모인 작전참모를 교체하는 것은 이례적인 일이다. 이 일은 공 대령과 정보참모 류양수 대령간의 견해 차이가 발단이 됐다.

그때 수도사단의 1개 연대는 덕유산 서쪽 고지들을 공격하도록 돼 있었다. 그러나 이곳 공비들이 아군 포위망을 뚫고 덕유산 쪽으로 잠복했다는 첩보를 입수하게 됐다.

류 대령은 작전계획을 수정해 덕유산을 치자고 건의했다. 그러나 공 대령은 이를 수긍하지 않았다.

공대령은 당시 명 참모로 이름나 있었다. 그가 상황 판단을 잘못해 기존 계획을 밀고 나가자고 하는 것만은 아닌 듯했다. 그는 사단급 작전 명령이 사소한 변화로 바뀌는 일은 명령의 권위를 유지하기 위해서라도 삼가야 한다는 주장이었다.

그러나 나는 정규군과 달리 대 게릴라전은 고도의 임기응변과 융통성을 필요로 하는 것이므로 상황이 변하면 작전도 변해야 한다는 쪽이었다.

나는 공 대령을 여러 가지로 설득하며 그가 결심을 바꾸기를 기다렸다. 약 3시간의 설득에도 그는 요지부동이었다.

나는 마침내 그를 즉석에서 해임했다. 바뀐 작전에 따라 덕유산을 공격한 수도사단은 공비의 주력을 포착해 이를 섬멸했다. 덕유산 공격을 주장했던 류 대령은 이 사건 이후 사흘간 밤잠을 자지 못했다고 한다.

만약 수도사단이 공비의 주력과 접촉하지 못하면 작전도 실패요, 엉뚱하게 동료 참모만을 희생시킨 꼴이 되기 때문이었다.

나는 이 사건을 전시戰時에 있을 수 있는 아름다운 일로 기억한다. 참모들은 자신들의 소신에 따라 움직였다. 부대를 떠나는 공 대령도 미련이 없었다. 두 참모는 그 후로도 두터운 친분을 유지했다.

마지막 제3기 작전은 해를 넘긴 52년 1월 15일부터 시작됐다.

1개월 반의 토벌작전으로 공비 조직은 붕괴되었고 근거지도 파괴됐다.

그러나 이현상李鉉相을 우두머리로 한 남부군단의 지도부는 잔당들에게 지리산으로 재집결하라는 지령을 내린 것으로 탐지됐다. 나는 수도사단을 주축으로 지리산을 재차 포위 공격하도록 했다.

병사들은 오랜 토벌작전으로 심신이 지쳐 있었으나 송요찬 장군의 엄격한 통솔 아래 일사불란하게 움직였다. 분산된 공비를 추격과 매복으로 토벌해 나날이 전과를 더해갔다.

이렇게 되자 주민들 태도에도 변화가 오기 시작했다. 국군을 도와주어도 공비에게 보복당할 위험이 사라졌다고 판단한 것이다.

주민협력에 비례해 전과도 늘어갔고, 전과가 늘수록 주민들의 협력이 강화되는 상승작용을 일으켰다.

반대로 주민 도움을 기대할 수 없게 된 공비들은 지리산을 버리고 김제金堤, 양산梁山, 청도淸道 등지로 숨어들었다.

1월말 '백白야전전투사령부'의 지리산 공비 토벌작전이 사실상 막을 내렸다.

작전기간 중 양 사단의 전과는 육본 자료에 따르면 사살 5800명, 포로 5700여명으로 집계됐다. 미군 자료에는 군경 각 부대가 9000여명을 사살한 것으로 집계됐다.

당초 우리는 지리산에 3800명, 그 주변 산에는 4000명 이상 무장공비가 있는 것으로 추정했으나 실제 사살 및 포로 숫자는 이 추정 숫자를 훨씬 넘어섰다.

이는 공비들이 예상보다 강했고 아울러 공비들에 포섭된 비무장 입산자도 많았음을 반증한다. 지리산 근처 부락 장정들은 상당수 공비들이 자기네들 세상이 되면 면장 군수 우체국장 등 감투를 줄 것이라는 유혹에 현혹되어 입산했음이 심문 결과 밝혀졌다. 이들 허리춤에서는 그간 소중히 간직했던 '임명장'이 적지 않게 발견됐다.

공비들은 이들을 우선 자기가 살던 마을로 내보내 '반동분자'를 처단하게 했다. 자기 가족과 이웃에게 먼저 몹쓸 짓을 하게 함으로써 나중에 자기 마을로 탈출하는 것을 막기 위해서였다. 많은 입산자들이 자수도 못하고 스스로 죽음의 길을 택한 것은 바로 이런 이유 때문이었을 것이다.

공비 토벌의 여파로 적지 않은 고아가 발생한 것도 문제였다. 부모를 잃은 공비 및 입산자 자녀들까지 우리가 돌보지 않으면 안됐다. 당시 이을식李乙植 전남지사의 도움을 얻어 송정리松汀里에 있는 적산가옥을 고아원으로 바꿔 나와 참모들이 상당기간 운영을 도왔다. 당시 종군기자로서 후일 세계 선명회 총재가 된 피어즈 박사도 수많은 고아의 양육을 도왔다.

많은 세월이 가고 송정리가 광주 직할시로 편입돼 고아원 터가 큰 재산이 됐다. 나는 사단법인 이사진과 협의하여 이 고아원을 88년 여름 천주교 수녀원에 기증해 사회사업을 계속할 수 있도록 했다.

8사단은 2월 초 다시 전방에 투입됐고 수도사단은 그 후 약 한달을 더 머무르며 작전을 마무리했다.

우리의 단 한번 작전만으로 공비가 근절된 것은 아니었다. 공비는 휴전 이후까지 출몰하여 양민들을 괴롭혔다.

그러나 정부의 행정력이 전혀 미치지 못할 정도로 위세를 떨치던 지리산 남부군단은 이때 치명적 타격을 입고 위축일로를 치닫게 됐다.

공비 토벌작전으로 바쁜 나날을 보내던 1월 12일 나는 육군본부로부터 중장에 진급됐다는 전문을 받았다.

같은 날짜로 이종찬 육군 참모총장과 손원일 해군 참모총장도 함께 중장으로 진급했다. 그때까지 국군의 최고 계급인 중장에 이른 사람은 미국 유학중인 정일권 중장 뿐이었다.

김점곤 참모장과 최치환 경무관이 계급장을 구해와 나를 축하해 주었다. 당번병이 근처 여학교로 내 옷을 가져가 어깨에 계급장을 흰 실로 수놓아 가져오기도 했다.

한편 작전이 막바지에 이르렀을 때 미 8군 작전참모 머제트 대령이 남원 사령부에 은밀히 왔다. 그는 나에게 "밴플리트 사령관으로부터 한국군에 제2군단을 창설하겠다는 내명內命을 받고 찾아온 것"이라고 했다.

지리산 공비토벌로 공비 및 동조 입산자의 자녀들은 졸지에 고아가 됐다. 이들을 위해 군과 전남도는 송정리에 고아원을 세우고 장기간 그들을 돌봤다.

그러면서 신설될 제2군단은 공비토벌 목적으로 임시 편성된 '백白 야전 전투사령부'를 중심으로 만들어질 것이며 사령부 요원은 춘천 북방에 주둔하고 있는 미 9군단에서 일정기간 교육을 거칠 계획이라 고 설명했다.

나는 "그 계획에 동의할 수 없다"고 잘라 말했다.

물론 1개 군단(제1군단)만 보유하고 있었던 당시 국군 입장에서는 하루라도 빨리 군단을 증설해야 한다는 것에는 이론의 여지가 없었 다. 하지만 만든다고 능사가 아니었다.

군단사령부가 예하 사단을 지휘해 전쟁을 이기려면 사단을 지원할 포병단, 공병단, 병참단 등 지원부대를 가져야 한다. 당시 국군은 미 군 도움이 없는 한 이름뿐인 군단을 만들 수 밖에 없는 형편이었다.

내 이야기를 듣더니 머제트 대령은 빙긋 웃으며 이렇게 말했다.

"그것은 걱정하지 않아도 됩니다. 미 8군이 육군본부와 협조해 수 개의 포병 부대를 창설하고 공병 행정 보급능력도 갖추도록 할 것입 니다."

나는 귀가 번쩍 띄었다.

머제트 대령은 한미 혼성으로 제5포병단을 창설해 제2군단 포병사 령부의 역할을 하도록 계획하고 있으며 공병단, 병참단도 갖추게 될 것이라고 덧붙였다.

당시 국군은 빈약한 화력을 증강하기 위해 광주 포병학교에서 155mm 중포中砲대대 등 6개 포병대대를 육성 중이었다.

포병교육을 마치면 이 대대를 전방에 배치해 전투와 훈련을 병행 해 포병을 집중 육성하는 계획을 추진하고 있었다.

머제트 대령이 다녀간 얼마 후 나는 수도사단에게 공비 토벌작전 을 마무리 하도록 남겨두고 제2군단 재건이라는 새 임무를 맡아 미 9

사단 담당지역인 춘천 동북쪽 천전리泉田里로 이동했다.

| 신생 국군의 상징부대 2군단 창설 |

공비 토벌에 참가한 지휘관들은 수도사단 기갑연대장 이용李龍 대
령(소장 예편 · 강원지사 · 교통차관 역임), 1연대장 박춘식朴春植 대령(소장 예
편 · 교통부장관 역임), 26연대장 이동화李東和 대령(중장 예편 · 철도청장 역
임), 8사단 10연대장 정강鄭剛 대령(준장 예편 · 5.16 직후 반 혁명사건에 연루
돼 옥고를 치름), 16연대장 이재일李存一 대령(소장 예편), 21연대장 전부일
全富一 대령(소장예편 · 영남화학 사장) 그리고 8사단 참모장 이세호李世鎬
대령(대장 예편 · 참모총장 역임) 등이었다.

또 저지부대로 참여한 서남지구 전투사령부 사령관 김용배金容培 준
장(대장예편 · 참모총장 역임 · 대한중석 사장)과 예비 연대장 김해일金海一,
김재명金在命, 노영목盧永牧 중령 등도 함께 노고를 아끼지 않았다.

천전리에 천막을 친 약 200명 규모의 백白야전 전투사령부 요원들
은 제 2군단 창설요원으로서 미 9군단의 해당 부서에 배치 돼 한미 합
동 근무를 통한 교육에 들어갔다. 이형석(李炯錫 · 소장예편 · 전사편찬위
원장 역임)장군이 참모장으로 합류했다. 부군단장은 원용덕元容德 준장
이었다.

원장군은 세브란스 의대를 나온 군의관 출신에서 전투지휘관으로
변신한 특이한 경력을 가진 사람이다. 군사 지식과 미군이 놀랄 정도
의 영어 실력도 갖추고 있었다.

이 장군 또한 일본 육사시험에 우리나라 사람으로는 첫 합격한 수
재였다. 두 분 모두 나보다 열 살 가량 연상이었으나 오히려 내 입장
이 곤란하지 않도록 스스럼없이 움직여 주었다.

우리 교육을 책임진 미 9단장 와이먼Willard Wyman 소장도 중장인 나를 깍듯이 대해 주었다.

현재 소양댐 근처인 천전리는 마을 이름 그대로 땅바닥에서 물이 솟아올라 야영하기에는 힘든 곳이었다.

그러나 참모들은 약 5주간에 걸친 현장훈련On the Job Training 방식의 교육을 통해 미군의 조직과 운용을 배웠다. 동시에 창설될 새 군단의 SOP(Standard Operational Procedure)를 작성하고 창설과 동시에 보병, 통신, 병참, 공병, 공지연락 등 모든 분야의 업무가 즉각 차질 없이 가동할 수 있도록 준비하느라 밤낮 없이 바쁜 나날을 보냈다.

52년 4월 마침내 새로운 군단은 형체를 갖추게 됐다.

전차만 없을 뿐 군단 포병을 위시한 제반 지원 능력을 갖춰 제병諸兵 협동작전을 수행할 수 있는 국군 최초의 군단이었다.

제 2군단은 신생 국군의 힘을 상징하는 부대로 탄생됐다.

군단포병(제 5포병단)은 미 군사고문단 참모장이던 메이요Mayo 대령의 지휘아래 미군 경포(輕砲 105mm) 1개 대대, 중포(155mm) 2개 대대, 국군 중포 4개 대대 등 7개 대대로 구성했다.

특히 국군의 155mm 대대는 이때 실전에 처음 배치됐고 노재현盧載鉉 대령이 첫 포병지휘관의 영예를 차지하게 됐다. 동해안의 1군단이 포병없이 휴전을 맞은 것에 비하면 2군단의 포병력은 당시로는 획기적인 것이었다.

4월 5일을 기해 제 2군단은 금성金城 지구로 불리는 화천 북방 북한강으로부터 서쪽으로 약 25km에 달하는 최전선의 전투 정면을 미 9군단으로부터 인계받았다.

우리는 동해안 제1군단에 이어 두 번째로 전선의 일부를 담당하게 됐다. 이곳은 155마일 전선의 중심부에 해당하는 곳으로 여기가 뚫리

1952년 4월 5일, 미 제9군단장 와이만 소장이 창설되는 2군단기를 백선엽 중장에게 전달하고 있다.

면 춘천과 원주가 직접 위협을 받게 되는 요지였다. 북으로 돌출된 전선을 형성한 이곳에서 국군 군단으로서는 처음으로 중공군과 대치하게 됐다. 군단사령부는 화천華川 북방 소고토미리(小土古昧里・일명 소토골)에 자리 잡았다.

2군단은 미 9군단에 배속돼 있던 3사단(사단장 백남권・白南權 준장)과 6사단(사단장 백인엽 준장) 및 공비 토벌을 마친 수도사단(사단장 송요찬 준장)을 예하에 두게 됐다. 좌익에 6사단, 우익에 3사단 그리고 수도사단이 중앙을 담당하는 배치였다.

전투 정면을 서쪽으로 옮긴 미 9군단 예하 미 40사단(사단장 조셉 클레랜드 Joseph Cleland 소장)이 군단의 좌익에, 미 10군단 예하 국군 7사단이 남북으로 흐르는 북한강을 건너 우익에 2군단과 인접하게 되었다.

미 40사단은 캘리포니아 주州 방위군National Guard 사단으로 2차대전 말 오키나와에 진출했다가 점령군으로 미 6, 7사단과 함께 부산과 광주에 진주했던 부대로 52년 1월말 미군의 사단 교체 계획에 따라 다시 한국에 배치됐다.

군단의 예비로는 미 7사단 21연대와 태국 군 1개 대대가 화천댐 서쪽에 배치됐다. 이때의 태국대대장 크리앙사크 중령은 78년 수상 직에 올랐다.

크리앙사크는 당시 나에게 태국 쌀 세 부대를 선물로 보내 주었다. 70년 대 초 내가 태국을 방문했을 때 그는 태국 육사교장이었다.

이때 미 7사단장 렘니처Lyman Lemnizer 소장(88년말 작고)은 북대서양 조약기구NATO 군사령관을 거쳐 미 육군 참모총장과 합참의장을 역임했으니 당시 중부전선에서 활약한 유엔군 지휘관들은 가히 기라성과 같은 인물들이었다고 할 수 있을 것이다.

4월 5일 소토고미리 경비행장에서 거행된 부대 창설식에는 이승만 대통령을 비롯해 신태영 국방장관, 이종찬 참모총장, 이형근 1군단장, 무초 주한미대사, 밴플리트 8군사령관, 오대니얼John O' Daniel 미 1군단장, 파머Williston Palmer 미 10군단장등 요인들이 모두 참석했다.

담당 정면을 인계한 미 9군단장 와이만 소장이 2군단기를 만들어 내게 전했다. 2군단 마크는 미 9군단이 모체가 됐다는 뜻으로 미 9군단 마크의 색깔을 바탕으로 로마자 II를 넣은 도안이었다.

이승만 대통령은 감격을 감추지 못했다.

51년 중공군 1월 공세로 당시의 제22군단이 해체됐고 같은 해 5월 공세에서 제 3군단이 역시 해체되는 쓰라림을 맛보았기 때문에 강력한 군단의 탄생에 어떠한 감회를 느꼈을 지 짐작할 수 있을 것이다.

이 대통령은 "국군은 이제 인적, 물적으로 싸울 수 있게 됐다. 오랑

캐를 무찌르고 북진통일을 해야 한다"고 거듭 당부했다.

미군이 이미 북진을 포기한 만큼 이 대통령의 '북진'은 메아리 없는 외침에 그치고 있었으나 당시 와이만 9군단장은 개인적으로 철원을 거쳐 평강으로 공격해야 한다는 주장을 감추지 않았었다.

창설식이 끝난 직후 우리는 밴플리트 사령관으로부터 뜻밖의 소식을 전해 들었다. 아들이 행방불명됐다는 것이었다.

전폭기 조종사로 참전한 중위 밴플리트 2세는 전날 밤 B-26기를 타고 군산비행장을 발진, 북한지역에 야간 폭격 차 출격한 후 영영 돌아오지 않았다.

밴플리트 사령관은 이미 이 소식을 알고 식에 참석했으나 그는 평소와 다름없이 태연하게 행동했다. 속은 얼마나 까맣게 타고 있었을

제2군단 창설식에 참석하여 밴프리트 장군으로부터 아들(밴프리트 중위)의 실종 소식을 듣고 있는 백선엽 장군 (좌로부터 파머 제10군단장, 오다니엘 제2군단장, 와이만 제9군단장)

지 생각하면 같은 아버지 입장에서 가슴이 저렸다.

미군이 국군 2군단의 창설을 도와 중부전선을 담당하게 한 것은 전차와 차량의 기동력을 주축으로 하는 미군에게는 산악이 험준한 이곳이 그들의 전투력을 발휘하는데 적합하지 않았기 때문이었다.

아울러 이때 NATO군의 창설을 서둘렀기 때문에 한국전선으로의 미군 병력 동원에도 한계에 부딪치고 있었다.

국군에 대한 집중 훈련과 화력 지원을 통해 국군이 단계적으로 전선의 담당 폭을 늘려야 함은 자연스런 귀결이다.

리지웨이 유엔군 사령관은 52년 5월 12일 NATO 군사령관으로 옮겨가고 클라크Mark Clark 대장이 후임으로 부임됐다.

내가 신설 2군단장을 맡고 있는 동안 진지전으로 교착된 전선은 소강상태를 유지하고 있었다.

미 8군은 이 기간 중에 포로 획득 작전을 전선의 각 부대에 독려했다. 전선이 잠잠한 때일수록 적정敵情의 파악이 중요하며 아울러 아군 각 부대에 실전 감각을 유지시키려는 의도였다.

휴전 협상은 개성에서 판문점으로 장소를 옮겨 속행되고 있었으나 포로송환이라는 난제에 부딪쳐 회담은 정체되어 있었다. 포로 획득 작전은 주로 중대이하의 소규모 특공조에 의해 행해졌다.

진지 속에 숨어 있는 적을 생포해 데려오는 것은 쉬운 일이 아니었다. 따라서 작전은 치밀하게 계획됐다.

적진의 지형을 축소해 모형을 제작하여 지리를 익히고 흡사한 지형을 택해 훈련을 반복했다. 그리고 나서 검열에 합격해야만 실행에 옮겨졌다.

밴플리트 사령관은 이 시범훈련을 직접 참관하며 특공작전의 전문가답게 여러 지시를 즉석에서 내리기도 했다.

이 작전에는 특히 6사단이 전과를 올려 한꺼번에 16명의 중공군 포로를 붙잡아 귀환한 적도 있었다.

김종필(金鍾泌 · 후에 공화당 총재) 중령이 당시 6사단의 대대장으로 많은 활약을 한 것으로 기억된다.

이때 내가 가장 신경을 쓴 것은 중공군이 국지적인 대공세를 우리 정면에 가하지 않을까 하는 점이었다.

중공군은 과거 상투적으로 새로 배치된 국군부대를 골라 대공세를 취했고 이 작전은 어김없이 성공했었다.

나는 2군단이 전선을 담당한 사실을 중공군이 탐지한다면 그들이 공격의 유혹을 억누르기 힘들 것이라고 판단했다. 더욱이 적진으로 돌출한 금성지구는 그들에게는 눈엣가시일 것이 분명했다.

나는 잡혀오는 포로들의 소속부대를 유심히 지켜보았다. 한달 여가 지난 5월부터 포로들의 소속부대 명칭이 다양해지고 있었다. 중공군이 우리 정면에 추가로 집결하고 있다는 것이 분명해졌다.

나는 5월 중순 어느 날 미 8군사령부에 이 같은 사실을 보고했다. 밴플리트 사령관은 곧 나에게 직접 전화를 걸어 "적의 집결 예상 지점에 명령 수령 즉시 포격을 가하라. 탄약은 필요한 만큼 제한 없이 사용하라"고 명령했다. 나는 포병 단장 메이요 대령을 불러 제압 포격을 명령했다.

메이요는 내 명령에 난색을 표했다. 그는 미 포병학교에서 교관으로 오래 근무한 베테랑급 포병장교로서 탄약의 절약을 강조하는 입장이었다. 목표가 확인되지 않는 한 포격을 하지 말아야 한다는 것이 그의 신조였다.

그러나 그도 밴플리트 사령관의 명령을 어길 수는 없었다.

오후 3시경부터 군단 포병 7개 대대와 3개 사단 보유 3개 대대 등

1952년 5월의 접촉선

10개 포병대대와 보병부대의 박격포들이 일제히 불을 뿜었다.

포격은 밤을 꼬박 새우고 다음 날 아침 10시경까지 계속됐다. 폭 20여km의 정면에서 적진을 향해 180여문의 야포와 박격포 2만발에 달하는 사격을 가한 것이었다.

이 포격으로 적이 어느 정도 피해를 입었는지 확인할 길은 없다. 그러나 그들이 공세를 취해 보려는 의지를 철저히 분쇄했으리라는 데에는 의심의 여지가 없었다. 정면의 중공군은 이후 내가 군단을 떠나는 52년 7월까지 별다른 움직임을 보이지 않았다.

미군의 탄약보급이 썩 좋지 않았고 미 의회에서 미군의 탄약 소비량이 문제가 되고 있던 상황이었음에도 불구하고 밴플리트 사령관은 과단성 있게 대 포격전을 결정했다. 미군들 사이에는 '밴플리트 탄약량'이라는 용어가 유행어로 나돌기까지 했었다.

내가 나중에 밴플리트 사령관에게 포격 지원에 대한 고마움을 표시하자 그는 이렇게 설명했다.

즉 그 포격으로 인해 적의 기선을 꺾었고 적진도 잠잠해졌으므로 아군의 인명피해를 줄인 것이니 결과적으로는 비용 효과 면에서 싼값으로 전과를 올렸다는 것이었다. 그는 중공군이 한국군을 얕잡아 보기 때문에 화력으로 적을 단단히 제압해야만 군단을 지탱할 수 있을 것이라는 점을 강조했다.

5포병단의 미군 대대는 국군 포병이 착착 포병학교의 교육을 거쳐 배치됨으로써 오래지 않아 미군으로 복귀, 국군 포병만으로 군단포병단을 구성하기에 이른다.

5포병단이 국군 포병 육성의 모델이 됨에 따라 이 부대는 관심의 초점이 됐다. 클라크 유엔군 사령관, 콜린즈 미 육군 참모총장, 클라크 장군의 친구인 영국의 알렉산더 원수 그리고 밴플리트 사령관의 친구인 그리스 육군 참모총장이 나의 재임 중 이 부대를 방문했으며 이듬해 방한한 아이젠하워 미 대통령 당선자는 바쁜 일정을 쪼개 5포병단을 찾았다.

2군단 창설을 통해 나는 신설부대의 가동이 얼마나 어려우며 전통 있는 부대들이 얼마나 소중한 지를 절감하게 됐다.

07
참모총장과
4성 장군의 길

★ ★ ★ ★

53년 1월 31일 나는 대장으로 진급했다. 국군 처음으로 4성 장군에 오르는
영예스러운 날이었다. …한편 판문점의 휴전회담은 스탈린의 사망 이후
큰 진전을 이뤄 4월 20일에는 상이포로를 교환하기에 이르렀다.
그러나 전선에는 오히려 긴박감이 더해갔다. 공산군은 휴전이 성립되기 직전에
전선의 몇몇 중요한 지형을 탈취하고자 했다. 전쟁을 그들이 승리로 마감했다는
선전거리로 삼으려는 계산도 숨어 있었다.

이승만 대통령은 52년 7월 22일 이종찬 육군 참모총장을 돌연 해임했다. 소위 부산 정치파동의 여파였다.

뜻밖에 내가 이 총장 후임으로 임명됐다는 통지를 받았다.

군인이 된 이후 육본 정보국장으로 약 1년간 근무한 것 외에 일선 지휘관으로 일관해온 나로서는 중앙부서라 할 수 있는 참모총장직은 여간 당혹스러운 것이 아니었다. 어려움이 많을 것이라는 예감을 지울 수 없었다.

2군단장 후임을 참모차장이던 유재흥 소장에게 넘겨주고 나는 서울을 거쳐 부산으로 향하게 됐다.

동숭동의 미 8군사령부를 찾아가 밴플리트 사령관에게 이임인사를 하자 나의 영전을 축하하며 저녁식사를 대접했다.

나는 여러 이야기 끝에 참모총장직을 어떻게 해야 성공적으로 수행할 수 있겠느냐고 그에게 의견을 물었다. 정년 퇴임을 1년 남긴 당시 59세의 밴플리트 사령관은 32세라는 어린 나이에 참모총장에 오르는 나에게 충고할 자격이 충분하리라 생각했다.

사령관은 한 동안 진지하게 생각을 하더니 대충 이런 요지의 말을 들려주었다.

"나는 귀관의 전력으로 보아 총장직을 훌륭히 수행하리라고 믿소. 다만 말을 많이 하지 마시오. 그 대신 참모와 예하 지휘관들의 말에 귀를 기울이시오. 또 어떠한 어려운 일에 봉착하더라도 조급하게 결론을 내리지 말고 하루 밤 잘 잔 다음 결정을 내리시오. '예스' 와 '노' 를 분명히 하시오. 그리고 사람들 앞에서 절대 화를 내지 마시오."

이날 그의 조언이 여러 가지 뜻을 담고 있었다는 것을 나는 시간이 갈수록 느낄 수 있었다. 끝없는 전쟁, 복잡한 정치 정세, 혼란한 사회의 와중에서 막중한 임무를 수행해야 할 나의 앞날을 그는 진심으로 염려해 준 것이었다.

대통령에게 신고차 부산으로 내려오라는 연락이 왔다. 부산으로 가려고 여의도 비행장에 나갔다가 우연히 장택상 국무총리를 만나 함께 비행기를 타게 됐다.

장 총리는 군용기 안에서 내게 발췌개헌안과 부산 정치파동의 개요를 나름대로 설명했다. 그러나 나는 그 전말을 즉각 이해할 수 없었다.

오랜 전투 끝이라 당시의 얽히고 설킨 정세를 한두 마디 설명으로 알아들을 수는 없는 노릇이었다. 그러나 참모총장이란 직책이 정치와 결코 무관할 수 없다는 중압감만은 무겁게 느껴야 했다.

7월 23일 경남도지사 관사에 마련된 부산 임시경무대에서 대통령에게 신고를 했다. 이 대통령은 취임을 축하해 주면서 내 손을 붙잡고 "그간 퍽 위태로웠어" 라고 말했다.

이 대통령은 내가 부산 정치파동의 전말을 잘 알고 있으리라 보고 짤막하게 그런 표현을 한 것 같았다.

이 대통령은 이어 이종찬 전임 총장과의 그간의 경위를 드문드문 얘기해 주고, "참모총장은 대통령의 말을 잘 들어야 되는데…"라며 말끝을 흐렸다.

내가 참모총장으로 부임하기 두 달 전인 52년 5월 25일을 기해 정부는 공비 토벌의 속행을 이유로 경남 및 전남·북 23개 시도에 걸쳐 계엄을 선포했었다. 그러나 계엄 이튿날부터 수난을 당한 것은 공비가 아니라 국회의원들이었다.

2군단 부군단장으로 잠시 내 휘하에 있었던 원용덕 준장은 계엄 직전 부산의 국방부로 전출됐다가 영남지구 계엄사령관으로 임명돼 내각제 개헌에 앞장선 국회의원을 구속하는 등 정치파동 주역으로 활약했다.

국방장관이 요청한 부산 병력 파견을 거부한 이종찬 총장은 우여곡절 끝에 해임했다. 이총장에 동조했던 이용문 작전국장과 김종면 정보국장 등도 좌천됐다.

계엄선포를 전후해 이기붕 국방장관이 해임되고 신태영 장관이 임명됐었다. 군 병력파견 문제에는 당시 작전지휘권이 미군에 있었으므로 밴플리트 사령관도 어떤 식으로든 간여했을 것이다.

이종찬 총장이 비록 해임됐으나 후환이 없었던 데는 밴플리트 사령관의 도움이 있었다는 후문이 있었다.

육군본부에 부임했을 때는 두 명의 전임총장인 정일권 중장과 이종찬 중장의 신상 문제가 미결로 남아있었다.

이 중장은 총장 해임과 동시에 미국으로 군사유학을 떠나도록 돼 있었으나 일신상 사정으로 일정을 미뤄오다 2~3주 후에야 안광호(安光

篇·준장 예편·이탈리아대사·무역진흥공사 사장 역임)대령과 함께 출국했다.

그간 나와도 몇 차례 만났는데 이 중장은 대통령에 대한 섭섭한 감정을 표하기도 했다.

정일권 중장의 경우는 좀더 복잡했다.

정 중장은 51년 총장 재임 중 국민방위군사건, 거창사건 등이 잇달아 터진 뒤 총장을 물러나 강문봉 소장과 함께 도미 유학길에 올라 포트 레븐워스에 있는 지휘참모대학Command and General Staff College을 이수하고 마침 귀국해 있었다.

정 중장에 대해서는 이종찬 총장 재임 시 밴플리트 사령관 협의를 거쳐 대통령의 결재를 받아 2사단장으로 보직을 결정해 두었었다.

그러나 이 인사명령은 정 중장에게 유쾌한 것이 아니었다. 실망한 정 중장은 사단으로의 부임을 늦추고 진해 친구 집에 머물고 있었다.

육해공군을 망라한 총사령관 겸 육군 참모총장을 역임한 정중장이 사단장에 임명된다는 것은 누가 보더라도 수긍하기 어려운 것이었다.

그러나 보는 각도에 따라서는 특히 미군의 관례로서는 단계를 거쳐 승진해야 한다는 측면도 있었다.

정 중장은 국방경비대 시절 광주 주둔 4연대장을 잠시 거쳤을 뿐 사단장과 군단장의 경험이 없었다. 아끼는 입장에서 지휘관 경험을 쌓게 해 다시 중용하자는 것이 인사권자의 의도였을 것이다.

나는 곧 진해로 정 중장을 찾아갔다.

그는 나에게 "군인을 그만두고 다른 일자리를 찾아 보아야겠다"고 말했다.

불만이 역력했다. 나는 정 중장에게 현재 군의 어려운 상황을 차근차근 설명하고 기왕 결정된 사항이니 솔선수범해 후배들에게 모범을 보여 달라고 간청했다.

정 중장은 마침내 고집을 꺾고 이튿날 2사단장에 부임했다.

육군 참모총장은 군의 최고 선임자로서 국방장관을 통해 군사 면에서 대통령을 보좌하는 막중한 자리였다. 특히 전시 중에 계엄이 선포된 상황이라 대통령의 통치권도 일부 보좌, 수행해야 했다.

또 유엔군 산하 참전 16개국 군부대와도 전쟁 수행 업무를 수시로 협조해야 했다. 군의 작전지휘권이 미군에 있었으나 12개 사단을 비롯한 전후방 각 부대의 작전 지원 업무도 적지 않았다.

당시 육군본부와 미군의 관계를 개략적으로 설명하면 다음과 같다. 미 8군은 동경의 유엔군사령부 겸 미 극동사령부의 지휘를 받아 전방지역의 모든 부대를 지휘 통솔, 작전임무를 수행했다.

육군본부는 전방 2개 군단 및 12개 사단(휴전 시까지 16개 사단으로 증편됨)에 대한 인원보충, 보급, 행정, 훈련 등 작전 지원업무를 담당했다.

보급은 국군의 식량, 봉급 및 일부의 피복, 기초적 군수품은 정부가 담당했고 탄약, 유류, 장비품 및 주요 군수품은 전량 미군이 지원했다.

신임 클라크 유엔사령관은 전방 전투지역을 제외한 후방, 즉 대략 평택~삼척선 이남지역을 KCOMZ(Korea Communication Zone)이라는 '병참관구사령부'의 관할로 설정했다. 대구의 구 일본군 병영에 본부를 둔 KCOMZ의 사령관은 헤렌Thomas Herren 소장이 맡았으며, 54년에 창설되는 육군 2군사령부가 KCOMZ 대부분의 임무를 이어받게 된다. KCOMZ은 클라크 대장이 한국에서의 밴플리트 총사령관의 영향력을 줄이기 위해 설치했다는 설도 있다.

해방이후 계속 주둔해 온 미 군사고문단(KMAG=U.S Military Advisory Group to the Republic of Korea)은 전시에 육군본부 및 예하국군 부대에 요원을 파견해 국군 참모 기능을 도왔다. 이때의 단장은 2차대전 때

1952년 9월 대구 육군본부에서 KMAG(미 군사고문단)요원들을 포함한 육본의 주요 참모들이 한자리에 모였다.

브래들리의 민사참모를 역임한 라이언Cornelius Ryan 소장이었다.

육군본부에서 멀지 않은 구 대구사범 건물에 미 군사고문단이 자리 잡고 있었다. 육군본부의 각 참모부에는 군사고문단의 요원이 파견돼 각 방마다 한국군·미군이 나란히 앉아 근무하기도 했다.

육군본부는 이밖에 후방 지역별로 병사구 사령부를 두어 징집소집을 담당했고 신병을 제주도 모슬포 제1훈련소와 논산 제2훈련소에서 16주간 훈련시켜 하루 평균 1200명을 전후방 각 부대로 보냈다.

또 미군 지원 아래 추진한 한국군 증강 및 정예화 계획 일환으로 사관학교와 육군대학을 비롯한 보병, 포병, 공병, 기갑, 통신, 병참, 항공, 헌병, 부관, 정보, 정훈, 화학, 군의, 간호, 여군 등 18개 병과 및 기술학교Service School를 운영해 전문 분야별로 장교와 하사관을 길러내고 있었다.

이런 맥락에서 내 최우선 과제는 당연히 육군의 전투력 증강이었다. 당시 육군본부의 참모진은 대략 이러했다.

작전 참모부장 이준식李俊植, 행정참모부장 양국진楊國鎭. 인사국장 김용배金容培, 정보국장 김형일金炯一, 작전국장 장창국張昌國, 군수국장 백선진白善鎭, 포병감 신응균申應均, 공병감 엄홍섭嚴鴻燮, 통신감 조응천曺應天, 감찰감 유흥수劉興守, 헌병사령관 석주암石主岩, 재정감 이효李曉, 법무감 손성겸孫聖兼, 정훈감 박영준朴英俊, 의무감 윤치왕尹致旺, 수송감 이치업李致業, 병참감 이후락李厚洛, 고급 부관민병권閔丙權, 계엄부사령관 겸 민사부장 이호李灝, 육사교장 안춘생安椿生, 육대총장 이응준李應俊.

이들 육본의 참모진에 대한 나의 첫 조치는 병과장兵科長들을 장성으로 진급시킨 것이었다. 그때까지 장성 진급은 지극히 엄선주의였다. 그러나 각 병과의 최고 책임자가 대령급이어서는 예하부대에 대한 업무지시와 미군과의 협조에 지장이 있다고 보고 이들의 진급을 상신해 모두 준장으로 진급시켰다.

취임 초 문형태 비서실장이 위관급인 일반 참모부의 비서요원들을 어떻게 해야 할 지 물었다.

나는 그들이 전임 총장을 잘 보좌했는지 되물었다. 모두 열심히 일했다는 답변이었다. 그렇다면 그들을 모두 유임시키라고 지시했다.

참모진으로는 과거 나와 손발을 맞춰 일했던 몇 사람을 기용했으나 그 하급자는 전혀 손대지 않았다. 당시 위관 급으로는 한봉수(한전 사장 역임), 이은탁(상공부 상역국장 역임)등이 있었다.

나는 출근시간보다 한 시간 일찍 나오고 한 시간 일찍 퇴근하는 근무방식을 택했다.

전임자는 이와 반대로 약간 늦게 출근하고 늦게 퇴근하는 스타일이었다고 한다. 육본 요원들은 은근히 전임자처럼 하지 않았으면 하는 희망을 전했었다. 상관 퇴근시간까지 자리를 지켜야 하기 때문에 개인시간을 갖기 어렵다는 것이었다.

일찍 출근하면 그날 할 일을 맑은 정신에 구상할 수 있어 좋았고 일찍 퇴근하면 부하들이 눈치를 덜 보아 좋았다고 생각된다.

참모총장에 부임하면서 부산에서 피난 생활을 하던 노모와 처자가 육군본부 근처의 관사에서 함께 지낼 수 있게 됐다.

2년여 만의 재결합이었다.

소강상태를 이루던 전선은 52년 가을로 접어들자 비록 국지전이었으나 곳곳에서 치열한 전투가 전개됐다.

중공군은 국군이 담당하는 정면만을 골라 좁은 지역에서 집중공격을 했다.

금성金城 동남쪽 10km, 화천 북쪽 40km지점의 수도 고지와 지형능선에서 수도사단(사단장 송요찬 소장)은 9월 5일부터 보름간에 걸쳐 진지를 7차례나 뺏고 빼앗기는 혈투를 벌인 끝에 고지를 사수했다.

52년 10월 6일부터 철원 북쪽 백마고지에서 9사단은 열흘간 1만여 명의 사상자를 내는 피로 산하를 물들인 격전 끝에 전선을 지켰다.

또 52년 10월 14일부터 한달 보름간 2사단(사단장 김종오 중장·11월 11일부터 정일권 소장)은 오성산五聖山 동쪽의 저격능선에서 부단히 밀려 내려오는 중공군을 저지했다.

동해안 전선 5사단(사단장 김종갑 준장)도 돌출부를 탈환하려는 북한군의 4개월에 걸친 끈질긴 공격을 막아냈다. 국군의 전투력이 전과 같지 않음을 대내외에 과시한 쾌거였다.

52년 가을, 나는 신영태 국방부장관으로부터 동래로 급히 와달라는 연락을 받았다. 신 장관은 서류 한 장을 내보였다.

서류에는 '민기식 준장 파면'이라고 쓰여 있었고, '가可·만晩'이라는 이대통령의 서명이 있었다.

신 장관은 민 준장을 파면하라는 대통령의 결재가 나자 이를 어떻게 처리해야 할 지 상의하기 위해 나를 부른 것이었다.

나는 서류를 받아들고 그 길로 서울 경무대를 찾아갔다. 이 대통령은 당시 부산에 머물렀으나 이따금 서울의 경무대에 올라가 집무하기도 했다.

"각하, 민 장군은 개전 이래 사단장으로 충성스럽게 잘 싸웠습니다. 이만한 전투 지휘관을 육성하기가 쉽지 않습니다. 그렇지 않아도 인재가 부족한데 웬만하면 민 장군을 살려주십시오."

이 대통령은 내 말에 불쾌한 표정을 지으며 주먹에 후후 입김을 불었다. 기분이 좋지 않을 때 하는 습관이었다.

대통령은 나의 간청을 듣고 한참을 침묵하더니 "그러면 어떻게 하면 좋겠어?"라고 되물었다.

"폐기하시지요."

나는 머뭇거리지 않고 말했다.

"폐기가 뭐야."

대통령이 다시 물었다. 나는 기다렸다는 듯 호주머니에서 결재 서류를 꺼내 전하며 "이것을 찢어버리시면 됩니다"라고 말했다.

그러자 대통령은 그 서류를 내 앞에서 찢어버렸다.

민 준장이 이런 곤욕을 치른 것은 소위 '서민호徐珉濠 사건' 때문이었다. 서민호 사건의 군법회의 재판장은 최경록崔慶錄, 박동균朴東均

을 거쳐 민기식閔機植 준장이 담당해 판결을 내리게 됐다. 민 준장은 52년 8월 이 군사재판에서 서 피고인에게 징역 8년을 선고했었다.

은근히 서민호의 중형을 기대했던 이 대통령에게는 마땅치 않은 결과였다. 이 때문에 대통령에게 서운함을 사게 된 것이었다.

| 국군 급식에서부터 산적한 문제를 풀다 |

전시 군인의 급식문제는 대단히 중요한 문제였다. 잘 먹어야 잘 싸운다.

당시 국군에 대한 급식만은 우리 정부가 독자적으로 조달해야 했다. 하지만 나라의 형편은 감당하기 어려웠다.

참모총장 부임 후 얼마 지나지 않아 나는 논산 포로수용소를 시찰하면서 놀라운 사실을 발견했다.

포로 급식이 국군 장병들보다 나은 것이 아닌가. 포로수용소는 미군 책임하에 있었기 때문에 이들은 미군이 정한 급식기준에 따라 비교적 배불리 먹고 있었다.

나는 곧 이를 국군의 급식기준과 비교 보고토록 했다. 아니나 다를까, 국군의 단백질과 지방질 섭취량이 포로들에 미치지 못하고 있음이 입증됐다. 정부에 이 문제를 보고하면서도 이를 해결해 주리라 기

■ 국민방위군사건(1951년 1월 중공군의 개입에 대항해 청년들로 국민방위군을 편성했으나 간부들이 정부 예산을 횡령해 청년들을 굶어 죽게 한 일)을 폭록한 정치인 서민호(1908~1974) 의원 사건. 그는 반(反) 이승만 성향의 비판적인 정치인이었다. 국회 부산 피난시절 이승만 정권 관련 군인들의 온갖 압력과 회유에도 굴복하지 않고 국민방위군사건과 거창양민학살사건을 과감히 국민에게 폭로함으로써 조사하도록 했다. 이승만 정권 때 8년간 실형을 살다가 4·19혁명 후 특별사면으로 출옥했다. 이후 대통령 선거에 출마하기도 했으나 다시 반공법위반으로 옥살이를 하는 등 많은 고초를 겪었다.

신병 훈련을 받기 위해 해군 LST편으로 제주도에 장정들이 상륙하고 있다.

대하지는 못했다.

나는 미 군사고문단KMAG을 통해 미 8군 사령부에 이러한 실정을 설명하고 절충을 시도했다.

이 과정에서 이같은 사실이 종군기자들에게도 알려져 미국 성조지 Stars and Stripes와 영국 신문에 "한국군의 급식은 포로만도 못하다"는 기사가 대서특필됐다.

미군은 이 문제를 해결하기 위해 미군이 채택하고 있는 중앙구매 제도Central Buying System를 도입하라고 우리에게 권했다. 미군은 국무부 중앙조달기구에서 예컨대 쇠고기는 시카고 도축회사에서, 오렌지는 캘리포니아나 플로리다에서 가져왔다. 연중 가격이 가장 쌀 때 대량 구매해 저장해 두며 각지의 부대에 공급함으로써 예산을 절감하고 효율화한다는 것이었다.

육본은 이 권유에 따라 생선·야채 등 일부 품목에 대해 시범적으로 실시해 보았다.

그러나 운반 및 창고시설이 갖춰지지 않았고 예산이 워낙 넉넉하지 못했기 때문에 초기에 성과를 거둘 수는 없었다.

당시 급식 관련 작업은 백선진白善鎭 군수국장(소장 예편)과 이후락李厚洛 병참감(중앙정보부장 역임) 윤수현(尹秀鉉·준장 예편·병참학교 교장 역임) 등이 주축이 되어 실시됐다.

이들의 노력이 후일 미곡류는 농협, 육류는 축협, 어패류는 수협을 통해 구입하는 중앙조달체계로 발전하는 계기를 만들었다.

또 다른 과제는 신병 훈련 문제였다. 훈련을 얼마나 했는 지는 즉시 국군의 전과로 나타날 뿐만 아니라 장병 본인의 생사와도 관련되는 중요한 문제였다.

전쟁초기에는 헌병이나 경찰이 눈에 띄는 젊은이들을 닥치는 대로 모아 1주일 내지 한 달 간 단기 훈련을 거쳐 전선에 투입했었다.

51년 1·4 후퇴 후 제주도 모슬포에 제1훈련소가 창설되고 이어 논산에 제2훈련소가 세워지자 신병 보충도 체계를 잡기 시작했다. 제1훈련소를 제주도에 창설한 것은 그 당시 중공군 대공세에 위기를 느낀 이 대통령이 제주도를 유사시 최후 거점으로 삼고자 했기 때문이다.

이때부터 훈련은 미군이 1·2차대전에서 시행했던 방식에 입각해 16주간 꽉 짜인 시간표에 의해 실시됐다.

초기에는 국민방위군으로 소집된 장정들을 우선 훈련했으며 전황이 급할 때면 단기 훈련병을 전선에 투입하기도 했다.

자동차 등 대량생산 방식을 정착시킨 미국은 신병훈련에 있어서도 대량생산 체제를 도입해 2차대전 기간 중 1100만 명 병력을 동원할 수 있었다.

내가 훈련소를 돌아본 결과 여전히 문제가 많았다.

특히 모슬포는 신병을 부산과 목포에서 매일 1000여명 꼴로 해군 함정 편으로 실어 날라 비좁은 천막에 수용해 훈련을 강행하고 있었다.

해방 전 중국 대륙의 남경南京을 폭격하기 위한 중간 기착지로 일본 군이 닦은 비행장을 활용한 모슬포 훈련소는 근처에 물이 없어 고통이 심했다.

또 삼다도三多島답게 바람이 세어 배가 접안하지 못하는 날이 연중 90일 가량이나 됐다. 수용시설·훈련시설·병원시설도 미흡한 데다 부식조달도 원활하지 못해 신병들의 고생은 이루 말할 수 없었다.

이에 비하면 논산훈련소는 형편이 다소 나은 편이었다.

웃지 못할 에피소드로 가족들의 면회문제도 있었다.

평화 시에 아들을 입대시킨 부모 심정도 안타까운 법인데 하물며 전시에 아들을 군에 보낸 심정은 어떠랴. 때문에 훈련소마다 면회 온 가족들이 줄을 이었다. 이중에는 특히 만약의 사태에 대비해 손을 잇겠다는 일념으로 며느리를 대동하고 '씨받이 면회'를 간청하는 사례도 적지 않았다.

물론 공식적으로는 허용할 수 없었으나 요령껏 성사를 하는 경우도 있음을 보고를 통해 알고 있었다.

나는 이런 일화를 통해 우리 민족의 위대함을 역설적으로 느끼게 됐다. 그 숱한 외침 속에서도 반만년의 혈통을 유지해 온 근원의 한 단면을 이를 통해 깨달을 수 있었다.

나는 우선 논산 제2훈련소 시설을 완비하기 위해 애썼다. 라이언 미 군사고문단장과 협의해 천막을 반영구 막사로 짓기 위해 목재·

루핑·블록 등 시설자재를 미군에서 얻어내고 훈련소 운영은 인격적으로 원숙한 분이 맡아야 한다는 생각에서 인선을 놓고 고심했다.

제1훈련소장은 백인엽, 장도영, 오덕준으로 이어지고 있었다.

나는 군의 원로로 당시 육군대학총장이던 이응준李應俊 소장이 적임이라 판단하고 제2훈련소장을 맡아 달라고 간청했다.

이 장군은 일본군 대좌출신으로 국군 창군의 산파역을 담당했으며 독립 후 초대 육군 총참모장을 역임했다.

환갑을 바라보는 이 장군은 나의 설명을 듣자 "나라를 위해 필요하다면 늙은 몸이나마 헌신해야지"라며 쾌히 승낙했다.

나는 이 장군의 예우를 위해 진급을 상신해 훈련소장 부임과 동시에 중장으로 진급토록 했다.

훈련소 문제는 일시에 해결될 수 없는 것이나 이 장군의 노고로 많은 것이 개선됐다고 믿는다.

한편 장교들의 생계문제도 해결해야 할 사항이었다.

나는 참모총장 부임 초 대통령에게 보고 차 갔던 길에 이 문제를 슬며시 꺼내 보았다.

"각하, 현재 군인 봉급이 너무 적습니다. 본인은 겨우 먹고 살 정도이나 가족을 부양하기에는 턱없이 부족한 실정입니다. 이 때문에 장교나 하사관이 병사들의 먹을 것을 빼앗아 간다거나 부대 차량을 후생사업에 빼 돌리는 불미한 사건들이 빚어지고 있습니다. 선처가 있으시기를 바랍니다."

그러나 이 대통령의 반응은 강경했다.

"군인이 돈맛을 알면 어떡하나. 군인이 애전愛錢을 하면 나라가 망해. 군인은 발런티어(Volunteer·자원봉사)이고 서비스하는 거야."

이 대통령이 남에 대해서 뿐 아니라 자기 자신에 대해서도 매우 엄격하다는 것을 잘 알고 있는 나로서는 더 이상 말을 꺼낼 수가 없었다.

이 대통령 생일파티가 경무대에서 열렸을 때의 일이다. 백두진白斗鎭국무총리와 국무위원 그리고 3군 참모총장이 초대됐다.

국무위원들은 일동의 이름으로 자개상을 생일 선물로 마련했다.

선물을 전달받은 대통령은 이렇게 말했다.

"여러분이 내 생일을 축하해 주는 것은 고마우나 내가 이런 선물을 받기 시작하면 서울 장안의 좋은 물건들이 다 경무대로 올 것이오. 이번만은 선의로 생각해 받겠으나 다음부터는 절대로 이러지들 마시오."

초대받은 국무위원 일행은 무안한 얼굴로 국수 한 그릇 씩을 비우고 돌아갔다.

나의 재임 초기에 군 트럭이 소위 '후생사업'으로 동해안에서 명태를 싣고 달리다 오산에서 열차와 충돌하는 사건이 발생한 것을 비롯해 자질구레한 비리사건이 보고 됐다.

당시 미국의 원조로 지탱해 가던 정부나 우리의 실정을 잘 아는 미군측은 이러한 사건에 대해서 다소 필요악으로 여겨 더러 눈감아 주었다.

현역 군인들의 문제 뿐만 아니라 상이용사 지원 문제도 육군본부가 해결해야 할 큰 과제였다. 당시 부산 교외 각지에는 수많은 상이용사 정양원이 산재해 있었다.

2년여의 전쟁 중 부상으로 불구가 된 용사들의 숫자는 헤아릴 수 없을 정도였다. 2만~3만 명을 헤아리는 상이용사들이 부산의 육군병원과 천막촌을 이룬 정양원에 분산 수용되고 있었다.

육군본부는 미군 지원에 의존해 상이용사들에게 목발과 의수·의족들을 지급하기 시작했으나 이들에 대한 의료나 숙식까지 해결하기에는 역부족이었다.

상이용사들은 거리를 방황하며 더러 민폐를 끼쳐 일반 시민과 상이용사 모두 불만이 높아가고 있었다.

52년 가을 어느 날 왜관에서 경찰과 상이용사가 충돌을 빚은 사건이 발생했다. 이 소문이 다소 부풀려 부산 상이용사들에게 전해졌다.

급기야 부산 상이용사들이 일제히 봉기해 열차를 탈취, 왜관으로 몰려가려 했다. 상이용사들은 부산진 역에 집결해 경부선 철도 운행을 정지시키며 열차를 내달라고 격렬한 항의 시위를 벌였다.

나는 대구 육군본부에서 신영태 국방장관으로부터 급보를 받고 경비행기 편으로 급거 부산으로 내려갔다.

현장에 나가보니 치안국장은 사태 수습을 거의 포기한 상태였고 헌병과 경찰관들이 가까스로 외곽을 지키고 있었다.

나는 급히 마이크를 잡고 상이용사들에게 호소했다.

"나는 참모총장 백선엽입니다. 행인지 불행인지 생명을 부지해 여러분 앞에 나섰습니다. 여러분은 그래도 목숨을 잃은 전우들보다는 낫지 않습니까. 나의 책임 하에 여러분의 문제를 해결하도록 할 것이니 여러분 중 대표가 있으면 나와서 얘기합시다."

순간 수 만개의 눈동자가 나에게 쏠렸다. 그들 중 일부는 목발을 휘두르며 나에게 덤벼들기도 했다. 극도로 신경이 날카로워 헌병의 제지가 없었다면 내게 뭇매를 가할 듯한 기세였다. 결국 10여명의 대표가 내 주변에 모이게 됐다. 그들 역시 살벌한 얼굴들이었다.

차례로 악수를 나누던 중 나는 낯익은 얼굴을 발견했다. 내가 먼저 알은 체를 했다.

"너, 나를 알아보겠지."

"예 각하, 압니다. 제가 최전선에서 싸울 때 각하가 군단장이셨습니다. 고지에서 각하의 담배를 한 대 얻어 피우지 않았습니까."

이렇게 말문이 트이자 주변 분위기가 한결 누그러지기 시작했다.

나는 그들을 설득하여 애로사항을 차근차근 듣게 됐다.

상이용사들은 "모포가 없어 잠을 잘 수 없다" "먹을 것이 형편없다" "천막 안이 더러워 이와 벼룩이 많다" 등등 불만이 끝이 없었다. 그 중에서도 가장 큰 고통은 나라 위해 다친 용사들을 사회가 멸시한다는 것이었다.

나는 그들에게 대책을 거듭 약속하며 일단 해산해 줄 것을 부탁했다. 마침내 상이용사들은 두어 시간 만에 해산했다.

정부는 급히 예산을 쪼개어 지급해 주었고 미 8군도 모포 2만장과 의료품을 지원해 급한 불을 껐다.

다행히 민사참모를 지내기도 했던 라이언 미 군사고문단장이 상이용사 지원에 풍부한 경험을 갖고 있었다.

나는 육본에 상이원호처를 임시기구로 편성하고 군의관 출신인 박동균朴東均 준장(소장 예편)으로 하여금 이 업무를 관장토록 했다. 52년 부산의 상이용사 시위가 오늘의 보훈처를 있게 한 기폭제였다고 할 수 있을 것이다.

| 한국 국군 처음으로 4성 장군에 |

전후방에 걸친 이러한 산적한 문제와 씨름하던 52년 말 아이젠하워 대통령이 우리나라를 방문했다.

아이젠하워는 52년 11월 미 대통령 선거전에서 '한국전쟁을 끝내겠다'는 선거공약을 내걸고 승리, 공약 실천의 의지를 보여주기 위해 12월 2일 대통령 당선자 자격으로 내한하게 됐다.

1951년 12월 5일, 방한했던 아이젠하워 美 대통령 당선자가 떠나기 직전 경무대를 방문했다. 계획에 없던 이 대통령과의 만남을 주선하느라 진땀을 뺐다.

아이젠하워의 방한은 극비에 붙여졌다. 그는 김포공항에 내린 후에 도 동숭동 서울대 미 8군사령부로 직행해 그곳에서 묵었다. 이튿날인 12월 3일 아침 나는 아이젠하워가 주재하는 회의에 참석하게 됐다.

참석자는 브래들리 미 합참의장, 레드포드 태평양 함대 사령관, 클 라크 유엔군 사령관, 밴플리트 8군사령관, 라이언 미 군사고문단장 그리고 나였다.

아이젠하워는 회의 직전 복도에서 참석자 일행을 만나 "굿모닝, 이 렇게 모이니 마치 노르망디 상륙작전 때 D데이 전날 같다"고 농을 했 다. 회의에 앞서 밴플리트 총사령관은 한국전에 종군하고 있는 아이 젠하워의 아들인 존 아이젠하워의 안부를 전했다.

"존은 3사단에서 훌륭히 근무하고 있습니다. 귀하가 대통령에 당선된 후 대대장의 보직을 정보참모로 바꿨습니다."

아이젠하워는 이 말을 듣더니 "그것은 군사령관의 권한에 속하는 일입니다. 내가 간섭할 일은 아닙니다. 다만 나로서는 존이 적의 포로가 되지 않았으면 하는 것이 희망입니다"라고 말했다.

대통령의 아들이니 표적이 될 수 있음을 걱정하는 것이었다. 한국전쟁에서 아들을 잃은 밴플리트 총사령관과 아들을 최전선에 보낸 아이젠하워 간의 아버지로서의 대화를 들으니 가슴이 뜨거워졌다.

나는 이날 회의에서 당시 우리에게는 한국군 증편에 미국 확약을 받는 것이 최우선 과제였기 때문에 이를 브리핑했다.

한국군 20개 사단 증편계획을 설명하며 특히 미군 1개 사단을 유지하는 비용으로 한국군 2~3개 사단의 유지가 가능하다는 점을 강조했다. 아이젠하워는 이 계획에 원칙적으로 동의한다는 뜻을 즉석에서 밝혔다.

아이젠하워는 회의에 이어 광릉 예비사단으로 주둔하던 송요찬 소장의 수도사단도 방문했다. 동행한 이승만 대통령은 아이젠하워를 서울시민 환영대회에 영접하기 위해 준비를 시켜두고 있었다. 중앙청 앞 광장에는 10만 시민이 아이젠하워를 기다리고 있었다

이것을 전해들은 아이젠하워 일행은 난색을 표했다. 일정에 계획돼 있지 않을 뿐더러 경호상 문제로 참석할 수 없다는 것이었다.

이 대통령은 대회장에 먼저 도착, 아이젠하워 일행이 태도를 바꿔 참석할 것을 기다렸다. 나도 이 대통령을 수행했다.

10만 군중이 추위를 무릅쓰고 장시간 아이젠하워를 기다렸으나 끝내 나타나지 않았다.

대통령은 단상으로 올라가 우리가 왜 휴전을 반대해야 하는지 열

변을 토했다. 그리고는 끝내 아이젠하워가 오지 않을 것임을 확인하자 나를 불러 세우더니 "미국에 아이젠하워라는 2차대전 영웅이 있다면 우리에게도 전쟁 영웅이 있다. 백선엽 장군이 바로 그 영웅"이라고 추켜세웠다. 대통령은 낙동강, 평양 등지에서의 전과를 열거하며 나를 우리나라를 수호한 군인이라고 소개했다.

2박 3일의 아이젠하워 방문 일정이 끝나는 날 일이 또 꼬이기 시작했다.

대통령은 아이젠하워가 당연히 경무대를 예방할 것으로 믿었다. 백두진 총리 등 전 각료를 경무대에 불러들이고 김태선 서울시장을 8군사령부로 보내 경무대 예방을 주선하도록 했다.

그러나 김 시장은 동숭동 8군 사령부 정문에서 제지돼 영내에 들어가 보지도 못하고 되돌아왔다.

미군측은 보안상의 이유와 아직 '대통령'이 아니라 '대통령 당선자'이기 때문에 경무대를 방문할 수 없다고 전했다. 이유야 어찌됐든 국가원수의 체면이 연거푸 손상되는 일이 벌어진 것이었다. 대통령과 총리는 이번에는 나를 부르더니 8군에 가서 다시 한번 절충해보라고 지시했다.

내가 밴플리트 8군사령관을 찾아가 용건을 얘기하자 그는 "클라크 유엔군 총사령관에게 의사를 전했으나 반응이 신통치 않다"면서 직접 얘기해 보기를 권했다.

클라크 사령관의 설명은 경호원들이 허락하지 않는 장소는 방문할 수 없다는 것이었다. 미국 대통령의 경호는 재무부 소관이며 이들은 융통성이 없다는 얘기였다. 나는 이렇게 설득했다.

"만약 아이젠하워 장군이 이 대통령을 예방하지 않으면 이는 대통령은 물론 한국 국민들에게 실례를 범하는 것입니다. 양자간 회담이 실현되지 않으면 미군도 앞으로 한국군의 협조를 기대하기 어려울 것입니다. 신중히 결정하기 바랍니다."

내 말을 듣자 클라크 사령관은 상기된 얼굴로 아이젠하워가 있는 바로 옆 사령관실로 들어가더니 한참 후 나와 "저녁 6시 경무대에서 만나자"고 전했다.

아이젠하워는 아들 존 및 수행원을 대동하고 저녁 6시 경무대에 도착해 의장대를 사열하고 약 40분간 환담을 나눈 후 공항으로 직행했다.

아이젠하워가 방한 중 공식 또는 공개석상에서 나타나기를 꺼려한 것은 다분히 정치적인 면도 있었을 것이다. 미국측은 "아직 대통령이

미국대통령 선거에서 패배한 민주당 후보 스티븐슨이 방한하였다. 스티븐슨은 매우 세심하고 유능한 정치인이었다.

아니라 대통령 당선자 신분"임이 주된 이유라고 강조했다.

아이젠하워가 다녀간 지 보름 후쯤 이번에는 미 대통령 선거전에서 낙선한 민주당 후보 스티븐슨Adlai Stevenson이 방한했다.

일리노이주지사 출신의 스티븐슨은 성실하고 지성적인 분위기를 지닌 인물이었다. 그도 역시 한국전의 실상을 파악하기 위해 내한한 것이었다. 스티븐슨 안내는 나와 라이언 미 군사고문단장이 주로 맡았다. 전선 1사단으로부터 제주도 훈련소에 이르기까지 한국과 미군 부대를 샅샅이 시찰했다.

스티븐슨은 당시 미군의 방문자 숙소Visitor's Bureau였던 지금의 필동 코리아하우스(일제 때는 정무총감 관사)에서 머물며 전후방 부대를 방문했다. 그는 한국군을 증강하면 미군 철수가 가능한 지에 큰 관심을 갖고 있었다.

스티븐슨은 이로부터 4년 후 미 대통령 선거전에서 다시 아이젠하워와 대결해 패배하게 되나 나는 그의 인품이 대통령이 되기에 조금도 손색이 없다고 생각됐다. 그는 한국군에 대해 "생각했던 것보다 훨씬 훌륭하다"는 코멘트를 남기고 나흘간 일정을 마치고 떠났다.

아이젠하워와 스티븐슨 등 미국 정치지도자 방한을 계기로 국군 증강계획은 박차를 가하게 된다. 우리는 우리대로 강력한 군대를 가져야 하는 것이 절대 절명의 과제였고, 휴전을 결심한 미국도 전쟁이 끝 난 후 미군 주력을 한국에서 철수하자면 한국군이 홀로서기 능력을 갖도록 지원하지 않으면 안됐기 때문이다.

내가 참모총장으로 취임할 때 10개 사단이던 국군은 53년 7월 휴전 때까지 16개 사단, 53년 말까지는 20개 사단으로 계획된 증편을 완료하게 된다.

군대는 인원과 장비만 있다고 이뤄지는 게 아니다. 불과 1년이라는 짧은 기간 내에 10개 전투사단이 창설된 배경에는 정부 및 육군본부와 미 8군, 미 군사고문단의 불철주야 노력이 있었다.

52년 말 부터 53년까지 창설된 사단의 창설일 및 창설지는 다음과 같다.

▲12사단(사단장 윤춘근 · 尹春根준장)=52년 11월 8일 · 양양

▲15사단(사단장 이정석 · 李貞錫준장)=52년 11월 8일 · 양양

▲20사단(사단장 유흥수 · 劉興守준장)=53년 2월 9일 · 양양

▲21사단(사단장 민기식 · 閔機植준장)=53년 2월 9일 · 양양

▲22사단(사단장 박기병 · 朴基丙준장)=53년 4월 21일 · 양양

▲25사단(사단장 문용채 · 文容彩대령)=53년 4월 21일 · 양양

▲26사단(사단장 이명제 · 李明濟준장)=53년 6월 18일 · 논산

▲27사단(사단장 이형석 · 李炯錫준장)=53년 6월 18일 · 광주

▲28사단(사단장 이상철 · 李相喆준장)=53년 11월 18일 · 논산

▲29사단(사단장 최홍희 · 崔泓熙준장)=53년 11월 18일 · 제주

53년으로 접어들자 클라크 유엔군사령관은 이승만 대통령과 요시다 시게루吉田茂 일본 수상과의 회담을 주선했다.

전쟁 중인 51년 9월 8일 샌프란시스코 강화조약으로 2차대전 전후 미 · 일 관계를 정리한 미국이 다음 단계로 극동 우방국간의 관계 재정립을 위해 정식 외교관계조차 갖기를 꺼리고 있는 한 · 일간에 뭔가 변화의 계기를 마련하기 위한 조치였다.

이 대통령의 역사적인 일본 방문에는 나와 해군 참모총장 손원일 제독이 수행했다. 당시 동경에 김정열 공군소장이 유엔사령부에 연락장교 단장으로 주재하고 있었으므로 육해공군의 선임자가 대통령

을 수행 보좌한 것이다.

53년 1월 5일 이 대통령 내외와 우리는 클라크 사령관이 보내준 군용기 편으로 부산 수영비행장을 떠나 하네다 공항에 도착했다.

하네다 공항에는 클라크 대장 부부와 오카자키 가쓰오岡崎勝男 외무대신 등이 나왔고 미군과 일본 경찰이 삼엄한 경호를 하고 있었다. 혹시 있을지 모를 조총련 또는 공산 테러를 방지하기 위해서였다.

한일 정상회담은 이튿날 1월 6일 오후 클라크 유엔군사령관 관저인 동경 시내 마에다前田 하우스에서 열렸다.

참석자는 이 대통령과 김용식金溶植 주일공사, 요시다 일본 수상과 오카자키 외무장관, 클라크와 머피Murphy 정치 고문 등 한·미·일 6인이었다.

김용식 공사(외무장관 역임)는 이때 약 70분간 진행된 회담에서 이 대통령이 주로 발언을 하고 요시다 수상은 주로 듣는 입장이었다고 전한다.

칠순의 양국 정상은 석양을 배경으로 사진 촬영을 한 후 회담장에 들어갔다.

이 대통령은 조금도 흐트러짐이 없이 자신감이 넘치는 모습이었고 요시다 수상 역시 침착하고 빈틈이 없어 보였다.

이 대통령은 한일간 제반 문제가 장차 잘 타결될 것을 희망한다는 의견을 제시했고 요시다 수상은 일본의 한국에 대한 침략은 향후 절대로 없을 것이며 군국주의의 부활도 있을 수 없음을 표명했다고 한다.

항간에는 이 자리에서 "한국에는 아직도 호랑이가 많은가요"라는 요시다 수상의 질문에 이 대통령이 "임진왜란 때 일본인들이 다 잡아가 없습니다"고 대답한 일이 있는 것으로 전해졌다.

그러나 사실은 요시다 수상이 "청년 시절 신의주 건너 안뚱安東에

1953년 1월 31일, 부산에 있던 경무대에서 대장 진급 신고를 하는 백선엽, 최용덕 공군 참모총장, 한 사람 건너 신태영 국방장관, 이승만 대통령

서 영사로 근무할 당시 한국에 호랑이가 많다는 얘기를 들었다"고 하자 이 대통령은 우리나라의 속담을 인용해 "우리나라에서는 아들을 최소한 셋을 낳아야 합니다. 아들 하나는 대를 잇고 또 다른 아들은 출가를 시켜 승려로 만드니까요. 그런데 이 중 한 명쯤은 범에게 물려 갈지 모르니까 한 명이 더 있어야 합니다"라고 말했다고 한다.

귀국길 비행기 안에서 회담 결과를 묻는 나의 질문에 이 대통령은 이렇게 말했다.

"해결된 것은 없다. 한일관계 개선은 현재로서는 쉽지 않다. 한일 양국이 대등한 입장에서 교제하려면 앞으로 30년은 지나야 한다. 일제때 종살이한 세대가 사라지고 새싹이 자라나야 가능할 것이다."

당시 동경은 전후복구가 완전히 이뤄지지 않은 가운데 한국전쟁으로 인한 소위 '조선특수朝鮮特需'로 폐허에서 서서히 벗어나고 있었다. 동경 거리에는 정복 사복을 입은 미군들이 눈에 많이 띄었다.

53년 1월 31일 나는 대장으로 진급했다.

국군 처음으로 4성 장군에 오르는 영예스런 날이었다.

박진석 비서실장으로부터 연락을 받고 부산 경무대로 가자 이 대통령과 밴플리트 총사령관이 양 어깨에 대장 계급장을 하나씩 달아 주었다.

대통령은"자네, 원래 우리나라에는 임금이 대장이고 신하에는 대장이 없었어. 지금은 공화국이니 자네가 대장이 된 거야"라고 말해 좌중을 웃게 했다.

미군은 병력 20만 명 당 1명의 대장을 두는 것을 원칙으로 하고 있었으나 당시 국군으로서는 나를 포함해 누구도 대장에 승진하리라고는 생각하지 않고 있었다.

이날 마침 퇴임이 임박한 밴플리트 총사령관에게 서울대학교가 주는 명예 법학박사 학위 수여식이 있어 식장에서 정부요인들을 다수 만나 진급인사를 할 수 있었다.

당시 서울대를 비롯한 전시 대학은 천막교사에서 명맥을 유지하고 있었기 때문에 명예박사 수여식은 경남도청 강당으로 장소를 옮겨 열렸다.

밴플리트 총사령관은 51년 4월 11일 8군 사령관을 맡아 가장 어려울 때 가장 오랫동안 한국전쟁을 지휘하고 군 경력을 마감했다.

그는 이 대통령과 친밀한 관계를 유지해 수많은 난관을 극복하며 전투와 한국군 증강 양면에서 헌신했다. 그가 국군을 위해 특히 힘을 기울인 것은 4년제 육군사관학교 창설 및 육성이었다.

그는 이 대통령에게 한국군의 통솔력을 강화하기 위해서는 웨스트포인트와 같은 사관학교가 있어야 한다고 강조해 52년 4월 육군이 진해에 사관학교를 탄생시키는 데 크게 기여했다.

그러나 육사는 그 성격상 미 군사원조 대상 명단에 포함되지 않고 있었다. 정부 예산만으로 운영돼야 했기 때문에 초기에 궁색한 형편

밴 플리트 장군 후임으로 새로 부임한 테일러 미 제8군사령관이 1953년 2월 4일 대구 육군본부를 방문했다. (왼쪽으로부터 테일러 중장, 육군참모총장 백선엽 대장, 미 군사고문단장 라이언 소장, 신응진 소장)

을 면하기 어려웠다.

밴플리트 총사령관은 육사를 지원하기 위해 여러 경로로 모금 활동을 벌여 육사가 태릉으로 이전한 후 이 모금으로 도서관을 세우는 데 결정적 도움을 주었다.

그는 퇴임 후 플로리다 포크시티에 살았는데 살고 있던 지역 거리 이름이 '밴플리트 스트리트'라 명명될 정도로 미국민들의 존경을 받았다. 그는 1992년 100세 나이로 세상을 떠났다.

밴플리트 총사령관의 후임은 테일러(Maxwell Taylor · 미 육군 참모총장 · 주월 미 대사 역임) 중장이었다.

테일러 사령관 역시 2차대전 중 미 101공수사단장으로 노르망디 및 룩셈부르크 작전에 참가했고 전후 베를린 봉쇄 사태 당시 서 베를린 주둔 미군사령관을 역임한 역전의 지휘관이었다.

포병출신인 그는 무려 7개 국어를 할 줄 아는 명석한 인물로 군정가軍政家로서도 손꼽히고 있어 그의 임명은 휴전을 염두에 둔 포석으로 관측됐다.

테일러 사령관의 부임 직후인 53년 3월 5일 소련 수상 스탈린이 사망하자 전쟁은 새로운 국면으로 접어들었다.

교착되고 있던 휴전회담이 공산군 후원자인 스탈린이 사망하자 바쁜 움직임을 보이기 시작했다.

내가 스탈린 사망의 소식을 접한 곳은 동해상 원산 앞바다 미 해군 전함 미주리호에서였다. 라이언 군사고문단장이 함께 있었다.

당시 제해권은 미 해군이 장악하고 있었기 때문에 나는 이따금 미군 함정을 타고 원산이 눈으로 보이는 곳까지 갈 수 있었다.

52년 가을에는 미 전함 뉴저지 호를 타고 원산 동쪽 15km거리 여도麗島에 상륙 운산시내 철도 조차장과 항만시설에 함포사격 및 공중

폭격을 하는 것을 본 적이 있었다. 요새화한 여도에는 미 해군과 해병대가 주둔하고 있었다.

스탈린 사망일에도 나는 클라크Joseph Clark 미 7함대 사령관 초청으로 미주리호에 타고 있었다.

클라크 사령관은 내게 "독재자 스탈린이 오늘 죽었다"는 뉴스를 전해주며 "이후 전쟁에 변화가 있을 것"이라고 말했다.

이날 내가 전함에서 항공모함으로 옮겨 타고 있을 때 함상에서 폭발사고가 있었다. 항공모함에 귀환하던 함재기가 폭탄을 적재한 채 함상에 착륙하다 폭발해 바닥에 큰 구멍이 나는 사고를 저지른 것이다.

나는 이때 미군 사령관이 병사들에게 심한 꾸지람과 함께 기합을 주는 것을 처음 목격했다.

| 스탈린 사망 이후 전쟁은 새로운 국면에 |

국군 전투사단의 급속한 증편 과정에서 핵심 과제의 하나는 포병의 증강이었다. 포병의 적절한 지원이 없는 한 보병은 힘을 발휘할 수가 없다.

전쟁 중 국군이 고전을 면치 못했던 것은 빈약한 포병 때문이었다. 포도 빈약했을 뿐 아니라 숙련된 포병 지휘관도 양성돼 있지 않았다.

전쟁 초기 일부 보병지휘관들은 보병과 포병의 협동 등 보포步砲 협동에 대해 기초 개념도 갖추지 못했었다.

예컨대 포는 한 곳의 진지에서 거리에 상관없이 전방위로 사격을 할 수 있으나 이를 잘 모르는 보병지휘관들이 포병에게 "이리와서 쏘라" "저리 가서 쏘라"는 엉터리 지휘를 하고 이에 항의하는 포병지휘관을 때리는 일까지 빚어지기도 했었다.

육군본부는 이런 폐단을 없애기 위해 신설 사단에 충원할 포병사령관과 포병장교 육성에 힘을 기울였다.

이 과제를 담당한 사람은 포병감을 거쳐 행정참모부장이 된 신응균申應均소장(중장 예편·서독, 터키대사 역임)이었다. 신영태 국방장관의 장남이기도 했다.

신 소장은 52년 가을 나에게 포병 증강계획의 일환으로 포병사령관의 양성방안을 가져왔다. 그는 과거 사단장과 사단 포병사령관의 계급상 격차가 심해 포병이 경시됐던 점에 비추어 신설 사단에는 이 차이를 좁혀야 원활한 작전수행을 할 수 있다는 의견이었다.

따라서 부사단장 급 고참 보병 대령 중에서 요원을 선발해 집중적으로 교육을 시킨 후 이들을 포병으로 전과轉科시켜 각 사단 포병사령관으로 배출하자는 것이었다. 동시에 이들을 진급시켜 사단장은 소장, 포 사령관은 준장으로 격을 맞추자는 계획이었다.

나는 이 안이 보병의 인사적체까지도 해소할 수 있는 일석이조의 아이디어라고 생각했다.

이때 포병사령관 요원으로 선발된 사람 중에는 나중에 대통령이 된 박정희朴正熙 대령을 비롯해 박경원朴璟遠(중장 예편·내무장관 역임), 이기건李奇建(준장 예편), 이명제李明濟(소장 예편), 송석하宋錫夏(소장 예편), 이창정李昌禎(소장 예편), 김영주金永周(준장 예편), 최경만崔慶萬(준장 예편), 박현수朴炫洙(소장 예편), 김동수金東洙(준장 예편), 이춘경李春璟(준장 예편), 김상복金相福(중장 예편), 이희권李喜權 (준장 예편), 김동빈金東斌(중장 예편), 강태민姜泰敏(소장 예편), 이백우李白雨(준장 예편) 등이었다.

이들은 52년 10월 13일부터 3개월간 광주포병학교에서 훈련을 받은 후 다시 메이요 준장의 제5 포병사단에서 현장교육을 받았다.

그러나 교육을 모두 마치고 장성 진급과 함께 배치에 들어가기 직전 미군의 강한 반대에 부딪쳤다.

테일러 8군사령관으로부터 급히 만나자는 연락을 받고 서울로 올라왔더니 "포병지휘관은 단기간에 육성될 수 없다"면서 계획을 백지화해 달라는 것이었다.

포병출신인 테일러 사령관은 포병은 평생을 배워도 부족하다는 지론을 갖고 있었다. 그는 동시에 한국인의 수학적 계산능력을 과소평가하고 있는 듯했다. 여기에는 기득권 싸움도 있었다.

기존의 국군 포병장교들이 미 8군 포병부장 데이Day 준장을 통해 보병 대령들을 포병으로 바꾸는 것을 반대한다는 의견을 은밀히 전해둔 것이었다.

나는 테일러 사령관에게 불쾌감을 억누르며 한국군의 인사문제는 내가 잘 알아서 할 일이며, 이들의 자질과 리더십이 훌륭하다고 설득했다. 그러면서 화천 주둔 제5포병단에 함께 가 이들을 개별 면접해보고 가부를 판단하자고 타협안을 제시했다.

테일러 사령관은 내 말을 듣더니 태도를 누그러뜨리며 자기 대신 라이언 군사고문 단장이 면접을 실시한 것이니 결과를 보고해 달라고 했다.

나와 함께 5포병단으로 직행한 라이언 소장은 메이요 포병단장으로부터 개인기록 카드를 제출받고 면접을 마쳤다.

라이언 소장은 "이만하면 훌륭하다. 이 이상의 장교를 어디서 구하겠는가"라면서 전원 합격 판정을 내렸다.

그는 특히 박정희 대령이 대단히 인상적이었다고 소감을 전했다.

이 문제가 타결되자 이들은 53년 3월 모두 준장으로 진급해 포병사령관으로 부임했다.

테일러 사령관이 이 계획을 끝까지 반대했더라면 이들은 장성 진급 기회를 잃을 뻔했다. 5 · 16 이후 포병 출신들이 크게 각광을 받은 이면에는 이같은 사연이 있었다.

우리가 포병지휘관 및 장교를 양성하고 미군이 포병장비를 지원함으로써 국군 포병은 궤도에 오르게 됐다.

105mm 포 1개 대대가 사단을 일반 지원하고 4.2인치 박격포 1개 소대가 연대를 직접 지원해야 했던 어려운 시대를 마감하고 사단마다 155mm 포 1개 대대와 105mm 포 3개 대대를 보유해 어떻든 강대국 군대의 포병수준에도 뒤지지 않는 위용을 갖추게 됐다.

한편 판문점에서 열리고 있는 휴전회담은 스탈린 사망 이후 큰 진전을 이뤄 53년 4월 20일에는 부상당한 포로부터 교환하기 까지에 이르렀다.

북한 김일성과 중국 팽덕회는 3월 28일 병들고 부상한 포로를 우선 교환하자는 한 달 전 클라크 유엔군사령관의 제안을 받아들였다.

4월 20일부터 5월 3일 사이 판문점에서 5194명의 북한 포로와 1030명의 중공군 포로가 북으로 송환되고 471명의 국군과 149명의 유엔군 포로가 남으로 귀환했다. '리틀 스위치(Little Switch · 작은 교환)'라고 불리는 이 상이포로 교환의 국군 인수 단장으로는 최석崔錫 소장이 파견됐다.

최 소장은 당시 아군 귀환 포로 숫자가 적군에 비해 현격히 적은 데 대해 "국군 포로를 대부분 괴뢰군에 편입시켰기 때문에 돌려보낼 사람이 별로 없는 것 같다"고 보고했다.

여하튼 '리틀 스위치'가 완결되면서 휴전은 바야흐로 눈앞에 다가오는 현실로 인식됐다. 이 무렵 나는 미 육군참모총장 콜린즈 대장 초청으로 미국을 가게 됐다.

목적은 미 국방부 및 미군 내 각급 군사교육 시설 시찰과 군軍 및 군단軍團급 지휘 코스 오리엔테이션 교육을 위한 것이었다.

5월 중순 나는 홀홀 단신으로 첫 미국행에 올랐다.

대구에서 군용기로 동경으로, 여기서 팬암 소속 4발 여객기의 한산한 1등석에 앉아 호놀룰루를 거쳐 샌프란시스코 트래비스 공군기지까지 이틀에 걸쳐 날아갔다.

샌프란시스코에서 다시 군용기로 워싱턴 공항에 내렸다.

도착이 일기불순으로 두 어 시간 늦어졌기 때문에 주미대사가 베푼 리셉션 초대 손님들은 오랜 시간 대사관저에서 나를 기다리고 있었다. 손님들 중에는 미 합참의장 브래들리 원수와 다수의 한국전 참전 미군들이 있어 반갑게 재회했다.

이튿날 미 국방부 근처 미군 장성관사들이 밀집된 포트마이어에서 답례로 열린 리셉션에는 콜린즈 대장을 비롯해 많은 국방부 사람들로 성황을 이뤘다.

환담과 축배의 와자지껄함 속에서 휴전이라는 암담한 장래를 내다보고 있던 내 마음은 편할 수가 없었다.

자연히 나를 만나러 리셉션에 온 과거 미군 전우들과 따로 만나 진지한 대화를 갖게 됐다.

내가 1군단장 때 동해상의 제5순양함대 사령관으로서 또 휴전회담이 개시될 때 회담대표로 나와 함께 싸우고 일했던 버크Arleigh Burke 제독이 해군성 전략 기획국장으로 일하고 있었다.

또 1군단 고문관이던 로저스Glenn Rogers 대령과 평양 진격 때 1사단 고문관이던 헤이즈레트Heyzlet 대령도 워싱턴에 주재하고 있었고 육본 참모총장 고문관이었던 하우스만James Hausman 중령도 육군성 정보국에 근무하고 있어 모두 한자리에서 만날 수 있었다.

이들 4명의 미군과 군사유학 중 나를 수행하기 위해 샌프란시스코에서 합류한 남성인南星寅 대위는 연회를 마치고 곧장 로저스의 집으로 가 자못 심각한 논의를 벌였다.

새벽 3시까지 계속된 토론 끝에 우리 여섯 명이 도달한 결론은 '비록 한국은 통일 없는 휴전을 결사반대하고 있으나 미국은 조만간 휴전을 할 것'이며 '이 시점에서 한국이 미국으로부터 어떤 보장을 얻어내지 못한다면 한국의 장래는 위태롭다'는 것이었다.

버크 제독은 특히 미국 정부로부터 모종의 군사적 경제적 보장을 받아내려면 내가 아이젠하워 대통령을 직접 만나야 할 것이라고 강력히 권했다.

날이 밝자 나는 콜린즈 총장을 찾아가 아이젠하워 대통령의 면담을 주선해 달라고 부탁했다.

그러나 총장은 난색을 표했다.

"미국에는 매년 수많은 각국 참모총장이 방문합니다. 대통령이 귀관을 만나게 되면 전례가 돼 다른 총장들의 면담도 사절하기 어려워집니다."

그러나 나는 물러설 수가 없었다.

"매일 수없이 많은 사상자를 내가며 미군과 함께 싸우고 있는 한국의 참모총장을 어떻게 다른 나라 총장과 똑같다고 할 수 있습니까. 더욱이 나는 아이젠하워 대통령과 구면입니다."

콜린즈 총장은 나의 완강한 태도를 보더니 옆방에 있던 참모차장 헐(John Hull · 클라크 후임의 유엔군사령관)대장을 부르더니 내가 백악관을 방문할 수 있도록 연락을 취하라고 지시했다.

마침내 이튿날 오전 10시 정각. 나는 백악관 집무실에서 아이젠하워 대통령과 수행원도 배석치 않고 단독 면담을 갖게 됐다.

집무실은 창가에 큰 책상이 하나 놓여 있는, 생각보다 넓지 않은 방

1953년 5월 15일 미 육군사관학교를 방문하여 생도대장 마이켈리스 준장에게 을지훈장을 수여하고 격려하는 백선엽 참모총장(뉴욕)

이었다. 아이젠하워 대통령은 먼저 이 대통령의 안부부터 묻고 말을 꺼냈다.

"한국 정부와 국민이 휴전을 반대한다는 뜻은 잘 알고 있으나 한국 전쟁을 종식시키겠다는 것이 나의 선거공약이며 우방인 영국과 여러 동맹국들이 휴전을 하도록 압력을 가하고 있습니다."

나는 "만약 여기서 휴전하게 되면 통일의 기회는 사라지고 맙니다. 한국 정부와 국민의 휴전반대 뜻을 과소평가하지 않기를 바랍니다"라고 했다.

"그렇다면 무슨 방안이 있겠소?"

그가 내게 물었다. 나는 기다렸다는 듯 이렇게 되물었다.

"대통령 각하, 왜 우리에게 보장guarantee을 해주지 않습니까."

"보장이라니 무슨 뜻이오?"

"우리나라는 3년간 전쟁으로 폐허가 됐고 아무것도 남은 것이 없습니다. 예를 들면 상호방위조약Mutual Defence Pact 같은 것을 고려할 수도 있지 않습니까?"

"귀하의 뜻에 원칙적으로 동의합니다. 그러나 상호방위조약은 유럽 국가와는 많이 체결하고 있지만 아시아 국가와는 드문 경우이고 또 상원 인준을 받아야 합니다."

면담이 끝났다.

이어 아이젠하워 대통령은 내게 워싱턴에 얼마간 체류할 지 묻더니 그 동안 스미스(Walter Bedell Smith · 2차대전 중 아이젠하워 참모장) 국무차관을 만나 이 문제를 협의하라고 말했다. 국무장관은 덜레스 John Dulles였다.

나는 이튿날 버크 제독과 함께 스미스 차관을 찾아가 휴전 후 한국의 방위 및 재건에 대해 많은 의견을 나눴다.

이것이 54년 11월 18일 체결된 한 미 상호방위조약의 출발이었을 것이다.

약 닷새간 일정을 마친 나는 뉴욕으로 가 웨스트 포인트(미 육군사관학교)와 미 1군사령부를 방문했다. 17발 예포 속에 방문한 웨스트 포인트에서 1사단장 시절 다부동 전투 때 함께 격전을 치렀던 마이켈리스를 재회했다. 그는 준장으로 진급해 생도대장을 맡고 있었다. 내가 이때 이곳에 기증한 태극기가 지금까지 그곳 박물관에 보관되어 있다.

'명예 · 의무 · 국가 Honor · Duty · Country'를 모토로 하는 웨스트 포인트는 아이젠하워, 맥아더, 패튼, 워커, 리지웨이, 밴플리트, 테일러

등을 배출한 학교답게 엄청난 자부심을 갖고 있음을 느낄 수 있었다.

뉴욕에서는 월돌프 아스토리아 호텔 팬트하우스에 거주하는 맥아더를 예방했고 한미재단 리셉션에서 이원순(李元淳·전경련 고문), 김자경(金慈璟·성악가)등 동포들의 환대를 받았다.

조지아 주 통신헌병훈련학교Fort Gordon와 보병학교Fort Benning에서는 많은 도미 유학 육군 장교를 만날 수 있었다. 특히 미 보병학교에는 손희선(孫熙善·소장 예편)을 단장으로 한 유학생이 수 백 명이나 있어 마치 국군보병학교를 옮겨놓은 듯한 느낌이 들 정도였다. 대부분 영어에 미숙했기 때문에 교육에는 통역 장교를 두고 있었으나 교육성과는 훌륭하다는 평을 듣고 있었다.

나의 마지막 일정은 캔사스주 포트 레븐워스에 있는 지휘참모대학이었다.

이 곳에서 나 자신이 2주간 교육을 받도록 예정돼 있었다.

교장은 호디스Henry Hodes 소장으로 그는 휴전회담 대표로 나와 함께 문산과 개성을 오가며 일했던 사람이었다. 이 곳에는 이종찬 장도영 최영희 박병권 정래혁 안광호 등 장성들이 유학중이었으므로 재회의 기쁨을 나눌 수 있었다.

나에 대한 교육은 좀 별난 것이었다.

나 하나를 두고 20여명의 교관이 전문 분야별로 속성 집중교육을 실기하는 것이었다.

내가 이 대통령의 전화를 받은 것은 교육이 열흘쯤 진행되고 있을 때였다. 이 대통령의 목소리가 태평양을 건너 내 귀에 울렸다.

"그쪽 형편이 꼭 급하지 않으면 돌아오는 것이 좋겠어."

나는 미국 방문일정을 줄이고 급거 귀국해야 했다.

내가 전화를 받기 이틀 전 벌써 미국 신문에는 이 대통령이 나를 조

기 귀국시킬 것이라는 기사가 보도돼 나는 뭔가 긴박한 사태가 모국
에서 벌어지고 있음을 짐작하고 있었다.

내가 미국에 있는 동안 미국 신문기자들은 줄곧 나를 따라다녔다.
한국전쟁은 미국의 전쟁이라 해도 좋을 만큼 연일 뉴스의 초점이었다.

"휴전이 언제 되리라고 보느냐"는 질문에 "신神만이 안다"고 답하
자 이튿날 신문 헤드라인은 "Only God knows" 하는 식이었다. 어떤
기자는 "동양 사람은 키가 작고 앞니가 튀어나오고 안경을 쓰는 데
당신은 왜 그렇게 생기지 않았느냐"고 묻기도 했다.

당시 미국은 질서 있고 깨끗했다.

일요일이면 모두 교회에 갔다. 에어컨이 막 등장했고 영화배우 마

1953년 5월 21일, 미 보병학교에서 교육중인 학생들과 함께한 백선엽 참모총장(왼쪽으로부터 조경학 중령, 이
성율 중령, 백총장, 손희선 대령, 김갑주 대령, 이근용 중령)

릴린 몬로와 존 웨인이 대중의 우상이었다. 100 달러 지폐를 내면 점원이 신기하게 쳐다보며 여권을 확인했다.

'바람과 함께 사라지다'라는 영화를 본 것도 이때 미 지휘 참모대학의 냉방이 잘된 극장에서였다.

내 눈으로 보기에 흑백 차별을 제외한다면 당시 미국과 우리나라의 차이는 천국과 지옥의 차이만큼이나 컸다.

| 세계를 놀라게 한 반공포로 석방 |

6월 초순 급히 귀국해 경무대로 이승만 대통령을 찾아갔다. 대통령은 별 말이 없었다.

내가 왜 급히 돌아와야 했는 지는 경무대로 가던 중 만난 거리를 가득 메우고 시위를 벌이는 군중들이 대신 전해주었다.

"통일이 없으면 죽음을 달라!"

"중공군을 한반도에서 몰아내라!"

시민들의 휴전반대 데모는 절정에 달해 경무대로 가던 나는 자동차를 탄 채 군중들에 갇혀 움직일 수 없을 정도였다.

물론 이때 전국적으로 벌어진 시위는 관제 데모의 성격도 있었으나 이것이 국민감정과도 일치했기 때문에 그 열기는 가히 폭발적이었다.

나는 차에서 내려 "내가 육군 참모총장 백선엽입니다. 지금 대통령을 뵈러 경무대로 가야 됩니다"라고 외치자 시민들은 박수와 함께 환호성을 지르며 길을 비켜 주었다.

귀국 후 며칠이 지나가 이 대통령은 나를 비롯해 육본의 참모진과 주요 지휘관들을 경무대로 불렀다.

그 전에도 대통령은 수시로 육본과 각 사단을 찾아 장병들을 위문

1953년 6월 10일, 휴전 직전 이승만 대통령은 백선엽 총장과 일선 지휘관들을 소집하여 우리 국군의 휴전후 안보태세 확립을 강조하였다.

했으나 이처럼 군의 주요 장성들을 모두 경무대로 불러들인 것은 이례적인 것이었다.

이 대통령은 훈시 후 나를 따로 부르더니 낮은 목소리로 말했다.

"자네 원용덕을 잘 알지. 내가 그 사람에게 숙제를 줬네. 잘 좀 도와주게."

나는 그 말의 숨은 뜻을 짐작하고 있었다. 그것은 수일 후로 임박한 반공포로 석방이라는 세계를 놀라게 한 사건을 두고 한 말이었다.

이 대통령은 판문점 회담이 급진전되는 가운데 미국 측으로부터 휴전을 방해하지 말라는 압력을 받고 있었다.

이 대통령은 이에 대해 온몸을 던지는 최후의 저항을 준비하고 있었다.

대통령이 이때 육군 장성들을 모두 부른 것은 반공포로 석방을 극비리에 준비하면서 부산 정치파동 때 군이 지시에 따르지 않았던 '실패'를 되씹어 혹시 이번에도 군이 그의 뜻을 거스르지 않도록 신경을 쓴 것이었다.

원용덕 소장은 당시 군편제와는 별도로 창설된 헌병 총사령부 사령관이었다

53년 초 쯤 손원일 국방장관이 현재 서울 후암동 병무청 자리에 있던 국방부에 각군 참모총장을 부르더니 이 대통령으로부터 갑자기 헌병총사령부를 창설하겠다는 각서를 받았다면서 자신은 현재 각 군 헌병사령부가 있는데 또 헌병 총사령부를 만든 것은 자리를 위한 자리를 만드는 옥상옥屋上屋이기 때문에 찬성하는 입장은 아니라고 했다.

2개 중대 규모로 창설된 헌병 총사령부는 형식상 국방부 관할로 두었으나 사실상 대통령의 직접 명령에 따라 움직이는 특수부대였다.

나는 헌병 총사령부의 '극비작전'에 대해 참모들에게도 얘기하지 않고 모르는 체 하고 있었으나 6월 17일 육본의 석주암 헌병사령관이 내게 "헌병 총사령부에 모종의 움직임이 있다"는 정보 보고를 해왔다. 나는 그에게 "그 일에 대해서는 일체 관여하지 말라"고 일렀다.

53년 6월 18일 새벽2시.

부산, 마산, 광주, 논산 등 전국 포로수용소에서 북한으로의 송환을 거부하는 반공포로들이 일제히 수용소를 탈출했다.

포로수용소는 국군 관할이 아니라 미군의 병참관구사령부인 KCOMZ소관이었다. 다만 수용소의 경비를 미군 지휘하에 국군의 경

비부대 및 헌병들이 맡고 있었다. 원용덕 소장의 헌병 총사령부는 수용소 경비를 장악, 사전에 준비한대로 거사 순간에 때맞춰 철조망을 끊고 전등을 껐다.

그리고 경비 임무를 일제히 포기하는 형식을 빌어 포로 탈출을 도왔다. 2만 7000여명의 포로가 심야에 일제히 탈출했다. 새벽 2시가 좀 지나자 대구 관사로 전화가 빗발치기 시작했다.

처음 걸려온 전화는 포로수용소를 관장하는 KCOMZ 사령관 헤렌Thomas Herren 소장이었다. 그는 "한국의 경비원들이 직무를 이탈했다"고 격렬히 항의하며 포로들을 재수용할 수 있도록 해달라고 요청했다.

이어 미 군사고문단장 로저스Gordon Rogers 소장과 테일러 미 8군사령관이 전화를 걸어 나에게 분통을 터뜨렸다.

동경의 클라크 유엔군 사령관으로부터도 두 차례나 항의 전화를 받았다.

클라크 사령관은 이 사태에 대해 자신을 포함한 미군 전원이 사전에 낌새조차 차리지 못한 것에 큰 충격을 받은 듯했다.

그는 이 사건이 누구의 지시에 의한 것인지 거듭 물었다. 나로서는 어떠한 답변이나 해명도 할 수가 없었다. 미군 측 반응이 예상보다 훨씬 강력했기 때문에 염려가 앞섰다.

나는 경무대로 전화를 걸었다.

한밤중에 대통령을 깨우는 전화를 한 것은 전무후무한 일이었다.

"각하, 클라크 사령관을 위시해 미군들이 대단히 유감스럽다고 말하고 있습니다. 사태가 심상치 않은 것 같습니다."

이 대통령은 의외로 담담했다.

"음, 알았어. 내가 했다고 그러게. 내가 아침에 기자회견을 하겠어."

대통령의 대답은 뜻밖이었다. 이 엄청난 사태를 혼자서 떠맡겠다는 것이 아닌가. 참모총장인 나나 헌병 총사령관인 원 소장에게 책임을 돌린다 해도 조금도 이상할 것이 없을 것이고 나는 당연히 그렇게 되리라 각오하고 있었다.

이 대통령은 그동안 정치인의 한 사람으로서 경우에 따라 이중성을 나타내기도 했었다. 비록 자신의 결정에 따른 일이라도 결과가 좋지 않을 것이 예상될 때는 책임을 전가하는 경우도 있었고 아랫사람들은 기꺼이 받아들이는 것을 도리로 여겼었다.

그러나 이처럼 중대한 사태에 임해 스스로 모든 책임을 지겠다고 나서는 데는 감탄하지 않을 수 없었다.

나는 대통령과 통화를 마치고 곧 동경 클라크 유엔군 사령관에게 전화를 걸어 "반공포로 석방은 이 대통령 자신의 책임 하에 단행한 것입니다. 아침에 발표가 있을 것입니다"라고 전해주었다.

이날 새벽 미군은 달아난 포로들을 붙잡아 재수감해 사태를 수습하려 했으나 각 행정기관에서 이들에게 갈아입을 옷을 주고 민가에서도 이들을 숨겨주는 바람에 수포로 돌아갔다.

반공포로 석방은 이 대통령이 미국을 상대로 행사하는 마지막 카드였다.

'인사에는 등신, 외교에는 귀신'이라는 말이 이 대통령에게 늘 따라 다녔지만 반공포로 석방에서 휴전조인까지 약 한달 간이야말로 이 대통령이 외교적 수완을 유감없이 발휘해 혼자 거대한 미국을 상대로 외롭게 투쟁하며 한국의 장래를 위해 필요한 거의 모든 것을 쟁취해낸 극적인 기간이었다 해도 조금의 과장이 없을 것이다.

이 대통령은 6월 18일 항의하기 위해 동경에서 날아온 클라크 사령관에게 "내가 장군에게 미리 얘기해 주었다면 장군 입장이 더 곤란했을 것 아니겠소"라고 가볍게 받아 넘겼다.

미국은 휴전회담을 파국으로 몰고 갈 지도 모를 이 사태를 수습하기 위해 급거 국무부 극동담당 차관보 로버트슨Walter Robertson을 특사로 서울로 파견했다.

전쟁 3주년인 53년 6월 25일에 콜린즈 육군 참모총장과 함께 내한한 로버트슨은 경무대로 들어가 연일 이 대통령과 회담을 벌였다.

나도 이 회담이 열리는 동안 수시로 경무대를 드나들었다.

로버트슨 차관보는 버지니아 출신의 침착하고 끈기 있는 인물이었다.

미국 측 인사들의 전반적인 분위기는 반공포로 석방과 같은 엄청난 일을 저지르는 이승만 대통령과 과연 앞으로 무슨 협조가 되겠는가 하는 의구심을 깔고 있었다.

그러나 날이 갈수록 이런 불만은 이 대통령에 대한 동정과 존경으로 바뀌어가는 듯했다.

클라크 사령관은 경무대에서 "미국 역사에 관해서도 이 대통령이 우리보다 더 잘 알고 있다"며 경탄을 금치 못하며 "명분을 적절히 구사해 실리를 얻어내는 외교적 수완을 도대체 어디에서 터득했는지 알 수 없다"고 혀를 내둘렀다. 그는 이 대통령을 "위대한 사람great man"이라고까지 만했다.

'소 휴전 회담'이라고 불린 18일간의 이 회담에서 이 대통령은 다음과 같은 약속을 얻어냈다.

1. 상호 안전보장 조약의 체결
2. 최초 2억달러의 원조자금 공여를 비롯한 장기 경제원조에 대한 보증

3. 한미 양국 정부는 휴전 후 정치회담에서 90일 이내에 실질적 성과가 없을 경우 정치적 회담 중단

4. 계획 중인 한국군 확장에 대해 육군 20개 사단과 상응하는 해군 및 공군 설치 승인

5. 정치회담에 앞서 공동 목적에 대해 한미간 정상회담 개최

이 대통령은 이 조건을 얻어내는 대신 휴전을 받아들이겠다는 것을 양해했다.

이 대통령은 로버트슨과의 회담기간 중 잠을 거의 자지 못한 듯 피로와 고뇌의 표정이 역력했으나 "차라리 죽는 게 낫지 어떻게 이대로 휴전을 하겠느냐" "우리는 죽음에서 생을 구해야 한다"고 말하며 비장하게 임했다.

한편 반공포로 석방이 있자 조병옥 박사가 "이 대통령이 유엔정책에 반하는 지나친 행동을 했다"고 비판했고 이 내용이 외신을 통해 전해졌다.

소식을 들은 이 대통령은 "전 국민이 지지하는데 왜 혼자 반대야. 더구나 조 박사 장인과 내가 막역한 사이인데 자기 어른을 생각해서라도 그럴 수가 없지"라고 격분했다. 조 박사는 괴한들에게 테러를 당하기도 했다.

반공포로 석방은 미군에게 지울 수 없는 배신감을 안겨주었다.

클라크 유엔사령관은 '다뉴브 강에서 압록강까지From the Danube to the Yalu' 라는 회고록에서 한국의 지도자 이 대통령에게 존경과 찬사를 곳곳에 나타냈으나 "휴전 후 임무를 마치고 동경을 떠날 때까지 반공포로 사건 얘기가 나오면 몸을 부들부들 떨 정도였다"고 했다.

원 장군은 이 사건을 계기로 부산 정치파동의 부정적 이미지를 씻

고 일약 국민적 명성을 얻었고 중장으로 진급되기도 했으나 이와 반비례해서 미군들에게는 증오의 대상이 되고 말았다.

휴전 직후인 53년 9월 인도군 1개 여단이 송환을 원치 않는 포로들의 관리를 맡기 위해 인천항을 통해 입국했다. 이때 원 장군이 또 이들의 판문점 행을 방해하기 위해 철길을 가로막는 역할을 수행해 미군들에게 악몽을 되살리게 했다.

8군사령부에서 원 장군 문제를 다루는 회의까지 열려 나도 참석하게 됐다. 클라크 유엔군 사령관과 테일러 8군사령관은 "이 사람은 유엔군의 작전을 방해했다. 이대로 두어서는 안 된다"고 못마땅해 했다.

미군들은 원 장군을 "나쁜 친구(Nasty One)", "반미주의자" 라는 극언도 서슴치 않았다.

나는 흥분하는 미군들을 설득했다.

"원 장군은 당신들이 생각하는 그런 사람이 아닙니다. 그는 세브란스 의과대학 출신이며 부친은 목사입니다. 다만 대통령에게 충성하기 위해 애국심에서 빚어진 일입니다."

그러나 클라크 사령관은 나를 향해 "당신은 왜 원 장군을 옹호합니까. 이런 일이 재발되지 않는다는 것을 당신이 책임질 수 있습니까"라고 다그쳤다. 나는 이들에게 재발 방지를 거듭 다짐하고 간신히 이 일을 무마했다.

동시에 말썽의 소지가 있는 헌병 총사령부를 군의 편제 속에 넣기로 하고 이 부대를 미군의 지원대상supporting list에 넣도록 합의했다. 이로부터 헌병 총사령부도 장비와 기름을 미군으로부터 지원받게 됐다.

여하튼 이 대통령은 반공포로 석방에 미군 측과 협의 없이 창설했던 헌병 총사령부를 동원함으로써 50년 7월 자신이 제안하고 서명한 '대전협정' 즉 한국군의 작전지휘권을 유엔군에 이양키로 한 약속을 깨뜨렸다.

이 대통령이 4 · 19를 전후해 하야하는 과정에서 미국 측의 도움을 얻지 못한 데는 반공포로 석방으로 심화된 불신감이 작용되지 않았나 하는 심증을 지울 수가 없다.

비밀 취급이 끝나 공개된 미 국방부 문서들은 심지어 당시 이 대통령 제거 계획까지 있었음을 폭로하고 있다.

'에버레디 작전Operation Everready'으로 명명된 이 계획의 골자는 1단계로 이 대통령에게 장기 상호방위조약, 20개 사단에 대한 충분한 군원軍援, 수 억 달러의 군사 및 경제 원조를 약속하여 휴전에 협조하도록 종용하고 이것이 여의치 않을 때는 2단계로 대한對韓지원 약속을 모두 철회하고 미군의 전면철수를 내세워 위협을 가하며 이것 역시 실패할 경우 3단계로 쿠데타를 조종해 이 대통령을 축출하고 장택상張澤相 총리로 하여금 새 정부를 구성토록 한다는 충격적인 것이었다.

미 8군사령부에서 작성돼 클라크 유엔군 사령관의 동의를 얻어 워싱턴에 제출된 에버레디 작전은 중대한 긴급사태가 발생했을 때 필요한 조치를 취하라는 애매한 표현으로 실행을 클라크 사령관에게 위임한 것으로 전해지고 있다.

에버레디 작전에 대해서는 조셉 굴든Joseph C. Goulden의 '한국전쟁, 알려지지 않은 이야기(Korea, The Untold Story of the War · 82년 간)'636쪽과 클레이 블레어Clay Blair의 '잊혀진 전쟁(The Forgotten War · 87년 간)' 974쪽에도 자세히 기술돼 있다.

미국이 이같은 비밀계획을 최악의 사태에 대비해 하나의 가상 시나리오로 만들었는지, 실제 그대로 시행할 의사가 있었는 지는 알 길이 없다.

휴전이 임박해지면서 전선에서는 오히려 긴박감이 더해갔다.

공산군은 휴전이 성립되기 직전에 전선의 몇몇 중요한 지형을 탈취하고자 했다. 전쟁을 그들이 승리로 마감했다는 선전거리로 삼으려는 계산도 숨어 있었다.

공산 측에서 보아 눈엣가시처럼 느끼는 지형은 두 곳이 있었다.

중부전선 351고지 일대의 돌출부였다. 공교롭게도 내가 1·2군단장을 거치며 담당했던 곳이었다. 휴전이 될 경우 적으로서 두고 두고 부담을 느껴야 하는 곳이었다.

5월 말부터 6월 초에 걸쳐 중공군은 국군 2군단(군단장 정일권 중장)이 담당하고 있던 금성 돌출부의 동쪽 측면을 공략, 수도고지와 지형능선을 중심으로 한 폭13km의 정면에서 약 4km를 남진했다. 또 국군 1군단(군단장 이형근 중장) 예하 15사단이 담당한 동해안 요충 351고지에 대해서는 비슷한 시기에 북한군이 맹공을 기했다.

이때 나는 1군단에 달려가 이형근 군단장, 미 7함대사령관 클라크 Joseph Clark 제독, 1군단 고문관 스틸웰(Richard Stilwell·대장예편·판문점 도끼만행 사건 당시 주한 유엔군 사령관)대령과 회동 협의했고 이형근 중장의 요청에 따라 15사단장으로 백인엽 소장을 일시 보내주었다.

백 소장은 당시 도미유학을 준비하기 위해 6사단장에서 물러나 있었으나 전황이 급박해 전투 경험이 많은 사단장이 필요했기 때문에 다시 전선에 투입된 것이다.

이 전투 기간 중 동해상에는 미 7함 소속 미주리 전함을 주축으로 한 함정이 포진해 1군단에 함포사격을 지원했다. 미주리호는 45년 9월 맥아더가 일본으로부터 항복조인을 받았던 함정이다.

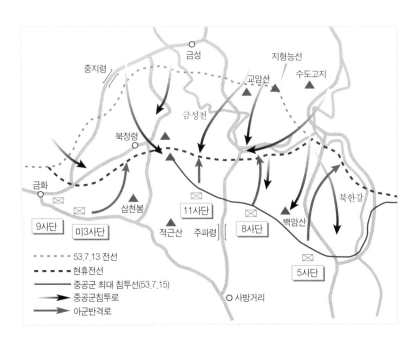

금성전투(중공군 최후공세. 53년 7월 13일~19일)

　나는 최전선 가까운 고지에 올라가 전황을 지켜보았다. 밀려 내려
오는 북한군 머리위로 포탄이 연신 작렬했으나 북한군은 전에 없이
조직적이고 완강한 공격을 했다. 클라크 사령관은 "이렇게 함포를 쏘
는 데도 물러서지 않다니"라고 놀라워했다.

　이 무렵 국군이 강군으로 성장한 만큼 낙동강 전선에서 사실상 와
해됐던 북한군도 전력이 충실해지고 있음을 확인할 수 있었다.

　1군단은 다행히 격전 끝에 위기를 넘기고 전선을 사수했다. 이때의
선전으로 우리는 오늘날 통일 전망대에서 해금강을 바라볼 수 있게
된 것이다.

　일단 6월 위기를 넘겼으나 중공군은 7월 중순으로 접어들자 최후

의 결전을 준비하고 있었다.

중공군이 노린 곳은 역시 금성 돌출부였다. 6월 초 이곳의 일부 능선을 빼앗는데 성공한 중공군은 이후 약 한 달 간 대규모 병력을 다시 이 곳에 집결시켜 이 돌출부를 송두리째 삼키고자 했다.

51년 5월 중공군의 춘계 대공세이래 최대 규모의 격전인 금성전투는 53년 7월 13일 저녁을 기해 개시됐다. 2군단 예하 6, 8, 3, 5사단 등 4개 사단과 2군단 좌익 미 9군단(군단장 젠킨스 Reuben Jenkins 중장) 예하의 9, 수도사단 등 도합 6개 국군사단이 담당하는 약 35km의 정면에 걸쳐 중공군 24군, 68군, 67군, 60군 및 후방에서 이동해 온 54군 등 5개군軍이 일시에 기습적 총공세를 가했다.

그러나 이들 국군사단의 좌우에 포진한 미군 사단 정면은 전과 다름없이 평온했다. 국군만을 골라 대공세를 취하는 중공군의 전략은 변함이 없었다.

중공군의 이러한 기도를 미 8군도 어느 정도 파악하고 있었다.

평남 숙천肅川에 주둔하던 중공군 54군이 중부전선으로 이동했다는 정보를 포착했고 북한강을 따라 남쪽으로 새로운 도로를 개설하고 있음을 확인한 것이다.

그러나 이 일대는 지형상 아침마다 운해雲海가 짙게 끼고 장마까지 겹쳐 미 공군이 공중 공격을 하기가 어려웠다.

중공군은 돌출부 좌우 양쪽에 주력을 집결시키고 그들의 장기인 우회침투에 의한 후방 차단을 노렸다.

공격개시와 동시에 금성 돌출부의 21개 지점에서 동시에 적의 공격이 보고 됐다.

대병력의 야간기습으로 곳곳에서 전선을 돌파당한 국군은 순식간에 후퇴해야 하는 국면에 접어들었다.

대구 육군본부에서 상황보고를 접한 나는 14일 낮 테일러 8군 사령군에게 전화를 걸어 "도울 일이 없느냐"고 물었다. 사령관은 "현재 전황을 점검 중이니 좀 더 기다려보자"고 했다.

저녁 무렵 그에게서 "곧 2군단으로 가 사태수습을 도와 달라. 대구로 비행기를 출발시켰다"는 급한 연락을 받았다.

때마침 장대비가 전국에 내리고 있어 경비행기는 이륙도 못할 형편이었다. 테일러 사령관은 나에게 계기비행이 가능한 C-47쌍발기를 보내 주었다.

나는 부관만을 데리고 자정쯤 대구를 떠나 여의도 K-16기지에 내린 다음 헌병지프로 갈아타고 밤새워 춘천을 거쳐 화천 2군단 사령부로 달렸다.

동이 틀 무렵 군단사령부에 도착하자 정일권 군단장이 나를 맞았다.

정 중장은 고열로 신음하고 있었고 혈색도 말이 아니었다.

"미안하게 됐소. 많은 영토를 잃어 버리고…."

그는 사태가 급박하게 돌아가는 상황에서 열병에 시달려 손을 제대로 쓸 수 없는 자신의 처지를 한탄하며 비탄에 빠져 있었다.

"무슨 그런 심약한 말씀을 하십니까. 휴전이 목전에 도달한 마당에 최후까지 싸워 이겨야 합니다."

나는 장군을 위로하며 조속히 할 일들을 점검하기 시작했다.

2군단 부군단장 윌리엄즈(Samuel Williams · 주월 미군 사령관 역임) 소장은 진두지휘를 위해 헬기를 타고 전선으로 향하고 있었다. 국군 군단에 미군 장성이 부군단장을 맡은 것은 이때가 처음이자 마지막으로 당시 2군단 담당 지역이 그만큼 위급했기 때문이었다. 테일러 사령관은 미 25사단장인 윌리엄즈 소장을 특별 파견했다.

윌리엄즈 소장은 2차 대전 후 뉘른베르크에서 전범 재판을 할 때

금성전투가 가열되기 직전 52년 말경 화천 2군단을 방문한 이승만 대통령. 왼쪽부터 정일권 2군단장, 이대통령, 백선엽 육군 참모총장, 테일러 미8군 사령관

전범 수용소장을 맡아 '목매다는 샘 Hanging Sam' 이라는 으스스한 별명을 가진 강한 성격의 군인이었다.

당시 지휘체계상 전투지휘는 사단장–군단장–미 8군 사령관의 계통을 따라 이뤄졌고, 참모총장인 나는 행정 및 군수지원을 총괄하는 것이었다.

나는 군단 정보참모 김종환金鍾煥 대령(대장 예편 · 합참의장 · 내무장관 역임)등으로부터 상황 설명을 들었다.

전선을 돌파당한 국군은 금성천 남쪽으로 후퇴했으며 각 사단마다 인원과 장비 손실이 막대하다는 것이었다. 나는 이어 연대장 및 사단 참모장들을 만나 전황을 점검했다. 아직 적의 의도를 파악할 수도 없고 상황도 분명치 않다는 보고였다.

　나는 즉시 수색대를 투입해 전방 상황을 정확히 파악하도록 하고 수색대가 귀대할 때까지 서 너 시간을 함께 기다렸다. 적정을 제대로 파악하지 않아 필요 이상으로 장거리를 후퇴하는 실수를 그간 국군은 물론 미군도 여러 차례 경험했었다.

　수색대의 보고는 중공군이 금성천 이북에는 쇄도해 들어왔으나 그 이남에는 소규모 병력만이 침투해 있다는 것이었다.

　나는 적이 금성천 정면 돌파를 주저하고 있다고 판단했다. 내 주변에 모여 있던 연대장, 대대장, 포대장들은 나의 의견에 따라 신속히 진지 강화에 착수했다.

　각 사단장을 만나보니 인원과 장비를 보충해 달라는 다급한 요청 뿐이었다.

　내가 느낀 것은 국군도 이제 과거와는 확연히 달라졌다는 점이었다.

　밀리는 싸움을 보고 부대가 강해졌다는 말이 모순되게 들릴 지 모르겠으나 공격전보다는 방어전을 어떻게 하느냐를 보면 부대의 강약을 한 눈에 판단할 수 있다.

　개전 후 6차례의 중공군 대공세를 맞이할 때마다 국군은 초전부터 전의를 잃고 허둥거리기 일쑤였다.

　그러나 이제는 달랐다. 비록 중과부적으로 최전선이 뚫렸으나 신속히 재편해 후방까지 돌파 당하는 일은 허용하지 않고 있었다.

　손실된 병력과 장비를 신속히 보충한다면 곧 전선은 수습되리라 믿을 수 있었다.

　나는 육군본부 유재흥 참모차장과 양국진 행정참모부장에게 연락해 후방의 모든 보충 병력과 보급품을 전력을 다해 전투지역으로 급송토록 하고, 로저스 군사고문단장에게도 전화를 걸어 현지로 급히 올라오도록 했다. 국군에 관한 것은 나의 명령으로 즉시 조치할 수 있으나 미 8군 창고에 보관중인 탄약, 병기 등 주요 물자를 긴급히 조달하자면 군사고문단을 통해 요청해야 했기 때문이었다.

이튿날부터 보충 병력과 장비가 속속 2군단 지역에 도착했다. 전력 보충이 신속히 이뤄지는 것 또한 과거에는 볼 수 없었던 일이다.

테일러 사령관 역시 신속한 전력 보충에 최우선을 두고 잇달아 과감한 결정을 내렸다.

초기 전투에서 피해가 컸던 수도사단(사단장 최창언 · 崔昌彦 소장)을 미 3사단과 교대한 데 이어 일본 주둔 187공수전투단(단장 웨스트모어랜드 William Westmoreland 준장 · 주월 미군 총사령관 역임)을 김포로 공수해 급히 이 곳으로 이동시켜 9사단(사단장 이한림 · 李翰林 소장)의 뒤를 지원하도록 했다.

또 2군단 우익의 미 10군단(군단장 화이트 Lssac White 중장) 예하 7사단(사단장 김용배 · 金容培 소장)을 화천으로 빼내 예비로 확보해 두었다.

동해안에 미 8군 예비로 주둔하던 11사단(사단장 임부택 소장)도 급히 이 곳으로 이동시켜 전력 손실을 많이 본 6사단과 교대시켰다.

11사단의 이동은 특히 과감한 것이었다.

사단 병력의 장거리 이동시간을 줄이기 위해 테일러 사령관은 미군이 보유하고 있는 L-20경비행기를 총동원, 육로수송과 병행해 공수를 감행하도록 했다.

수 십 대의 L-20기가 온종일 소토고미리의 활주로를 이륙 착륙하며 완전무장한 11사단 병력을 전선에 투입했다.

'비바' 라는 이름으로도 불리는 이 비행기는 원래 캐나다에서 우편 수송용으로 개발된 것으로 1개 분대가 탑승할 수 있는 기종이다.

전투는 사흘쯤 지나자 일단 고비를 넘겨 국군의 반격이 먹혀 들기 시작했다. 7월 19일에는 돌출부를 동서로 가르는 금성천을 중심으로 새로운 전선이 형성된 채 전투는 다시 소강상태로 접어들었다. 그러나 우리는 휴전을 불과 1주일 남겨두고 폭 31km의 금성돌출부에서 최대 9km까지의 땅을 빼앗기고 말았다.

테일러 사령관은 이 전투에서 중공군이 사방거리 또는 화천까지 침공할 경우 일본에서 공수 이동한 187공수 전투단과 미 3사단 그리고 동해안에서 증파된 국군 11사단으로 금성까지 역습하는 제한적 공격을 가할 준비를 하고 있었다.

그러나 다행인지 불행인지 중공군의 공격이 금성천에서 저지됨으로써 반격의 기회는 무산되고 말았다.

북진통일을 외치며 최후의 순간까지 휴전반대를 주장해온 이승만 대통령은 이 전투 결과로 다소 체면 손상을 입었다.

중공군의 이 최후공세의 목적은 돌출부를 빼앗는 것은 물론 강력한 군대로 발돋움하는 국군의 사기를 꺾어 위신을 추락시켜 놓고 휴전에 들어 가겠다는 데 역점을 둔 것이었다. 이를 위해 중공군은 이곳에서 6만 6000명의 사상자를 감수했다.

중공군이 7월 중순을 대공세의 시기로 택한 것은 나에게는 뼈아픈 것이었다.

6월 들어 도미유학을 마친 이종찬 중장, 최영희, 장도영, 박병권 소장, 안광호, 정래혁 대령 등이 귀국하고 후속으로 유학을 떠날 장성들을 선발 도미 준비를 시켜야 했기 때문에 특히 사단장 급의 대폭적인 인사이동이 불가피했다.

2군단에서도 8사단장 송요찬 소장, 6사단장 백인엽 소장, 5사단장 김종갑 소장이 여기에 해당돼 후임자에게 임무를 넘겨주고 물러났다.

테일러 사령관은 금성전투가 나자 신임 사단장을 신뢰하지 못하고 나에게 몇몇 사단장을 교체해 달라한 데 이어 이틀이 지나자 송요찬 소장 등 원래 사단장을 불러달라고 요청했다.

사단장을 이처럼 갈아대는 것은 물론 상식에 어긋나는 것이었으나 나는 전황이 워낙 급했을 뿐 아니라 이것이 마지막 전투라는 생각에 테일러 사령관 청을 전폭적으로 받아 들였다. 송 장군을 찾기 위해 헌병들과 서 너 시간 서울을 뒤져 그를 전선으로 보내기도 했다. 이로 인해 휴전 직전 사단장이 양산됐고 어느 사단에는 사단장 2명이 한꺼번에 부임해 편의상 '작전 사단장' '행정 사단장'으로 업무를 분장하는 경우도 있었다.

금성전투 중 5사단장이 김종갑, 박병권, 장도영, 6사단장이 백인엽, 김점곤, 8사단장이 김익렬, 이명재, 송요찬 장군으로 겹쳤던 것은 이 때문이었다.

테일러 사령관은 8군사령관에 부임한 이후 전임자들보다 유독 군의 경제적 운용을 강조해 탄약과 물자의 소모에 강력한 통제를 가하기 시작했었다.

그가 후일 참모총장, 합참의장을 거쳐 월남전 당시 주월 미 대사를 역임한 일급의 군정가로 성장했고 케네디 행정부에서 맥나마라 팀의 일원이 된 것은 우연이 아니었다.

그러던 그가 막상 전황이 위급해지자 보병사단을 경비행기로 공수하는 '값비싼' 결단을 서슴치 않은 것은 인상적이었다.

그러나 테일러 사령관은 돌출부를 상실한 이 전투 결과에 만족할 수 없었는 지 시종 냉랭했다.

사태수습 직후 전투에 참가했던 군단장과 사단장들이 2군단 사령부에 모였을 때 김종갑 소장은 "테일러 대장이 우리에게 격려의 말 한 마디 없이 냉랭하다"고 얼굴을 붉히며 불평을 털어놓았다.

내가 깜짝 놀라 테일러 사령관에게 다가가 "곧 미국으로 갈 사단장들과 악수라도 나누고 헤어지는 게 어떠냐" 하자 그는 "내가 왜 악수를 해야만 되느냐" 고 반문할 정도였다.

나는 평생 악수를 거절하는 사례를 두 차례 목격했다.

하나가 테일러 사령관이었고 또 하나는 프랑스 드골 대통령이었다. 내가 프랑스 대사로 있을 때 드골 대통령은 자신의 정책에 반대하는 상원의장과의 악수를 거절해 화제가 됐었다.

한편 송요찬宋堯讚, 백인엽白仁燁, 김종갑金鍾甲 사단장과 유재흥劉載興 중장(참모차장), 양국진楊國鎭 소장(행정참모부장), 김형일金炯一 소장(정보국장), 박임환朴林恒 소장(1사단장), 오덕준吳德俊 소장(11사단장), 이성가李成佳 소장, 최경록崔慶祿 준장(육사교장), 백남권白南權 준장(제2훈련소장), 백선진白善鎭 준장(군수국장), 김희덕金熙德 대령, 박진석朴珍錫 대령 등 일행 15명은 금성전투가 수습되자 곧 도미 유학길에 올랐다.

금성전투는 앞서 말한 바와 같이 국군의 군수보급 및 수송능력을 점검하는 시험장이기도 했다.

훈련소에서 서울, 춘천까지 열차로 수송된 보충병들은 다시 트럭으로 전투지역에 신속히 투입됐다.

하루 3만발에 달하는 포탄과 그 밖의 군수품들은 군용차량으로만 수송하기에 벅찬 물량이었다.

이 때문에 부산, 대구 등지 민간인 차량도 징발됐다. 전방으로 통하는 도로들은 이들 군용 및 민간차량으로 빈틈이 없을 정도였다. 당시 육본 군수국장 백선진 준장(소장 예편·국방부 군수차관보·재무장관 역임)은 이때 수송을 담당한 장성으로 민간차량 징발을 하기 위해 특무상사 복장으로 갈아입고 부산거리를 헤맸었다고 전한다.

이 전투가 벌어질 무렵 미국 유학 장성 명단에 이용문李龍文 준장이 끼어 있었다. 그러나 테일러 8군사령관이 그를 제외시키는 바람에 이 준장은 남부지구 전투사령관으로 계속 근무하다 6월 하순 비행기 추락사고로 순직하는 비운을 당했다.

이 준장이 제외된 것은 부산에서 외신기자들에게 "국군에 대한 탄약 공급이 부족하다"는 말을 한 때문이었다. 테일러 사령관은 명단에서 이 준장의 이름을 발견하자 "정치적 발언을 하는 장교는 미군이 훈련을 시킬 수 없다"면서 이름을 빼 버렸다.

08

마침내 전쟁은 끝나다

★ ★ ★ ★

50년 6월 25일 일요일 아침, 나는 남침의 급보를 서울의 집에서 받고
경황없이 달려가 남으로 낙동강, 북으로 청천강 사이를
오가며 숱한 전투를 치뤘다. 그러나 전쟁은 이 땅에 수많은
젊은이들의 피를 뿌리게 한 채 '38선'을 '휴전선'으로 대치했을 뿐이었다.
고향을 등지고 월남했던 나는 재차 국토가
분단되는 쓰라림을 맛보았다. 통일은 더욱 멀어진 느낌이었다.

통일은 더욱 멀어졌는가

금성전투에서 공세를 멈춘 공산군은 53년 7월 19일 새로운 자세로 판문점 휴전회담에 임했다. 반공포로 석방에도 불구하고 공산측은 휴전협정 서명을 위한 준비에 착수할 뜻을 밝혔다.

양측 연락 장교들은 중공군의 최후공세로 변경된 전선에 따라 군사분계선을 서로 확정하고 7월 27일 협정에 서명하기로 합의했다.

이승만 대통령은 나를 불러 휴전협정 조인에 국군대표가 참석할지 잠시 얘기를 나누다 "가지 않는 게 좋겠다"고 결론지었다.

결국 조인 장소인 판문점에는 국군은 아무도 가지 않았고 다만 유엔 대표로 문산 평화촌에서(협정서류에) 최종 서명하는 클라크 유엔군사령관의 모습을 우리 회담대표 최덕신 소장이 참관하도록 했다.

이 대통령이 휴전협정 당사자로 우리 쪽 서명을 피한 것은 휴전이후에 대해 유엔, 즉 미국이 책임을 지도록 하는 구상 때문이었다.

휴전 당시 한 · 미군 부대배치(1953년 7월)

53년 7월 27일 오전 10시, 판문점에서 서명된 휴전협정 서류가 교환되고 그로부터 12시간 후인 밤 10시부터 휴전이 발효됐다.

마침내 전쟁은 끝났다.

50년 6월 25일 일요일 아침, 남침의 급보를 서울 집에서 받고 경황없이 달려 나가 남으로 낙동강, 북으로 청천강 사이를 오가며 숱한 전투를 치렀다. 그러나 전쟁은 이 땅에 수많은 젊은이들의 피를 뿌리게 한 채 '38선'을 '휴전선'으로 대치했을 뿐이었다.

이 대통령은 막상 휴전이 조인되자 담담하게 받아들였다.

장병들도 더러 침통한 표정이었으나 불가항력적 현실로 받아들일 수 밖에 없었다. 서울에 나타난 클라크 사령관은 오히려 비감한 표정이었다.

휴전은 미국의 목표였건만 그가 이처럼 유쾌하지 못한 이유를 나는 그의 저서 '다뉴브 강에서 압록강까지'에서 발견했다. 그는 '전쟁에서 상대에게 항복을 받아내지 못한 첫 미국 사령관'이 된 것이었다.

고향을 등지고 월남했던 나는 재차 국토가 분단되는 쓰라림을 맛보았다. 통일은 더욱 멀어진 느낌이었다. 그러나 평화가 되돌아온 것은 다행이었다. 전쟁 중 숨져간 내 부하들은 헤아릴 수 조차 없다. 그들 부모 형제의 슬픔이 얼마나 크고 깊은 지 짐작하는 것은 어렵지 않다.

폭격과 포격에 시달렸던 민간인들의 고통은 또 어땠는가. 이들은 아무런 보상 없이 목숨을 내걸고 공산주의자들과 사생결단의 싸움을 벌인 것이었다.

전쟁 중 사단장, 군단장, 참모총장이라는 지휘관으로 항상 전선에 임했던 내게 회한悔恨은 적지 않았다.

좀 더 잘 싸울 수 없었느냐는 반성이었다.

국군은 세 가지 크게 부족한 점을 안고 전쟁을 맞았다. 훈련미숙, 장비부족, 지휘능력 부족이었다.

이 때문에 전투 중 강인성을 보여주지 못했다. 병사들 탓이 아니다. 지휘관들이 진지를 수호하겠다는 의지가 약했기 때문이다.

부대와 부대 간 협조도 지극히 불량했다.

또한 미군의 항공지원과 포병지원에 지나치게 의존했다. 자신들이 갖고 있는 공용화기를 최대한 활용해 끝까지 저항하겠다는 정신이 부족했던 것이다.

물론 항공지원이나 포병지원은 승패를 가르는 중요한 요인이다. 그러나 이것은 비바람, 구름, 안개 등 기상조건에 따라 늘 제약을 받는다. 결국 지상군 특히 보병의 강인한 정신, 각급 지휘관의 솔선수범과 진두지휘 정신이 최후의 승리를 가져온다.

휴전은 나에게 전시보다 더 바쁜 일을 안겨줬다.

1953년 6월말, 미국의 시사주간지 〈타임〉은 휴전회담과 반공포로 석방을 특집으로 다룬 기사에서 백선엽 육군 참모총장과 딸이 만나는 사진을 게재했다.

WAR IN ASIA

1953년 8월 5일, 휴전 직후 판문점 초소 천막기지에서 남으로 귀환하는 국군 포로를 기다리는 백선엽 육군참모총장.

1127일이라는 긴 기간의 전쟁으로 헝클어지고 파괴된 모든 것들을 수습하고 재건하는 과업이 산적해 있었다.

우리가 휴전자체를 감당하지 못하면 제2의 6·25는 언제나 재발할 것이 아닌가.

눈 앞에 닥친 미군 철수계획에 따라 국군의 지휘체계를 확대 개편하고 전선의 진지를 재편성하며 전쟁 포로를 처리하는 것이 시급했다.

나는 우선 북에서 돌아오는 국군포로를 맞기 위해 판문점으로 갔다.

천막으로 임시 가설한 포로 인수 기지에는 이동 외과병원과 군악대가 이들을 기다리고 있었다. 포로들은 비통한 얼굴로 묵묵히 내려와 우리 품에 안기는 순간부터 안도감에 싸여 눈물을 흘렸다. 의사와 위생병들은 소독약을 뿌리고 옷을 갈아입혔고 환자는 즉시 후송됐다.

귀환포로 중 장교는 거의 눈에 띄지 않았다. 장교들에 대해서는 특히 박해가 심해 사병인 체 끝까지 위장에 성공한 장교만이 용케 빠져나왔기 때문이다.

김종수(金鍾洙·중장 예편 ·수산청장 역임), 임익순(林益淳·대령 예편)등도 그렇게 돌아왔다.

덜레스 미 국무장관, 클라크 유엔군사령관, 테일러 미 8군사령관, 손원일 국방장관도 함께 포로들을 맞았다.

나는 서양 행진곡을 연주하는 군악대장에게 "그리운 고향에 돌아오는 용사들에게 우리 민요를 연주하라"고 해 '아리랑', '도라지' 등의 곡조가 휴전선에 울려 퍼졌다.

7800여 국군과 4700여 유엔군 포로가 귀환했고 6만여 북괴군과 5600여 중공군이 북으로 인계됐다.

남북한 어느 곳도 원치 않는 소수의 북한군 출신 포로는 티마야 중장(인도군 참모총장 역임)이 이끄는 인도군 중립국 송환위원회 심사를 거쳐 인도, 브라질, 아르헨티나 등지로 보내졌다.

또 중공 귀환을 거부하는 중공군 포로 2만 여 명은 라이밍탕賴名湯 공군 소장 인솔로 인천항에서 자유중국 소속 군용기 편으로 대만으로 향했다.

53년 가을로 접어들자 미군이 철수를 시작했다.

미군의 철수는 휴전이 가시화하기 시작한 시점부터 예정됐던 것이었기 때문에 나는 테일러 사령관 등 미군 수뇌와 수시로 협의하여 미군의 공백을 메울 국군의 대비책을 강구하고 있었다.

휴전 당시 미군 3개 군단, 국군 2개 군단이 담당하는 155마일 전선에서 미군은 서부전선의 1개 군단만을 남기고 모두 단계적으로 철수하도록 예정돼 있었기 때문에 국군은 시급히 그 공백을 메울 군단급 사령부의 창설을 서둘렀다.

군단 창설은 52년 내가 군단장으로서 2군단을 창설했던 때와 마찬가지로 선발된 사령부 요원을 미군 군단에 합류시켜 미군과 합동 근무를 하는 현장교육을 거쳐 담당 정면의 임무를 그대로 인수하는 형식을 취하게 됐다.

휴전 직전인 53년 5월부터 강문봉姜文奉 소장이 이끄는 3군단 창설 요원들은 북한강에서 강원도 양구 지구에 이르는 중동부 전선을 담당한 관대리 미 10군단사령부에 들어가 군단 창설준비 및 소정의 교육을 받고 53년 10월 미 10군단의 임무를 인계받았다.

이어 53년 10월 최영희 소장의 5군단 창설요원이 미 9군단에서 교육을 받아 이듬해 초 철원 일대 정면을 담당했다.

이렇게 해서 서부전선을 제외한 동부 및 중부전선은 국군 4개 군단이 도맡게 됐다.

또 이한림 소장의 6군단 창설요원도 서부전선 미 1군단에서 교육을 받고 54년 중반부터 종전 미 1군단 정면의 동쪽 절반을 담당하게 됐다. 이렇게 전선의 임무를 국군에 이관한 미군 및 참전 유엔군은 인천항을 통해 썰물처럼 본국으로 빠져나갔다. 미군은 동부전선에서 서부전선 순으로 정연한 순서에 따라 철수했다.

더러는 부산항을 거치기도 했고 김포에서 대형 4발 군용기로 본국으로 공수되기도 했다.

국군의 군단이 단기간에 5개 군단으로 확대 편성됨에 따라 한국군과 미군의 지휘체계에도 변화가 왔다.

그것은 1군사령부의 창설로 상징된다.

53년 12월 2사단장이던 김웅수金雄洙소장이 후임을 강영훈(姜英勳·국무총리 역임)소장에게 넘겨주고 1군사령부 참모장에 내정돼 관대리 미 10군단 사령부로 창설준비 요원들과 함께 들어갔다.

요원들의 훈련을 담당할 미 10군단장에 브루스 클라크(Bruce Clark·대장 예편·유럽 주둔군 사령관 역임)중장, 참모장에는 에이브럼즈William Abramas 대령이 임명됐다.

두 사람 모두 훌륭한 군인이었다.

테일러 8군사령관은 나에게 "미군 전체를 통틀어 군사훈련에 관한 한 브루스 클라크를 능가하는 군인은 없다"고 단언할 정도였다.

에이브럼즈 대령 역시 2차대전 패튼 휘하에서 이름을 날린 명 전차대대장이었다. 웨스트모어랜드 대장 후임으로 주월 미군사령관과 미 육군 참모총장을 역임했다. 미군은 최신형 전차(M1)에 그의 이름을 따 '에이브럼즈 탱크'로 명명하고 있을 정도다.

54년 2월 14일 이 대통령은 육군 지휘 체계 개편에 대비하도록 고급 장성 인사를 단행했다.

정일권 장군이 대장으로 승진해 육군 참모총장에 복귀했고 이형근

1954년 봄 창설 1군야전사령부의 교육훈련처장 브루스 클라크 중장과 함께. 그는 美육군에서 가장 뛰어난 훈련 전문가였다.

대장은 총장에 복귀하면서 신설된 연합참모본부 총장에 임명됐다. 연합참모본부는 육·해·공·해병대와 협의해 전략을 수립하고 각 군과 연계되는 업무를 기획·조정하는 임무를 담당하게 됐다.

미군은 대장 승진발령을 낼 때 진급 서열에 따라 단 하루라도 차이를 두지만 정, 이 장군이 같은 날 승진한 것은 참모총장을 거친 정 장군과 군번 1번인 이 장군 사이에 차등을 두기 어려워 고심 끝에 결정된 것이다.

나는 참모총장직에서 물러나 창설을 앞둔 1군사령관에 임명됐다.

후속인사로 1군단장에는 김종오 중장, 2군단장에는 장도영 중장이 각각 임명됐다. 나는 미 10군단에 합류해 1군 창설준비에 들어갔으며 나 자신도 클라크 군단장과 에이브럼즈 참모장이 실시하는 교육에 참가했다.

나는 육군 참모총장을 역임한 4성 장군이었다지만 국군은 그때까지 군단급보다 상위의 사령부를 가져보지 못했기 때문에 전인미답의 대부대를 지휘하기 위해서는 배울 것은 겸허히 배워야 했다.

1군사령부는 54년 5월 원주에서 정식으로 발족했다.

1군사령부는 Ⅰ(1), Ⅱ(2), Ⅲ(3), Ⅴ(5), 군단을 휘하에 두고 중부 및 동부전선을 총괄하게 됐으며 4개 군단의 16개 사단을 지휘하게 돼 당시로서 세계 최대 규모 야전군의 하나로서 위용을 갖추게 됐다.

서부전선은 미 1군단(3개 사단), 국군 6군단(4개 사단)을 합해 제1집단군단1st Corps Group으로 재편됐다. 이것이 훗날 한미 야전사령부의 전신이다(한미야전사령부는 그후 1992년에 해체된다).

임시수도 부산에서 54년 정부가 서울로 옮기는 것과 동시에 동숭동 서울대학교 터에서 용산으로 주둔지를 옮긴 미 8군사령부는 1군사령부와 1집단군단에 대한 작전지휘권Operational Control을 계속 행사하게 됐다.

서울로 복귀한 육군본부는 1군사령부를 통해 6군단을 포함한 국군 군단 및 예하부대에 대한 행정교육 훈련 및 군수지원을 담당했다.

1군사령부에 이어 54년 7월 2군사령부(사령관 강문봉 중장)가 대구에 창설됐다.

신설 2군사령부는 전시 미 병참관구 사령부(KCOMZ)의 업무를 인계받아 후방지역을 담당했다.

1군사령부가 전방을 담당한데 이어 2군사령부 휘하에도 55년부터 예비사단이 창설돼 후방의 향토 방위 및 유사시의 예비 전력으로의 역할을 담당하게 됐다. 광주, 전주, 조치원, 증평, 안동, 원주, 대구, 창원, 수색, 소사의 10개 예비사단이 그것이었다.

또한 전시 병사구 사령부를 6개 관구 사령부에 흡수하고 54년 7월

대전에 교육총본부(총장 유재흥 중장)를 창설해 육사와 육대를 제외한 대부분의 병과·기술·행정학교를 총괄케 함으로써 육군은 전후방에 걸쳐 근대적인 군대로 골격을 확립하게 됐다.

전후 복구사업에 박차를 가하다

국군의 편제와 규모는 확충됐다고 하나 그 유지는 전적으로 미군의 지원과 원조를 전제로 하고 있었다.

우리나라 산업시설은 부산, 대구 그리고 영등포에 몇몇 공장이 남아 있었던 정도였다. 기름 한 방울, 총탄 한 알도 스스로 조달할 수 없는 처지였다.

전쟁 중 부산에는 피복창, 병기창, 공병기지창, 차량재생창, 군지도 인쇄창 등이 설치돼 일부 군수품을 조달했다. 그러나 여기서 나오는 품목은 거대해진 군을 유지하는 데는 미미한 것들이었다. 그나마 생산이라기보다 재생 또는 정비에 그치고 있었다.

군지도 인쇄창에서 지도를 찍게 된 경위를 보면 당시 우리의 형편을 짐작할 수 있다.

미군은 해방 직후 군정을 실시하시 위해 진주하면서 일본에서 5만 분의 1 우리나라 지도를 가지고 왔다. 이 흑백지도는 일제 때 일군 참모본부 육지 측량부에서 제작한 것으로 미군은 이를 정부에 넘겨줘 내무부 토목과가 관장하게 됐다.

내가 48년 정보국장 시절 이 사실을 알고 당시 윤정호尹致曉 초대 내무장관에게 이것을 육군에 넘겨 줄 것을 간청하자 윤장관도 흔쾌히 응해 주었다. 육본의 공병감실에서 이 지도를 보관하던 중 6·25를 맞았으나 워낙 경황이 없어 그대로 두고 후퇴하고 말았다.

그러나 나중에 그 자리에서 고스란히 발견됐다.

지도인쇄창은 이 지도를 원도로 삼아 지명만 일부 한글로 바꿔 인쇄한 것이었다.

미군은 전후 본국으로 철수하면서 그들이 보유하고 있던 막대한 양의 군용물자를 남기고 떠났다.

부산에서는 창고째로 육군에 이관하기도 했다.

전차와 야포를 비롯해 총포, 탄약, 차량, 유류 및 공병, 병참, 축성 자재와 각종 부품들을 육군이 인수했다.

전방의 제일선을 넘겨받은 국군 군단·사단은 105mm, 155mm 곡사포 총포와 구형인 퍼싱 및 M-46전차를 인수했다.

1954년 제1야전군에 배치된 최신예 155mm 야포. 이 때도 주요행사시 예포를 쏘았다.

그러나 유개진지를 파괴할 수 있는 155mm 포와 8인치 곡사포는 인계품목에서 빠져 있었다.

나는 뒤늦게 이것을 발견하고 테일러 8군사령관에게 재고를 건의했다. 이 협의에는 정일권 참모총장도 동석해 결국 이 품목도 인계받게 됐다.

이 무렵 우리가 미군으로부터 인수받은 군수품의 양은 육군이 4~5년 간 사용할 수 있는 엄청난 것이었다.

실제로 휴전 이후 수년간 이 물자로 국군이 유지됐고 이것이 차차 소진되면서 군사원조에 의존, 매년 지원 규모에 따라 국방 예산이 조정됐다.

전선을 미군으로부터 인수한 국군은 한동안 진지 재편성과 축성築城작업에 바쁜 나날을 보냈다.

미군을 대신해 우리가 전선을 수호하자면 더 깊은 참호와 지뢰 및 중첩된 장애물이 필요했다. 미군이 담당했던 지역을 살펴보니 과연 국군에 비해서는 참호가 허술했다. 막강한 포병과 공군력의 지원이었으므로 상대적으로 참호는 깊지 않았다.

미군의 자재 지원 아래 이 작업이 한창 진행될 때 테일러 8군사령관은 나에게 수도사단장을 교체해 달라고 요청했다. 축성작업에 진척이 없다는 것이 이유였다.

나는 의아해 하지 않을 수 없었다. 다른 사람이라면 몰라도 공병감 출신인 수도사단장 최창언 소장이 진지공사를 소홀히 한다는 것은 믿을 수 없었다. 내가 철원 동쪽의 현지로 달려가 최 사단장을 은밀히 만나 경위를 들으니 일대가 암석지대라서 공사가 예정대로 진행되지 않는다는 것이었다. 최 사단장은 "한 달만 달라"고 말했다.

나는 테일러 사령관에게 현지 사정을 설명하고 함께 한달을 기다리기로 했다. 테일러 사령관은 한 달 후 현지를 시찰하고 공사가 훌륭히 마무리됐음을 확인했다. 축성과 동시에 미군과 협의하여 산악지대인 북한강에서 동해안에 이르는 동부전선 방어 개념을 일부 수정했다. 브루스 클라크 미 10군단장의 아이디어를 바탕으로 한 '기동방어'가 그 내용이었다.

이에 따라 속초의 1군단(군단장 김종오 중장)을 뽑아 가평으로 옮겨 각 군단의 예비사단에 대한 교육 훈련을 맡게 하고 3군단이 북한강 동쪽 동부 전선을 전담하게 됐다.

또 3군단의 예비사단인 27사단(사단장 이형석 소장)을 '개편시험사단'으로 지정해 3개 연대와 3개 대대라는 편제상의 고정관념을 깨고 5각 편성을 기본으로 하는 대대 중심의 부대 운영을 시도했다.

이 방안은 결국 채택되지는 않았으나 국군이 최초로 우리나라 실정에 맞는 부대편제를 연구하고 시험했다는 점에서 의미 있는 일이었다.

1군사령관 초기에 나는 미 8군 부사령관 윌리엄즈Samuel Williams 소장에게 깊은 인상을 받았다. 그는 금성전투에서 정일권 2군단장을 도와 전선을 수습했던 군인이었다.

1군 담당지역을 속속들이 살펴본 윌리엄즈 소장은 짧은 시간 안에 방대한 보고서를 작성 했다.

그 보고서에는 전선 배치에서부터 전투 및 지원부대의 문제점, 심지어 식당 운용에 이르기까지 지적사항을 빠짐없이 언급하고 있었다.

나는 그 보고서를 읽고 8군사령부로 그를 찾아가기로 결심했다.

내가 그에게 "행잉 샘(Hanging Sam · 그의 '으스스한' 별명) 보고서에 큰 감명을 받았다. 그렇게 짧은 시간에 훌륭한 보고서를 만들 수 있는 비결을 알려 달라"고 하자 그는 "1급 비밀이라 곤란하다"고 농담을 하며 나를 영내 자기 숙소로 안내했다.

방안에는 서류로 가득한 대형 트렁크 3개가 놓여 있었다. 지난 30년 군 생활 중 여러 보직을 거치며 지휘관 또는 참모장교로서 무엇을 점검해야 할 지 그때그때 체크리스트를 작성해 보관해 둔 것이었다. 따라서 어느 부대를 검열하려면 사전에 해당 체크리스트를 챙기고 여기에 점검사항만 추가하면 그대로 보고서가 된다는 설명이었다.

나는 그에게 간청해 그 서류를 통째로 빌려 모조리 타자를 쳐 한 벌을 복사했다. 1군사 정보처 강우근姜右根 대위(준장 예편)가 담당한 이 작업에는 타자 치는 데에만 한달이 걸렸다. 윌리엄즈 소장의 이 문서는 신설사령부를 조기에 본 궤도에 올려놓는데 큰 도움을 주었다.

한편 당시는 국군의 증강 못지 않게 전후 복구가 발등에 떨어진 과제였다. 국민들은 헐벗고 굶주리고 있었다. 전후 복구사업 또한 군에

1955년, 1군 예하 군단장·사단장 회의에 참석한 장성들

게 주어진 초미의 중요한 과업이었다.

거의 모든 가용물자가 미군을 통해 정부, 그중에서도 국군에 집중 공급되던 시절이었다. 조직적으로 배분하기가 군이 용이했기 때문이었다.

그 첫 사업이 AFAK(Armed Forces Assistance to Korea)였다. 미군은 이 계획에 따라 시멘트, 목재, 유리, 철근, 못 등 공병자재를 각 군부대에 공급해 전쟁으로 파괴된 공공시설을 복구하도록 지원했다. 해당지역은 전방은 8군, 후방은 미 군사고문단(KCOMZ)과 협의해서 군인 또는 민간인들을 동원해 건설사업을 벌였다. 900여 개 학교, 200여 개 병원과 200여 개 고아원, 100여 개의 교량 등 공공시설을 복구했다.

미군의 영향으로 300여개의 교회도 세워져 이 땅에 기독교가 번성하는 계기를 가져온 것도 특기할 일이다.

이때 지금의 연세대 의대 병원이 '미 8군 기념병원(8th Army Memorial Hospital)'으로 복구됐고, 대구의 효성여대, 강릉의 관동대 건물도 지어졌다. 미군은 또 식품과 생필품을 정부에 주어 국민들에게 배급토록 했다. 밀가루, 설탕, 분유는 물론 수건, 비누가 모처럼 나돌게 됐다.

54년 1월경 부산 역전의 대 화재가 발생했을 때 긴급 지원된 구호물자도 미군 것이었다.

나는 전쟁과 똑같은 지휘계통으로 추진된 이 사업에서 "이것도 전쟁이다. 전쟁복구도 공산세계보다 더 빨리 더 잘 해내야 한다"는 말로 부하들을 독려했다.

미국의 경제원조도 전후 즉시 이뤄졌다.

미국은 이미 전쟁 중 우리나라의 전후 경제부흥에 관심을 갖고 정부측과 협의를 벌였다.

내가 경제 관계 사절단을 처음 만난 것도 전쟁 중 부산에서였다. 내한한 타스카 사절단장과 동행한 랩니처 소장은 경제부흥 계획에 관해 정부측 인사들에게 열심히 설명을 했었다.

휴전 후 미국 국제개발처AID 초대처장으로 부임한 타일러 우드Tyler Wood는 경제 공백상태인 우리나라를 사실상 그의 손에 넣고 주무르는 듯한 인상이었다. 우리 측 카운터 파트너는 총리를 지낸 백두진白斗鎭 경제조정관이었다.

원조를 받는 입장이었음에도 불구하고 이승만 대통령은 이따금 미국의 조치에 반대하고 나서 의견 차이가 심했다. 소비재 중심의 원조에 대해 이 대통령은 "공장을 지어 자립할 수 있도록 생산재를 달라"고 했다. 미국 측은 "당장 의식주도 해결하지 못하고 있는 마당에 어떻게 생산재부터 주느냐"고 따졌다.

대통령은 원조품 중 상당수가 일본 제품인 것도 불만을 나타냈다.

미국은 이에 대해서도 해외로부터 한국에 가장 싼 값으로 물품을 들여오자면 일본 제품밖에 없다고 했다. 미국은 일본의 전후복구도 지원하고 있었으므로 일본 제품을 한국으로 들여 보내 일석이조 효과를 노리고 있기도 했다.

비료도 대부분 일제에 의존해 농사를 지었다. 국회의원 출마 후보들은 수입비료나마 "적기에 공급하겠다"는 공약을 내세워 득표 활동을 벌였다.

57년 원조자금으로 충주비료 건설을 서두른 것은 비료의 자급자족을 위해서였다.

충주비료는 우리나라 유일의 화학공장이었기 때문에 초창기 화학기술자 치고 이곳을 거치지 않은 사람이 없을 정도였다.

또 유엔 한국부흥위원단(UNKRA)도 휴전 직후부터 유엔 기금으로 경제부흥을 도왔다. 단장은 미군 중장 출신의 콜터John Coulter였다.

그는 해방 후 하지의 후임으로 미 24군단장을 맡아 여순반란사건 때까지 소수부대와 함께 한국에 남았고 전쟁 중 미 9군단장으로 미 25·2사단을 이끌며 낙동강 전선에서, 또 청천강에서 싸웠기 때문에 우리나라 실정에 밝았다.

유엔 한국부흥위원단(UNKRA)에 의해 세워진 공장이 문경시멘트와 인천판초자이다.

문경시멘트는 이정림李庭林이 인수, 대한양회를 거쳐 75년 쌍용양회에 흡수 합병됐다. 인천판초자는 최태섭崔泰涉이 인수해 오늘의 한국유리로 발전했다.

이 대통령이 또 미국과 크게 부딪친 것은 환율문제였다. 대통령은 미군에 고용된 한국인 노무자에 대한 급여와 미군이 쓰는 원화에 대해 고정 환율 적용을 주장했다.

인플레가 걷잡을 수 없이 심했던 때여서 그렇게 해야만 다만 얼마의 달러라도 더 벌어들일 수 있었기 때문이었다. 미국은 물론 여기에도 반대했다. 이 다툼은 4·19때까지 지속됐던 문제로 간헐적으로 마찰을 빚었다.

헐John Hull 유엔군 사령관은 55년 1월경 이 문제에 대한 압력수단으로 한국에 대한 유류 공급을 전면 중단하는 강경조치를 취하기도 했다. 수력 발전소로는 청평 발전소만이 가동됐고 이밖에 소규모 화력 발전소와 인천항에 정박한 미국의 발전함으로 전력을 공급해 총 발전량이 23만kw에 불과했던 때였으므로 이 조치는 전국을 강타했다.

대부분 전력 공급이 중단되고 자동차, 선박 등 교통이 두절됐다.

특히 정미소에 동력이 끊겨 추수한 곡식을 찧지 못해 아우성이었다. 이 대통령은 한 달 만에 굴복하고 말았다.

AID 타일러 우드 처장은 이 대통령과 의견 충돌이 있고 나면 우리들에게 "대통령이 골프를 칠 줄 알았다면 일이 훨씬 잘 풀릴 텐데…"라고 말하곤 했다.

이 대통령은 당시 경제 사정을 "군인도 나라 살림이 어떻다는 것을 알아야 한다"면서 나를 비롯한 장성들에게 수시로 설명해 주었다.

대통령은 달러를 절약해야 한다는 정신도 유별났다. 달러 경비 지출에 대해서는 단 10달러도 직접 서명 없이는 허락하지 않았다.

우리 돈을 '지전紙錢'이라고 지칭하며 인플레가 계속될 때마다 "지전 찍는 것을 봉쇄하라"고 지시하는 것을 여러 차례 목격했다.

비로소 갖추어진 국군의 모습

전후 국군의 편제를 정비하는 과정에서 3군사관학교의 통합문제가 심각하게 거론됐었다.

53년 늦가을쯤 테일러 8군사령관이 사관학교 통합을 강력히 제창하고 나서 나와 함께 손원일 해군 참모총장, 김정열 공군 참모총장은 이 문제로 자주 협의했다.

테일러 사령관은 3군 사관학교를 통합해야 육 · 해 · 공 합동 작전이 쉽고 학교시설도 공동으로 쓸 수 있으며 교수진 확보도 쉽다고 했다. 구체적인 통합 운용 방안으로는 1 · 2학년 공동으로 훈련 및 교육을 하고 3학년부터 본인 희망과 적성에 따라 육 · 해 · 공군으로 나눠 전문 교육을 실시하자는 것이었다. 일본의 방위대학과 유사한 개념이었다.

나는 이 방안에 동의했으나 특히 해군에서 강력히 반대했고 공군도 탐탁하게 여기지 않는 듯했다. 이 때문에 수 개월간 토론에도 불구하고 채택되지 않았다.

국군이 월남(베트남)과 관계를 갖기 시작한 것도 이 무렵이었다.

클라크 유엔군사령관은 재직(52년 5월~53년 10월)때 여러 참전국들의 고위 장성을 한국에 초청해 전선과 후방을 시찰할 기회를 제공했다.

초청된 장성들은 2차대전 때 연합군 일원으로 클라크 사령관과 친분이 두터운 군인으로서 프랑스의 주앙 원수, 영국의 알렉산더 원수, 하딩 원수 등도 포함돼 있었다.

이들 중 주앙 원수가 특히 한국군에 깊은 관심을 나타냈다. 그는 별이 7개 달린 모자를 썼고 오른손을 다쳐 왼손으로 경례를 했다. 나는 그를 안내해 전후방 부대와 군사학교, 훈련소 등을 돌아보도록 했다.

1953년 가을 한국군 집중훈련을 시찰하기 위해 방한한 프랑스 및 월남 군인들(뒷열)이 부산 국방부에 들렀다.

그가 국군을 주의 깊게 관찰한 것은 월남군 때문이었다.

당시 월남을 떠맡고 있던 프랑스의 고민도 월남군의 훈련 및 정예화 문제였다.

클라크 사령관은 주앙 원수에게 한국군의 육성·성장 과정은 월남군에게도 하나의 모델이 될 것이라고 권고하고 있었다.

주앙 원수가 다녀간 후인 53년 봄, 월남군 참모총장 힌Hinn 공군 소장이 프랑스·월남 혼성 참모진 10여명과 함께 내한했다. 힌 소장은 나중에 프랑스가 월남에서 철수할 때 프랑스 군에 가담한 월남인이었다.

이들 일행도 약 1주일간 전후방 국군부대를 시찰하며 훈련, 장비, 급식은 물론 급여체계까지 파악했다.

일행 중에는 나중에 8군사령관 테일러가 주월 미 대사로 재직하던 63년 11월 고딘 디엠 대통령을 쿠데타로 제거하고 국가원수에 올랐던 두옹 반 민Duong Van Minh 대령도 끼어 있었다. 이 대통령 초청으로 57년 9월 방한했던 고딘 디엠 월남 대통령은 많은 군인을 대동, 6군단(군단장 백인엽 白仁燁준장)에서 실탄을 사용한 전투 훈련을 참관했고 58년에는 나를 월남으로 초청하기도 했다.

프랑스에 이어 미국이 월남에 개입한 후 월남군 훈련에 엄청난 노력을 기울였으나 우리 경우에 비해 훨씬 기대에 미치지 못했던 것은 주지의 사실이다.

내가 1군사령관을 맡고 있을 때 나를 도와준 참모진은 이러했다.

▲부사령관 이성가李成佳 소장 ▲참모장 김응수金應洙→김점곤金點坤 소장 ▲인사참모 박중윤朴重潤 준장 ▲정보참모 유양수柳陽洙 준장 ▲작전참모 문형태文亨泰 준장 ▲군수참모 최경남崔慶男 준장 ▲고급부관 방희方熙 준장 ▲포병부장 심흥선沈興善→이상국李相國 준장 ▲공

병부장 윤태일尹泰日 준장▲병참부장 계창률桂昌律 준장 ▲헌병부장 김득모金得莫 준장 ▲비서실장 강관룡姜官龍 대령.

또 1군 예하의 군단은 ▲1군단 김종오金鍾五→백인엽白仁橷 중장 ▲2군단 장도영張都映→함병선咸炳善 중장 ▲3군단 강문봉姜文奉→송요찬宋堯讚→오덕준吳德俊 중장 ▲5군단 최영희崔榮喜→이성가李成佳 중장 등이었다.

주요 참모들은 각 병과 및 행정학교 교장을 역임했던 전문가들이었고 군단장들도 실전 경험이 많은 데다 미국에서 지휘 참모대학의 군사교육을 이수한 지휘관들이었기 때문에 항상 마음 든든했다.

평화시대 군사령관에게 주어진 주요 임무는 예하부대의 교육 훈련과 인사, 보급을 강화 향상시키는 것이다.

6·25 이전에 이런 성격의 훈련 한번 제대로 해 보지 못했던 것이 항상 뼈에 사무쳤다.

오늘날 국군은 팀 스피리트 같은 연합 기동훈련도 능숙하게 치러내지만 모든 일이란 게 시작이 어려운 법이다.

오랜 준비 끝에 첫 대규모 훈련이 실시된 것은 55년 가을이었다.

양평과 홍천사이에서 펼쳐진 사단 대항 기동 훈련은 장병들의 실전 감각을 되살리는 성과를 거둔 가운데 성공리에 치러졌다.

과거 이와 같은 훈련 경험이 전혀 없었기 때문에 우리는 필요한 자료를 미 8군을 통해 또는 버지니아 미 육군 교육총본부Fort Monroe에서 얻어왔다. 군사교본, 요도, 시나리오, 계획서에 이르기까지 말이다.

특히 우리나라에는 산악이 많은 점을 고려해 미국 내에서도 산악지대인 워싱턴 주에서 훈련했던 미군 사단의 자료를 집중적으로 참조했다.

훈련에 꼭 필요한 공포탄과 훈련탄을 조달하는 것도 여의치 않았다. 실탄은 많았으나 공포탄은 국내 어디에도 없었다. 훈련 기획통제관을 담당한 류양수 준장이 미 8군과 교섭해 미국에서 이를 공수해 얻어왔다.

국군은 또 54년 이후 해마다 미 8군과 함께 CPX(지휘소 연습)를 실시했다. 이러한 훈련 경험이 축적돼 오늘날 팀 스피리트와 같은 훈련을 가능하게 했을 것이다.

내가 훈련에 관해 항상 강조했던 것은 세 가지였다.

첫째는 최악의 상황을 기준으로 삼을 것, 둘째는 계획이 너무 섬세하면 머릿속 훈련으로만 흐르기 쉬우므로 실감 있고 간단명료할 것, 셋째는 특정 상황에서 어떤 결심을 내릴까보다는 어떻게 대응할 것인가를 염두에 둘 것이었다.

보급품 현황을 파악하는 것도 쉽지 않았다.

전쟁 중에는 보급품 숫자를 셀 일이 없었다.

그러나 막상 엄청난 규모의 부대로 성장한 후에는 수많은 품목을 파악해 장부를 작성하는 일에만 몇 년이 걸렸다.

부대마다 장비 검열 때 부족한 숫자를 인접 부대에서 빌려다 맞추느라 검열관과 숨바꼭질을 하는 일도 이 때부터였다.

이것이 발각돼 군법회의에 회부되는 일도 종종 있었다.

군기 유지에 관해 전시보다 평시가 더 어렵다고 하는 사람들이 있다. 그러나 내 경험으로는 전시는 전시대로, 평시는 평시대로 어려움이 있다.

군대는 인격자들만의 집합체가 아니다. 군 내부의 구타에 관해서도 많은 이야기가 있음을 알고 있다.

나 자신은 군 재직 시 주변 사람들의 말처럼 무서운 눈빛을 가진 탓인지 부하를 구타해야 할 상황까지 부딪친 적이 없었다.

당시에는 구타 정도는 있을 수 있는 것으로 생각했음인 지 나에게 까지 보고 될 정도로 말썽을 빚은 사건은 기억에 남아 있지 않다. 물론 다음과 같은 예외적인 경우는 있었다.

내가 구타문제로 홍역을 치른 사건은 54년 9월 원주에서 일어났다. 인사참모 박중윤朴重潤 준장이 미군 병사를 때려 얼굴에 상처를 입힌 것이었다. 사건의 발단은 내가 박 준장을 데리고 지프로 달리는 도중 미군 공병대 트럭이 먼지를 날리며 우리를 앞지른 것이었다.

박 준장은 트럭을 쫓아가 세우더니 지휘봉으로 미군 운전병의 얼굴을 후려쳤다. "국군 고위 간부가 타는 지프를 '희롱해 가며' 추월한 것은 용납할 수 없다"는 것이었다.

삽시간에 빚어진 일이었으나 이 사건을 빨리 수습해야만 할 것으로 생각했다. 나는 박 준장과 함께 미군이 소속한 공병대대로 찾아가 중대장과 본인에게 깊이 사과했다.

그들도 별일 아니라는 듯 말하는 바람에 일단 마음을 놓고 사령부로 돌아와 1군 미 수석고문관 톰슨 준장에게 경위를 설명했다.

톰슨 준장은 나에게 "사과를 한 것까지는 좋으나 일단 박 준장을 징계하는 것이 좋겠다"고 말했다.

나는 의견에 따라 박 준장의 장교 인사카드에 국・영문으로 견책 문서를 작성해 처벌을 했다. 그러나 얼마 지나지 않아 사건은 다시 재연되고 말았다.

동경에서 클라크 사령관의 후임인 헐 유엔군 사령관이 날아와 테일러 8군사령관과 함께 원주로 나를 찾아와 구타사건 경위를 조사하고 나선 것이다. 미군 병사가 본국 어머니에게 매 맞은 사실을 편지로 전하자 그 어머니가 이를 국회의원에게 알린 것이다.

급기야 미국 신문에까지 "한국군 장성이 미군 병사를 때렸다"는 보도가 나왔고 국회의원은 경무대로 항의 편지를 보내기에 이른 것이다. 경무대에서 사건에 대한 조사 지시가 내려왔다.

톰슨 준장의 충고는 옳았다. 내가 박 준장을 견책한 서류 사본을 이들에게 제출하고 경위를 설명하자 이들은 "사건은 심히 유감이나 처리에 대해서는 수긍한다" 면서 더 이상 문제 삼지 않았다.

헐 사령관과 테일러 사령관은 공병대로 매 맞은 병사를 찾아가 위로의 말을 전하고 원주를 떠났다.

내가 참모총장에 이어 1군사령관에 재직하는 동안 줄곧 가슴을 무겁게 짓누른 것이 소위 '후생사업' 이었다.

당시 가족을 부양해야 하는 많은 장교와 하사관들이 박봉에만 의존해서 살림을 꾸려 나가기는 사실상 불가능했다.

이 때문에 국군이 차량을 대량으로 보유하기 시작한 전쟁 중반이후 주로 후방부대에서 '후생사업' 이 공공연히 행해지기 시작했다.

사단마다 약 20대의 트럭을 따로 빼돌려 민간인들의 물품을 수송해 주거나, 주둔지 근처의 산림을 잘라 숯 또는 장작을 만들어 후방에서 처분해 벌어들인 돈을 나눠 쓰는 것이었다. 전쟁 전에도 미군이 나눠 준 식량이나 옷감, 잡화 등 밀수 압류품을 상부에서 나눠주는 경우도 있었으나 군대가 커지고 직업 군인 숫자가 급격히 늘어나면서 '후생사업' 규모도 비례해서 커졌다.

이것을 근절시킨다는 것은 현실적으로 불가능했다.

나를 비롯한 지휘관들은 이것을 어느 정도 묵인할 수밖에 없었으며 다만 상관이 독식하지 못하게 해 그 혜택이 골고루 가는 지 감시하는 선에 머물렀다.

육본의 정병감(精兵藍·후생감 또는 휼병감을 개칭)또는 군사령부 군단 사단의 후생부장을 통해 각 부대 후생사업 내용도 때때로 보고를 받았다. 여기에는 "아무개가 더 먹었다"느니 하는 불평과 투서도 있었고 후생사업에 나간 차량이 사고를 내는 바람에 외부에 노출되기도 했다.

산의 나무를 너무 베어 '송충이' 라는 별명을 얻은 장성도 있었다.

이 대통령 귀에도 이것이 보고 돼 이따금 힐책을 받았다.

대통령은 특히 허락 없이 나무를 베는 도벌盜伐에 대해 "군인들이 이따위 짓을 하면 안 된다"고 격노했다. 경무대 경찰과 헌병이 직접 나서 서울 외곽 초소에서 서울로 들어오는 장작을 단속하기도 했다.

군부 내 군수물자 유출도 골치 거리였다.

모포를 들고 나가는 사병에서부터 옷과 주·부식을 돌리는 직업군인에 이르기까지 걷잡을 수 없었다. 물들인 군복에 군화를 신은 사람, 군용 모포로 외투나 바지를 해 입은 남녀를 전국 어디서나 볼 수 있었다.

워낙 물자가 부족했던 시대라 이 또한 막을 길이 없었다.

역설적으로 생각하면 군수품 유출이 없었다면 국민 생활은 한결 어려웠을 것이다.

이 일도 급기야 미국 언론에까지 보도돼 미 의회에서 논란이 되기에 이르렀다. 미 의회의 직속기관인 GAO(General Accounting Office)에서 조사단이 파견돼 감사를 했다. 조사단은 군수 물자의 유출을 확인했다. 그러나 그들은 한국 군인의 봉급이 미군의 수 백 분의 1 밖에 되지 않은 것도 동시에 알게 돼 사건은 큰 말썽 없이 지나갔다.

내가 당시 군의 부조리를 밝히고자 이런 일들을 털어놓는 것은 아니다. 우리 생활이 얼마나 어려웠었는 지를 말하고 싶었던 것이다.

미국은 55년경부터 국군의 이와 같은 보급상의 애로를 덜어주기 위해 콩大豆을 지원했고 원면도 주어 군복을 해 입게 도왔다. 원면을 빼돌린 소위 '원면사건'이 나 물의를 빚기도 했으나 57~58년경부터 국방예산과 집행은 체계가 잡히기 시작했다.

　그 무렵 나는 육본의 한 참모로부터 사냥개 한 마리를 선물로 받았다. 그런데 곧 사라져 버렸다. 며칠 후 사령부 뒷산에서 개 가죽만이 발견됐다.

　병사들이 잡아먹은 것이다.

　그 일대를 관장하던 심흥선沈興善 포병부장이 난감해하며 "해당 병사들을 엄벌에 처하겠다"고 했다. 나는 "배고픈 병사들이 보신탕을 해 먹은 모양인데 불문에 부치라"고 했다. 요즘 같으면 '별미'를 즐기려 했다 하겠으나 그때는 분명 배가 고팠기 때문이었을 것이다.

09

군과 나와 인생

★ ★ ★ ★

나는 육군본부 연병장에서 전역식을 갖고
나의 청춘과 정열을 바쳤던 군역을 떠났다. 내 나이 만 40세가 되던 해였다.
그후 두달 후 나는 주중駐中 대사로 발령을 받아 고국을 떠났다.
잠시 다녀오리라는 막연한 생각으로 아내만을 데리고 떠났으나
그후 10년만에 귀국하리라고는 당시에는 생각하지 못했다.

| 건군 이래 최대 군기 파동 |

56년 1월 30일 아침 특무부대장 김창룡金昌龍 소장(중장으로 추서)이
출근길에 괴한들로부터 총격을 받아 피살됐다.

건군 이래 당시까지 최대의 군기軍紀사건으로 세인의 이목을 집중
시켰던 이 사건은 그동안 군 내부에 잠복해 있던 고급 장교들 간 갈등
이 흉한 모습으로 드러난 것이었다.

사건 직후 권총을 쏜 범행 가담자들과 배후 지령자로 지목된 서울
지구 병사구사령관 허태영許泰榮 대령 등이 체포됐다.

이들에 대한 재판은 연말께 마무리 단계에 접어들어 일단락되는
듯했다.

그러나 허 대령에게 사형이 선고되자 부인이 남편의 구명을 위한
탄원서를 제출했다.

탄원서는 사건의 배후 인물로 2군사령관 강문봉 중장과 전 헌병사

령관 공국진 준장을 지목했다.

수사 결과 본인들의 부인에도 불구하고 범행 모의에 관한 증거가 포착돼 이들도 추가로 구속됐다.

이렇게 되자 사건은 군을 뒤흔들 정도의 충격을 주게 됐다.

몇몇 개인의 우발적 범행이 아니라 최고위급 장성들까지 관련된 조직범행으로 드러나 사건을 잘못 다룰 경우 군이 분열되어 파탄 나는 사태까지 날 가능성도 있어 보였다.

이처럼 민감한 사건은 그 처리 과정에서 오히려 더 큰 사건을 불러들일 수 있음을 과거 많은 역사가 증명한다.

진상 조사 못지 않게 사건 재판을 누가 맡아 처리해야 할 것인지가 문제로 떠 오르게 된 것은 그 때문이었다.

재판장을 맡을 사람은 당시 3명의 대장 즉 정일권, 이형근 그리고 나로 압축됐다.

그러나 6월 27일 정일권 육군 참모총장과 이형근 연합 참모본부총장이 서로 자리를 맞바꾸는 인사가 났다. 사건에 대한 지휘 책임이 있는 정 대장은 일단 대상에서 제외됐고, 이 참모총장도 군법회의를 설치하는 장관이었기 때문에 재판장을 맡기가 불가능했다.

내가 맡는 것이 피할 수가 없게 되었다.

이 참모총장은 "군 최고 선배의 한 사람으로 재판장을 맡아 달라"고 했다. 전후 사정을 모르는 바 아니었으나 "제발 나를 간여시키지 말아 달라"고 간청했다.

급기야 이승만 대통령이 직접 불러 "재판장을 맡아 이 사건을 처리해 달라"고 당부했다. 군 통수권자의 하명까지 거스를 수는 없는 일이었다.

나는 재판장을 수락하면서 이 참모총장에게 다음과 같이 조건을 달았다.

"재판의 중요성에 비추어 모든 절차가 공정하게 진행되어야 합니다. 충분한 심리와 함께 외부 간섭이 없어야 합니다. 또 흐트러진 군기도 바로 잡아야 합니다."

이 총장은 전폭적으로 동의했다.

재판부 구성을 놓고도 심사숙고를 거듭했다·

혹시라도 편파적이었다는 의혹을 사지 않도록 과거 경력이나 출신이 공정하게 안배되도록 배려했다.

이러한 원칙아래 엄선된 재판부의 구성 인원은 다음과 같았다.

▲심판관―육군대학총장 이종찬 중장과 5군단장 최영희 중장, 2군단장 장도영 중장, 3군단장 양국진 중장, 육본관리부장 강영훈 중장
▲법무사―고원승 대령 (준장 예편·법무장관 역임)
▲검찰관―김태청 대령 (준장 예편·변협회장 역임)

재판부는 전직 참모총장 2인(나와 이종찬 중장) 이 포함된 것을 비롯해 최중진급 장성들을 망라했다. 변호인 역시 한격만(韓格晚·검찰총장 역임), 손성겸(孫聖兼·육본 법무감 역임), 김봉환(金國煥·국회의원 역임)등 중진이 선임됐다.

공판도 2~3일 간격으로 육본 중앙 군법회의 법정에서 열렸다.

내외신 기자들과 일반 방청객들이 만원을 이뤄가며 끝없이 속행되는 재판을 방청했다.

나와 심판관들은 공판일마다 차 또는 비행기로 서울에 와 재판을 진행했다.

1957년 4월 17일, 강문봉 중장 등, 김창룡 특무대장 암살사건 관련 피고인에 대한 군법회의 선고공판에서 판결문을 낭독하는 백선엽 재판장(왼쪽)

공판이 진행되면서 떠오르기 시작한 중요한 문제는 정일권 대장의 증언이었다. 일부 심판관들은 정대장이 최소한 법정에 출두해 증언을 해야 한다고 주장했다.

공정한 재판을 앞장 서 다짐받았던 나로서는 고민하지 않을 수 없었다.

진실은 밝혀야 하나 현직 군 최고 선임자가 꼭 법정에 출두해야 하는 지 심판관들과 심각하게 협의했다.

나의 걱정은 전임 참모총장이 법정에 서는 것은 군의 체통을 땅에 떨어뜨려 당분간 회복하기 어려운 타격을 입게 되리라는 것이었다.

나는 심판관들에게 이 점을 강조하며 군의 앞날을 위해 신중히 접근할 것을 강조했다.

결국 정대장의 법정 출두는 심판관들의 양해 하에 불문에 부쳐졌다. 하지만 범죄에 직접 관련되는 사항에 대해서는 무제한이다시피 공방이 허용 됐다.

검찰관은 캐고자 하는 것을 모두 파헤쳤고 피고인들과 변호인은 하고 싶은 진술을 모두 했다고 생각된다. 군법회의가 무려 54차례의 공판 횟수와 소요시간 총 2256시간을 기록한 것이 이를 뒷받침하리라고 본다.

해를 넘겨 57년 3월 19일에 열린 결심 공판에서 강문봉 피고인에게 사형이 구형되는 등 피고인 전원에게 유죄가 구형됐다.

남은 것은 최종 판결이었다.

군법회의는 당시 단심이었기 때문에 한 때 전우들이었던 사람들이 대한 판결은 조심스러운 것이었다. 그러나 57년 4월 17일 확정 판결에서도 강 중장에게는 사형이 선고됐다.

이 형량은 이미 심판관들 사이의 무기명 투표에서 만장일치로 결정 나 있었다.

강 피고인에 대한 판결문은 심판관인 강영훈 중장이 기초해 고원승 법무사가 작성했다.

판결 이틀 후 이승만 대통령은 김용우金用雨 국방장관이 재판 확인 절차를 밟기 위해 경무대를 찾아가자 강문봉 중장의 형량을 한 단계 내려 무기징역으로 확정했다. 이로써 사건은 일단락됐다.

재판과정에서 사건의 성격이 비교적 명확히 드러났다.

우선 김창룡 특무부대장은 그 직책이 갖는 속성 때문에 희생됐다고 볼 수 있다. 그는 대통령의 신임아래 권한을 행사하는 과정에서 적지 않은 직권남용을 저지른 것으로 판명됐다. 또 많은 고급장교들의 비리 정보를 알고 있었다.

피고인들은 김 특무부대장의 월권으로 인한 지휘 계통의 2원화를 들어 범행의 불가피성을 강조했다.

강문봉 피고인이 4·19 후 석방되었는데 이것은 그들의 거사가 '의거'였다는 재평가를 민주당 정권이 내린 것으로도 해석할 수 있다.

그러나 피고인들 역시 김창룡에게 모종의 비위 사실이 탐지됐었던 증거가 확보됐던 것 또한 사실이다.

동기야 어떻든 '살해'라는 방법으로 문제를 해결하려 했던 피고인들의 행위가 절대 용서할 수 없다는 것이 나의 변함없는 생각이다.

이 사건으로 가장 충격을 받은 사람은 다름 아닌 이 대통령이었을 것이다.

피해자와 가해자가 모두 평소 가장 신임했던 장성들이었다.

이 대통령은 사건 직후 김창룡 소장을 중장으로 추서했고 빈소에 직접 찾아가 조의를 표했다. 또 강 중장을 즉각 감형함으로써 최소한의 배려를 했다.

한때 나의 동료 또는 부하였던 군인들을 재판해야 했던 나의 심정 또한 착잡했다.

피살된 김 특무부대장은 내가 정부수립 직전 정보국장으로 있을 때 1연대(연대장 김종오 대령) 정보장교(당시 대위)로 있어 업무상 연락관계로 처음 알게 됐다.

그는 당시 군내의 공산분지를 색출하는 일을 맡았었고 여순사건을 계기로 본격적인 수사관으로 활약했다.

정부수립 후 그는 방첩부대의 전신인 SIS(방첩과) 요원으로 김안일 과장(당시 소령)과 함께 숙군 작업을 담당했다.

내가 전쟁 중 참모총장으로 대구에 부임했을 때 그는 육본 예하 특무부대장(당시 준장)으로 근무 중이었다.

특무부대는 편재 상 육본 정보국 지휘를 받았으나 대통령으로부터 직접 특명사항을 받아 처리하는 경우도 많았다.

강문봉 중장은 육본 작전국장으로 6·25를 맞아 전쟁초기 정일권 참모총장을 보좌했고 51년 4월 나를 이어 1사단장직을 인계받아 중공군의 서울 포위 공격을 막아내는 공적을 세웠다. 그는 51년 7월 정일권 장군과 함께 1년간 미국 군사유학을 마치고 돌아와 2사단장, 3군단장을 거쳐 2군사령관에 재임 중 구속 됐다.

공국진 준장 역시 내가 1군단장으로 있을 때 작전참모로서 중공군 춘계공세를 대관령에서 막아내는 데 수훈을 세웠고 '백白야전 전투사령관' 으로 지리산 공비 토벌작전을 수행할 때 작전참모로 나를 보좌했던 우수한 군인이었다.

김창룡과 관련해서는 지울 수 없는 어두운 기억도 있다. 정부수립 전인 48년 초여름이었다. 1연대 정보장교였던 김 대위가 이른 새벽 나의 집 대문을 두들긴 것이다.

그는 몹시 당황한 표정으로 "국장님, 용공혐의자를 제 부하 수사관들이 밤새 심하게 다루다 사고를 냈습니다" 라고 했다. 민간인을 고문해 숨지게 한 것이었다.

그는 당시 국방경비대 총사령부 예하 연대 정보장교였고 나는 통위부(국방부의 전신) 정보 국장이었기 때문에 지휘계통이 달랐다.

내가 "당신네 연대장에게 보고할 일이지 왜 나에게 왔느냐" 고 하자 그는 "국장님이 도움을 줄 수 있을 것 같아서 찾아 왔습니다" 라고 했다.

아마도 '죽기 아니면 살기' 심정으로 계통을 뛰어 넘어 나를 찾아 온 듯했다. 하지만 나로서는 아무런 방도가 없었다.

유가족이 어디 사는 지 물었더니 "원효로에 산다"고 했다. 나는 그를 데리고 곧장 유가족 집을 찾아 나섰다. 집에는 부인과 자녀들 그리고 노모가 있었다. 우리는 무조건 꿇어앉았다. 그리고 사실대로 모든 것을 얘기했다.

부인은 통곡을 하며 우리를 때리고 가재도구를 집어던졌다. 차마 눈 뜨고 볼 수 없는 비통한 모습이었다. 두어 시간이 지나자 다소 진정하는 기색을 보여 얘기가 오가게 됐다.

"이미 유명을 달리하신 주인은 돌아오시지 않습니다. 저희들이 있는 힘껏 도와 드리도록 하겠습니다."

우리는 이렇게 약속하고 돌아올 수밖에 없었다.

나는 정보국에 있는 돈을 우선 보상금조로 유족에게 전해 주었고 김 대위도 그 후 상당기간 유족의 뒤를 돌봐 주었다고 한다.

이 때문인지 사건은 더 이상 확대되지 않았다.

내가 이 사건의 무마를 도운 것은 온당치 못한 일로 비판받을 수 있다. 그러나 당시 내가 처한 입장에서 현실적으로 더 현명한 선택을 취할 여지가 없었다면 지나친 합리화일까.

내가 1군사령관 재직 시 있었던 또 하나의 불상사는 중동부전선 눈사태였다.

56년 3월 1일 영동지방에는 폭설이 쏟아졌다.

추운 겨울이 다 지나갔는데 때 아니게 퍼부어진 폭설은 하루에 2m~3m씩 쌓였다. 이 폭설은 산악 군부대 막사를 뒤덮어 많은 피해를 냈다.

막사 안에 있던 장병들은 눈이 삽시간에 지붕 위까지 덮어버리자 꼼짝없이 갇힌 채 더러 질식하기까지 했다.

눈의 무게를 지탱하지 못해 지붕이 내려앉는 바람에 깔려 죽은 사람도 있었다. 당시는 견고한 영구 막사가 아니었기 때문에 피해가 컸다.

피해는 특히 3군단 지역의 5사단(사단장 朴正熙 준장)과 3사단(사단장 丁來統 준장)에 집중됐다.

사망 장병들에 대한 합동 위령제가 3군단에서 치러졌으며 국민들의 의연금으로 유족들을 도왔다. 지금도 원통리 북쪽에는 5사단이 세운 위령비가 남아있다.

| "군인으로 일생을 마치고 싶습니다." |

군 재직 중 나는 한차례 입각교섭을 받은 적이 있었다.

56년 5월 25일 정 부통령 선거는 야당인 민주당의 신익희 후보가 투표일 열흘 전에 갑자기 사망함으로써 이승만 대통령의 3선이 굳어져 이기붕, 장면張勉 간 부통령 선거에 관심이 쏠리게 됐다.

결국 야당 장면 후보가 승리해 부통령에 당선됐으나 개표 도중 대구에서 부정사건이 터져 한 동안 나라가 소란했다.

이 때문에 당시 김형근 내무장관이 사퇴하지 않을 수 없게 됐다.

1군사령관이던 나는 이 무렵 경무대로부터 속히 들어오라는 연락을 받았다. 경무대에 들어서자 이 대통령은 대뜸 "자네가 내무장관을 맡아야 겠네"라고 했다.

당시까지는 55년에 육본 관리부장 겸 석공石公지원단장 김일환金一煥 중장이 예편과 동시에 상공장관으로 입각한 경우를 제외하고는 군인이 바로 입각한 사례가 없었다. 너무 뜻밖의 제안에 나는 어안이 벙벙했다. 그리고 이렇게 말했다.

"각하, 저는 군인으로 일생을 마치고자 생각하고 있을 뿐입니다. 거역할 의사는 추호도 없습니다만 생각할 여유를 주십시오."

나는 이렇게 대답하고 돌아와 곧 어머니, 동생과 상의했다. 정치에 뛰어드는 것은 좋지 않을 것이라는 결론에 도달했다.

나는 이틀쯤 지나 이 대통령을 다시 찾아가 군에 계속 복무하게 해달라고 간청했다. 대통령은 다소 섭섭한 표정으로 "그리 하라"고 했다.

이렇게 해서 후임 내무장관으로 이흥익李益興 씨가 임명됐다.

한편 김창룡 특무부대장 암살사건 여파로 군이 한차례 요동을 친 끝에 군 수뇌부 인사개편이 단행됐다.

57년 5월 18일 정일권 연합참모본부장이 예편, 터키대사로 부임했고, 이형근 참모총장도 무 보직 상태로 일선에서 물러났다.

나는 동시에 39개월에 걸친 1군 사령관직을 마치고 다시 육군 참모총장에 부임했다. 전쟁 중 참모총장을 역임 (52·7~54·2)한 이래 두 번째 중책을 맡게 된 것이었다.

군내 3명의 대장 중 2명이 물러남에 따라 대장 계급자는 사실상 나 혼자만이 남게 됐다.

이때 육군 주요 직책은 다음과 같은 진용이었다.

▲연합참모본부 총장 유재흥劉載興 중장
▲1군사령관 송요찬宋堯讚 중장
▲2군사령관 최영희崔榮喜 중장
▲교육 총본부 총장 장도영張都暎 중장 (곧 참모차장에 부임)

내가 참모총장으로 부임한 직후 미군 쪽에도 변화가 있어 그때까지 동경에 있던 유엔군 사령부가 서울로 옮겨오고 사령관으로 데커 Georgy Decker 대장이 58년 7월 1일 부임했다. 2차대전 때 남태평양 전

1958년 참모총장에 복귀하여 미국을 다시 방문한 백선엽 대장이 초대 미 원조처장 타일러우드를 워싱턴의 한국대사관에서 재회하고 있다.

선의 미 6군 참모장을 지냈던 그는 후일 케네디 행정부에서 미 육군 참모총장으로 발탁된다. 그는 특히 미군 중에서 골프광으로 이름나 부임 당일 서울 컨트리클럽에 나가 골프를 칠 정도였다.

이 무렵 국군의 가장 큰 현안문제는 군 현대화 계획이었다.

전후 국군은 양적으로는 70만을 넘는 규모로 컸으나 질적으로는 제자리 걸음을 하고 있었다.

휴전 후 미군으로부터 인수받은 장비는 2차대전 때 구형인데다 해가 갈수록 노후해 휴전 후 해·공군력을 획기적으로 증강한 북괴군과 비교하면 상대적 전력은 오히려 약화되어 있었다.

미국은 국군 수를 줄여 부담을 덜고자 하는 생각을 갖고 있었다.

우리는 수를 줄이는 대신 장비를 현대화하는 데 합의했다.

김정열 국방장관과 각군 참모총장은 다울링Walter Dowling 주한 미 대사, 데커 유엔군 사령관, 메듀스 군사고문단장과 긴밀히 협의해 이 작업을 추진했다.

군 현대화 계획이 상당히 진척돼 성안 단계에 이르렀을 때 나는 맥스웰 테일러 미 육군 참모총장(53.4~55.3 미8군사령관, 55.4~55.6 유엔군 사령관 역임) 초청으로 이 문제를 매듭짓기 위해 미국을 방문하게 됐다.

58년 3월 3일 약 1개월 일정으로 국방부 군수차관보 백선진 소장과 육본 작전국장 정래혁 소장을 데리고 미국으로 향했다.

워싱턴 공항에는 전쟁 중 미 7사단장, 전후 유엔군 사령관을 거친 램니처Lyman Lemnizer 미 육군 참모차장이 나왔고 17발의 예포로 나를 영접해 주었다.

나는 미 국방성에서 회의실을 가득 메운 관계부서 책임자들을 상대로 한국군 현대화 계획의 개요를 약 2시간에 걸쳐 브리핑했다. 이어 백악관으로 아이젠하워 대통령을 예방하고 이 계획을 설명했다.

휴전 직전 긴박한 상황아래 아이젠하워를 찾아갔을 때에 비하면 한결 여유 있고 마음 가벼운 방문이었다.

아이젠하워는 "미 국방성과 이 문제에 관해 토의하고 있는가"라고 질문하며 자신으로서는 별 이의가 없다고 말했다.

한국군 현대화 계획의 주요 골자는 신형 전차 도입, 포병력의 증강, 공정부대 창설, 구축함 도입, 대공對空 방어 능력 강화 등 6개항이었다.

이와 함께 육군의 2개 사단을 폐지하는 대신 인원 수를 해군·공군 및 해병대로 돌렸다.

2개 전투사단 폐지는 당시 후방에 10개 예비사단이 정비돼 있었기 때문에 큰 문제는 없을 것으로 판단됐다.

이때 폐지된 2개 사단은 후일 월남파병에 따라 부활된다.

미국 방문 이듬해부터 군 현대화 계획은 차질 없이 진행됐다.

새로 도입된 신형 M48전차로 수 개의 전차대대를 편성해 일선의 각 군단에 1개 대대씩을 지원하게 됐다.

또 105mm 및 155mm 포를 들여와 포병의 포문 수를 늘리고 이와 별도로 포신 등 부품을 공급받아 낡은 포를 정비했다.

미국은 공정부대 신설에 소요되는 낙하산, 특수화기 등 소요장비와 훈련시설을 지원했다.

이에 따라 우리는 김포에 공정훈련소를 설치하고 최초 1개 대대 공정대대를 창설했으며 곧 그 규모를 연대 급으로 증편했다.

이 부대의 창설 요원은 전군의 지원자를 대상으로 신체검사 및 적성검사를 거쳐 적격자를 엄선토록 했다.

이 부대가 오늘날 특전사령부로 발전한 것이다.

PF급 5척만 갖고 있던 해군은 2척(강원함, 경기함)을 인수함으로써 해상에서의 공격력도 강화 됐다.

또 공군은 F86 전천후 전폭기를 공급받아 휴전 후 가장 비교 열세에 빠진 공군력에서 어느 정도 균형을 유지하게 됐다.

현대화 계획 중 가장 오랜 시간이 소요된 부분은 대공방어 체계였다. 도시, 주요시설 및 야전방어에서 대공 능력이 결핍된 것이 국군의 가장 큰 취약점이었다.

그러나 미사일 부대를 주축으로 하는 대공 포병부대는 요원 훈련과 장비설치에 상당기간이 소요됐다. 요원으로 선발된 장교와 하사관들은 엘파소 미군 방공학교Air Defence School로 파견돼 소정 교육을 이수했다.

이 부대들은 내가 군을 떠난 이후에 창설된다.

58년 가을, 나로서는 감회 깊은 여행을 하게 됐다. 한국전에서 우리를 도운 참전국들을 순방하는 답례여행이었다.

나는 정래혁 작전국장과 박진혁 부관감과 함께 여로에 올라 홍콩, 싱가포르, 영국, 서독, 스웨덴, 노르웨이, 네덜란드, 벨기에, 프랑스, 이탈리아, 그리스, 터키, 에티오피아, 태국을 약 2개월간 돌며 참전용사들에게 감사의 뜻을 전했다.

대부분 현역으로 남아있는 장교들과 사회에 복귀한 여타 참전 장병들은 우리를 만나기 위해 먼 곳에서 찾아오기도 했다.

그들은 한국의 전후 상황에 큰 관심을 갖고 오히려 우리들을 위로하고 격려했다.

유럽 국가들을 순방할 때는 특히 곳곳의 NATO 군부대 지휘관으로

1958년 가을, UN참전국 답례 여행길에 나선 백선엽 참모총장이 파리의 NATO사령부에 도착, 파머 유럽주둔 사령관의 영접을 받고 있다(오른쪽으로부터 박진석 부관감, 백 대장, 파머 대장, 김용식 주불영사, 한사람 건너 정래혁 육본 작전국장).

한국 참전 용사들이 다수 활약하고 있어 반가움을 더했다.

서독에서는 서독 주둔 영국군의 기동훈련을 참관하던 중 영 연방 제1사단의 전차연대장으로 참전했던 웨스트M.M.West 장군도 만났다.

나와 함께 휴전회담 대표의 일원이었던 호디스Henry Hodes는 유럽 주둔 미 지상군사령관이었고 미 군사고문단 단장을 역임한 로저스 Glenn Rogers와 훼렐Francis Farrel은 나란히 슈투트가르트 주둔 미 7군단 장과 프랑크푸르트 주둔 미 5군단장을 맡고 있어 재회의 기쁨을 나눴다.

프랑스 파리에서는 NATO군 총사령관 노스타트 미 공군대장과 한 국전에서 10군단장을 역임했던 파머(Williston Palmer) 유럽 주둔 미군 부사령 관을 만났다.

5연대 전투단 피셔Harvey Fisher 연대장은 이탈리아 북부 베로나에 있는 미군 유도탄 사령부 사령관으로 있었다.

한국 참전 유엔군 지휘관들이 당대 최고 군인이었음을 이 여행을 통해 다시 한번 확인하게 된 셈이다.

정일권 장군이 대사로 있던 터키에 들렀을 때, 내가 1사단장일때 용맹을 떨치던 터키군은 우리 일행을 위해 이스탄불 서쪽에서 연대 규모의 훈련을 실시해 주기도 했다.

에티오피아에서는 할레셀라시에 황제가 우리를 환영해 주었으며 하라라는 곳에서 육군 연습을 참관했다.

태국에 도착하던 날에는 때마침 사리트 원수가 주도하는 쿠데타가 일어났다. 우리는 비행장에서 태국 육군 정보참모부장 안내로 방콕 시내로 들어와 타놈 수상을 예방하고 한국전쟁에서 태국대대의 대대 장을 역임했던 육사 교장 크리앙사크를 재회했다. 쿠데타 와중에서 우리를 안내한 태국 장교는 "야간군사 훈련을 하는 것이니 놀라지 말라"고 싱긋 웃기도 했다.

총장 재임중 나는 군 현대화 계획과 아울러 육군의 군수제도 개선에도 역점을 두었다.

그때까지는 2군사령부가 각종 군수기지창을 관장하고 전방의 1군을 포함한 전군의 군수보급을 담당했으나 군수체계를 전문화할 필요성이 있었다.

미 육군도 이 무렵 군수참모부장을 신설하고 이 자리에 파머 대장(전시 10군단장)을 보임시켜 군수의 중요성을 강조하고 있어 데커 유엔군 사령관은 나에게 이 제도를 적극 추천했다.

나는 육본 군수국장 김웅수金雄洙 소장을 신설된 군수참모부장으로 승격하고 이 작업을 전담시켰다.

이때부터 부산에 집중된 각 기지창과 창고는 2군 관할에서 떼어 내 육본의 직할로 했다. 60년 1월 군수기지 사령부(사령관 박정희 소장)가 창설된 것은 이 작업의 후속조치였다.

김웅수 소장은 박 소장을 군수기지 사령관으로 추천한 장본인이었으나 6군단장 재임 시 5·16이 일어나자 군사혁명을 반대했고 그 후 미국으로 건너 가 워싱턴 가톨릭대학에서 경제학교수로 변신했다.

김 소장은 미군 권유에 따라 육본에 관리과정management course을 도입, 군수계통 장교는 물론 일반 고급 장교에게도 경영 관리 교육을 실시했으며 군의 예산회계제도 확립에도 크게 기여했다.

이때 최종명崔鍾明 대위(상공부차관보 역임·풍한방직 사장)등 관리과 정교관들은 관계 및 학계에서 크게 활약했다.

57년 여름, 나는 진해에 있는 육군대학총장 이종찬 중장을 육군사관학교 교장으로 발령했다. 그는 가끔 육사교장을 희망하는 내색을 비치기도 했고 나로서도 그가 육사교장으로서 후진을 양성하는 것이 적격이라고 생각했다.

그러나 막상 발령이 나자 이 중장은 수락할 수 없다면서 완강히 고사했다. 나는 김정열 국방장관과 함께 설득에 나섰으나 "일신상 곤란한 사유가 있다"면서 더 이상 말하지 않았다.

나는 발령을 취소하고 이한림 중장(중장 예편·건설장관·호주대사 역임)을 육사교장에 임명했다.

이종찬 중장은 4·19 직후 국방장관이 되어서야 진해를 떠나 상경했다. 육군대학에서는 이때 '커닝사건'으로 물의를 빚은 적이 있었다.

준장과 대령이 시험에서 부정행위를 저지르다 발각된 것이었다. 이들은 곧 예편되는 불명예를 당했으나 문제는 임박한 졸업식이었다.

졸업식에는 이들의 가족이 참석토록 연락돼 있었다.

결국 이종찬 중장으로부터 해당 장교들을 졸업식에는 참석시키게 해 졸업장이 들어 있지 않은 빈 졸업장 케이스만을 이들에게 주는 편법으로 문제를 해결했다는 보고를 받고 나는 웃음을 금치 못했다.

두 차례의 참모총장을 지내며 나는 세태가 많이 바뀌고 있음을 절감했다. 전쟁 중의 1차 참모총장 때는 통수계통이 비교적 확립돼 있었다. 누구의 간섭도 받지 않고 소신껏 육군을 이끌어 갈 수 있었다.

그러나 자유당 정권 후반기에 속하는 2차 참모총장 때는 사정이 달랐다. 고급 장성들의 눈이 자유당의 몇몇 인사 특히 이기붕 국회의장에게 쏠리기 시작했다. 또 일부 경무대 비서진과 경호원들의 간섭이 군 내부까지 번져 군의 기강이 교란되고 있음을 느낄 수 있었다.

이기붕의 아들 강석이 이 대통령의 양자로 입적되면서 이같은 경향이 나타나기 시작했다.

이기붕은 이때 다리가 불편하고 언어장애가 오는 등 건강이 나빠져 국사를 올바로 판단할 능력을 잃고 있어 대통령에게 오히려 짐이 되고 있었다.

나는 다행히 이 대통령의 신임을 얻고 있었기 때문에 이따금 닥치는 어려움을 극복할 수 있었으나 시류에 따라 흔들리는 세태에 대해서는 어찌 할 수가 없었다.

59년 2월 23일, 나는 참모총장직을 후임 송요찬 중장에게 넘기고 연합참모본부 총장에 임명됐다. 1군사령관은 유재흥, 2군사령관은 최영희 중장이 각각 맡게 됐다.

나는 연합참모본부 총장이라는 한가한 자리에서 역사의 뒷편으로 사라지는 한 정권의 마지막 순간을 목격하게 된다.

│ 한국전쟁에 있어서 미군은 무엇인가 │

나의 군 생활 전 기간을 통해 뗄 수 없는 부분이 미군이다.

국군은 창군 과정에서부터 미군의 절대적인 지원을 받았고 전쟁을 겪으면서 그 관계가 심화됐다.

미군을 떼어놓고 국군을 얘기하기란 불가능하다.

나의 군에 대한 회고 역시 미군과의 관련 부분을 뺀다면 불완전한 것이 된다.

국군과 미군의 관계는 해방 후 6·25까지는 미 군사고문단으로 통칭되는 KMAG, 전쟁기간 및 휴전 이후는 미 8군이 기둥을 이룬다.

한말 조정의 요청에 따라 소수의 미 군사고문관이 우리나라에 머문 적이 있으나 8·15 해방 이후 3년간의 군정은 우리의 군 조직과 무기체계를 미국식으로 정착시키는 계기가 됐다.

미국은 45년 9월초 2차대전 말 오키나와에서 전쟁을 수행했던 미 24군단(6·7·40사단)을 38도선 이남 점령군으로서 우리나라에 진주시

컸다.

맥아더 미 극동군 사령관 예하의 미 24군단장 하지John Hodge 중장은 점령군사령관, 미 7사단장 아놀드Archibald Arnold소장은 군정장관에 각각 임명됐다.

인천항으로 상륙한 미군은 곧 군정을 실시하여 행정 및 경찰 조직 마련에 착수 했다. 미군이 군 조직을 위해 취한 첫 조치는 군사영어학교Military Language School를 통해 장교를 배출하는 것이었다. 군사영어학교는 46년 1월 15일 서울 냉천동 감리교 신학대학을 빌려 개설됐다.

국방경비대 창설에 관한 인사 업무는 중앙청(현 국립박물관)의 203호실에서 아고Reamer Argo 대령이 관장했고 이응준(李應俊 · 중장 예편)이 장교 채용에 관해 아고 대령에게 조언을 하고 있었다.

군사영어학교는 리스 소령이 원용덕(중장 예편)과 함께 관장했으며 문자 그대로 '군사 영어'를 가르쳤다.

평양에서 월남한 나는 이응준의 추천을 받아 46년 2월 27일 국방경비대Korean Constabulary 중위로 임관됐다.

창군 초기의 장교들은 대부분 군사영어학교를 거쳤으나 나는 과거의 군사 경험을 인정받아 곧바로 부산에 창설중인 5연대(당시는 중대 규모)에 부임했다.

국방경비대의 창설을 주도한 것은 물론 미 24군단 소속 장교와 하사관들이었다.

미군측은 1연대(태릉), 2연대(대전), 3연대(이리), 4연대(광주), 5연대(부산), 6연대(대구), 7연대(청주), 8연대(춘천)등 각 도마다 1개 연대씩을 창설키로 하고 미군 위관 급 장교를 고문관으로 각 연대에 파견했다.

최초에는 1개 중대(200명)를 우선 편성하고 현지 모병으로 인원이 차는 대로 대대 · 연대로 확대 개편했다.

내가 부산 5연대에 도착했을 때는 우즈Woods, 사이먼즈Simons 소위가 중사 1명, 일본계 2세인 하사 1명 등 4명의 미군이 이미 부대 창설에 착수하고 있었고 우리 측 장교로는 박병권(朴炳權·중장 예편·국방장관 역임) 이정업(李致業·준장 예편) 오덕준(吳德俊·소장 예편) 박진경(朴珍景·제주도 4·3 사태 진압 중 전사) 소위 등이 와 있었다.

뒤이어 신상철(申尙澈·소장 예편·체신장관 역임) 김익렬(金益烈·중장 예편) 백남권(白南權·소장 예편) 송요찬(宋堯讚·중장예편·내각수반 역임) 이후락(李厚洛·소장 예편·중앙정보부장 역임) 소위 등이 합류했다.

나는 이들 중 계급 상 상급자였기 때문에 중대장으로서, 이어 모병이 진척됨에 따라 대대장을 거쳐 연대장으로서 부대 편성 작업을 담당했다. 계급도 중위에서 소령까지 단기간에 승진하게 됐다.

47년 부산 감천甘川리에 연대본부와 1개 대대(1대대), 진해(2대대)와 통영·진주(3대대)에도 각각 1개 대대씩 배치해 연대 규모를 어느 정도 갖추게 됐다. 이렇게 되자 연대 고문관도 위관에서 영관급으로 교체돼 맨스필드Mansfield 중령이 부임해 한동안 우리들을 지도했다.

이 무렵 우리나라는 대전을 중심으로 그 이북에서 38선까지는 용산 주둔 미 7사단이, 대전 이남지역은 부산주둔 미 6사단(사단장 Orlando Woods 소장)이 담당하고 있었고 국방경비대는 프라이스Terril Price 대령이 고문관으로 있는 통위부 관할 아래 있었다.

5연대는 47년 가을부터 부산 주둔 미 6사단으로부터 '신무기' 즉 미군 무기 교육을 받고 48년부터 M1, 카빈, 기관총, 박격포 등을 지급받기 시작했다.

그때까지는 일본군의 99식 소총이 화기의 주종을 이뤘고 구령도 미국 또는 일본식을 우리말로 직역한 것을 사용하는 엉성한 시기였다.

5연대는 47년 가을 미 6사단의 장갑차 20여대가 참가한 가운데 김

해평야에서 대대 기동연습을 가졌다.

이것이 아마 최초의 한미 합동 군사훈련일 것이다.

이 훈련에는 송호성宋虎聲 국방경비대 사령관(광복군 지대장 · 국방경비대 3연대장 역임 · 6 · 25 발발 시 피납 돼 북한군에 가담)과 미 6사단장이 참관했으며 훈련에 이어 우리들은 역시 새로 조직된 군악대를 앞세우고 부산시가를 행진했다.

5연대는 이 무렵 주로 경남도 군정장관military governor인 질레트 대령과 김철수金喆壽 경남도지사 요청에 따른 임무를 수행했다.

46년에는 남방지역에서 귀환한 동포들로 콜레라가 부산지역에 창궐하자 전염지역의 교통 통제를 담당하기도 했고 47년 3 · 1절을 기해 부산에서 좌익 소요가 발생하자 경찰을 도와 군중 해산에 동원되기도 했다.

또 47년 가을 부산항에 미국으로부터 군수 및 구호물자가 대량 들어오자 부두 경비를 담당하기도 했다.

45년 11월 발족된 국립경찰에 뒤이어 국방경비대는 경찰의 예비대적 성격으로 출범했기 때문에 이런 업무는 당시로서는 당연한 것들이었다.

행정관서에도 고문관이 배치된 것은 경비대와 다를 바 없었다.

질레트 대령은 당시 김철수 도지사의 고문 격이었고 경찰국장에게는 소령, 각 국에는 소령 또는 위관 급 미군장교가 배치됐다.

행정조직은 일제 치하의 골격을 그대로 유지하고 있었으나 그 상부에 미군이 앉아 업무를 조정하는 셈이었다.

48년 초 속속 창설된 연대를 3개씩 묶어 1여단(수색), 2여단(대전), 3여단(부산), 4여단(원주)등 5개 여단으로 경비대를 개편하게 되면서 나는 3여단(여단장 이응준 대령) 참모장을 맡고 있다가 그해 4월 통위부 정보국장으로 발령받아 서울로 올라왔다.

창군 과정에서 지켜본 미군의 특징은 '선서' 를 무척 중시하는 것과 구타행위를 극도로 싫어하는 것이었다. 우리는 지금까지도 선서를 단순한 요식행위로 여기는 경향이지만 그들은 달랐다.

경비대에 입대하는 장병은 미 군정당국 및 곧 수립될 정부에 충성할 것을 빠짐없이 선서했다.

미군은 이 선서를 의심 없이 액면 그대로 받아들였다. 좌익이든 우익이든 전력을 불문하고 선서라는 의식을 거치면 일단 충성스런 군인으로 간주됐다. 이 때문에 경찰에 쫓기던 좌익 성향들이 상당수 군에

초대 미 군사고문단 단장인 로버츠 준장이 건군 초기 제1기갑연대에서 국군 병사들의 기관총 조작 훈련을 검열하고 있다.

입대해 도피처로 삼는 결과를 빚고 말았다.

나는 정보국장으로 있을 때 정부수립을 맞았다.

이 무렵 한 미 양측은 숨 가쁘게 움직이고 있었다. 미국의 가장 큰 관심사는 미군 철수 후 허약한 신생 대한민국 정부가 나라를 지탱할 수 있겠느냐는 것이었다.

정부수립 직후 초대 주한 미 대사가 된 무쵸John Mucho가 특사로 입국해 AMIK(American Mission in Korea)의 대표자로서 활동하며 미 대사관 설치를 준비했다. 또 46년 이래 통위부장 고문이던 프라이스 대령에 이어 미 고문단을 관장하게 된 로버츠William Roberts 준장은 정부수립 직후 한 미 군사 협정에 따라 PMAG(Provisional Military Advisory Group) 즉 '임시 군사고문단' 단장으로 남아 계속 국군의 훈련을 돕게 됐다.

유아기의 국군은 국군 속의 미군인 군사고문단에 의해 계속 육성되지 않을 수 없었다.

정부수립 당시 100명 선이었던 고문단은 48년 말 약 240명으로 증원됐고 이듬해 1월 미 24군단이 철수하고 이어 우리나라에 마지막까지 잔류하던 미 5연대 전투단이 6월까지 모두 떠났다. 49년 7월 1일을 기해 임시 군사고문단은 그 명칭을 KMAG(U.S.Military Advisory Group to the Republic of Korea)라는 공식기구로 출범하게 됐다. 인원도 500명 선으로 불어났다.

KMAG는 이때부터 미 국무부 소속이 됐으며 동경 맥아더 사령부가 갖고 있던 한국에 대한 지휘권은 사라지게 됐다.

국군은 미 24군단이 남기고 간 5만 명 분의 보병화기로 무장하게 되나 병기, 탄약, 차량, 유류 및 각종 부속품 등 주요 물자는 계속 미국에 의존했다. 정부수립 전후 통위부 정보국이 경비대 총사령부 정보처를 통합하게 되면서 나는 본격적인 정보 업무에 착수했다.

정보국에는 미군 소령, 대위, 상사 1명 등 3명의 정보 전문가가 고문관으로 파견돼 있었고 김종면 소령(준장 예편) 김점곤 대위(소장 예편·경희대 교수) 송대후 허형순 소위 등이 우리 측 요원으로 있었다.

그러나 말이 정보국이지 당시에는 '정보'라는 개념도 확실히 파악하고 있는 군인이 많지 않았다.

나는 우선 미 24군단 정보참모부 화이트(Horton White ·50년7월13일 부산에 상륙한 미25사단 24연대장으로 참전, 화령장 전투에서 나와 재회함) 대령에게 "우리가 정보 업무에 관한 교육을 받아야겠으니 교관 요원을 보내달라"고 교섭했다.

미군 교관으로부터 처음 받은 정보 교육은 '신문訊問'과 '독도법讀圖法'이었다.

나를 포함해서 각 연대의 정보 장교들이 미군 통역관 소상영(蘇尙永·공군 대령 예편·대사 역임)의 통역으로 정보 교육을 받았다.

교육을 받은 장교들은 곧 38선의 주요 지점인 청단, 연안, 개성, 동두천, 춘천, 자은리, 주문진 등지에 파견돼 '피난민 신문반'을 편성, 월남하는 피난민들을 통해 북쪽 정보를 수집했다.

뒤이어 전투정보 및 방첩에 관한 교육이 행해졌다.

미군 교관으로부터 강의를 듣고 미군 교범을 번역해 우리끼리 연구했다. 정보장교들을 우선 각 사단에 배치해 군에 침투한 좌익 불순세력을 파악하는 작업에 들어갔다.

이 작업 도중인 48년 10월 여순반란사건이 일어나 전투정보 및 방첩의 중요성이 크게 부각됐다.

나는 우수한 정보장교 없이 난국을 헤쳐나갈 수 없다고 보고 마침 임관하는 육사 8기생 중 성적이 우수한 30명을 선발해 정보국으로 데려와 정보교육을 받도록 했다. 이렇게 정보장교를 육성해 전투정보

과와 방첩대(CIC · Counter Intelligence Corps)가 창설된다.

이 때 정보 교육을 거친 장교들은 김종필金鍾必, 이희영李熙永, 김해각金該珏, 이각봉李珏鳳, 박평래朴平來, 김안희金安熹, 정의택鄭擬澤, 허준許埈, 장복성張福成, 노엽盧葉, 김안일金安一, 김창룡金昌龍, 이진용李珍鎔, 강신택姜信繹, 김영민, 김진성 , 김홍원 , 서정순 , 이영근李永根, 이희성李熺性, 전창희全昌熙, 정순갑 , 최명제 , 최영택崔永澤, 표대현 , 이병희李秉禧 등이다 .

여순 반란 사건은 신생 대한민국에 엄청난 충격을 던져 주었다. 선서 한번으로 군에 들어와 터를 잡은 좌익세력이 정부수립 2개월 만에 폭동을 일으켜 그 실체를 드러낸 사건이었다.

여순반란사건 진압에 핵심적으로 활약한 미군은 하우스만James Hausman과 리드John Reed 두 대위였다. 당시 채병덕 국방부 참모총장 고문관이던 하우스만 대위와 정보국 고문관인 리드 대위는 국군끼리 전투로 지휘체계에 극도의 혼선을 빚고 있던 이 사태를 맞아 육군본부와 국방부, 또 콜터 중장(John Coulter · 미 9군단장으로 참전) 아래 소수 병력이 남아 있던 미 24군단 및 미 군사고문단과 긴밀히 연락을 취해 사태수습에 협조했다 .

하우스만 대위는 송호성, 채병덕, 이응준, 정일권 등 창군 초기에서 6 · 25에 이르는 기간의 한국군 최고 군사령관들의 고문관으로서 낮은 계급에도 불구하고 가장 국군과 인연이 많은 미군이었다 . 그는 전쟁 중 미 국방성에 전보됐다 56년 다시 내한, 8군에서 근무하다 중령으로 예편한 이후 계속 군속으로 남아 역대 미 8군사령관의 특별 보좌관으로 있으면서 4 · 19, 5 · 16, 12 · 12 등 격변기를 겪었다 .

국군의 인적 구성에 정통한 그는 미국에 한국군의 실정을 이해시키고 한국군의 입장을 옹호하는 한편 미국측의 정책과 의도를 한국군에 전달하는 완충 역할을 평생 수행했다 .

49년 7월, 내가 정보국장에서 광주 5사단장에 부임했을 때 사단은 여순반란 사건의 반란군을 주축으로 지리산을 중심으로 내장산, 회문산, 덕유산, 백운산, 무등산 등 호남 일대 산간지대에서 준동하는 공비들을 소탕하는 작전을 수행하고 있었다 .

예하 20연대(연대장 박기인 · 朴基因)는 지금의 상무대, 15연대(연대장 송요한)는 순천, 19연대(연대장 민인권 · 閔因權)는 전주에 주둔하고 있었고 고문관으로 사단에는 중령, 각 연대에는 소령 또는 대위급 미군이 와 있었다.

전황을 지켜보니 토벌작전의 성과는 별로 없는 듯했다. 원인은 한마디로 병사들의 훈련부족이었다. 기관총 박격포 동 공용화기는 물론 M1, 카빈 등 개인화기 조준법도 모를 정도로 훈련이 철저하지 못했다 .

군인들이 이러니 공비들을 이길 수 없었고 공비 소탕에 불가결한 주민들의 협조도 얻지 못하고 있었다. 주민들은 항상 승자 편에 서게 마련이다.

나는 전남도청에서 불도저를 빌려 우선 광주 교외에 사격장을 닦았다. 그리고 미군 고문관으로부터 보병화기 기본 교육을 받았다. 각 중대를 이 사격장으로 불러 들여 총기 조작법 교육에 이어 실탄 사격을 실시하고 작전지역에 다시 투입했다.

이때 닦은 사격장이 상무대를 거쳐 간 군인에게는 친숙한 101 사격장이다. 또 광주 시내 및 군청 소재지에는 공비들의 기습을 막기 위해 요소마다 마대로 진지를 쌓았다. 곡성, 구례, 순창 등지 취약 지점에는 통나무와 대나무로 방벽을 쌓아 방비를 강화했다.

곧 성과가 나타나 각 부대마다 전과를 올리기 시작했고 주민들의 제보도 들어오기 시작했다. 이렇게 되자 우리는 공비의 움직임을 예측하며 싸울 수 있게 됐다.

50년 3월쯤 로버츠 고문단장과 전속부관 메이 중위(전쟁 중 1사단 작전처 고문관으로 다부동 전투, 평양 탈환, 운산전투, 서울 재탈환 등을 나와 함께 치름)가 사단을 들러 작전 및 훈련 상황을 점검하며 여러 질문을 던졌다.

나는 작전상황을 바늘로 찍은 지도를 보여주며 공비들의 동향을 설명하고 새로 닦은 훈련장으로 이들을 안내했다. 로버츠 단장은 감탄사를 연발하며 돌아갔다. 며칠 되지 않아 나는 서부전선 1사단장으로 발령돼 이곳에서 6·25를 맞게 된다.

초대 미 군사고문단 단장 로버츠 준장은 2차 대전 때 기갑전투 단장으로 유럽에서 쌓은 실전 경험을 살려 교육 훈련, 작전수립 등 여러 방면에서 국군의 육성을 돕고 6·25 발발 열흘 전인 50년 6월 15일 정년퇴임했다.

후임자의 부임이 늦는 바람에 6·25 당일에는 고문단장이 없었다. 미군 도움이 가장 필요했던 시기에 고문단장이 부재중이었던 것이다.

퇴임한 로버츠를 배웅하기 위해 일본까지 동행했던 군사고문단 참모장 라이트Sterling Wright대령이 6월 26일 급거 귀임해 단장 대리를 맡아 가장 어려운 한 달 간 맥아더 사령부와 통신을 유지하며 한강에서 낙동강까지의 지연전을 도왔다.

그는 육본의 수원 이전과 한강 인도교 폭파를 사전에 연락받지 못하고 서빙고 영내에 남아있다 간신히 나룻배를 타고 서울이 적들의 손에 넘어가기 직전 한강을 건넜다.

50년 7월 28일 3대 미 군사고문단장으로 부임한 훼렐Francis Farrell 준장은 정일권 참모총장을 도왔고 후임인 라이언Cornelius Ryan 준장은 이종찬 참모총장과 나를 보좌하며 국군 재교육, 보충, 편제 개편, 보급, 장교 도미 유학 등에서 많은 업적을 남겼다.

그 후 로저스Gordon Rogers 소장, 라이딩스Eugene Ridings 소장, 하우즈 William Hawze 소장, 메듀스 소장 등이 차례로 단장을 맡으면서 미 군사고문단은 휴전 후에도 8군 내 조직으로 남아 임무를 수행했다. 그러나 그 규모는 국군의 성장과 반비례해 축소됐다.

수 년 전부터는 명칭을 JUSMAG(Joint U.S-Military Assistant Group)로 바꾸고 소수 인원만을 유지하고 있다.

전쟁 중 미 군사고문단은 대대단위까지 고문관을 파견, 한때 인원이 1800명에 이르기도 했었다. 이들은 국군부대가 포위공격을 받을 때 전사 하거나 포로가 되는 등 적지 않은 피해를 당했다.

북진 중 중공군의 역습을 받았을 때 특히 희생이 컸다. 차량에 의존하는 생활 습성 때문에 다리가 약한 것도 그 원인의 하나였다.

내가 참모총장이던 때는 미군과의 협조가 필요한 주요정책에 관해서는 미 군사고문단장과 사전에 협의를 거쳤고 합의되지 못한 사항은 8군사령관으로 넘겨 결정을 지었다.

| 해방 후 군 좌우대결에 관한 회고 |

해방 후 사실상 미군에 의해 창설된 국군(국방경비대)이 온전히 성장하기에는 주변 여건이 너무나 험난했다.

그 중에서도 가장 큰 요인은 사상적 혼미였다.

좌우익이 첨예하게 대립된 사회 여건은 군이 좌우세력간 힘의 대결장이 되게 하는 결정적 원인이었다.

북한이 소련의 지원으로 공산 정권 수립 및 적화통일이라는 뚜렷

한 목표아래 일사불란하게 전쟁준비를 하고 있는 동안 남한은 내부 갈등을 해소하는데 에너지를 탕진하는 양상을 면치 못했다 .

국군이 건국 전후에서 6·25 사이 기간에 제주도 4·3사건, 여순반란사건, 강·표 월북사건, 숙군 등으로 대표되는 일련의 대형사건 속에서 헤매야 했던 것은 우리나라가 안고 있던 고민을 그대로 반영한 쓰라린 족적이었다.

48년 4월 3일 새벽, 소위 '제주 인민해방군'은 제주 도내 15개 경찰지서 중 14개소를 급습하는 것을 시발로 폭동을 일으켰다.

이 사건은 제주도 내 남로당 조직 및 이에 동조하는 일부 주민과 경찰 및 서북청년단과의 마찰이 무장 대결로 발전한 것으로 파악됐으며 국방경비대는 사후 사태가 장기화하자 진압에 동원된 것이다.

해방 후 제주도에는 일본, 중국, 남방 등지에 징병, 징용 등으로 나가 있던 젊은이들이 대거 귀환한 데다 이들 중 상당수가 좌익사상에 감염되어 있었다. 특히 남로당과 연결된 사람도 많았다.

또 제주도는 패전 직전 일본군이 미군과 최후 결전을 벌일 장소로 택했기 때문에 수많은 무기가 남아 있었다.

제주에 주둔하던 일본군 3개 사단 5만 병력은 미군과 싸우기 전에 항복해 버리는 바람에 상당수 무기를 버리거나 매장해 두고 이곳을 떠났었다. 이 무기로 '인민해방군'이 무장하게 된 것이다.

나는 공교롭게 4월 3일 당일 제주에 있었다.

부산 3여단 참모장에서 4월 1일부로 통위부 작전교육국장(상경 후 정보국장을 맡게 됐으나 당초 명령은 작전교육국장이었음)으로 발령이 나 부산을 떠나기에 앞서 3여단 예하부대를 마지막으로 순시하는 길에 때마침 제주의 모슬포 주둔 9연대(연대장 김익렬 소령)를 둘러보고 제주읍 한 여관에 묵고 있었다.

4월 3일 아침 모슬포 김 연대장으로부터 급한 전화연락을 받았다.

"밤중에 김달삼金達三이 도내 곳곳에서 폭동을 일으켰다"는 것이었다. 그러나 제주 읍내는 평온했고 9연대도 폭도들과 접촉 상황이 없었으므로 나는 예정대로 이날 미 군용기에 편승해 서울로 올라왔다.

그러나 폭동의 불길이 계속 번지자 수원과 부산에서 증파된 2개 대대와 9연대(실제로는 대대병력에 불과)를 합해 11연대가 제주도에 새로 편성돼 공비토벌에 나서게 됐다. 이런 와중에 연대장으로 부임한 박진경朴珍景 대령이 6월 18일 밤 연대 안에 침투한 좌익계 문상길文相吉 중위 지령을 받은 병사에 의해 취침 중 사살되는 사건이 일어났다.

당시 군정장관 딘(William Dean·50년 7월 미 24사단장으로 대전 방어 전투 때 금산부근에서 포로로 잡혀 휴전 직후 포로 교환으로 귀환) 소장은 자신이 특히 신임하던 박 대령이 피살되자 제주 공비 토벌에 더욱 박차를 가하게 됐다. 그러나 제주도의 불길은 오히려 육지로 비화돼 큰 사건을 일으켰다.

48년 10월 19일 저녁 제주 토벌작전에 증파되기 위해 여수에서 승전 직전에 있던 5여단(여단장 김상겸·金相謙 대령) 예하 14연대(연대장 박승훈·朴勝薰중령)에서 남로당계 장병들 주도로 반란이 일어났다.

반란군은 부대를 장악하고 여수를 손아귀에 넣은 후 그 세력을 순천 쪽으로 확대해 나아갔다.

이들에게는 제주도 토벌을 위해 미군의 M1소총과 기관총, 박격포가 새로 지급된 직후였기 때문에 화력이 막강해 상당한 위세를 떨치게 됐다.

나는 사건 하루 뒤인 10월 20일 아침, 국방부(현 퍼시픽호텔 자리) 정보국장실로 출근해 "여수에서 14연대가 반란을 일으켰다"는 1보에 접했다.

숙직 장교가 현지 5여단(광주)에서 받은 보고 내용은 간략한 것이었
으나 경찰을 통해 올라온 보고 내용은 비교적 소상했다. 급보를 접한
이범석李範奭 국방장관은 곧 회의를 소집했다.

참석자는 이 장관을 비롯해 채병덕 국방부 참모총장, 정일권 육본
참모부장, 로버츠 군사고문단장과 나 그리고 몇몇 관계자들이었다.

이 장관은 채 총장에게 "조사단을 인솔해 현지에 내려가 사태를 파
악하고 필요한 조치를 취하라"고 지시했다.

채병덕, 정일권, 나 그리고 참모총장 고문관 하우스만 대위, 정보국
고문관 리드 대위, 통역장교 고정훈(高貞勳·중령 예편·11대 국회의원·사
민당 고문역임)으로 구성된 조사반 일행은 즉시 미군 특별기 편으로 김
포공항을 떠나 광주로 날아갔다.

채병덕, 정일권 두 사람은 현황을 청취한 후 곧 서울로 돌아가 토벌
군 편성 및 투입, 38선 경계 강화 등의 조치를 취했고 나는 현지에 남
아 사태 수습에 진력했다.

1948년 10월 19일 반란
군의 저항으로 불타고 있
는 여수 시가지 전경

토벌군 사령관에 임명된 육군 총사령관 송호성 준장은 2여단(여단장 원용덕 대령)예하의 12연대(군산)와 2연대(대전) 및 5여단(여단장 김백일 대령·여순사건 당시 김상겸 여단장은 즉각 해임) 예하의 3연대(전주)와 4연대(광주)등 사고 지역에 가까이 있는 병력을 토벌부대로서 순천방면으로 급파했다.

송호성 토벌군 사령관은 사건 발생 이틀 후 광주에 도착해 나와 하우스만 대위, 리드 대위 등과 합류해 시시각각 전황을 점검하며 진압을 지휘했다.

이때 박정희 소령, 김점곤 소령, 심흥선 대위(대장 예편·총무처장관 역임), 이상국 대위(준장 예편)등이 참모 및 부관으로 송 사령관을 수행했다.

국군끼리 편이 갈려 싸우는 것이었으므로 상황은 혼미의 연속이었다. 반란군의 세력이 여순 반도 북단인 순천 이북으로 확대되면 큰 일이었기 때문에 토벌군은 순천 외곽인 보성寶城, 학구鶴口, 광양光陽에 신속히 진출해 포위망을 압축했다.

그러나 적정敵情이 불분명한 데다 토벌군마저 한시라도 태도를 돌변해 반란군에 가담할 가능성이 있어 각 부대들이 눈치 보기에 급급하고 있었다.

더구나 학구에서 마주친 원용덕, 김백일 양 여단장은 토벌부대 지휘권을 놓고 서로 다퉈 지휘부가 중재에 나서야 했다.

송 사령관은 현지로 달려가 전투 경험이 많은 김백일 여단장에게 지휘를 맡겼고, 나는 장성환 중위(공군 참모총장 역임)가 조종하는 정찰기를 타고 현지 상공으로 날아갔다. 저공비행으로 지상을 내려다 보니 순천시내에는 반란군이 상당수 집결하고 있었다.

그러나 토벌군도 이 무렵 수 개 대대병력이 외곽에 진출하고 있었으므로 충분히 제압할 수 있는 상황으로 판단됐다. 토벌군 선두는 순천 교외 철길 옆 동산부근까지 진출하고 있었으나 공격할 기색은 보이지 않았다.

나는 일몰이 가까운 이때 공격시기를 하루 늦추면 반란군 세력이 더욱 강화되리라 우려해 토벌군에게 공격 신호를 보내기로 했다.

그러나 무전기가 없으므로 방법이 없었다.

궁리 끝에 넥타이를 풀어 만년필로 메모를 적어 토벌군 머리 위로 떨어뜨렸다. 그러나 추수 직전이라는 계절 탓으로 카키색 군용 넥타이는 누렇게 익은 논 위에 떨어져 아무에게도 발견되지 못했다. 나는 와이셔츠를 벗어 다시 정찰기 창밖으로 내던졌다.

셔츠를 발견한 것은 우연히도 동생 백인엽 중령(부연대장)이 지휘하던 12연대였다. 12연대가 지체없이 순천을 공격해 들어가자 사태를 관망하고 있던 다른 부대들도 공격에 가담했다.

유혈이 낭자한 치열한 시가전 끝에 반란군 예봉을 꺾고 순천을 탈환했다. 이어 여수로 남진한 토벌군도 반란군 저항을 물리쳐 약 일주일 만에 일단 반란을 진압했다. 여수 탈환 직후 나는 육군항공대 김정열 대위가 조종하는 L5기편으로 여수 비행장에 내렸다. 비행장에는 반란군이 설치한 장애물과 전투 중 사망한 시체들이 널려 있었으나 무사히 착륙했다.

김백일 여단장으로부터 상황 설명을 듣고 여수시내에 들어가자 처참한 광경이 곳곳에서 목격됐다. 특히 시청과 경찰서가 있는 중심가에는 시체가 산더미를 이루고 있었고 시체 썩는 냄새가 온 시가에 진동하고 있었다 .

마산에 진출한 15연대로부터 연대장 최남근 중령과 조시형 중위(준장 예편·농림장관 역임)가 반란군에게 포로가 됐다는 정보가 입수됐고 보성에 진출했던 4연대 1개 대대 일부가 순천 진격 중 반란군에 합류하기도 했다.

최중령은 그 후 다시 나타났으나 잠적기간동안 반란군과 내통한 것이 사후 조사에서 밝혀져 사형에 처해졌다. 그는 나와 김백일과 함께 일행이 되어 월남해 군번도 나란히 국방경비대에 입대했으나 좌익에 가담함으로써 비극적 종말을 맞이했다.

진압 작전 중 전남경찰국은 군에 협조해 사태 진압에 적극 협력했다. 피아를 구별하기 위해 토벌군이 완장과 어깨띠를 두르기로 하자 경찰국은 전남방직에서 광목을 얻어 하루밤새 이를 만들어 전해주었고 군이 획득하기 어려운 지역 정보를 수시로 제공했다.

한편 조선은행(한국은행 전신)에서 내려 온 박수희(한은 수석 부총재·농업은행 총재 역임)는 이때 광주에 내려와 색다른 걱정을 하고 있었다.

1948년 10월 여수에서 정부군에게 체포되는 공비잔당들

여수와 순천 은행금고에 조선은행권이 상당액 보관되고 있어 만약
이 거액의 돈이 반란군 수중으로 들어가면 경제가 교란될 우려가 있
다는 것이었다.

박 부총재는 토벌군을 뒤따라 함락 직후 순천과 여수에 들어가 화
폐가 무사함에 안도했다. 사태 초기 나는 "반란군이 차량 50대에 분
승해 광주로 향하고 있다"는 정보를 입수하고 당황한 적이 있다. 당
시 광주는 병력이 현지로 출동해 비어 있었기 때문에 이것이 사실이
라면 엄청난 낭패였다. 나는 급히 대책을 세우기 위해 경찰국으로 달
려갔다.

거기에서 소위 한 명을 만났다.

내 얘기를 들은 소위는 "반란군이 아닐 것"이라고 말했다.

이유를 묻자 만약 반란군이라면 경유지인 보성과 화순에서 당연히
경찰서를 습격했어야 하나 그러한 보고가 없다는 것이었다. 과연 확
인해 보니 그 차량 행렬은 4연대 병력을 보성에 투입하고 돌아오는
빈 차들이었다. 나는 이때 정확한 판단을 내린 류양수柳陽洙소위(주 사
우디대사 역임·동아건설 부회장 역임)를 정보국에 발탁했다.

반란 진압에는 보병부대 이외에 이필원李必遠 대위가 이끄는 기갑
연대(서울)의 장갑차 20대와 김정열 대위의 육군항공대 소속 정찰기
11대가 참여했다.

건군 이래 최대 불상사였던 여순반란사건은 진압됐으나 일부 반란
군 병력이 지리산 일대에 잠복해 계속 무장공비로 준동하는 바람에
오랫동안 이곳 일대는 치안부재의 혼란을 면치 못했다.

여수와 순천을 탈환하고 약 열흘 만에 서울로 돌아와 사태를 계속
예의 주시하자 군 내부 남로당조직이 떠오르기 시작했다.

정보국과 헌병사령부가 전 군을 대상으로 좌익분자 색출이라는 어려운 작업에 착수할 무렵 , 경찰은 경찰대로 그동안 수집해 두었던 군내 좌익 상황자료를 경무대에 제출했다 .

당시 김태선金泰善 치안국장(서울시장 역임)은 여순사건 직후 이승만 대통령을 찾아가 경찰의 극비 문서를 전달했다 .

이 대통령은 이 자료를 보고 엄청난 충격을 받았다고 한다. 곧 로버츠 미 군사고문단장을 경무대로 불러 "당신네가 국방경비대를 만들면서 좌우익을 가리지 않고 아무나 받아들이는 바람에 군 내부가 이 지경이 되고 말았소. 전적으로 책임을 지고 이 사태를 수습하시오"라고 요청했다. 로버츠 준장은 이 문서를 이응준 육군 총참모장에게 넘겨주었다. 내가 신상철申尙澈 헌병사령관(소장예편 · 주월대사 · 체신장관 역임)과 함께 이 총장의 안암동 집에 불려간 것은 이때였다 .

이 총장은 문서의 출처와 개략적인 경위를 설명해 주며 "극비리에 숙군작업을 진행시키라"고 지시했다. 우리가 건네받은 문서는 이불보따리 만큼의 방대한 분량이었다.

이 문서는 그대로 방첩대에 넘겨졌다. 좌익 혐의자 체포는 헌병사령부가 맡고 조사는 방첩대가 맡았다. 영등포 창고를 개조한 구치소는 곧 수 백 여명의 좌익혐의 장병들로 가득 채워졌다 .

조사 결과 경찰 자료는 상당히 신빙성이 있었다. 이듬 해인 49년 봄, 1차로 조사가 일단락됐다. 결과를 보고 나는 고민하지 않을 수 없었다.

확실한 좌익 활동 사실이 드러난 장병들만 수 백 여명이었다. 이들을 모두 처벌한다는 것은 상상할 수도 없는 노릇이었다. 나는 이응준 총장을 찾아가 상의했다.

"그동안 숙군 관련 조사 활동을 벌이는 동안 여러 낭설과 유언비어가 나돌았습니다만 조사는 일단락됐습니다. 그 결과 상당수 장병들의 좌익 활동 사실이 드러났습니다. 그러나 총장께서 직접 구치소에 수감된 장병들을 면담해 보시고 실정을 파악한 후 단안을 내려주십시오."

이 총장은 나의 의견에 동의해 주었다. 그로부터 내리 사흘간 구치소로 출퇴근하며 수감 장병 대다수를 면담했다. 좌익 혐의로 수감되었다고는 하나 얼마 전 까지 한솥밥을 먹던 동지였기 때문에 우리들의 고민은 대단한 것이었다.

이 총장은 결국 반란 주모자와 적극적인 활동자 혹은 폭력 파괴에 가담한 장병에 대해서는 엄벌에 처하도록 하고 좌익 경력은 있으나 활동을 하지 않았거나 부화뇌동 또는 소극적인 가담자들은 정상 참작하는 쪽으로 결론을 냈다.

주동자에 대해서는 군법회의를 통해 사형에서 유기징역에 이르는 형이 선고됐으며 나머지 대다수는 불명예 제대시키는 선에서 사건을 매듭지었다. 숙군 작업이 진행되자 설 곳을 잃은 좌익계 장병들은 일부 월북의 길을 택하기도 했다.

그 대표적 사례가 4여단(여단장 김백일 대령) 예하 춘천 주둔 8연대(연대장 김형일 중령·중장 예편·6, 7, 8, 9대 국회의원 역임) 2개 대대 월북사건이었다.

대대장인 표무원表武源 소령과 강태무姜太武 소령은 49년 5월 초 부하 360명을 데리고 화천방면으로 38 선을 넘어갔다.

이밖에도 해군 함정을 타고 해상으로 월북하는 사례도 있었다. 군내에서 벌어진 일련의 사건에서 유독 '4' 자 들어간 부대들에 문제가 많았다 .

4연대에 좌익이 많았고 4연대의 1개 대대를 모체로 창설된 14연대는 여순반란사건을 일으켰다. 또 4여단 예하에서 강·표 월북사건이 일어났다. 이에 따라 국군부대 명칭에는 '4'를 넣지 않는 전통이 만들어졌다.

내 책임 하에 진행된 숙군작업에서 물론 옥석이 구별되지 않는 경우가 전혀 없었다고 말할 수는 없다. 그러나 이 작업은 사상적으로 혼미에 빠진 국군을 '자기 살을 도려내는 고통'을 거쳐 소생시켰다는 점은 누구도 부인할 수 없을 것이다.

그로부터 1년 후 전쟁이 터졌을 때 비록 개별 병사가 적에게 투항한 사례가 있어도 집단 투항 사례는 단 한번도 없었다는 것이 그 증거다. 만약 여순반란사건이 없었고 숙군이 없었더라면 이후 6·25 상황

건군초기 부대 창설 요원으로 선발된 장교들. 좌우이념 대결이 극심했던 시대였던 만큼 좌익성향자들도 다수 장교로 입대해 군은 여순반란사건(10.19) 등 엄청난 시련을 겪었다.

에서 국군이 자멸의 길을 걷지 않았으리라고 장담할 사람은 아무도 없을 것이다.

한편 숙군과정에서 중형이 선고된 군인 중 유일하게 구제된 경우가 있었으니 다름 아닌 박정희 소령이었다. 방첩대 수사반은 남로당 군사책 이재복李在福이 육군사관학교에 조직을 침투시켜 일부 중대장을 통해 생도들까지 좌익 활동에 가담시킨 사실을 포착했다.

이 수사에서 용의자의 한 사람으로 체포된 사람이 육사에서 중대장으로 근무했었고 당시 육본 작전교육국 과장이던 박 소령이었다.

숙군 1단계 작업이 완결될 즈음인 49년 초 어느 날, 방첩대 김안일 소령(준장 예편·목사)이 나에게 "박 소령이 국장님을 뵙고 꼭 할 말이 있다고 간청하고 있으니 면담을 해 주십시오"라고 했다. 박 소령이 조사과정에서 군내 침투 좌익조직을 수사하는데 적극 협조했다는 점도 강조했다. 사실 사관학교 등 군내 좌익 조직 수사는 최초 단서를 찾지 못해 어려움을 겪었었다.

나는 면담을 승낙했다. 당시 내 사무실은 국방부와 방첩대 두 곳에 있었다. 내가 박 소령을 만난 곳은 명동 구 증권거래소 건물 3층 정보국장실이었다.

박 소령은 한참을 묵묵히 앉아 있다가 입을 열었다.

"나를 한번 도와주실 수 없겠습니까."

작업복 차림의 그는 초췌해 측은해 보이기까지 했다. 그러나 태도는 전혀 비굴하지 않고 시종 의연한 자세였다. 평소 그의 인품에 대해서는 들어 알고 있었으나 어려운 처지에서도 침착한 그의 태도가 일순 나를 감동시켰다. 그래서였을까.

"도와드리지요"

참으로 무심결에 내 입에서 이런 대답이 흘러나왔다.

약 20분간 면담을 마치고 그를 돌려보냈다. 나는 일단 내 입으로 한 약속을 지키기로 했다.

당시 숙군작업은 이승만 대통령 요청에 따라 로버츠 미 군사고문단장도 간여하고 있었다. 나는 정보국 고문관 리드 대위로 하여금 참모총장 고문관 하우스만 대위와 로버츠 준장에게 박 소령 구명에 관해 양해를 구했다.

동시에 육군본부에 재심사를 요청했다. 육본은 참모회의를 거쳐 형집행정지를 내렸고 박 소령을 불명에 제대시키는 선에서 마무리했다.

나는 군인 신분이 박탈된 박 소령을 문관으로 정보국에 근무하도록 배려했다. 육본에서 일부 참모들은 그의 구명에 반대하기도 했고 훗날 "왜 그 한 사람만 구해주느냐"는 말이 나돌기도 했다.

58년 그의 이름이 소장 진급 대상자 명단에 끼어 경무대에 올려졌을 때 당시 참모총장이던 나에게 경무대에서 연락이 왔다. 경무관은 "박 장군 신원조회 결과 과거 좌익 활동을 했던 기록이 있다"는 것이었다. 나는 "박 장군에 대해서는 내가 보증한다"고 회신했다. 이 때문인지 그는 무난히 소장에 진급했다. 어느 누구도 그가 훗날 대통령이 되리라고 꿈에도 생각지 않던 시절 일들이다.

| 제1공화국의 몰락, 역사가 주는 교훈 |

다시 이야기를 자유당 정권 말기로 되돌려보자.

이 대통령이 그의 후계자로 이기붕을 점찍고 있음이 공공연히 알려지자 많은 사람들이 그의 주변으로 몰려들기 시작했다.

결론부터 말하자면, 이 대통령이 동양적 사고방식을 버리지 못하고 혈통을 잇겠다는 데 집착해 이기붕을 후계자로 삼고 그의 아들을 양자로 삼는 바람에 스스로 명을 재촉했다는 것이 내 견해다.

이 대통령은 휴전 이후 한숨을 돌리게 되자 자녀가 없음을 비관하는 말을 내비치곤 했었다. 일선 군부대를 순시하는 도중 이름 없는 무덤들과 마주치면 "저 묘는 어떤 후손이 지켜주고 있을까"라며 감상에 젖는 장면을 몇 차례 본 적이 있다.

서울 동작동에 국군묘지(현 국립묘지)가 들어선 것도 이 같은 심리가 다분히 작용한 것이었다. 이 대통령은 54년경 나에게 "테일러 8군 사령관에게 헬리콥터를 내도록 해 달라"고 했다. 테일러 대장과 헬기에 동승한 이 대통령은 서울 이곳저곳을 날며 산세를 정찰하다가 동작동 언덕을 가리켰다.

풍수지리에도 상당히 해박했던 이 대통령은 그곳이 명당자리라는 것이었다. 그러면서 "국군묘지를 만들라"고 하며 "나도 장차 여기에 묻히고 싶다"고 쓸쓸히 말했다. 이런 노후의 외로움이 강석을 양자로 맞아 들이게 한 것이었을 것이다.

그러나 후계자가 정해지고 후계자 측 인물들이 주변을 에워싸게 되자 대통령의 지도력은 날이 갈수록 약해지고 있음이 나에게까지도 느껴지기 시작했다. 군을 포함해서 요직의 인사에도 이기붕 측 인사들이 간섭하는 경우가 없지 않았다.

이런 분위기 속에서 3·15 정 부통령선거를 치른 것이다.

개표 결과는 이승만, 이기붕의 압승이었다. 선거 부정을 규탄하는 국민 시위가 결국 4·19로 이어져 자유당 정권은 몰락의 길을 걷게 됐다. 부정 선거 항의시위는 투표 당일 마산에서 가장 먼저 일어나 유혈사태까지 빚었으며 4월 11일 마산부두에서 김주열 군의 시체가 머리에 최루탄이 박힌 채 인양되자 사태는 급격히 악화됐다.

그로부터 며칠 후인 4월 19일 나는 남산 연합참모본부에서 경무대

쪽으로부터 들려오는 총성을 들을 수 있었다. 데모대에 대한 경찰의 집단 발포가 있었던 이 날이 지난 며칠 후 나는 경무대로 들어가 대통령을 만났다.

이 대통령은 여러 사람이 있는 자리에서 "부정선거가 있었다면 내가 젊었더라도 들고 일어났을거야"라고 말했다. 그간 노심초사 했던 탓인지 며칠 새 엄청나게 늙어버린 수척한 표정이었다.

내가 대통령을 마지막으로 만난 것은 이화장에서였다. 대통령에서 하야한 후 이화장으로 거처를 옮기게 되자 인사 차 찾아 갔었다.

이 대통령은 정원의 나뭇가지를 가위로 다듬고 있었다. 나는 몇 마디 말도 제대로 건네지 못하고 되돌아 나왔다. 그의 하와이 망명(5월29일)도 사전에 전혀 알지 못했다.

한편 이기붕은 숨을 곳을 찾아 헤매다 여의치 않자 4월 28일 경무대 관사에서 일가족과 함께 권총 자살의 길을 택했다. 경복궁 옆 육군병원에 유해가 안치되었다는 소식을 듣고 나는 군 정복을 입고 빈소를 찾아 조의를 표했다. 생전에 주변에 그렇게 많은 사람들이 들끓었던 그였건만 절박했던 순간에 숨겨줄 사람 한 명을 구하지 못하고 발길 드문 영안실에 누워있었다.

내가 이승만 대통령을 처음 만난 것은 49년 봄, 정보국장으로서 이범석李範奭 국방장관과 함께 전국 치안상태를 보고하는 자리에서였다. 그러나 이 대통령은 보고를 들으려 하지 않고 "경향 각지에서 치안이 안돼 국민들이 살 수가 없다고 해. 민심을 안정시키지 못하면 어찌하느냐. 치안 확보에 주력하라"고 야단을 쳤었다.

이 대통령이 나를 기억하는 데는 평양 탈환 성공이 큰 계기가 됐을 것이다. 나보다는 오히려 동생인 인엽이 먼저 대통령의 인상에 남았을 것이다. 전쟁 초 옹진전투와 수도사단장으로서 안강·기계전투 및 인천 상륙작전에서 그의 17연대가 큰 공로를 세웠기 때문이다.

나는 전쟁 중 이 대통령을 자주 접하게 되면서 그가 고집이 세고 완고하지만 합리적이면서 타협할 줄 아는 사람이라고 느꼈다. 겉으로는 늘 북진통일을 부르짖었지만 그게 우리 힘만으로 되지 않는다는 것을 누구보다 잘 알고 있었다.

미국 측과 여러 정책을 놓고 협의할 때 자기 주장을 강하게 펴 가끔 충돌도 있었지만 이 역시 보다 많은 실리를 얻어내기 위한 타협을 전제로 한 것들이었다.

군인 입장에서 볼 때 전쟁이라는 위기를 이승만이 아닌 다른 영도자 아래서 맞았다고 가정할 경우 그보다 더 좋은 결과를 얻지는 못했을 것이라고 생각한다. 어떻든 허정許政 내각수반이 이끄는 과도 정권이 들어서 민심을 수습하면서 나라도 새로운 질서를 잡아나가기 시작했다.

5월 2일 내각이 개편되면서 김정열 국방장관 후임에 이종찬 육군대학총장이 기용됐다. 5월 23일에는 송요찬 육군 참모총장의 사표가 수리되고 최영희 중장이 임명됐다.

한 시대가 마감되고 있었다. 나도 물러서야 할 때가 온 것이다.

5월 31일 나는 육군본부 연병장에서 전역식을 갖고 청춘과 정열을 바쳤던 군을 떠났다. 1군사령관 유재흥 중장도 전역했다. 내 나이 만 40세가 되던 해였다.

얼마 후 이수영李壽永 외무차관(대령 예편·휴전회담 시 연락장교로 나를 보좌함)이 허정 내각수반이 만나자고 한다며 연락을 해왔다.

중앙청을 찾아가자 "머리도 좀 쉴 겸 중국대사로 나갈 생각이 없느냐"고 물어왔다. 나는 "나라 형편도 이런데 별 생각이 없다"고 사양하고 돌아왔다. 그 후 이 차관이 다시 나를 찾아와 종용하는 바람에 결국 이를 수락하게 됐다.

7월 15일 나는 고국을 떠났다. 잠시 다녀오리라는 막연한 생각으로 아내만 데리고 떠났으나 10년이 흐른 뒤에야 귀국했다.

출국 이듬해 5월 대만에서 박정희 소장의 군사혁명 소식을 접했고 그로부터 오래지 않아 프랑스 대사로 발령하겠다는 통지를 받았다.

프랑스가 유럽의 중심지이고 NATO 사령부도 있으니 그곳이 중국보다 더 좋을 것이라는 얘기였다. 이어 65년 5월 다시 캐나다 대사로 자리를 옮겼다. 잠시나마 고국 땅을 다시 밟은 것은 67년 봄 이었다. 모친 건강이 일시 나빠져 문병 차 귀국했다.

이때 청와대를 예방하자 박 대통령은 무척 반가워하며 "백형, 임지에 돌아가는 길에 군의 대선배로서 베트남에 들러 파병 장병들을 격려해 주는 것이 어떻겠습니까"고 베트남 방문을 권했다. 나는 기꺼이

프랑스 대사로 있던 1962년 스페인 대사 겸직을 위해 마드리드 궁에서 프랑코 총통에게 신임장을 받는 백선엽 대사.

응했다. 전쟁이 벌어지고 있는 현지를 직접 보고도 싶었다.

참모총장 때 한번 베트남에 들른 적은 있었으나 그때는 비교적 평온했었다.

국군의 첫 베트남 파병이 결정됐을 때 나는 프랑스 대사로 있으면서 프랑스 외무부로부터 프랑스 정부의 공식 입장을 통보받았었다. 내용은 대충 이랬다.

'귀국의 파병에 대해 프랑스는 환영하지 않는다. 프랑스는 인도지나와 오랜 역사적 관계를 가졌기 때문에 그 실정을 잘 알고 있다. 미국이 군사력과 경제력으로 사태를 해결하려 하고 있으나 문화적 바탕이 얇고 이 지역에 대한 경험이 적기 때문에 성공을 기대하기는 어려울 것이다. 한국은 신중히 대처해 주기 바란다.'

나는 이를 본국에 타전했었다.

베트남에서 채명신 사령관 안내로 실로 오랜만에 국군과 미군부대를 방문하면서 나는 이들이 어려운 전쟁을 하고 있음을 재삼 느꼈다.

내가 캐나다 대사로 있는 동안 텔레비전은 연일 베트남 전의 대목대목을 보여주고 있었다.

남편과 아이들이 죽어가는 모습까지 화면을 통해 보여 주었기 때문에 반전 사상이 널리 퍼질 수 밖에 없었다. 미국으로서는 한국전쟁과 달리 안방에서 많은 사람들이 지켜보는 베트남 전을 치른다는 게 어려운 전쟁임을 실감할 수 있었다. 이제 강대국의 전쟁 개입은 날이 갈수록 어려워질 것이 명백하다는 생각이 들었다.

나는 그해 베트남에서 54년 1군 창설 전후 관대리에서 함께 일했던 에이브럼즈(당시 미110 군단 참모장)를 재회했다. 그는 당시 주 베트남 미군사령관으로 온 지 1주일밖에 되지 않았으나 관저로 나를 초대했다.

나와 함께 간 신상철 주 베트남 대사에게 "당연히 대사를 주빈으로 모셔야 하나 나의 옛 상관인 백 장군이 모처럼 왔기 때문에 상석에 모실 수 있도록 해 달라"고 양해를 구했다. 물론 신 대사는 흔쾌히 응했고 우리는 즐거운 한 때를 보냈다.

69년 12월 캐나다에서 교통부장관에 임명됐다는 소식을 받고 10년간 해외근무를 마치고 귀국하게 됐다. 제2의 인생을 기대하면서.

白善燁 장군 세부약력

I. 출생 ~ 軍生活 (30代까지)

1920년 ―	11월 23일	평안남도 강서군 강서면 덕흥리에서 출생
1940년 ―	3월	평양사범학교 졸업
1941년 ―	12월	만주 봉천군관학교 졸업
1946년 ―	2월	군사영어학교 졸업
―	2월 26일	국방경비대 입대, **國軍중위로 임관**(군번:10054)

※ 5중대장으로 부산에서 경남지역 국군창설 시작

―	9월	**소령 진급, 대대장**(제5연대 1대대 창설)
1947년 ―	1월 1일	**중령 진급, 연대장**(제5연대 창설)
―	12월 1일	제3여단(대구) 참모장
1948년 ―	4월 11일	통위부 정보국장(국방경비대 정보처장 겸직)
―	11월 1일	**대령 진급**(27세)
1949년 ―	7월 30일	제5사단장(전남 광주)
1950년 ―	4월 23일	제1사단장(문산)

*1950년 6월 25일, 6.25전쟁 발발

―	7월 25일	**준장 진급**(29세)
1951년 ―	4월 15일	**소장 진급**(30세), **제1군단장**
―	7월 10일	휴전회담 한국대표(1군단장 겸직)
―	11월 16일	백(白) 야전전투 사령부 사령관

1952년 ─ 1월 12일 **중장 진급**(31세)

　　　 ─ 4월 5일　제2군단장(재창설)

　　　 ─ 7월 23일　제7대 육군참모총장 겸 계엄사령관

1953년 ─ 1월 31일 **대장 진급**(32세, 한국군 최초의 육군대장)

　　　 ─ 5월　　　육군대학 총장 겸직

　　　 ─ 5월 28일　美국방성 초청 美지휘참모대 특별교육과정 수료

　　　　　 *1953년 7월 27일 정전협정 체결. 휴전

1954년 ─ 2월 14일 **제1야전군 창설 / 초대 사령관**(33세)

1957년 ─ 5월 18일　제10대 육군참모총장에 재임명

1959년 ─ 2월 23일　연합참모본부 의장

1960년 ─ 5월 31일 **전역**(39세)

II. 軍전역 후 외교관 생활 (40代)

1960년 ─ 7월 15일 **주 중화민국 주재 대사**(1년)

1961년 ─ 7월 4일 **주 프랑스 대사**(4년 3개월) *18개국 대사 겸임

　　　　 * 서유럽 5개국 : 스페인, 포르투갈, 벨기에, 네덜란드, 룩셈부르크

　　　　 * 아프리카 13개국 : 세네갈, 마다가스카르, 코트디부아르, 나이지리아, 니제르,
　　　　　　콩고공화국, 기니, 오트볼타, 카메론, 가봉, 모리타니, 말리

1965년 ─ 7월 12일 **초대 주 캐나다 대사**(4년 4개월)

III. 국가 고위공직자 생활 (50代)

1969년 — 10월 교통부 장관(1년 3개월)

1971년 — 6월 충주.호남비료 사장(2년)

1973년 — 4월 ~ '80년 3월 한국종합화학 사장(7년)

IV. 軍원로 공직생활 (69세~99세)

1984년 — 3월 ~ '91년 12월   (사)한미안보연구회 초대 회장

1989년 — 7월 ~ '91년 12월   전쟁기념관건립 국민모금후원회 회장

　　　　 —12월 ~ '91년 12월   성우회 회장(※'80년 해산 성우회 재결성)

1998년 — 9월 ~ '03년 10월   6 · 25戰爭50주년 기념사업위원회 위원장

2007년 — 2월 ~ '17년 2월   (사)대한민국 육군협회 초대 회장

2009년 — 4월 ~ '13년 3월   국민원로회의외교안보분야자문위원

2010년 — 6월 ~ '12년 5월   (사)한국전쟁기념재단 초대 이사장

2013년 — 8월   美8軍, '명예 美8軍사령관'으로 추대

2015년 —10월   국방대 '명예 군사학박사1호' 학위 수여

2003년 —11월 ~ '20년7월10일 국방부 군사편찬연구소 자문위원장

2020년 — 7월 10일   별세

초판 1쇄 발행 2025년 4월 17일

지은이 백선엽 / **발행인** 김윤태
발행처 도서출판 선 / **등록번호** 제15-201 / **등록일자** 1995년 3월 27일
주소 서울시 종로구 삼일대로 30길 23 비즈웰 427호 / **전화** 02-762-3335 / **전송** 02-762-3371

값 20,000원
ISBN 978-89-6312-635-7 03900